ASEAN
Competition
Law

아세안 경쟁법

권오승 · 김원준 · 최요섭 편

法 文 社

머 리 말

이 책은 아시아의 남쪽에 위치하고 있는 동남아시아국가연합과 인도의 경쟁법에 대하여 그 내용과 절차 및 실제 적용 사례를 알기 쉽게 풀이하여 설명한 책이다. 동남아시아국가연합(The Association of Southeast Asian Nations; ASEAN)은 동남아시아 지역의 평화와 안정 및 경제성장을 추구하고 사회·문화의 발전을 도모하기 위하여 1967년에 설립된 동남아시아의 정치, 경제, 문화공동체이다. ASEAN은 브루나이, 캄보디아, 인도네시아, 라오스, 말레이시아, 미얀마, 필리핀, 싱가포르, 태국, 베트남 등 10개 회원국으로 구성되어 있는 공동체로서, 인구는 6억 2천 5백만 명에 달하며 인도네시아 자카르타에 본부를 두고 있다.

ASEAN의 회원국들은 2015년 아세안경제공동체(ASEAN Economic Community; AEC)의 출범을 앞두고 ASEAN 경제규범 중의 하나인 경쟁법 체제를 확립해 나가기로 합의하였으며, 2007년 11월에 발표된 아세안경제공동체 청사진(AEC Blueprint)에서 경쟁력 있는 경제공동체의 출범을 위하여 ASEAN 회원국들에게 2015년까지 경쟁정책의 수립과 경쟁법의 도입을 요청하게 되었다. 그 결과, 2015년까지 캄보디아를 제외한 9개국이 경쟁법을 도입하였고, 캄보디아는 2016년에 경쟁법 초안을 마련하여 국회에 제출하였으나 국회에서의 논의가 오랫동안 지연되어 2021년 9월에야 비로소 경쟁법을 제정하여 10월부터 시행하게 되었다. 이로써, 현재 10개 회원국이 모두 경쟁법을 시행하고 있다. 그런데 AEC 청사진은 ASEAN의 회원국들에게 각국의 실정에 맞는 경쟁정책의 수립과 경쟁법의 도입을 요청하였기 때문에, 회원국들의 경쟁법은 그 목적이나 구체적인 내용 및 절차에 있어서 상당한 차이를 보이고 있다. 따라서 우리가 ASEAN의 경쟁법과 정책을 이해하기 위해서는 각 회원국의 경쟁법과 정책을 개별적으로 파악하지 않으면 안 된다. 이러한 점에서 ASEAN의 경쟁법은 초국가적인 경쟁법과 그 집행기관을 가지고 있는 EU의 경쟁법과 근본적인 차이를 보이고 있다.

한편, 인도는 아시아 대륙의 남쪽 인도 반도에 위치하고 있는 나라로서, 인구가 13억 8천만 명으로 중국에 이어 세계에서 두 번째로 많은 나라이다. 인도는 1969년 경제력집중의 문제를 해결하기 위한 정책의 일환으로 독점 및 제한적 거래행위에 관한 법률(The Monopolies and Restrictive Trade Practice Act)을 제정하여 시행한 후, 2002년에 인도의 자유화 시대에 걸맞은 경쟁법(The Competition Act)을 새롭게 제정하여 시행하고 있다.

우리나라의 경제가 고도로 발전하고 대외무역의 규모가 급격히 증대하는 과정에서, 우리 기업들이 아시아의 남쪽에 있는 ASEAN과 인도에도 진출하여 그들과 교류와 협력이 크게 증가함에 따라, 국내에서는 ASEAN과 인도에 대한 관심이 커지고 있으며, 특히 문재인 정부가 2017년 11월에 신남방정책을 천명한 이후에는 그것이 더욱 고조되고 있다. 그런데 이러한 나라들이 모두 시장경제를 도입하고 시장경제의 기본법인 경쟁법을 가지고 있지만, 특히 ASEAN의 경우에는 아직 그 역사가 오래되지 않았기 때문에, 그 법의 내용이나 절차가 분명하게 정립되지 않은 나라도 있고, 집행의 시스템이나 역량이 부족하여 실효를 거두지 못하고 있는 나라들도 많이 있다.

우리나라에서는 경쟁법과 정책에 관심을 가지고 있는 연구자들과 실무가들이 아시아 각국의 경쟁법과 정책에 관한 교류와 협력을 촉진하기 위하여 2010년부터 중국 및 일본과 더불어 아시아경쟁연합(Asia Competition Alliance; ACA)을 설립하여 해마다 한국과 일본 및 중국을 돌아가면서, 경쟁법과 정책에 관한 국제심포지엄을 개최하는 등 관련 전문가들간에 교류와 협력을 증진하고 있다. 그리고 2018년에는 이러한 활동을 체계적으로 추진하고 지원하기 위하여 한국아시아경쟁연합(Korea Asia Competition Alliance; KACA)을 설립하여 운영하고 있다. 그런데 그동안의 활동이 주로 한국과 일본 및 중국에 집중되어 있었기 때문에, 그 범위를 확대하기 위하여 노력해 오던 중 2021년 3월에 젊은 연구자들을 중심으로 'ASEAN과 인도의 경쟁법을 연구하는 모임'을 조직하여, ASEAN과 인도의 경쟁법과 정책을 공동으로 연구하기 시작하였다. 공동연구는 6개월간 진행되었으며, 그 방식은 우선, 각 연구자가 한 나라씩 맡아서 그 나라의 경쟁법과 정책을 연구한 다음에, 5월과 6월 중에 중간발표를 하고 토론을 거친 후에 이를 수정·보완하여 8월 말까지 연구결과를 제출하도록 하였으며, 편집위원들이 제출된 연구결과를 다시 검토하여 수정 · 보완할 부분을 지적하게 되면 연구자들이 이를 수정 · 보완한 후에 최종원고를 제출하도록 하였다.

이 책이 ASEAN과 인도에 진출해서 활동하고 있거나 진출하고자 하는 기업들은 물론이고, 그 지역의 경쟁법과 정책에 관심을 가지고 있는 분들에게 널리 읽혀지기를 바라며, 이를 통하여 장차 그 지역과 우리나라의 교류와 협력을 증진하는 데에 이바지하고, 나아가 그 지역의 경쟁법과 정책의 발전에 기여할 수 있다면, 더 이상 바랄 것이 없겠다. 끝으로 바쁜 가운데 공동연구에 참여하여 옥고를 작성해 준 연구자들과 원고를 꼼꼼히 검토해 준 편집위원들에게 진심으로 감사드리고, 책의 출판을 맡아주신 법문사와 편집과 교정 등의 업무를 담당해 주신 김제원 이사님께 깊이 감사드린다.

2022년 2월

아시아경쟁연합 회장
서울대학교 명예교수
권 오 승

차 례

제 1 편 아세안 경쟁법 일반

제 2 편 각 회원국의 경쟁법

제 3 편　인도 경쟁법

제 1 편

아세안 경쟁법 일반

서장 ASEAN 경쟁법과 정책

서장

ASEAN 경쟁법과 정책

권오승*

Ⅰ. 머리말

경쟁법과 정책은 유효한 경쟁을 제한하거나 저해하는 행위들을 금지 또는 규제함으로써 시장이 보다 효율적으로 작동할 수 있도록 하는 데에 이바지하고, 이를 통하여 시장을 보다 역동적으로 만들어서 소비자후생을 증진하는 데에 기여하는 것을 목적으로 한다. 그런데 그러한 경쟁법과 정책이 만약 한 나라의 영역을 넘어서 여러 나라를 포함하는 지역적(regional) 차원으로 확장하여 보다 넓은 범주에서 시행되고, 또 그 지역적인 경쟁법과 정책이 여러 나라를 포섭하는 공동시장이나 자유무역지대를 형성하는 지역적 통상정책을 보완하는 수단으로 사용되게 되면, 그로 인한 경제적 이득은 더욱 증가하게 된다. 따라서 경쟁법학자들은 경쟁법과 정책의 지역화는 개발도상국가들 간의 지역적 시장통합을 촉진하여 경제발전의 목표를 실현할 수 있다는 견해를 지지하고 있다.[1)]

그리고 동남아시아국가연합(Association of Southeast Asia Nations; 이하 'ASEAN')의 회원국들은 경쟁정책과 ASEAN 경제공동체라는 지역공동시장의 형성 간의 연계성을 인정하여, 지역적 경쟁정책을 그들의 집단적인 경제적 이익을 증진할 수 있는 수단으로 채택하기로 결정하였다.[2)] ASEAN의 회원국들은 2015년에 아세안

* 서울대학교 법학전문대학원 명예교수, 전 공정거래위원장

1) J. Drexl, "Economic integration and competition law in developing countries", in Drexl, Bakhoum, Fox, Gal and Gerber (eds.), *Competition Policy and Regional Integration in Developing Countries* (Edward Elgar, 2011).

2) Burton Ong, "Competition Law and Policy in the ASEAN Region: Origion, Objectives and

경제공동체(ASEAN Economic Community; AEC)의 출범을 앞두고, ASEAN 경제규범 중의 하나인 경쟁법 체제를 확립해 나가기로 합의하였다. AEC는 2007년 11월에 발표된 아세안경제공동체 청사진(AEC Blueprint)에서 경쟁력 있는 경제공동체의 출범을 위하여 ASEAN의 회원국들에게 2015년까지 경쟁정책의 수립과 경쟁법의 도입을 요청하게 되었다. 그 결과, 2015년까지 캄보디아를 제외한 9개국이 경쟁법을 도입하여 시행하고 있으며, 캄보디아는 2021년 9월에야 비로소 경쟁법을 제정하여 10월부터 시행하게 되었다. 이제 10개 회원국들이 모두 경쟁법을 도입하여 시행하고 있는 셈이다. 그런데 ASEAN 회원국들의 경쟁법과 정책은 아직 그 시행의 역사가 길지 않아서 제도적인 미비점도 많이 있고 집행역량도 부족한 나라가 많아서 그 실효성이 높지 않은 것으로 보인다. 뿐만 아니라 회원국들의 경쟁법 간에는 그 내용이나 절차에 상당한 차이가 있어서 장차 이를 조화내지 수렴하기 위해 노력할 필요가 있다.

이 글은 먼저, ASEAN의 형성 및 전개과정을 경쟁정책과 법의 관점에서 살펴본 다음에(II), ASEAN 회원국 경쟁법의 내용과 절차를 개략적으로 비교・검토한 뒤에(III), ASEAN 경쟁법의 발전방향을 간략하게 제시하고자 한다(IV).

Ⅱ. ASEAN의 형성과 전개

1. ASEAN의 형성

ASEAN은 동남아시아의 정치, 경제, 사회, 문화 공동체이다. ASEAN의 시초는 1961년 7월에 태국과 필리핀, 말레이시아 3개국이 지역적 협력을 증진하고 공산주의의 확대를 저지하기 위하여 창립한 동남아시아연합(Association of Southeast Asia; ASA)이었다. 그 후, 1967년 8월 8일에 인도네시아, 태국, 말레이시아, 필리핀, 싱가포르 등 동남아 5개국이 방콕에서 외무장관회의를 개최하여 'ASEAN 창립선언'(일명 방콕선언)을 발표함으로써 ASEAN이 창립되었다. 그리고 여기에 1984년 1월에 브루나이, 1995년 7월에 베트남, 1997년 7월에 라오스와 미얀마, 1999년 4월에 캄보디아가 각각 가입함으로써, 현재 10개 회원국들이 참여하고

Opportunities", in Burton Ong (ed.), *The Regionalisation of Competition Law and Policy within the ASEAN Economic Community*, (Cambridge University Press, 2018), p. 1.

있는 대규모 공동체가 되었다.

ASEAN의 초기 목적은 “동남아시아 국가들의 풍요롭고 평화로운 공동체를 위한 기초를 강화하기 위하여 평등과 협력의 정신으로 … 경제 성장”을 촉진하는 데에 초점을 맞추고 있었다. ASEAN 회원국들은 각 회원국이 독립적으로 자신의 입법적 및 규제적인 과제들을 추구할 수 있는 자유를 보장하는 일련의 협력적 원칙에 따라 조직되어 있다. 회원국들 간의 관계를 지배하는 “기본적인 원칙들”은 ASEAN 우호와 협력 조약[3] 제2조에 다음과 같이 규정되어 있다.

① 모든 국가의 독립, 주권, 평등과 영토 보전 및 국가적 정체성에 대한 상호 존중
② 모든 국가가 외부적 간섭, 전복 또는 강압을 받지 않고 국가적 존립을 유지할 권리
③ 상호간 국내 문제에 대한 불간섭
④ 평화로운 수단에 의한 차이나 분쟁의 조정
⑤ 무력 사용 위협의 부인, 그리고
⑥ 회원국들 간의 효과적인 협력

ASEAN의 회원국들은 매우 다양한 정치적, 지리적 및 사회·경제적인 모습을 띠고 있다. ASEAN 지역의 정치체제의 범위는 이슬람 군주국, 사회주의 국가, 군사적 지배 하의 입헌군주국, 전통적인 경제와 다양한 정치적 가치들을 가지고 있는 몇몇 독특한 의회 민주주의를 포함하고 있다. 그리고 이들 나라의 면적이나 인구의 규모와 관련 경제적 지표 등은 다음 [표 1]에서 보는 바와 같이 다양하다.

그리고 ASEAN은 2007년부터 2015년까지 해마다 평균 5.3%의 GDP 성장률을 달성하였고, 2016년 10개국 GDP의 합계는 2.6조 달러에 달하였다. 소비자의 총수가 6억 2천 5백만 명에 달하고, 그들의 대부분은 30세 미만이었기 때문에, ASEAN 지역은 2015년에 1,200억 달러의 외국인 직접투자를 유치하였는데, 이는 전 세계 외국인 직접투자의 7%에 해당된다.[4] ASEAN이 형성하고자 하는 지역시장은 세계 7대 경제가 될 것으로 전망된다.

---

3) Treaty of Amity and Cooperation in Southeast Asia (Indonesia), 24 February 1976.
4) ASEAN Expert Group on Competition (AEGC) Inaugural Annual Report 2016, ASEAN Secretariat, May 2017, p. 2.

표 1 ASEAN 10개 회원국의 주요 지리적, 사회·경제적 지표[5]

세계발전지수 (2020)	면적(㎢)	인구(백만명)	1인당 GNP ($US)	농업(%GDP)	수출(%GDP)
브루나이	5,770	0.437	30,718	1.2	57.3
캄보디아	181,040	16.7	1,374	22.8	62.4
인도네시아	1,910,931	273.5	3,756	13.7	17.2
라오스	236,880	7.2	2,546	16.2	33.2
말레이시아	330,800	32.3	10,616	8.2	61.5
미얀마	676,590	54.4	1,218	22.8	29.0
필리핀	300,000	109.5	3,269	10.2	25.2
싱가포르	719	5.6	58,056	0.0	176.2
태국	513,120	69.7	6,199	8.6	51.4
베트남	330,967	97.3	2,655	14.9	106.1

한편, 관련협의체로는 ASEAN에 한국, 일본, 중국이 참가하는 기구인 'ASEAN+3'과 환태평양지역 주요 경제실체들 간의 경제협력을 목적으로 하는 APEC(아시아태평양경제협력체), ASEAN+3에 오스트레일리아와 뉴질랜드, 인도가 추가된 기구인 EAS(동아시아정상회의) 및 지역 내 다자 안보협력체인 ARF(아세안지역안보포럼) 등이 있다.

ASEAN은 1976년 제1차 정상회의에서 정치, 경제의 각 분야에 있어서 회원국 간 역내 협력과 단결을 강조하는 '아세안 협력선언 I'(Declaration of ASEAN Concord I)을 채택하여 실질적인 협력모색, 국제적 위상 강화를 위한 노력 경주 및 역내 무역자유화 추진 등을 위한 토대를 마련하였다. 그리고 1997년 제2차 비공식 정상회의에서 'ASEAN 비전 2020'을 채택하여 2020년까지 정치, 경제, 사회의 통합을 목표로 하는 ASEAN의 장기발전계획을 수립하였고, 1998년 제6차 정상회의에서 '하노이 실행계획'(Hanoi Plan of Action)을 채택하여 ASEAN 비전 2020을 실천하기 위하여 1999년부터 2004년까지의 경제협력, 무역·투자의 자유화 및 지역안보 등에 관한 이행방안을 명시한 중기 계획을 채택하였다. 한편, 2003년 발리에서 개최된 정상회의에서 '아세안협력선언 II'(Declaration of ASEAN Concord II)을 채택한 것을 계기로 하여, 2020년까지 아세안 공동체(ASEAN Community)의 구축

5) 출처: The World Bank(World Development Indicators, data worldbank.org)

을 목표로 안보, 경제, 사회 · 문화 등 세 가지 분야를 중심으로 통합노력을 가속화하고 있다. 아세안협력선언 II에서 채택한 아세안 공동체로서는 아세안 정치적 및 안보공동체(ASEAN Political and Security Community; APSC), 아세안 경제공동체(ASEAN Economic Community) 및 아세안 사회문화 공동체(ASEAN Socio-Cultural Community)가 있다.

2. ASEAN 경제공동체 청사진(2008 ~ 2015)

ASEAN 회원국들(이하 'AMSs')은 2007년에 ASEAN 경제공동체를 형성하기 위한 청사진을 작성하면서 ASEAN 경제공동체(AEC)라는 관념을 제안하였다. 이 청사진에는 AMSs가 "ASEAN을 상품, 서비스, 투자, 수련된 노동자의 자유로운 이동과 자본의 보다 자유로운 흐름이 가능한 지역으로 개혁하기 위하여" 2015년까지 수행해야 할 개혁과제들을 제시하였다. 이 청사진에서 AMSs의 정상들은 다음과 같은 AEC의 4가지 주요 특징을 발표하였다.

① ASEAN의 단일한 시장 및 생산기지
② 고도로 경쟁적인 경제 지역
③ 균형적인 경제발전
④ 세계시장에 충분히 통합된 지역

청사진의 각 장(chapter)들은 이러한 목표의 실현에 필요한 정책형성의 특수한 영역과 보다 상세한 실행계획들을 제시하고 있다. 그 중에서 특히, ② 고도로 "경쟁적인" ASEAN 지역은 모든 AMSs가 "ASEAN에서 기업들과 투자자들 및 창조자들에게 보다 친절한 지적재산권 체제에 의하여 지원되는 학습과 혁신의 문화를 발전시키기 위하여" 그 자신의 경쟁법과 정책, 소비자보호 수단들 및 지적재산권 체제를 가지는 지역으로 구상되었다.

AEC를 위한 지역적 경쟁정책을 발전시키는 것에 관한 한, AEC 청사진은 AMSs가 경쟁법 체제를 도입하는 과정에서 그들의 사회 · 경제적 및 정치적 상황을 고려할 수 있는 최대한의 유연성을 제공하는 "연성법적" 접근법, 즉 "ASEAN 방법"(ASEAN Way)에 전적으로 부합하는 접근법을 채택하였다.

(1) AEC 청사진의 경쟁정책

여기서는 AEC 청사진의 경쟁정책 부분이 "경쟁적인 경제지역"을 다루는 장에서 지적재산권과 하부구조의 발전과 더불어 외국인투자와 관련된 이슈들을 다루는 부분과 함께 규정되어 있다는 점을 유의할 필요가 있다. 이처럼 경쟁정책 부분을 "단일한 시장과 생산기지"를 다루는 장이 아니라 다른 경제발전의 우선사항들과 함께 위치시키는 것은 경쟁정책을 아마 AMSs에 의하여 지적재산권의 보호를 위한 효과적인 체제나 ASEAN 내부의 원활한 운송네트워크처럼, ASEAN 지역에 대한 외국인의 직접투자를 유인하게 될 요소로 고려되었다는 것을 의미한다. ASEAN 내에 경쟁법 체제를 발전시키는 것, 특히 AMSs가 경쟁정책의 기초 위에 세워진 법률, 즉 외국인 투자자들에게 친숙한 법률들과 유사한 법률들을 채택하게 되면, 국가소유 기업들에 의해 지배되고 있는 시장에 진입하는 데에 따르는 경제적 위험을 염려하고 있는 외국인 투자자들에게 그 지역을 보다 매력적인 지역으로 보이게 할 수 있을 것으로 기대한 것이다.[6)]

청사진 그 자체는 경쟁법이 "단일한 시장과 생산기지"장에 표시된 시장통합의 목표를 촉진하는 데에 기여하게 될 역할의 범위에 대하여는 침묵하고 있다. AMSs가 ASEAN 지역 내에서 구상하는 공동시장은, 초국가적인 경쟁법체제가 시장들이 국경에 따라 분할되지 않고 사적인 행위가 회원국들 간의 거래를 침해하지 않는 것을 보장하는 데에 중심적인 역할을 수행하고 있는 유럽연합(EU)의 그것과는 근본적으로 다른 것으로 보인다. AEC 청사진은 경쟁정책이 그와 같이 벅찬 과제를 수행할 것을 기대하지 않았다. 왜냐하면 AMSs는 그들 각국의 경제에 대한 아주 낮은 단계의 통합만을 약속하고 있었기 때문이다. ASEAN 내에 초국가적인 기구와 법적 체계가 존재하지 않기 때문에, 그 청사진에 제시되어 있는 경쟁정책적 과제들은 AMSs에 의하여 우선 그들 각국의 관할권 내에서 실현되지 않으면 안 되도록 되어 있었다.

AEC 청사진의 경쟁정책 부분은 "경쟁정책의 주된 목적은 공정경쟁의 문화를 발전시키는 것"이라고 선언하고,[7)] 이를 위하여 AMSs에 의하여 추구되어야 할 사항들을 다음과 같이 제시하고 있었다.

---

6) Burton Ong, op. cit., p. 6.
7) AEC Blueprint, [41].

① 2015년까지 ASEAN의 모든 회원국에 경쟁정책을 도입하기 위한 노력
② 경쟁정책을 토의하고 조정하는 포럼으로 봉사하기 위하여 경쟁정책을 담당하는 당국이나 기관들의 네트워크 형성
③ ASEAN 회원국들을 위하여 각국의 경쟁정책을 발전시키는 역량강화 프로그램/활동의 장려
④ 공정경쟁의 환경을 조성하기 위하여 각국의 경험과 국제적 모범사례들을 기초로 하여, 2010년까지 경쟁정책에 관한 지역적 가이드라인 마련

그런데 ①은 2016년까지 캄보디아를 제외한 모든 나라가 자국의 경쟁법 체제를 갖추었기 때문에 실질적으로 성취되었고,[8] ②는 ASEAN 내에서 경쟁정책을 토의하고 조정하는 지역적 포럼인 ASEAN의 경쟁관련 전문가그룹(AEGC)을 설립함으로써 성취되었다. AEGC는 AMSs의 회원국 경쟁당국의 대표들로 구성되어 있다. 그리고 ③은 AEGC가 그 경제발전 파트너들과 함께 추구하고 있는 역량강화를 위한 노력에 의하여 실현되고 있다. 한편 ④는 2010년 경쟁정책에 관한 ASEAN 지역 가이드라인(지역적 가이드라인)과 2013년 ASEAN을 위한 경쟁정책과 법에 있어서 핵심적 역량(competences)개발을 위한 가이드라인(지역적 핵심역량 가이드라인)의 발간을 통하여 실현되었다. 이 두 가이드라인은 AMSs, 특히 경쟁법에 관한 경험이 적은 나라들이 자국의 법체계를 발전시키는 것을 돕기 위하여 몇 가지 중요한 비구속적 원칙들을 제시하고 있다. 지역적 가이드라인은 AMSs에게 경쟁법 체제에 내재하는 핵심적인 법적·경제적 원칙들을 알려주는 구조를 제공하고 있는 반면, 지역적 핵심역량 가이드라인은 회원국 경쟁당국에게 경쟁법 당국과 집행체제 및 경쟁주창 프로그램의 개발에 관하여 유용한 국제적 모범사례들을 소개하고 있다. 이 두 가이드라인의 작성은 독일 외무부의 기술적·경제적인 지원 하에 국제적 협력을 위한 독일회사(GIZ)에 의하여 이루어졌다고 한다.[9]

(2) ASEAN 경쟁관련 전문가 그룹(AEGC)

AMSs의 경제장관들은 2007년 ASEAN 경쟁관련 전문가그룹(AEGC)을 ASEAN의 공식적인 조직으로 출범시켰는데, 이는 회원국의 경쟁당국과 각 회원국의 경

8) 캄보디아는 2021년 9월에 경쟁법을 제정하여 10월부터 시행하고 있다.
9) Burton Ong, op. cit., pp. 7~8.

쟁정책을 책임지는 정부부처의 대표들로 구성되어 있다. AEGC는 청사진에 나타나 있는 역량 강화와 제도적인 발전 목표의 달성에 필요한 협력 활동을 수행하기 위한 핵심적인 사항들을 제공함으로써, ASEAN 경쟁정책에 관한 활동계획을 실행하는 중심적인 네트워크이다. 당초에 AEGC는 10개 회원국들 중에서 자국의 경쟁법 체계를 갖추고 있는 4개 나라, 즉 인도네시아, 태국, 싱가포르와 베트남으로 구성되었다.[10] AEGC는 말레이시아(2010년)와 브루나이, 라오스, 미얀마 및 필리핀(이상 2015년)에 경쟁법의 도입을 촉구하였으며, AMSs에게 경쟁법과 정책의 중요성을 인식시키기 위하여 해마다 ASEAN 경쟁컨퍼런스 시리즈를 조직하여, 2010년 지역적 가이드라인과 2012년 지역적 핵심역량 가이드라인을 마련하는 데에도 주도적인 역할을 담당하였다. AEGC는 2013년에 그 지역 내에서 경쟁법과 정책 이슈들에 관한 공적인 인식을 형성하고, AMSs에서 경쟁법과 정책 분야의 최근 발전에 관한 정보를 제공하기 위한 가상 플랫폼으로 기능할 수 있는 웹 사이트(www.asean-competition.org)를 개설하였다. AEGC는 창립 10주년을 앞두고, AEGC의 첫 번째 연차 보고서인 2016년 AEGC 연차 보고서를 발간하였는데, 이 보고서는 해마다 AMSs의 국내 경쟁당국들이 이룩한 성과를 요약하여 제공하고 있다. 2016년 연차 보고서에서 AEGC는 공정경쟁을 지원하는 경쟁의식이 강한 지역을 창설하고, 경쟁법과 정책에 관한 지역적 협력을 강화하며, 새로운 "AEC 청사진 2025" 하에 경쟁법규의 점진적인 통합을 보장함으로써, 집행 가능한 경쟁법규를 형성하고 경쟁법의 집행을 지원하기 위한 유효한 제도적인 메카니즘을 형성하는 데에 역점을 두었다고 선언하였다. AEC 청사진 2025는 장차 AMSs 간의 경제적 통합을 위한 대체적인 방향을 제안하고, AEGC의 미래 사업을 안내하는 전략적 수단의 목록을 제시하였는데, 그것이 ASEAN 경쟁실행계획 2025를 낳게 되었다.[11]

(3) 경쟁정책에 관한 ASEAN 지역적 가이드라인(2010)

2010 지역적 가이드라인은 AMSs가 각국의 경쟁법과 정책의 구조를 형성하기 위하여 사용할 수 있는 다양한 정책과 제도적인 선택지에 대한 비구속적인 참고

---

10) 인도네시아와 태국은 1999년에 그들의 경쟁법을 도입하였고, 싱가포르와 베트남은 2004년에 그들의 법률을 시행하였다.

11) Burton Ong, op. cit., pp. 8~9.

지침을 제공한다. 이 가이드라인은 각 회원국의 경험들과 국제적 모범사례들을 기초로 하여, 경쟁정책이 AMSs에 의하여 그들의 영역에서 어떻게 집행되어야 할 것인지에 대하여, 10개 장과 44면에 달하는 제안들로 구성되어 있다. 그 지역적 가이드라인의 주요 내용은 다음과 같다.[12)]

1) 지역적 가이드라인의 목적

지역적 가이드라인은 AMSs를 위한 일반적인 구조(framework) 지침으로서, 경쟁정책을 각 회원국의 특수한 법적, 경제적 상황에 맞추어 도입, 시행 및 발전시키기 위하여 노력한다.

지역적 가이드라인은 그 지역에서 보다 강한 경제적 통합을 형성하는 과정을 돕기 위하여 노력하고, 오로지 참고자료를 제공하는데 그치고 AMSs를 구속하지는 않는다.

지역적 가이드라인은 AMSs에 있어서 경쟁정책의 다양한 발전상황을 고려하여, 각 회원국이 자신의 경쟁정책의 발전 단계에 따라 반경쟁적 행위를 규제하기 위하여 도입 또는 유지할 수 있는 상이한 수단들을 제공한다. 그리고 이러한 지역적 가이드라인의 목적들은 다음과 같은 핵심적인 원칙들을 강조하고 있다.

① 그들은 AMSs를 위한 비구속적 추천들을 포함한다.
② 그들은 AMSs의 각 나라에 상이하게, 그리고 지역적 환경에 맞추어 시행될 수 있다.
③ 그들은 AMSs 간의 경제적 통합과정을 촉진하는 것을 의도한다.

여기서 우리는 지역적 가이드라인의 목적들이 그 경쟁규칙의 채택을 ASEAN 지역에 단일한 시장을 형성하기 위한 수단으로 제시하지 않고 있으며, 어떤 초국가적인 법적 구조나 집행기관의 존재를 기대하지 않으며, AMSs의 국내 경쟁법 체제의 조화를 요구하지 않는다는 점을 유의할 필요가 있다.

2) 경쟁정책의 목적과 이점

여기서 경쟁정책은 “경쟁적 과정(competitive process)의 촉진과 보호”를 경쟁정책의 가장 공통적인 목적으로 인정하고 있다. 경쟁정책은 모든 시장참가자들을

12) Ibid., pp. 9~21.

위한 공정한 운동장을 제공하는 것으로 여겨지는 반면, 경쟁법은 시장에서 경쟁자들이 아니라 경쟁과정 그 자체를 보호하는 일련의 게임의 규칙들을 제공한다. 공정하고 효율적인 경쟁의 추구는 ① 경제적 효율성, ② 경제 성장과 발전, ③ 소비자 후생의 증진에 이바지할 수 있다. 그리고 경쟁정책은 개발도상국들에게 시장 규제완화, 사유화와 자유화가 과거의 공적 독점이 사적 독점에 의하여 대체되지 않도록 보장해 줌으로써 그들에게 도움이 되는 것으로 생각된다.

경쟁정책은 다른 경제·사회정책 – 지역적 시장통합, 소기업의 육성 또는 보호, 기술 진보와 혁신, 산업적 다양화, 환경보호 등을 수용할 수 있다. 경쟁정책은 어떤 경제가 외국인 직접투자에 대한 매력을 제고하고, 외국인 투자의 이익을 극대화하는 중요한 요소가 될 수 있는 등 통상정책, 산업정책과 규제개혁을 보완할 수 있다. AMS의 개별 회원국들은 그 자신의 국내 경쟁정책적 필요를 고려하여, 그 목적들 중에서 어느 것을 추구할 것인지를 결정할 수 있다.

AEC 청사진과 지역적 가이드라인은 경쟁정책이 "ASEAN에 공정한 경쟁 환경"을 조성하기 위하여 사용되기를 기대하고 있다. 이것은 AMSs의 경쟁 법칙들이 경쟁의 공정한 수단과 불공정한 수단을 구별하는 것에 대하여도 관심을 가져야 한다는 견해를 지지하는 것으로 해석될 수도 있지만(몇몇 나라에서는 그들의 경쟁법과 불공정 경쟁을 방지하는 법률을 통합시킴으로써, 실제로 그렇게 하고 있다), 이 장의 내용은 그렇지 않다. 이 장의 문단들은 특정한 경쟁자가 아니라 경쟁적 과정을 보호하는 데에 역점을 두고, 효율성과 소비자후생 및 경제적 발전을 촉진함으로써, 선진국에서 채용된 경쟁법에 대한 현대적 접근에 부합하는, 전통적 의미의 경쟁정책의 목적과 이익을 논의하고 있다. 이처럼 목적으로서의 공정한 경쟁은 모든 시장 참가자들을 위한 "공정한 운동장"을 제공하기 위하여 노력한다는 의미로 제한하여 좁게 해석되어야 한다. 다시 말하자면, 시장은 경합적이고 경쟁의 자유를 촉진하는 것을 보장해야 한다.

이 장에서 경쟁정책과 잠재적으로 경쟁하는 다른 정부정책들과 가능한 교차는 물론이고, 경쟁정책이 다른 사회·경제적 목적들과 공존할 수 있는 다양한 방법에 관한 논의는 매우 간략하게, 즉 AMSs 각국의 넓은 정책지형 속에 경쟁정책을 큰 퍼즐의 한 조각처럼 끼워 맞추는 복잡성에 대하여 단순하게 언급하고 있다. 경쟁정책은 다른 목적들을 추구하는 다른 정부정책들과 충돌할 수 있는 실제적 가능성이 있음에도 불구하고, 그에 대한 명시적인 설명 없이 함께 사용될 수 있는 보충적인 수단으로 제공되고 있다. 여기서 경쟁정책이 다른 정부 정책들과 충돌하는 상황들의 공통적인 유형에 대하여 보다 신중하게 분석하여, 그러한 긴장관계를 해결할 수 있는 대안을 제시할 수 있었다면, 아마 – 특히, 지역적 가이드라인을 발표할 당시에 각국의 경쟁법 제정과정에 있었던 AMSs들에게는 – 큰 도움이 되었을 것이다.

지역적 가이드라인은 AMSs에게 선택 가능한 목적들의 뷔페(buffet)를 제공하고, 그들이 각 국가의 경쟁법을 디자인하기 위하여 사용할 수 있는 이익들을 제공하는 비규범적 성격을 갖고 있기 때문에, 그들의 법체제가 서로 다른 정책적 기초에 의하여 지탱되고 있다는 위험을 초래하게 된다. 이것은 AEGC가 장차 AEC 청사진 2025에 명시되어 있는 전략적 수단의 하나인 AMSs의 경쟁법 구조의 수렴을 실현하는 것을 더욱 어렵게 할 것이다.

3) 경쟁정책과 법의 범위

여기서는 경쟁법의 일반적인 실체적 원칙들 – 반경쟁적 합의(수평적, 수직적)의 금지, 시장지배적 지위(시장지배력)의 남용, 반경쟁적인 합의와 다른 제한적인 거래관행 – 을 설정한다. 그리고 사업자, 경쟁의 방해, 왜곡 또는 제한이 무엇을 의미하는지, 경성제한과 합리의 원칙 분석, 지배적 지위와 남용, 경쟁의 실질적 제한, 기업결합의 의무적 신고와 자발적 신고, 일괄예외 등과 같이, 유럽 경쟁법에서 도출된 중요한 법적 원칙들을 요약하고 있다.

동일 또는 유사한 활동에 참여하는 모든 사업자들은 동일한 법원칙과 기준의 적용을 받아야 한다. 그리고 공정, 평등, 투명성, 일관성과 법 앞의 비차별적 대우를 보장하기 위하여 같은 상업적 경제활동에 참여하는 모든 당사자들에게 통일적으로 적용하는 일반적인 경쟁법을 가지는 것의 중요성을 강조하고 있다.

경쟁법상 금지의 세 가지 주요 유형들에 내재하는 기본적인 원칙들에 대한 논의는 유럽 중심적인 성격을 띠고 있는데, 이것은 AEGC가 지역적 가이드라인을 작성할 때에 유럽 후원자들에 의한 기술적 지원을 받은 것과 관련이 있다고 할 수 있다. 흥미롭게도 AMSs 중에서 유럽적 모델에 따라 그들의 국내 경쟁법 구조를 형성한 나라는 싱가포르, 말레이시아 및 브루나이뿐이다. 다른 AMSs의 법적 구조가 장차 AEGC 진전의 결과에 따라 유럽적 모델 쪽으로 이동할 것인지 여부는 두고 볼 일이다.

모든 AMSs에 국가소유 기업들이 우세하고, 종래 국가가 운영해 오던 많은 대기업들이 존재하고 있는 상황에서, 경쟁법상 금지를 경제활동에 참여하고 있는 모든 기업들에게 동등하게 그리고 통일적으로 적용해야 한다는 것을 강조하는 것은 중요하다. "국가소유 기업들"은 법에 의하여 제외되지 않는 한, 경쟁법이 적용되어야 할 적정한 후보자라고 특별히 언급되고 있다. 흥미롭게도 AMSs가 그들의 경쟁법을 제정할 때에 고려할 필요가 있다고 하는 예외 범주의 10가지 특례가 있는데, 거기에는 국가소유 기업을 경쟁법 체제의 범주로부터 제외해야 한다는 언급이 없다.

4) 경쟁규제기관/제도적 구조/산업규제기관의 역할과 책임

여기서는 규칙의 제정에서부터 그 집행, 경쟁주창, 정부의 다른 부처에 경쟁정책에 대한 권고, 역량 형성 등과 같은, 각 회원국의 경쟁당국이 할 수 있는 역할을 설명하고 있다. 경쟁정책과 집행을 책임지는 단독의 독립적인 규제기관, 특별한 산업분야에서 경쟁정책의 집행을 책임지는 서로 다른 규제기관 및 관련 정부부처 내에서 경쟁규제 기능을 담당하게 하는 방법들 중에서 어느 하나를 선택할 수 있는 가능성을 포함하여, AMSs에게 항소기관을 선택할 수 있는 여지를 제공하고 있지만, 경쟁당국이 정치적 영향을 회피할 필요성을 강조하는 등 회원국 경쟁당국이 채택할 수 있는 제도적 구조에 대한 대안적 모델들을 제시하고 있다.

AMSs가 산업별 규제의 대상이 되는 산업을 일반적인 경쟁법에서 제외하려고 하거나, 혹은 그들이 친경쟁적 규제를 위한 메시지를 제공하기 위하여 각 국가의 경쟁정책과 병렬적인 규제를 사용하고자 할 때에, 각 국가의 산업별 규제와 경쟁정책 간의 균형을 잡는 역할을 인정하고 있다. 그리고 회원국의 경쟁당국이 해야 할 것이 무엇이고, 그러한 기능을 어떻게 수행할 것인지에 대하여 이 장에 제시된 권고들은 보다 성숙한 경쟁법 체제를 가진 선진국의 경험에서 도출된 것으로서, 체계적으로 배열되어 있고 일반상식을 기초로 하고 있다. AMSs 중에서 나중에 도입된 경쟁법 체제들은 그들의 집행기관을 설립할 때에 고려할 필요가 있는 이슈들을 확인하는 과정에서 여기에 제공된 지침이 유용하다는 것을 알게 될 것이다.

그러나 지역적 가이드라인은 회원국 경쟁법 체제가 활용할 수 있는 제도적인 구조들 중에서 어느 모델이 가장 유익한지에 대하여는 아무런 언급을 하지 않고,

상이한 제도적인 구조의 범주를 제시함으로써, 이 점에 관하여 AMSs 간에 이루어지게 될 수렴을 어렵게 만들고 있다. 그 결과, 회원국 경쟁당국들은 벌칙을 부과할 준사법적 권한을 가진 독립적 기관(인도네시아)에서부터 정부부처 또는 장관의 산하에 소속되어 있는 기관(싱가포르, 베트남, 태국), 및 사법적 절차를 통하여 경쟁법 위반을 제재하는 형사적 기관(필리핀)에 이르기까지 다양한 모습을 띠고 있다.

5) 입법과 가이드라인/경과규정

여기서는 AMSs가 핵심적인 사항에 관한 포괄적 규정을 포함하는 기본적인 입법과 그것을 시행하고 보다 기능적인 측면을 규정하는 2차적인 입법을 하고, 경쟁규제당국이 그 법률을 어떻게 해석할 것인지에 대한 지침을 제공하기를 추천한다. 그리고 경쟁법의 역외적용 및 경쟁당국과 다른 지방 또는 해외 규제당국 간의 협력을 포함하여, 각국의 경쟁법에서 규정해야 할 핵심적인 규정들을 간략하게 설명한다. 한편, AMSs는 경쟁정책과 양립가능성 또는 일관성을 보장하기 위하여 (지적재산권, 공정거래, 산업규제 및 소비자보호를 포함하여) 현행법들을 검토할 필요가 있다는 것을 인정한다. 또한 AMSs는 사업자들에게 그들의 행동을 조정할 수 있는 충분한 시간을 주기 위한 경과규정을 제공함으로써, 그들의 경쟁법에 대한 단계적 접근도 고려해야 한다.

지역적 가이드라인은 경쟁법 이슈들의 전 범위를 실체적 책임에서부터 절차적, 행정적 사항에 이르기까지 언급함으로써, AMSs가 그들의 경쟁법의 입법에 포함시켜야 할 21개 유형의 법 규정들을 확인한다. ASEAN 내의 경쟁정책 규범을 지역적 기초에서 발전시키는 맥락에서 특별히 눈에 띄는 두 가지 영역은 경쟁법의 역외적용과 경쟁규제기관과 다른 지역 또는 해외 규제당국 간의 협력이다. 초국가적 경쟁법과 초국가적 집행기관이 존재하지 않는 상태에서 ASEAN 내에서 국경을 넘어서는 반경쟁적 행위는 관련 AMSs의 경쟁당국에 의해서만 효과적으로 규율될 수 있다. 이것은 반경쟁적 행위의 역외적 측면에 대한 회원국 경쟁당국의 관할에 대한 정당한 범위를 정하는 명확한 법률의 존재와, 그들의 관할영역에서 조사활동을 촉진하기 위하여 집행당국 간의 협력을 허용하는 적절한 절차적 구조를 필요로 한다.

6) 집행력

여기서는 AMSs가 경쟁법 위반을 민사적, 행정적 또는 형사적 비행 중에서 어느 것으로 보느냐에 따라, 국가의 어느 기관이 위반행위자에게 제재를 가할 것인지를 결정하는, 상이한 집행체제를 선택할 수 있다는 것을 인정한다. 그리고 경쟁당국이 가져야 할 조사권의 유형, 절차적 보호, 비밀정보의 보호, 행위적 또는 구조적 확약을 수용할 권한, 잠정적 조치와 중지명령, 제재의 유형, 벌금 산정의 원칙들, 자진신고자 감면제도, 조정절차 및 경쟁법 위반의 사적 집행 등 국내 경쟁법 체제를 디자인할 때에 고려해야 할 다양한 집행관련 이슈들의 요지를 제공한다.

이 지역적 가이드라인에 관한 장은 경쟁법 집행에 관한 중요한 절차적 사항들에 대한 포괄적인 논의를 제공한다. 회원국 경쟁당국들이 다루어야 할 넓은 범위의 실무적인 이슈들과 그들이 그 업무를 효과적으로 수행하기 위하여 그들의 국내 경쟁법 구조 하에서 가지고 있어야 할 법적 권한들이 분명하고 체계적으로 소개되고 있다.

경쟁법 위반행위, 특히 카르텔 행위를 형사법 위반행위로 다룰 것인지에 대하여 중립적인 입장을 취하고 있는 지역적 가이드라인의 태도는 문제가 될 수 있다. 가격 고정행위를 형사적 범죄로 다루고 있는 AMSs(예컨대 필리핀)는 그러한 행위를 오로지 행정적 위반행위로 보고 있는 나라들(싱가포르, 말레이시아, 브루나이)과 긴밀한 관련이 있는 자진신고자 감면제도를 시행함에 있어서 도전에 직면할 수 있다. 예컨대 형사절차에서 피고인의 권리를 보호하기 위하여 필요한 (적법절차의 고려를 포함하는) 절차적 안전판은 특히 어떤 회원국의 경쟁당국이 다른 AMSs의 관련당국과 긴밀하게 협조하는 것을 어렵게 할 수 있다.

7) 적법 절차

여기서는 사법부에 집행결정을 재심리할 수 있는 역할을 부여하고, 다음과 같은 다양한 지도원리에 부합하는 제도적인 구조와 절차를 설계함으로써, 경쟁법 집행절차의 신뢰성을 제고하는 절차적 구조를 가지는 것의 중요성을 제시한다.

① 경쟁규제기관의 책무

② 사정변경이 있을 경우 경쟁규제당국의 결정을 행정적으로 재검토할 수 있는 가능성
③ 경쟁규제당국에 의하여 취득된 정보의 비밀
④ 경쟁규제당국의 독립성
⑤ 자연적 정의 원칙의 준수
⑥ 경쟁규제당국의 정책, 실무 및 절차의 투명성과 일관성
⑦ 경쟁당국의 사건처리의 적시성
⑧ 경쟁당국에 의하여 형성된 결정에 대하여 항소하는 피해 당사자에게 허용하는 견제와 균형

이 장에서 논의되는 적법절차의 고려에 대한 희망목록은 자유민주주의의 현대적 모델에 따른 것으로서, 유럽과 선진국 경쟁법 체제에서 이루어지고 있는 절차적 구조를 반영한 것이다. 그들이 AMSs의 법적 구조에 직접 투영될 수 있는지 여부는 그들의 사법권이 동일한 정치적 가치를 공유하고 있는지 여부에 따라 달라질 수 있을 것이다. AMSs의 어떤 나라들은 일당체제의 사회주의나 군사통제국가로부터 시장경제로 전환하고 있는 다른 나라들보다 성숙한 민주주의를 실현하고 있다. 따라서 법치주의(rule of law)에 대하여 동일한 견해를 가지고 있지 않거나 필요한 제도적 인프라가 부족한 체제전환국들에게 이 장에서 제시된 모든 지도지침들을 그들의 국내법에 흡수하도록 기대하는 것은 현실적이지 않다.

그러나 AMSs가 이러한 원칙들을 그들의 경쟁법제의 발전에 포함시키면 경제적인 이점이 있다는 것은 유의해야 한다. 다국적기업과 외국인 투자자들이 ASEAN 지역에서 기업을 하는 것에 따르는 위험을 평가할 때에 이들은 중요한 의미를 가진다. ASEAN 회원국 경쟁당국의 평판을 위하여 그들 각자의 규제체제의 신실성에 대한 신뢰를 제고하기 위해서도 그러한 원칙들을 채용해야 한다.

8) 기술적 지원과 역량 강화

여기서는 효율적인 경쟁정책의 관리, 집행, 경쟁주창을 위하여 필요한 지속가능한 경쟁정책 구조의 발전과 경쟁규제당국의 발전에 있어서 (다양한 지도 원리들과) 기술지원과 역량 형성의 역할을 설명한다. 그리고 AMSs가 경쟁주창과 공교육에 참여하는 정부 공무원의 역량을 강화하며, 국가적 경쟁정책의 형성과 집행

에 필요한 법적, 경제적 기술을 형성하고, 경쟁규제당국을 위한 건전한 제도적 구조와 적법절차를 발전시킬 것을 권고한다.

이 장의 내용들은 AEGC로 하여금 다른 경쟁규제기관이나 후원기관 또는 국제적인 기관에게 기술지원을 요청하도록 지도하지 않는다. 그러나 기술지원과 역량강화와 관련된 그러한 지원은 지역적 가이드라인이 발표될 당시에 분명히 계획되고 있었다. 여기에 제시된 지도원칙들은 – 특히 각 국가의 특수한 수요에 부합하게 – 외부의 후원기관에게 AMSs에서 회원국 경쟁당국의 이익을 위하여 조직된 어떠한 프로그램들도 지역적 환경에 맞아야 한다는 유용한 조언들을 제공한다. 지난 10년간 ASEAN 지역에서 실현된 경쟁정책의 발전은 AEGC와 호주, 뉴질랜드, 독일 및 일본과의 기술지원 협력프로그램에 의하여 추진되어 왔다.

9) 경쟁주창과 지원

여기서는 경쟁정책의 목적들을 달성함에 있어서 경쟁주창과 지원제도의 역할, 경쟁규제당국이 그들의 공적 지원 노력을 돕기 위한 자원들을 조정할 필요 및 사업자들이 경쟁자율준수 프로그램을 마련하도록 어떻게 격려되어야 하는지를 설명한다.

ASEAN에서 경쟁정책의 이점에 대한 공적 인식을 형성하기 위한 지역적 플랫폼은 2013년 AEGC 웹사이트(www.asean-competition.org)의 개설을 통하여 마련되었다. 이 웹사이트는 경쟁법과 정책의 영역에서 AMSs의 관련 국가 및 지역적 발전에 관한 각국의 최신 정보와 언론발표들을 제공함으로써 AMSs 회원국 경쟁당국의 웹사이트에 대한 입구로서 봉사한다.

10) 국제적 협력/FTA에 공통경쟁관련규정

여기서는 AMSs를 위한 협력적인 경쟁정책 조정의 장기적인 목적은 2015년 공동시장의 형성을 지향하는 시장통합의 촉진과 지역적 차원에서 경제적 효율성과 성장의 촉진이라는 것을 확인한다. 그리고 ASEAN 지역에서 경쟁문화의 증진과 ASEAN 지역 내에서 경쟁법의 시행에 있어서 협력 또는 최소한 높은 수준의 일관성의 증진을 포함하는 경쟁규제당국 간의 협력의 이점들을 목록으로 제시한다.

AEGC가 AMS의 국가적 경쟁규제당국 간의 협력을 촉진하기 위하여 수행해야 할 역할, 즉 그들의 경험들을 교환하고, 모범 사례들을 확인하고, 조화를 위하여 제공하는 협력적인 경쟁정책의 시행과 경쟁규제의 조정을 담당하게 될 지역적 플랫폼을 설명한다. 그리고 AEGC에 의하여 촉진된 협력을 위한 지역적 플랫폼은 어떤 규칙 제정의 기능을 수행하지 않고 투표의 규칙도 없기 때문에, 협력은 합의의 형성을 기초로 한다.

몇몇 AMS 회원국들이 ASEAN 비회원국들과 모든 AMS 회원국들에 의하여 "고려되어야 할" 공통의 경쟁관련규정들을 포함하는 FTA를 체결할 경우, 그 회원국들은 그들 경제의 발전목표와 일치하고 그 지역 차원에서 이미 합의된 어떤 규정이나 접근에 반하지 않는, 각 FTA의 경쟁관련 장의 규정들을 개발하기 위한 최선의 접근에 관한 정당한 판단을 할 수 있는 융통성을 가져야 한다는 것을 확인하고 있다.

2015년 말에 AEC의 형성을 향한 AMSs의 협력적인 경쟁정책 조정의 정확한 의미를 평가하기는 어렵다. 그 때까지 10개국 중 9개국에서 국가적 경쟁법 체제가 성공적으로 형성되었다는 것은 그들이 모두 시장의 유효한 기능을 저해하는 사적 행위를 금지하는 법률을 가짐으로써 그들의 관할영역 간에 공통성의 한 요소가 이루어졌다는 점에서 확실히 성과를 거둔 것이다. 그러나 AEC가 설립된 이후에도 그들의 발전적 및 정치적 상황과 제도적인 역량에는 여전히 많은 차이가 있다.

ASEAN에 경쟁문화를 발전시키는 것은 AEGC에 대한 도전적인 역할이 될 것이다. 왜냐하면 그것은 많은 기업 공동체들, 특히 중소기업들의 사회에서 사업자의 마음가짐을 바꾸어야 할 것이기 때문이다. 중소기업들은 전통적으로 그들의 기업적 거래에서 긴밀한 제휴관계를 유지해 오고 있었는데, 그것들이 이제 AMSs에 의하여 도입된 경쟁법에서 위법한 반경쟁적인 합의로 취급되기 때문이다. 이것은 여러 세대 동안 AMSs의 자유방임적인 기업문화에 깊이 빠져서 경쟁보다는 협력을 선호하는 상습적인 태도의 근절을 요구하게 되는 아주 어려운 과제이기도 하다. 그리고 AMSs의 국가적 경쟁정책 상황에서 조화를 위해 노력하는 것은 속임수가 될 것이다. 왜냐하면 지역적 가이드라인의 비구속적 성격으로 인하여, AMSs의 각 회원국들에게 그들 자신의 개별적인 경쟁체제를 형성할 수 있는 자유가 주어져 있어서, 이러한 국가적 경쟁법들 간에는 처음부터 심각한 차이가 발생할 수 있는 상황이 마련되어 있기 때문이다. AMSs의 회원국 경쟁당국에게 어떤 법칙을 부여하는 것이 허용되지 않는 상황에서, 만약 어떤 합의가 이루어진다면, – 각 회원국의 정치적 및 사회·경제적 상황 간에 수많은 차이가 존재하는 상황에서 그것은 매우 어려운 과제이긴 하지만, AEGC는 단지 경쟁체제 간의 수렴에만 성공할 수 있을 것이다.

지역적 가이드라인은 AMSs가 그들의 교역당사자들과 그러한 FTA의 경쟁 장(competition chapter)에 부합하는 경쟁체제를 시행할 의무를 부과하는 FTA를 개별적 또는 집단적으로 널리 체결하고 있음을 인정한다. 만약 이러한 경쟁 장의 내용이 FTA 간에 서로 다르게 마련된다면, 그것은 AMSs의 회원국 경쟁법 간의 차이를 형성하는 잠재적인 원인이 될 수 있을 것이다. 따라서 지역적 가이드라인은 AMSs에게 그들의 국내 경쟁체제의 발전을 위해 노력할 때에 그들이 이미 지역적 차원에서 합의한 어떤 경쟁정책 사항들과 충돌되지 않는 방법으로 할 것을 권고하고 있다.

(4) ASEAN을 위한 경쟁법과 정책에 있어서 핵심 역량의 발전에 관한 가이드라인(2012)

2012 지역적 핵심역량(RCC) 가이드라인은 경쟁관련 기관의 직원들에게 회원국 경쟁당국의 제도의 설립과 집행 및 경쟁주창과 같은 중요한 핵심적 역량들을 어떻게 발전시켜야 할 것인지에 관한 지침으로서, AMSs 경쟁당국들의 실제적 경험과 국제적으로 추천된 모범사례들을 기초로 하고 있다. 경쟁정책의 실체와 그것이 ASEAN 각 회원국에서 어떻게 집행되는지에 대하여 초점을 맞추고 있는 지역적 가이드라인과는 달리, RCC 가이드라인은 각 회원국의 차원에서 경쟁법 집행 시스템의 개발 과정에 초점을 맞추고 있다. 이 가이드라인은 유효한 경쟁법 집행 시스템이 작동하도록 하기 위하여 회원국 경쟁당국이 반드시 가져야 할 특성과 핵심 역량들에 대하여 설명하고 있다.

RCC 가이드라인들은 AMSs에 있어서 경쟁법의 목표와 목적에 관한 지역 가이드라인에서의 토의를 증가시킨다. 국가적 경쟁구조에 내재하는 목적과 경제적 함의와 관련하여, RCC 가이드라인은 수많은 추천들을 하고 있는데, 그 중에서 다음과 같은 세 가지가 특히 주목을 받고 있다. 첫째로, 많은 AMSs가 시장 자유화에 관하여 상이한 단계에 놓여 있다는 것을 인정하여, RCC 가이드라인은 "경쟁법은 그들이 기대하는 이익을 생산하는 시장지향적 개혁을 허용함으로써, 공정하고 효율적인 경쟁을 보호하는 기본적인 역할을 수행한다."는 것을 강조한다. 이것은 경쟁법과 종래 공적 독점에 의하여 지배되고 있던 국가경제의 개방을 통한 경제발전 간의 중요한 연관성을 강조하고 있다. 둘째로, RCC 가이드라인은 AMSs가 경쟁정책적 목적에 다른 목적을 추가하여 그 집행에 일관성을 해치는 일이 발생하지 않도록 하기 위하여 오로지 경쟁정책에 초점을 맞추는 "순수한" 국내 경쟁법의 구조를 채용하기를 권장한다. 그러나 AMSs 중에 몇 나라들(인도네시아, 베트남, 미얀마와 라오스)은 동일한 국가기관에서 경쟁법과 불공정경쟁법(불공정거래행위 포함)이 집행되는 "혼합적인" 법 구조를 선택함으로써, 이를 무시한 것이 분명하다. 셋째로, RCC 가이드라인은 경쟁정책과 산업정책의 관계를 지역적 가이드라인에서 보다 더 자세히 검토한다. 특히 "국가대표기업"(national champions)이나 "유치산업"의 보호를 위한 상황에 대한 경쟁법의 적용제외나 예외 인정 가능성과 관련하여, 이를 각 AMSs에게 맡겨서 그들이 "산업정책과 경쟁정책의 올바른 균형"을 어떻게 설정할 것인지 스스로 결정하도록 하고 있다. RCC 가이드라인은 특정한 시장참여자에 대하여, 산업정책적인 이유로 경쟁법의 적용을 제외하거나 예외를 인정할 때에는 그것이 "새로운 경쟁법 구조의 전체적 유효성에 미치는" 영향에 대하여 고려해야 한다는 경고를 하고 있다. 그러나 그 가이드라인은 구속력을 갖지 않기 때문에, AMSs는 국가소유 기업들을 그들의 경쟁법의 범주로부터 배제하는 것에 대하여 전적으로 자유롭다. 예컨대 태국의 경쟁법은 명시적으로 그러한 길을 선택하였다.[13)]

3. ASEAN 경제공동체 청사진 2025

2015년 말 ASEAN 경제공동체가 출범하기 직전에, AMSs의 지도자들에 의하여 ASEAN 경제공동체청사진 2025(AEC 청사진 2025)가 채택되었다. AEC 청사진 2025는 초기 AEC 청사진(2008−15)을 계승한 것인데, AEC를 다음과 같은 성격을 가진 지역으로 발전시키기 위하여 필요한 전략적 수단들을 제시하고 있다.

① 고도로 통합되고 응집적인 경제
② 경쟁적이고 혁신적이며 역동적인 ASEAN

---

13) Ibid., pp. 22~23.

③ 향상된 연계성과 부문별 협력
④ 탄력 있고, 총괄적이며, 인민 중심의 ASEAN
⑤ 세계적인 ASEAN

AEC 청사진 2025는 초기 AEC 청사진에 나타난 주제들을 확장하여, 경제공동체의 회원국들이 2025년까지 달성해야 할 보다 자세한 목표들을 제시하고 있다.

(1) AEC 청사진 2025의 경쟁정책

AEC 청사진 2025의 경쟁정책 부문은 초기의 청사진보다 훨씬 더 포괄적이다. 이러한 전략적 수단들의 내용은 다음과 같다.[14]

ASEAN이 시장경제가 잘 작동하는 경쟁적인 지역이 되기 위해서, 경쟁에 관한 법칙들이 활동적이고 효율적으로 되어야 한다. 경쟁법과 정책의 기본적인 목표는 모든 기업에게, 그 소유의 형태와 상관없이, 공정한 운동장(a level playing field)을 제공하는 것이다. 반경쟁적 활동들을 금지하는 집행가능한 경쟁법칙들은 자유화와 통일된 시장 및 생산의 기초를 촉진하는 동시에, 보다 경쟁적이고 혁신적인 지역의 형성을 지원하는 중요한 길이다. 그 전략적인 수단들은 다음과 같은 것을 포함한다.

(i) 아직 경쟁법을 가지고 있지 않은 나머지 ASEAN 회원국들이 모두 경쟁법을 도입하여 효율적인 경쟁체제를 형성하고, ASEAN의 모든 회원국에서 국제적 모범사례를 기초로 하고 ASEAN 가이드라인에 부합하는 각국의 경쟁법을 효율적으로 집행한다.

(ii) ASEAN 회원국에서 각국 경쟁법의 효율적인 집행에 필요한 제도적 장치를 설립하여 시행하고, 종합적인 기술적 지원과 역량 형성을 통하여 경쟁관련 당국의 역량을 강화한다.

(iii) 경쟁의 자율준수와 기업들을 위한 향상된 정보접근을 격려하고, 관련자들에게 향상된 지역적 웹 포털을 통하여 경쟁법과 정책에 대하여 홍보하고, 기업들과 정부 기관들에게 경쟁주창을 하며, 경쟁에 영향을 미치는 산업구조와 관행에 대한 산업별 연구를 통하여, 정규적인 교환과 참여를 위한 플랫폼을 형성함으로써, 공정경쟁을 지원하는 "경쟁의식이 강한(competition-aware)" 지역을 육성한다.

---

14) Ibid., p. 24.

(iv) 국경을 넘는 거래를 효율적으로 처리하기 위하여 경쟁법집행 협력합의를 형성함으로써 경쟁법과 정책에 관한 지역적 협력협정을 형성한다.

(v) 수렴(convergence)에 관한 지역적 전략을 개발하여 경쟁법과 정책에 관한 보다 큰 조화를 실현한다.

(vi) ASEAN 지역에서 경쟁법과 정책의 접근에 관한 일관성을 유지하기 위하여, 대화상대국들(Dialogue Partners)[15]과 ASEAN에서 경쟁법과 정책을 가지고 있는 다른 거래 상대국들과 체결하는 다양한 FTA에는 ASEAN에 의하여 협의되는 경쟁정책의 장들을 포함시키는 것을 보장한다.

(vii) 국제적인 모범 사례들을 참고하여 ASEAN에서 경쟁법과 정책의 향상을 지속한다.

이러한 AEC 청사진 2025의 전략적 수단들은 전술한 초기 AEC 청사진의 경쟁정책 부문과 가이드라인들을 보다 자세히 확장한 것이다. 여기에 추가된 주목할 만한 것은 AMSs가 "효율적인" 경쟁체제를 갖추려는 열망, 기술지원과 역량강화의 역할에 대한 강조 및 경쟁법과 정책을 위한 ASEAN의 지역적 구조를 발전시키기 위한 보다 분명한 목적들이 포함되었다는 점이다. 수단 (iv)와 (v)는 그들이 AMSs에게 반경쟁적 행위의 국경을 넘는 사례들을 처리할 뿐만 아니라, 수렴을 위하여 일할 수 있도록 각국의 경쟁체제들을 변경 또는 수정하는 조치를 취하도록 요구하고 있을 뿐만 아니라, AMSs 각국의 경쟁체제에 존재하고 있는 많은 상이점들은 지역적 가이드라인과 역량강화 가이드라인에 의하여 명시적으로 억제되고 있었던 것으로서, 쉽게 달성될 수 없는 수렴이라는 목표를 지향하고 있다는 점에서 특히 중요한 의미를 가진다.

보다 중요한 것은 AEC 청사진 2025가 초국가적인 법과 제도의 출현에 대하여 침묵하는 태도를 분명하게 유지하고 있다는 점이 강조되어야 할 것이다. 이것은 AEC 청사진 2025에 표현되어 있는 경쟁정책 수단들이 각 회원국의 차원에서만 추구되고, 또 추구될 수 있다는 것을 의미하는 견해를 지지하며, AEGC에게 어떠한 진전을 이룩하기 위해서는 사전에 모든 AMSs로부터 충분한 동의를 얻도록 요구하게 될 것이다. 따라서 AEGC는 "낮은 곳에 달린 열매" – AMSs의 각 회원

15) ASEAN의 대화상대국은 ASEAN의 회원국이 아니지만, ASEAN 지역의 공통 이익에 특별한 관심을 가지고 거기에 이바지할 수 있는 능력을 가진 나라로서, 완전대화상대국(10개국)과 부분대화상대국(4개국)으로 나누어지는데, 전자에는 오스트레일리아, 중국, 인도, 일본, 한국, 뉴질랜드, 러시아, 미국, 캐나다, EU 등이 참여하고 있고, 후자에는 파키스탄, 노르웨이, 스위스, 터키 등이 참여하고 있다.

국에 의하여 비교적 적은 노력으로 이룰 수 있는 경쟁법 개혁의 영역들 – 즉, 각 회원국의 경쟁당국에게 국경을 넘는 반경쟁적 행위를 효과적으로 처리할 수 있게 하는 영역들을 확인하는 것이 중요하다. 이것은 AMS의 한 회원국 이상에서 행해지고 있는 국경을 넘는 카르텔들을 공동으로 조사하고 공동으로 소추할 수 있는 범 ASEAN의 전략적 구조, 자진신고자가 하나의 자진신고서 제출로 다수의 AMS에서 보호를 받게 되는, 공동으로 채택된 자진신고 감면제도 또는 신청자가 AMSs 중의 하나의 경쟁당국에게 신고함으로써 모든 회원국으로부터 기업결합의 승인을 받게 되는, 간소화된 기업결합 규제절차 등을 포함할 수 있다.

AMSs 회원국들의 경제적·정치적인 상황이 다양하기 때문에, 그들의 경쟁법 체제 간의 수렴과 조화를 실현하기는 매우 어려울 것이다. 그러나 그것은 AMSs가 이들 나라에서 국경을 넘는 활동을 무리 없이 실현하기를 희망하는 사업자나 외국인 투자자의 이익을 위하여 일관된 경쟁법칙을 가지고 있는 공동시장을 형성할 수 있는 (초국가적인 경쟁법 구조의 채택이라는 아주 먼 목표를 실현하기 위한 짧은) 유일한 길이기 때문에, 여전히 중요한 목표로 남아 있다.

(2) ASEAN 경쟁실행계획 2025

AEGC에 의하여 마련된 ASEAN 경쟁실행계획 2025(ACAP 2025)는 AEC 청사진 2025에 나타나 있는 전략적 수단들을, 2016년부터 2025년까지의 기간 동안 경쟁법과 정책의 영역에서 AEC의 목표를 실현해야 할 보다 자세한 제안들로 바꾸어 놓는다. ACAP 2025는 AEC 청사진 2025로부터 응축된 5가지 전략적 목표들로 구성되어 있다.[16]

① 모든 ASEAN 회원국에서 효율적인 경쟁체제의 성립

② 경쟁법과 정책을 효율적으로 집행하기 위하여 AMS에 있어서 경쟁관련기관 역량의 강화

③ 경쟁법과 정책에 관한 지역적 협력 협정의 체결

④ 경쟁의식이 강한 ASEAN 지역의 육성, 및

⑤ ASEAN에서 경쟁법과 정책의 더 큰 조화를 향한 움직임

이러한 전략적 목표들은 2020년까지 개선된 경쟁정책에 관한 지역적 가이드라

16) Ibid., p. 26.

인과 ASEAN에 모범적인 경쟁법 구조를 제공하기 위한 일련의 합의된 원칙들에 관한 선언을 포함하여, 20개의 제안들과 41개의 원칙들로 세분화되어 있다. 분명히 AEGC는 2025년 이전에 해야 할 일이 매우 많지만, 체계적인 실행계획이 출간되었고, 거기에 AMSs가 최소한 ASEAN 지역을 위한 지역적 경쟁체제를 발전시키기 위한 여행을 계속하는 데에 관심을 가지고 참여하고 있다고 설명되어 있는 것은 고무적이다. 그러나 AMS의 모든 회원국들이 각자 그들의 경쟁법 체제에 내재하는 일련의 목적들을 분명히 밝히지 않은 상태에서, AEGC의 작업이 AEC의 이익을 위하여 일관된 ASEAN 경쟁정책을 마련하기는 어려울 것이다.

ASEAN 지역의 경쟁법과 정책의 미래는 이처럼 AEGC의 전략적 노력에 의하여 추구될 것이며, AMSs의 정부들이 AEC의 풍부한 잠재력을 개발하기 위하여 얼마나 많은 정치적 의지를 투입할 준비가 되어 있느냐에 달려 있다. AMSs의 내부적 정치상황의 발전, 글로벌 경제의 상태 및 경쟁이 아시아 다른 지역(특히 중국이나 인도)의 외국인 직접투자에 미치는 영향 등이 AEC가 통합된 공동시장처럼 보다 효율적으로 기능하는 것을 돕게 될 경쟁법칙을 집행하려는 이들 나라의 의지에 계속적인 영향을 미치게 될 것이다. 그러한 경쟁법칙을 집행할 초국가적 법적 또는 제도적인 구조가 없이, AEGC는 ASEAN 지역 내에서 국경을 넘는 경쟁법 이슈들을 해결하기 위한 국제적인 협력협정과 같이, AEC 내에서 시장통합의 수준을 제고하는 혁신적인 국가적 차원의 제안들을 고안해 내야 할 것이다. ASEAN이 "깊이 통합되고 높은 응집력을 가진 경제를 형성하고, 그들의 기업이나 소비자들을 위하여 보다 통일된 시장을 형성하기를" 열망하는 지역이 되려면, AMSs가 그들의 무역과 투자구조를 자유화하기 위하여 기울인 집단적인 노력이 AEC 내외에서 시장의 효율적인 기능을 저해하는 사적인 반경쟁적 행위에 의한 방해를 받지 않도록 하기 위하여, 잘 발달된 지역적 경쟁체제를 유지하는 것의 중요성을 인정하지 않으면 안 된다.[17]

Ⅲ. ASEAN 회원국들의 경쟁법의 비교

2007년 11월에 발표된 아세안경제공동체 청사진(AEC Blueprint)은 경쟁력 있는 경제공동체의 출범을 위하여 ASEAN 회원국들에게 2015년까지 경쟁정책의 수립과

17) Ibid., pp. 26~27.

경쟁법의 도입을 요청하였으며, 그 결과, 2015년까지 10개 회원국 중 캄보디아를 제외한 9개국이 경쟁법을 도입하였고,[18] 캄보디아는 2016년에 경쟁법 초안을 마련하여 국회에 제출하였으나 국회에서의 논의가 오랫동안 지연되어 오다가, 2021년 9월에 비로소 경쟁법안이 국회를 통과하여 10월부터 시행하게 되었다. 드디어 ASEAN의 10개 회원국들이 모두 저마다의 경쟁법을 도입하여 시행하고 있다.

그런데 AEC 청사진은 ASEAN 회원국들에게 각국의 실정에 맞는 경쟁정책의 수립과 경쟁법의 도입을 요청하였기 때문에, 각 회원국의 경쟁법은 그 목적이나 구체적 내용 및 절차에 있어서 상당한 차이를 보이고 있다. 더욱이 ASEAN 차원에는 초국가적 경쟁법이나 정책 또는 초국가적 경쟁당국이 존재하지 않기 때문에, 공동체 차원의 초국가적 경쟁법을 EU 집행위원회가 통일적으로 집행하고 있는 EU와는 그 사정이 많이 다르다는 것을 알 수 있다.

1. ASEAN 회원국 경쟁법의 목적

ASEAN 회원국들의 경쟁법은 그들이 추구하는 목적이 주로 경쟁정책적 목적에 국한되느냐, 아니면 그 밖에 다른 목적들도 함께 추구하느냐에 따라 두 가지 그룹으로 나누어진다.

(1) 순수한 경쟁법 체제

ASEAN 회원국들 중에서 싱가포르(2004), 말레이시아(2010), 필리핀(2015), 브루나이(2015)와 캄보디아(2021)는 경쟁법에 공정거래와 소비자보호 등과 같은 요소들을 포함하지 않고, 오로지 경쟁정책적 목적에 초점을 맞추고 있다. 이러한 "순수한" 경쟁법 체제는 반경쟁적 합의와 시장지배적 지위의 남용 및 기업결합 통제를 규율하고 있다.[19]

(2) 복합적인 체제

그러나 태국, 인도네시아, 베트남, 라오스 및 미얀마의 경쟁법은 경쟁정책적 목적 이외에 공정거래와 소비자보호 등과 같은 목적도 함께 추구하는 복합적인

---

18) 인도네시아, 말레이시아, 싱가포르, 태국 및 베트남 등 5개국은 2015년 이전에 경쟁법을 도입하였지만, 브루나이, 미얀마, 라오스 및 필리핀 등 4개국은 2015년에야 비로소 경쟁법을 도입하였다.

19) 다만, 말레이시아 경쟁법은 기업결합 통제에 관한 규정을 가지고 있지 않지만, 실무상 합작기업과 다른 형태의 기업결합들은 반경쟁적 합의의 금지에 의하여 규율될 수 있다.

체제를 유지하고 있다.

1) 태 국

1999년 태국의 거래경쟁법(Thailand's Trade Competition Act, 이하 'TCA')은 가격통제에 관한 규제수단에 초점을 맞추고 있었던 1979년 '가격고정 및 반독점법'(Price Fixing and Anti-monopoly Act)을 이어받은 것이다. TCA는 1979년의 법률에 비하여 보다 시장지향적인 경쟁법으로서, 인플레와 과도한 가격책정으로부터 소비자를 보호하기 위한 수단인 가격통제로부터 시장행동에 대한 규제로 전환한 것이다. TCA의 실체법적 규제는 반경쟁적 합의, 시장지배적 지위남용과 기업결합 및 불공정거래행위에 대한 금지 또는 제한으로 구성되어 있었다. 그러나 이 법률은 하위법령의 미비, 경쟁위원회의 독립성 부족 및 예산부족 등으로 인하여 실효성을 확보하지 못하고 있다가 2017년에 개정되었다. 개정법은 기존 경쟁법의 문제점을 개선하여 궁극적으로 태국 시장 내에서 경쟁을 촉진하는 것을 목적으로 하고 있으며, 반경쟁적 합의, 시장지배적 지위남용과 기업결합뿐만 아니라 불공정거래행위까지 규제하고 있다는 점에서는 1999년의 법과 차이가 없다.

2) 인도네시아

인도네시아 반독점법(Indonesian Anti-Monopoly Law)[20]은 주로 인도네시아 경제의 성과를 증진하고 국민의 후생증진을 위한 노력의 일환으로 국가경제의 효율성을 제고하기 위하여 제정되어, 시행되고 있다. OECD에 따르면, 인도네시아 반독점법은 다수의 시장에서 나타난 과도한 시장집중으로 인하여, 경제력이 소수의 기업들에게 과도하게 집중되는 것에 대한 특별한 우려에 대처하기 위하여, 반경쟁적 합의, 지배적 지위남용 및 반경쟁적 기업결합과 같은 주요 경쟁제한행위에 대한 규제 이외에, 특정한 소유구조, 불법적인 트러스트, 임원겸임 및 다수의 상호출자를 금지하는 규정을 포함하고 있다는 특징을 가지고 있다.[21]

3) 베트남

베트남 경쟁법(Vietnam's Competition Law)은 베트남의 경제가 중앙계획경제로

---

20) 인도네시아 경쟁법은 1999년 3월에 제정되었으며, 2020년 11월에 개정되었다.
21) OECD Reviews of Regulatory Reform-Indonesia (September 2012) 참조.

부터 시장경제로 전환하는 것을 지원하기 위하여 2004년 12월 3일에 제정되어 2005년 7월 1일부터 시행되어 오다가, 2018년에 전면 개정되어 2019년 7월 1일부터 시행되고 있다. 이 법률은 경쟁제한적 합의, 지배적 또는 독점적 지위의 남용 및 기업결합과 아울러, 다른 기업의 비방, 다단계판매, 오인시키는 정보와 광고 및 기업비밀 침해 등과 같은 불공정한 경쟁행위를 금지하는 규정도 포함하고 있다.

4) 라오스

라오스는 공정한 거래경쟁을 촉진하고, 소비자의 권리와 법적 이익을 보호하며 기업활동을 장려하기 위하여, 2004년에 '거래경쟁에 관한 법령'(Decree on Trade Competition)을 제정하여 독점화와 모든 형태의 거래에 있어서 불공정한 경쟁을 규제하기 시작하였다. 그러나 이 법령은 실제로 유명무실하였기 때문에, 2013년 WTO가입을 전후하여 시장경제체제에 필요한 법제개혁 작업의 일환으로, 2015년 7월 14일 '사업경쟁에 관한 법'(Law on Business Competition)을 제정하여 2016년 12월 9일부터 시행하고 있다. 이 법률은 불공정 경쟁, 경쟁제한적 합의, 시장지배적 지위남용과 시장독점 및 경쟁제한적인 기업결합 등을 규율하고 있다.

5) 미얀마

미얀마 경쟁법은 2015년 2월 24일에 제정되어 2017년 2월 24일부터 시행되고 있다. 이 법률은 태국과 베트남의 경쟁법과 유사하게, 경쟁제한행위, 시장의 독점화와 기업결합의 통제에 관한 규정에 더하여, 고객의 기만, 기업비밀 공개, 다른 기업의 평판 침해 및 다른 기업의 모방 등과 같은 불공정한 경쟁을 금지하는 규정들을 포함하고 있다.

2. ASEAN 회원국 경쟁법의 상이점

ASEAN 회원국들은 각자 그들의 경쟁법을 가지고 있는데, 그 내용과 절차에는 상당한 상이점들이 발견되고 있다. 그런데 이러한 상이점들은 그 지역에서 활동하고 있는 기업에게 많은 부담과 비용을 초래하는 요인이 되고 있다. 여기서는 그러한 상이점들 중에서 특히 자진신고자 감면제도, 신고제, 수직적 제한의 규제, 조정제도 등에 관한 차이에 대하여 살펴보고자 한다.[22)]

(1) 자진신고자 감면제도

일반적으로 카르텔은 은밀하게 이루어지고 있기 때문에, 경쟁당국은 카르텔에 참여한 기업들의 협조가 없이는 카르텔에 관한 증거를 확보하기가 매우 어렵다. 따라서 각국에서는 카르텔에 관한 증거를 용이하게 수집하기 위하여, 카르텔을 자진신고하거나 조사에 협력한 사업자에게 여러 가지 혜택을 제공하는, 이른바 자진신고자 감면제도(Leniency Program)를 도입하여 시행하고 있다.

ASEAN 회원국들 중에는 이러한 제도를 도입한 나라들(브루나이, 말레이시아, 미얀마, 필리핀, 싱가포르, 베트남과 캄보디아)도 있지만 그렇지 않은 나라들(인도네시아, 태국)도 있다. 그리고 이를 도입한 나라들 중에도 그 제도의 구체적인 내용에는 상당한 차이가 있는 것으로 보인다. 예컨대 필리핀에서는 최초의 신고자에게만 감면의 혜택을 부여하고 있는 반면에, 말레이시아와 싱가포르에서는 감면의 정도가 신고의 순서와 제공한 정보에 따라 달라진다. 그리고 혜택의 정도에 관해서 전면적 면제를 인정하고 있는 나라는 필리핀과 싱가포르밖에 없고, 다른 나라들은 모두 벌칙의 감면만 인정하고 있다.[23)]

(2) 신고제도

경쟁법상 신고제도(Notification System)가 이용되고 있는 경우는 반경쟁적 합의 / 행위에 대한 신고와 기업결합의 신고 두 가지이다.

1) 반경쟁적 합의/행위에 대한 신고

대부분의 경쟁법제는 반경쟁적 합의와 시장지배적 지위남용 행위를 금지하고 있으며, 그 중에 몇몇 나라에서는 사업자들에게 그러한 행위를 경쟁당국에 신고하는 것을 허용하고 있다. 이러한 신고제도는 두 가지 유형으로 분류된다. 하나는 일반적 신고제도로서, 경쟁당국이 신고된 합의나 행위가 경쟁법의 관련 규정에 부합하는지 여부를 결정하고, 만약 그렇지 않은 경우에는 예외에 해당하는지를 결정한다. 둘은 예외신고제도로서, 경쟁당국은 신고된 합의나 행위가 관련 경

---

22) Corinne Chew, Diversity of National Competition Laws in the ASEAN Region and the Resulting Challenges for Business Operating in the Region, in Burton Ong (ed.), *The Regionalisation of Competition Law and Policy within the ASEAN Economic Community*(Cambridge University Press, 2018), pp. 58f.

23) 벌칙의 감면이 100%에 이르는 경우도 있지만, 그것을 보장할 수는 없다.

쟁법의 적용제외 또는 예외에 해당하는지 여부만 평가한다. ASEAN 회원국들 중에서 한 나라(싱가포르)만 일반적 신고제도를 운용하고 있고, 다른 네 나라(브루나이, 말레이시아, 태국 및 베트남)는 예외신고제도를 운용하고 있다.

인도네시아는 반경쟁적 합의나 행위에 대한 공식적인 신고제도는 운용하지 않고 있지만, 경쟁당국인 KPPU는 그의 주의를 끄는 합의와 행위에 대하여 기꺼이 의견을 제시하고 있다. 그리고 싱가포르의 일반적 신고제도는 예상되는 합의나 행위에 대한 신고는 허용하지 않는 반면에, 다른 나라의 예외신고제도는 예상되는 합의에 대한 신고를 허용하고 있다.

2) 기업결합 신고

기업결합의 신고는 기업결합의 통제에 있어서 중요한 절차이다. 기업결합 신고제도를 가지고 있는 나라에서는 기업결합 당사자들이 경쟁당국에게 그들이 계획하고 있거나(혹은 때로는 이미 실현된) 기업결합을 신고해야 한다. 이러한 신고는 경쟁당국에게는 잠재적으로 반경쟁적인 기업결합에 대한 감독을 용이하게 하는 반면에, 당사자들에게는 그들의 기업결합이 경쟁제한성이 없다는 판단을 받게 되면, 나중에 기업결합의 통제에 의하여 법위반이라는 판단을 받지 않을 안정성을 제공한다.

기업결합의 신고제도에는 의무적 신고제와 자발적 신고제가 있다. 의무적 신고제를 취하는 나라에서는 사업자들이 그 기업결합이 경쟁당국으로부터 위법하지 않다는 확인을 받기 전에는 이를 실현할 수 없게 된다. 그런데 모든 기업결합이 신고의 대상이 되는 것이 아니라, 일정한 한계(thresholds)를 넘는 기업결합만 신고의 대상이 되고, 그 한계를 넘지 않는 기업결합은 신고의 대상이 되지 않는다. 이 한계는 경쟁에 미치는 영향이 크지 않은 기업결합을 가려내기 위한 것으로서, 시장점유율이나 거래의 가치와 같은 기준이 그 근거로 사용된다. 반면, 자발적 신고제도를 채택한 나라에서는 기업결합들이 경쟁당국에 의하여 위법하지 않다는 확인을 받아야 할 대상은 아니지만, 그럼에도 불구하고, 사업자들은 그들의 기업결합이 기업결합의 통제 규칙에 위반하지 않는다는 확인을 얻기 위하여 신고를 하는 것이 유리하다고 판단하는 경우에 이용하게 된다.

그리고 기업결합의 신고는 사전신고제와 사후신고제로 나누어진다. 기업결합 신고제를 가지고 있는 6개 회원국들 중에서 3개국(필리핀, 태국 및 베트남)은 의무적 사전신고제를 채택하고 있고, 2개국(브루나이와 싱가포르)은 자발적 신고제를 채택하고 있으며, 인도네시아는 예외적으로 의무적 신고제와 자발적 신고제를 포함하는 혼합체제를 채택하고 있다. 인도네시아는 일정한 기업결합은 사후에 의무적으로 신고하도록 하고 있지만, 사업자들이 그 기업결합을 사전에 자발적으로 신고하는 것도 허용하고 있다. 그런데 사전신고에 의하여 경쟁당국으로부터 호의적인 판단을 받았다고 하더라도 그것은 경쟁당국을 구속하지 않기 때문에, 결합당사자들은 그 기업결합이 의무적인 사후신고의 요건을 충족하는 경우에는 사후적으로 신고해야 한다. 그러나 이러한 인도네시아의 신고제도는 결합하는 기업들에게 안정성을 제공하지 못하기 때문에 현재 사전신고제로 개정하려는 논의가 이루어지고 있다.[24]

(3) 수직적 제한의 규제

수직적 합의는 일반적으로 생산이나 판매의 체인 중에서 서로 다른 단계에서 활동하는 사업자들 간의 합의를 말한다. 예컨대 제조업자와 판매업자 간의 합의나 도매업자와 소매업자 간의 합의가 여기에 해당된다.

수직적 합의는 수직적 제한을 포함할 수 있다. 수직적 제한은 여러 가지 방법으로 반경쟁적 효과를 낳을 수 있다. 사업자는 상부시장 또는 하부시장을 통제함으로써 그의 경쟁자를 배제할 수 있고(예: 배타적 합의), 상표내 경쟁이 사라질 수도 있다(예: 판매지역의 제한). 그럼에도 불구하고, 수직적 제한은 수평적 제한에 비하여 경쟁의 우려를 적게 받는 경향이 있다. 이에 몇몇 나라에서는 수직적 제한을 수평적 제한과 달리 취급하고 있다.

ASEAN 회원국들이 수직적 합의와 수직적 제한에 대하여 접근하는 방법은 세 가지 그룹으로 나누어진다. 첫째로 수직적 합의를 반경쟁적 합의에 대한 금지의 범주에서 제외하는 그룹이다. 브루나이와 싱가포르가 여기에 해당된다. 둘째로 수직적 합의에 대하여 배제하지 않지만, 수직적 제한의 취급과 금지되는 수직적 합의의 유형에 대하여 침묵하고 있는 그룹이다. 미얀마, 필리핀, 태국 및 베트남이 여기에 해당된다. 셋째로 경쟁법에서 수직적 제한의 특수한 유형을 명시적으로 금지하고 있는 그룹이다. 인도네시아와 말레이시아가 여기에 해당된다.

인도네시아 반독점법은 제8조에서 계약에 재판매가격유지 조건을 설정하는 것을

24) Corinne Chew, op. cit., p. 81.

명시적으로 금지하고, 제14조는 불공정한 경쟁이나 공익에 손해를 끼칠 수 있는 수직적 통합을 위한 계약을 금지하며, 제15조는 "폐쇄된 계약"(closed contracts), 즉 ① 상대방이 상품을 특정한 상대방이나 특정한 장소에 재판매하는 것을 금지하거나, ② 특정한 상품의 구입을 그 공급자로부터 다른 상품의 구입과 연결시키거나, ③ 끼워팔기나 배타적 조건을 부여하는 가격이나 할인을 고려하여 계약을 체결하는 것을 금지하고 있다.

말레이시아 경쟁법 제4조는 반경쟁적 수직적 합의를 명시적으로 금지하고 있다. 그리고 동법 제1장 금지에 관한 가이드라인은 제4조에 위반될 수 있는 특별한 수직적 제한을 규정하고 있는데, 이 가이드라인에 따르면, 말레이시아 경쟁위원회는 최저 재판매가격유지행위와 하부시장의 합의를 위한 초점으로 작용하는 다른 유형의 재판매가격유지행위에 대하여 엄격한 입장을 취하게 될 것이다. 그리고 (예컨대 끼워팔기, 배타적 지역 및 고객 할당과 같은) 비가격 수직적 제한도 반경쟁적인 것으로 보게 될 것이다.

수직적 제한은 카르텔과는 달리, 경쟁과 경제적 효율성에 명백히 해로운 것으로 여겨지지는 않기 때문에, ASEAN 회원국들이 그들의 정책적 선호에 따라 수직적 제한에 대하여 서로 다른 접근을 하고 있는 것은 그리 놀랍지 않다. 그럼에도 불구하고 이러한 상이점은 기업들에게 비용부담과 위험을 초래하게 된다. 특히 그것은 기업들이 수직적 제한을 포함하는 ASEAN 차원의 전략을 개발하고 수행하는 것을 방해한다. 그러한 수직적 제한들은 그들의 지역 차원의 경영전략의 필수적 요소가 될 수 있다.

예컨대 ASEAN 지역 내에서 활동하는 어떤 기업은 ASEAN 시장을 분할하기를 희망할 수 있다. 그 기업은 그의 판매업자들과 수직적 합의를 체결하고, 그 수직적 합의에 배타적 지역할당을 포함시킴으로써 이를 실현할 수 있다. 이러한 합의들은 그 판매업자들에게 그 기업의 상품을 그들의 관할 지역 내에서 배타적으로 공급하는 권리를 부여하고, 다른 판매업자에게 할당된 지역에서는 그 상품을 공급하지 않도록 하는 효과를 가지게 될 것이다. 그 기업이 지역적 시장을 분할하고자 하는 이유는 여러 가지가 있을 것이다. 서로 다른 나라에 있는 그들의 고객의 다른 특성을 만족시키기 위하여 각 나라에 차별화된 상품을 제공하기 위해서, 또는 각국에 특유한 규제들을 준수하기 위해서 필요할 수도 있고, 혹은 이윤을 극대화하거나 시장침투를 위해서 가격차별을 시도할 수도 있고, 그의 판매자들이 판매계약을 체결하는 조건의 하나인 배타적인 지역보호에 필요한 충분한 시장지배력을 확보하려고 할 수도 있다.

그러나 현행 ASEAN 회원국들의 법제에서는 위의 기업이 최소한 몇몇 회원국들의 경쟁법을 위반할 위험을 부담하지 않고 그러한 지역적 전략을 수행하기가 어려울 것이다. 그 기업은 싱가포르와 브루나이처럼 수직적 합의를 금지에서 제외하고 있는 나라에서는 이득을 볼 수 있겠지만, 다른 나라에서는 법 위반에 대한 잠재적인 위험을 부담하게 될 것이다. 특히 인도네시아에서는 반독점법 제15조의 "폐쇄된 계약"의 금지에 위반될 우려가 있고, 말레이시아에서는 경쟁법 제4조에 위반될 우려가 있다.

기업들이 지역적 기업전략을 수행할 수 없는 것은 AEC의 목적, 특히 단일한 시장과 생산기지의 형성과 배치되는 것처럼 보인다. 만약 다국적 기업들이 그들의 기업전략의 중요한 요소들을 결정함에 있어서 상이한 경쟁법규들을 고려해야 한다면, 그들은 ASEAN 지역을 단일한 시장으로 고려하기가 어려울 것이다. 이러한 관점에서, 경쟁법의 조화는 ASEAN에 있는 기업들에게 큰 도움이 될 것이다. 나라에 따라서는 수직적 제한의 반경쟁적 잠재성을 우려할 만한 정당한 이유가 있는 경우, 특히 그들은 상표내 또는 상표간의 경쟁을 소멸시키려는 것 외에는 다른 목적을 가지지 않는 경우도 있을 것이다. 그러나 궁극적으로 어떠한 입장을 선호하든 간에, ASEAN 회원국들이 수직적 제한에 관하여 어떤 명확하고, 공통적인 입장에 합의하게 되면, 그것은 기업들에게 큰 도움이 될 것이다.[25]

(4) 조정절차

경쟁당국들이 어떤 사업자들이 반경쟁적 행위에 가담하고 있다는 의심을 갖게 되면, 그들은 그 사업자들에 대하여 조사를 개시하여 관련절차를 진행할 수 있다. 그러한 조사와 절차들은 그 혐의를 받고 있는 사업자들과 경쟁당국에게 상당한 비용과 시간이 소요된다. 따라서 많은 경쟁법제에서는 절차적 효율성을 실현하기 위하여 사업자들이 경쟁당국과 조정하는 것을 허용하고 있다.

조정절차에서는 사업자들이 기본적으로 조사받고 있는 행위에 대한 책임을 인정하는 대신에, 경쟁당국은 그 사업자들이 그렇게 하지 않았으면 부과받았어야 할 벌칙을 일정한 금액이나 비율로 감면해 주게 된다. 이러한 벌칙의 감면은 사

25) Ibid., pp. 83~86.

업자의 협력, 즉 그 조사를 오래 끌지 않고 조정으로 끝내는 것에 대한 인센티브로 제공되는 보상이라고 할 수 있다. 조정은 통상 유책이나 침해에 대한 명료한 인정을 요구하지만, 반드시 그런 것은 아니라는 점을 유의할 필요가 있다.

조정절차로부터 나오는 유익은 여러 가지이다. 경쟁당국은 사건을 빨리 종결할 수 있을 뿐만 아니라 후속 소송을 줄일 수 있다. 경쟁당국은 여기서 절약한 자원을 다른 집행이나 경쟁주창 노력에 투입할 수 있고, 조정하는 사업자들도 사건의 빠른 종결과 벌칙의 감면을 받을 수 있다. 그리고 조정결정은 대체로 통상적인 침해 결정보다 적은 사실분석을 포함하기 때문에, 조정은 사업자들에게 잠재적 후속 소송과 관련하여 전술적인 유익을 제공할 수 있다.

한편 이러한 조정과는 달리, 경쟁법제에 따라서는 자발적인 약속을 허용하는 경우도 있다. 자발적인 약속은 조정과 관련이 있지만, 개념적으로는 조정과 다르다. 자발적인 약속은 어떤 사업자가 스스로 경쟁당국과 어떠한 일을 하거나 하지 않기로 약속하는 것이다. 이러한 약속은 조사의 근거가 되고 있는 경쟁제한의 우려를 제거하려는 관점에서 이루어진다. 경쟁당국이 그 자발적 약속을 받아들이면, 그 조사는 종결될 것이다. 자발적 약속은 그것이 사업자들이 조사를 조기에 종결할 수 있는 수단이라는 점에서는 조정과 유사하지만, 사업자가 책임을 인정할 것을 요구하지 않고, 또 벌칙도 부여되지 않는다.

ASEAN 회원국들 중에서 3개국(미얀마, 필리핀 및 태국)만 조정절차를 시행하고 있고, 나머지 국가들(브루나이, 인도네시아, 말레이시아, 싱가포르 및 베트남)은 조정절차를 가지고 있지 않다. 다만 싱가포르는 '신속 절차'(fast track procedure)라는 이름으로 그 자신의 조정절차를 시행하고 있다.

필리핀 경쟁법은 두 개의 조정절차를 가지고 있다. 이들은 문제의 기업들이 벌칙을 승인할 것을 요구하고 있지만, 유책이나 침해를 인정할 것을 요구하지는 않는다. 동법 제36조에서는, 어떤 주체가 반경쟁적 합의에 관한 사건으로 형사절차에 들어가 있는 경우 그 주체는 불항쟁의 청원을 할 수 있는데, 여기서 그는 그 사건에 대한 책임을 인정하거나 부인하지 않고, 마치 그에 대한 책임이 있는 것처럼 형벌을 받는 것에 동의한다. 그러나 이 청원은 그 형사사건에서 유래하는 민사소송이나 다른 소송에서 그 주체에 대한 책임을 인정하는 데에 사용될 수는 없다. 동법 제37조(c)에서는, 어떤 주체가 조사를 받고 있는 경우에, 경쟁법 위반을 인정하지 않고, 동의명령을 위한 제안을 할 수 있게 하고 있다. 그 제안된 동의명령은 벌금의 지불, 이행보고 및 손해배상에 관한 기간과 조건들을 포함할 수 있다.

태국 경쟁법에서는 경쟁위원회가 문제의 위반행위가 벌금이나 1년 이하의 징역에 처할 수 있는 사건을 조정할 수 있게 하고 있다. 어떤 사업자가 조정절차가 인정되고 있는 나라에서 조사를 받고 있는 경우에, 그 사업자는 조정을 제안할 것인지 여부에 대한 전략적 결정을 해야 한다. 이러한 결정을 함에 있어서, 합리적인 사업자는 조정의 편익과 비용을 비교 형량하게 된다. 그 사업자가 한 나라에서만 조사를 받는 경우에는 그 비용과 편익의 분석이 비교적 간단하지만, 여러 나라에서 동시에 조사를 받고 있는 경우에는 그 비용과 편익의 분석이 훨씬 더 복잡하게 된다. 왜냐하면 나라마다 다른 거래(deal)가 제안될 수 있기 때문이다. ASEAN 회원국 간에 조정절차의 차이가 크면 클수록 그 사업자에게 제안된 거래가 심각하게 다를 수 있기 때문이다.

뿐만 아니라 그 사업자가 오로지 몇몇 나라에서만 조정의 제안을 받을 수 있는데, 이 경우에는 그 사업자가 딜레마에 빠지게 된다. 그 사업자가 만약 몇몇 나라에서만 조정을 선택하게 되면, 다른 나라에서는 그 자신을 방어하기가 더욱 어렵게 될 것이다. 그러나 그 사업자가 어느 나라에서도 조정을 선택하지 않을 경우에는, 장기간에 걸친 조사와 절차를 감수해야 할 뿐만 아니라, 마침내 책임이 인정되면 온전한 벌칙을 부담해야 할 위험이 있다.[26]

Ⅳ. ASEAN 경쟁법의 전망

AEC 청사진의 경쟁정책이 ASEAN 지역 내에 단일한 시장 및 생산기지를 형성하는 데에 기여하려는 목적이 아니라, ASEAN 지역에 대한 외국인의 직접투자를 유인하기 위한 요소 중의 하나로 고려되었으며, 또 각 회원국들이 경쟁법 체제를 도입하는 과정에서 그들의 사회 · 경제적 및 정치적 상황을 고려할 수 있는 최대한의 유연성이 제공되었기 때문에, ASEAN 회원국들의 경쟁법은 그 목적과 내용 및 절차에 있어서 상당한 차이가 있는데다가, 각 회원국의 사회 · 경제적 여건이나 정치적 상황에 따라 경쟁법 집행의 수준이나 실적에도 많은 차이가 있다. 이는 ASEAN이 경쟁법과 정책을 도입하는 과정에서 초국가적인 경쟁법과 정책

26) Ibid., pp. 86~89.

및 초국가적인 경쟁법의 집행기관과 절차를 마련하지 않은 것에 의한 당연한 결과라고 할 수 있다. 따라서 장차 ASEAN 경쟁법의 발전도 결국 각 회원국이 그들의 경쟁법과 정책을 어떻게 발전시켜 나가느냐에 달려 있다고 할 수 있다. 그러므로 ASEAN이 시장경제가 잘 작동하는 경쟁적인 지역으로 발전하기 위해서는 각 회원국들이 그들의 경쟁법과 정책을 발전시켜 나가면서, 이를 효율적으로 집행할 수 있도록 필요한 제도나 절차를 정비하는 동시에 집행 역량을 강화하기 위하여 꾸준히 노력하지 않으면 안 될 것이다.

그리고 ASEAN 차원에서는 AEC 청사진 2025에 표현되어 있는 경쟁정책의 수단들이 각 회원국에서 착실히 실현되고 있는지를 점검하여, 그들이 효과적으로 추진될 수 있도록 지원하는 동시에, 각 회원국의 경쟁법과 정책을 비교·연구하고 경쟁법 집행당국들 간의 교류와 협력을 강화하여 그 공통점은 확대하고 차이점은 줄여 나가는 방법으로 각국의 경쟁법과 정책을 조화 내지 수렴해 나가도록 노력할 필요가 있으며, 여기에 선진국의 경험과 모범사례들을 적절히 반영할 수 있도록 배려하는 것이 바람직할 것이다.

그런데 이러한 일들은 경쟁법과 정책에 관한 경험이 일천하여 집행당국의 역량은 물론이고 전문가들이 부족하고 시민들의 경쟁의식도 강하지 않은 ASEAN과 그 회원국들의 힘만으로는 소기의 성과를 거두기가 매우 어려울 것이다. 따라서 ASEAN이 하루 속히 경쟁적인 경제지역으로 발전할 수 있도록 하기 위해서는, 경쟁법과 정책분야에 관하여 풍부한 경험과 역량을 갖추고 있는 나라들이 ASEAN 회원국들의 경쟁법과 정책의 효율적인 집행을 지원하기 위한 기술지원과 협력을 강화하는[27] 동시에, 그들이 경쟁법과 정책을 조화 내지 수렴해 나가는 과정에서 선진국의 경험과 모범사례들을 참고하여 그들의 경쟁법과 정책을 글로벌 스텐다드에 부합하는 방향으로 발전시켜 나갈 수 있도록 지속적으로 지원할 필요가 있을 것이다.

---

27) 지난 10여 년 간 ASEAN 지역의 경쟁정책과 법의 발전을 위한 기술자원을 실시해 온 나라는 호주, 뉴질랜드, 독일 및 일본 등이며, 우리나라는 최근에 여기에 관심을 보이고 있다.

제 2 편

각 회원국의 경쟁법

인도네시아 경쟁법:
실체규정과 절차규정의 분석

오준형*

Ⅰ. 서 론

인도네시아 공화국(Republic of Indonesia, 이하 '인니')은 인도양과 남태평양 사이에 위치한 17,000여 개의 섬들로 구성된 도서국가이다.[1] 면적은 190만㎢(한반도의 약 9배)이며 인구는 중국, 인도, 미국에 이어 세계 4위로 약 2억 6,416만 명이다. 2021년 4월 기준 국내 총생산은 11,158억 달러이며, 1인당 GDP는 4,256달러이다. 인니는 ASEAN 국가 중 유일한 G20 국가이자, OECD key partner 국가[2]이기도 하다. 인니는 많은 인구와 젊은 인구 구조 및 풍부한 자원을 바탕으로 지속적인 경제성장(연 5% 이상)을 달성하고 있다.[3]

인니는 네덜란드(약 350년)와 일본(3년 6개월)의 식민지배를 받았다. 일본의 패전 직후인 1945년 인니 공화국 독립 선언과 건국 헌법을 제정하였다.[4] 이후 2대

* 서울대학교 법학연구소 경쟁법센터 선임연구원, 미국변호사

1) 외교부 인니 개황(2019) 및 IMF World Economic Outlook Database(2021)을 기초로 작성.

2) OECD 회원국은 아니나 경제규모가 커서 OECD의 주요 회의에 초청 및 발언 기회를 가지며 인니 외에 브라질, 중국, 인도, 남아프리카공화국도 key partner 국가이다.

3) 우리나라는 인도네시아의 6위 교역국임. 한국은 석유제품, 철강판, 합성수지, 반도체, 편직물을 수출하고, 석탄, 가스, 의류, 철강판, 목재류 등을 수입. 현재 인도네시아에 거주 및 체류하는 국민은 2.2만여명, 대부분 섬유·신발·완구·가발 등 노동집약적 업종에서 자영업을 하거나, 한국계·외국계 회사에 근무하고 있다(외교부, 2019).

4) 1945년 헌법은 경제적인 삶에서의 민주주의를 보장하는 내용을 포함한다. Sih Yuliana Wahyuningtyas, "Indonesian competition law: up for renewal" in Steven Van Uytsel, Shuya Hayashi, and John O. Haley (eds.), *Research Handbook on Asian Competition Law* (Edward Elgar, 2020), 100.

대통령인 수하르토가 1966년부터 1998년까지 32년간 인니를 통치하였다. 특히, 1970년에서 1990년까지 수하르토 정부는 정치적 안정과 경제개발을 최우선시하는 정책을 실시하였다. 서방 국가들과의 관계를 회복하여 해외 자본을 적극 유치하고, 경제안정과 경제개발 계획의 추진을 위해 7차에 걸쳐 개발내각을 구성하였다. 이를 통해 괄목할만한 경제성장을 달성하였으나 장기집권으로 인하여 대규모 부정부패가 발생하였다. 게다가 고도의 경제성장에 가려졌던 제도적 취약점은 1997년 아시아 금융위기 때 여실히 드러났다. 특히 사법시스템이 취약하여 계약을 이행할 방법도, 채권을 회수하거나, 파산신청을 할 방법도 없었다. 또한 비관세장벽, 지대추구, 국내보조, 수출금지와 무역장벽 같이 경제성장을 저해하는 많은 문제가 드러났다. 수하르토 대통령은 IMF에 원조를 요청하였는데, IMF는 경제지원 조건 중의 하나로 기업의 구조조정을 요구하였고, 거기에는 수하르토 대통령의 친족기업이 포함되어 있었다. 정부는 IMF의 개혁안에 소극적으로 대응하였고, 이는 신용상실, 화폐가치 하락, 물가 폭등, 실업자 증가 등 국가적 경제위기로 이어졌으며 수하르토 대통령은 정권을 이양하게 된다. 그 후 많은 제도적 개혁이 일어났으며, 인니 경쟁법도 그 개혁의 산물 중 하나이다.[5)]

Ⅱ. 본 론

1. 경쟁법 제정 시 고려 요소

1999년 3월 5일, 「독점적 관행 및 불공정경쟁의 금지에 관한 법률」(Law Concerning Prohibition of Monopolistic Practices and Unfair Business Competition, 이하 '인니 경쟁법')이 제정되었다.[6)]

인니 경쟁법 전문에 동법 제정 시 고려사항이 나타나 있는데 그 내용은 다음과 같다.

① 경제분야에서의 발전은 빤찌실라[7)](Pancasila)와 1945년 헌법에 기초하여 국

5) UNCTAD, Voluntary Peer Review on Competition Policy: Indonesia(2009), 21－22면.

6) 참고로 인니는 ASEAN 10국 중 가장 먼저 경쟁법을 도입한 나라이다. 인니, 태국(1999), 싱가포르, 베트남(2004), 말레이시아(2010), 브루나이, 라오스, 미얀마, 필리핀(2015), 캄보디아(도입 예정).

7) 5가지 기둥을 뜻함: ① 유일신에 대한 믿음, ② 공정하고 고상한 인류애, ③ 인도네시아의 통합, ④ 합의제와 대의제를 통한 민주주의 실현, ⑤ 인도네시아 국민 전체를 위한 사회정의 구현.

민들의 후생을 직접적으로 달성할 것

② 경제분야에서의 민주화는 모든 국민이 상품・용역의 생산・판매에 참여할 수 있는 동등한 기회를 제공하고, 공정하며 효과적이고 효율적인 사업 환경을 제공하여 경제성장을 달성하고, 합리적인 시장경제가 작동하도록 할 것

③ 인도네시아에서 사업을 하고 있는 자는 공정하고 정상적인 경쟁환경에 있어야 하며, 특정 사업자에게 경제력이 집중되는 것을 야기해서는 안 되며, 국가가 체결한 국제조약을 준수할 것

2. 경쟁법의 목적

인니 경쟁법은 총 11장 53개의 조문으로 구성되어 있는데 제2장 제2조 내지 제3조에서 동법의 목적을 명시하고 있다. 인니에서 사업을 하는 자들[8]은 사업자의 이익과 공공의 이익의 균형을 준수하며, 경제민주주의 원칙을 토대로 사업을 해야 한다(제2조). 국민 후생증진 노력의 일환으로 공공의 이익을 보호하고 국가 경제의 효율을 높이고, 대기업・중견기업・소기업이 동등한 사업기회를 가지도록 공정한 사업경쟁 풍토를 조성하고, 사업자의 독점적 관행과 불공정한 경쟁을 방지하고, 효과적이고 효율적인 사업활동을 조성하는 것을 목적으로 한다(제3조).

3. 실체법적 규정

동법은 제3장 내지 제5장에서 실체법적 규정을 다루고 있는데 제3장에서 금지되는 합의, 제4장에서 금지되는 행위, 제5장에서 시장지배적 지위를 규제하고 있다.

(1) 금지되는 합의(Prohibited Agreements)

인니 경쟁법 제3장은 금지되는 합의, 즉 사업자 간의 공동행위를 다루고 있다. 합의는 하나 또는 복수의 사업자를 구속할 목적으로 이루어지는 행위로서 그 명칭이나 서면 작성 여부를 묻지 않는다(제1조 제7항). 동법은 총 열 가지 유형의 합의를 금지하고 있으며 그 내용은 다음과 같다. ① 과점(제4조), ② 가격고정(제5조 내지 제8조), ③ 시장분할(제9조), ④ 보이코트(제10조), ⑤ 카르텔(제11조), ⑥

8) 인니 경쟁법에 역외적용 규정은 없다.

트러스트(제12조), ⑦ 수요과점(제13조), ⑧ 수직통합(제14조), ⑨ 배타적 거래(제15조), ⑩ 외국사업자와의 합의(제16조). 이하에서는 이 법에서 금지하고 있는 열 가지 합의의 세부 내용과 관련 판결을 살펴보도록 한다.

1) 과점(Oligopoly)

사업자는 다른 사업자와 공동으로 상품·용역의 생산·판매를 통제하여 독점적 관행(monopolistic practices)이나 불공정한 경쟁(unfair business competition)을 야기하는 합의를 하여서는 안 된다(제4조 제1항). 동법에는 '독점적 관행' 또는 '불공정한 경쟁'이라는 표현이 자주 사용되는데, 총설인 제1조에 다음과 같이 정의되어 있다. 독점적 관행은 공공의 이익을 잠재적으로 저해하고 불공정한 경쟁을 야기하는 하나 또는 그 이상의 사업자들에 의해 특정 상품·용역의 생산·판매가 통제되는 경제력 집중을 의미한다(제1조 제2항). 불공정한 경쟁은 불공정(unfair)하고 불법적인(unlawful) 방법으로 경쟁을 약화시키는 상품·용역의 생산·판매에 관한 사업자들의 경쟁을 의미한다(제1조 제6항). 그리고 동조에는 과점 사업자에 대한 추정조항이 있는데, 2개 또는 3개 사업자의 관련시장 점유율이 75% 이상인 경우 그들이 공동으로 상품·용역의 생산·판매를 통제한 것으로 합리적으로 의심 또는 간주하게 된다(제4조 제2항).

2) 가격고정(Price Fixing)

동법은 네 가지 유형의 가격고정을 규율하고 있다. 첫째, 사업자는 소비자들(consumers) 또는 고객들(customers)이 지불해야 하는 특정 상품·용역의 가격을 고정하는 합의를 경쟁사업자와 하여서는 안 된다(제5조 제1항). 이는 경쟁법제에서 대표적으로 규율하는 공동행위 중 하나인 경쟁사업자 간의 가격담합이다.

둘째, 사업자는 구매자(buyer)가 다른 구매자가 동일한 상품·용역을 위해 지불해야 하는 것과는 다른 금액을 지불하도록 하는 합의를 하여서는 안 된다(제6조). 본 조문은 합의의 주체가 경쟁사업자인지 또는 다른 사업자인지 구체적으로 명시하고 있지는 않지만, 동일한 상품·용역을 구매하는 어느 특정 구매자가 다른 구매자들에 비해 고가 또는 저가를 지불하게 하는 가격차별을 하는 합의를 금지하는 것으로 이해된다.

셋째, 사업자는 경쟁사업자와 시장가격 이하로 가격을 설정하여 불공정한 경쟁을 야기하는 합의를 하여서는 안 된다(제7조). 위법성 요건으로 시장가격 이하의 가격합의와 불공정한 경쟁을 야기해야 한다는 점에서 제5조 제1항의 가격담합과 차이가 있다.

넷째, 사업자는 자신의 상품·용역을 공급받아 그것을 판매·재공급하는 다른 사업자로 하여금 합의된 금액 이하로 판매·공급하지 못하도록 하여 잠재적으로 불공정한 경쟁을 야기하는 합의를 하여서는 안 된다(제8조). 즉, 재판매가격유지 행위를 금지하고 있다.

3) 시장분할(Dividing Territories)

사업자는 경쟁사업자와 상품·용역의 시장을 분할·할당하여 잠재적으로 독점적 관행을 야기하거나 불공정한 경쟁을 야기하는 합의를 하여서는 안 된다(제9조). 이는 거래지역 또는 거래상대방을 제한하는 행위에 해당한다.

4) 공동의 거래거절(Boycott)

사업자는 경쟁사업자와 합의하여 국내 또는 국외 시장을 대상으로 그들과 동일한 사업에 종사하는 사업자들을 방해하여서는 안 된다(제10조 제1항). 사업자는 다른 사업자에게 손해 또는 잠재적인 손해를 발생시키는 상품·용역의 판매를 금지하는 합의를 경쟁사업자와 하여서는 안 된다(제10조 제2항 a.). 사업자는 다른 사업자가 관련시장에서 상품·용역의 판매 또는 구매에 제한을 가하는 합의를 경쟁사업자와 하여서는 안 된다(제10조 제2항 b.).

5) 카르텔(Cartel)

사업자는 경쟁사업자와 상품·용역의 생산·판매를 조절하여 가격에 영향을 미치려는 의도를 가지고 독점적 관행 또는 불공정한 경쟁을 야기하는 합의를 하여서는 안 된다(제11조).

6) 트러스트(Trust)

사업자는 다른 사업자와 상품·용역의 생산·판매를 통제할 목적으로 각 회사 또는 (각 그룹) 회사의 속성은 유지하면서 합작회사나 더 큰 규모의 회사(larger company)를 설립하여 독점적 관행이나 불공정한 경쟁을 야기하는 것에 협력하는 합의를 하여서는 안 된다(제12조).

7) 수요과점(Oligopsony)

사업자는 다른 사업자와 관련시장의 상품・용역의 가격을 통제하여 독점적 관행이나 불공정한 경쟁을 야기할 수 있는 공급물량의 구매・취득을 공동으로 통제하는 합의를 하여서는 안 된다. 이와 관련하여 2개 또는 3개 사업자, 또는 사업자 집단이 특정 상품과 용역의 75% 이상을 통제하고 있는 경우, 앞에서 언급한 공급물량의 구매 또는 취득을 공동으로 통제하고 있다고 합리적으로 의심 또는 간주하게 된다(제13조).

8) 수직통합(Vertical Integration)

사업자는 다른 사업자와 연속적인 공정을 통해 생산되는 완제품의 생산단계에 직접 또는 간접적으로 포함되는 상품・용역을 통제할 목적으로 불공정한 경쟁 또는 사회에 해악(harmful to society)을 끼치는 합의를 하여서는 안 된다(제14조). 인니 경쟁당국이 발행한 수직통합 가이드라인[9]에 따르면 다른 사업자는 해당 완제품의 생산・유통단계(production / operation chain)와 관련하여 상방 또는 하방 시장에서 활동하는 자를 뜻한다. 그리고 사회에 미치는 해악은 비합리적인 가격, 상품・용역의 품질저하, 소비자 선택제한과 후생저하를 뜻한다.

관련 판결

"GRAB과 TPI의 수직통합 및 시장통제" 건 (지방법원 2020.9.25. 대법원 2021.4.1.)

PT Solusi Tranportasi Indonesia(이하 'GRAB')[10]은 차량공유앱 제공사업자이고, PT Teknologi Penggawai Indonesia(이하 'TPI')는 자동차 장기렌트사업자이다. GRAB과 TPI는 TPI로부터 자동차를 장기렌트하고 GRAB을 사용하는 운전자에게 승객 배정 시 우선권을 부여하거나, 운전자에게 응답유예기간과 같은 편의를 제공하는 협정을 체결하였다.

인니 경쟁당국은 차량을 임대하여 승객을 운송하는 '특별임대 운송서비스 시장'으로 관련시장을 획정하고, 해당 시장의 구성요소를 '운전자에 대한 모바일 앱제공'과 '운송용 차량의 제공'으로 보았다. 따라서, 본 합의는 수직통합에 해당하고 해당 시

---

9) Guidelines on Implementation of Article 14 Concerning Vertical Integration, 2010.

10) 동남아 최초의 데카콘 기업이며, 2021년 현재 기업가치는 약 45조원이며, 2021년 12월 미국 나스닥에 상장되었다.

장에서의 통제가 강화되었으므로 법 제14조(수직통합)를 위반했다고 판단하였다.

또한, GRAB와 TPI의 본 행위는 TPI의 경쟁사업자와 TPI로부터 자동차를 렌트하지 않는 다른 운전자를 방해하여 시장을 통제하였으므로 제19조(b)(시장통제)를 위반했다고 판단하였다.

경쟁당국은 제재조치로서 제14조 위반혐의에 대해 GRAB에게 75억 루피아(약 5.8억원)와 TPI에게 40억 루피아(약 3.2억원)의 과징금을 부과하였고, 제19조 위반혐의에 대해 GRAB에게 225억 루피아(약 17.5억원)와 TPI에게 150억 루피아(약 12억원)의 과징금을 부과하였다.(2020.7.2.)

GRAB과 TPI는 경쟁당국의 결정에 불복하여 자카르타 지방법원에 소[11]를 제기하였다. 먼저, 수직통합과 관련하여 경쟁당국이 주장하는 '특별임대 운송서비스 시장'은 존재하지 않는다며 시장획정이 잘못되었다고 주장하였다. 또한, GRAP이 제공하는 차량공유앱과 TPI의 차량장기렌트는 법 제14조가 요구하는 생산단계(production chain)와 관련이 없으므로, 즉 상·하방시장관계에 있지 아니므로 수직통합에 해당하지 않는다고 반박하였다. 그리고 TPI의 관련시장 점유율이 10% 밖에 안 되는 점, 법에서 독점 또는 지배적 지위 사업자의 요건은 1개 사업자일 경우 시장점유율 50% 또는 2~3개 사업자의 경우 시장점유율 75% 이상을 요구하는 바, 10% 밖에 안 되는 TPI의 시장점유율을 고려하였을 때 위법성 요건인 독점적 관행 또는 불공정한 경쟁을 야기할 가능성이 없다고 주장하였다. 법원은 이러한 주장을 받아들여 경쟁당국의 결정과 과징금 전부를 취소하였다.(2020.9.25.)

인니 경쟁당국은 불복하여 대법원에 상고하였으나, 대법원은 원심에 법리적용의 오류가 없음을 이유로 기각하였다.(2021.4.1.)

법집행의 경험이 많지 않은 신생 경쟁당국의 경우 그리고 산업이 정적인 경우 시장점유율에 특정 임계치를 설정하여 지배적 지위의 사업자를 추정하거나 경쟁제한성을 판단하는 부분은 어느 정도 용인되었다.[12] 하지만 본 사건에서와 같이 다국적 거대 플랫폼 사업자와 결탁하는 경우, 그리고 혁신적인 시장에서 특정 시점에서의 시장점유율이 낮다는 이유로 경쟁제한성이 없다고 판단한다면, 역동적으로 변하는 혁신시장의 특성을 제대로 반영하지 못한 판결이 될 수 있다. 인니 사법부가 이러한 특성을 고려치 않고 단지 시장점유율만을 기준으로 경쟁제한성을 판단한 점은 아쉬운 대목이다.

---

11) 참고로 개정법에 따른 경쟁법 사건 사법심사는 경쟁당국 결정 → 상업법원 → 대법원(법률심)으로 이루어진다. 법 개정 전이었던 본 사건의 원심은 자카르타 지방법원에서 관할하였다. 지방법원 전체 법관 6,000여명 중 경쟁법 연수를 받은 법관은 200여명이라고 한다(UNCTAD, 위 자료, 43면).

12) OECD, Reviews of Regulatory Reform: Indonesia, 2012, 31면.

9) 배타적 거래(Exclusive Dealing)

사업자는 상품·용역을 공급받는 자가 해당 상품·용역을 특정 당사자 또는 지역에만 재공급하도록 하는 조건을 설정하는 합의를 하여서는 안 된다(제15조 제1항). 사업자는 상품·용역을 공급받는 자가 공급자의 다른 상품·용역을 구매하는 조건을 설정하는 합의를 하여서는 안 된다(제15조 제2항). 사업자는 상품·용역의 가격 또는 할인과 관련하여 ① 공급자의 다른 상품·용역을 구매하도록 하는 조건 또는 ② 공급자의 경쟁자로부터 동일하거나 유사한 상품·용역을 구매하지 않을 조건을 설정하는 합의를 하여서는 안 된다(제15조 제3항).

10) 외국사업자와 합의(Agreements with Foreign Parties)

사업자는 외국사업자와 독점적 관행이나 불공정한 경쟁을 야기할 수 있는 조건으로 합의하여서는 안 된다(제16조).

이상에서 살펴본 인니 경쟁법에서 금지되는 합의에는 세 가지 특징이 있다. 첫 번째 특징은, 반경쟁적 합의를 금지하는 별도의 일반조항이나 포괄규정 없이 열 가지의 구체적인 행위 유형을 열거하고 있다는 점이다. 두 번째 특징은, 소위 경성담합(hardcore cartel)으로 분류되는 시장분할과 가격관련 합의의 경우에도 법문상 경쟁제한성 심사를 요구하고 있고, 경쟁당국의 가이드라인에서도 합리의 원칙을 적용할 것을 명시하고 있다는 점이다. 세 번째 특징은, 금지되는 합의와 동법에서 규제하는 다른 유형의 행위에 대한 중첩적용이 가능하며, 각각의 위반에 따른 제재조치 또한 중복하여 부과될 수 있다는 점이다. 이하에서 차례로 살펴본다.

먼저, 인니 경쟁법에는 금지되는 합의에 관한 일반조항 또는 포괄조항이 없다. 미국과 EU는 각각 셔먼법 제1조와 유럽기능조약 제101조에 반경쟁적 합의를 금지하는 일반조항이 있다. 우리나라 공정거래법의 경우 부당하게 경쟁을 제한하는 합의의 유형으로 아홉 가지를 나열한 열거주의 방식을 채택하고 있다.

인니 경쟁법과 관련 정부령(Government Regulations), 그리고 인니 경쟁당국이 발행한 가이드라인에는 동법에서 금지하는 합의는 예시적 규정이라는 명시적인 표현은 찾을 수 없다.[13] 오히려 금지되는 합의만도 적지 않은 열 가지라는 행위

---

13) 정부령과 가이드라인은 각각 우리나라 시행령과 심사지침에 해당한다(법제처, 인도네시아 법체계와 입법절차, 2017, 11면 참조).

유형이 구체적으로 나타나 있는 점, 그리고 각각의 조문에서 특정 단어들을 사용하여 서로 다른 위법성 요건을 구성하고 있는 점을 고려할 때 인니 경쟁법은 열거주의 방식을 채택했다고 보는 것이 타당해 보인다.

그렇다면 반경쟁적 합의를 금지하는 일반조항과 포괄규정이 없기 때문에 사업자의 행동이 법문에 열거된 특정행위 중 하나로 포섭할 수 없게 되는 경우 규제 공백이 발생할 수 있다. 더욱이 금지되는 행위는 유형 별로 해당 행위를 규율하기 위한 구체적인 위법성 요건을 명시하고 있는데, 각 유형별로 서로 다른 용어와 개념을 사용하고 있어 법을 집행하는 경쟁당국도 동법의 수범대상자인 사업자(business actor)도 그 개념이 무엇인지 쉽게 이해하기 어려울 것으로 보인다. 예를 들어 [표 1]과 같이 합의의 당사자만 해도 일부 유형은 '경쟁사업자'와 할 것

표 1 금지되는 행위 위법성 요건

구분	행위 유형	합의 대상	경쟁 제한성 판단 기준	심사기준	기타
1	과점	다른 사업자	독점적 관행·불공정 경쟁	합리의 원칙	추정조항
2	가격고정	경쟁 사업자	·	당연위법	소비자, 관련시장
		·	·	당연위법	구매자, 다른가격
		경쟁 사업자	불공정 경쟁	합리의 원칙	시장가 이하
		다른 사업자	불공정 경쟁	합리의 원칙	재판매 가격 설정
3	시장분할	경쟁 사업자	독점적 관행·불공정 경쟁	합리의 원칙	·
4	공동의 거래거절	경쟁 사업자	·	당연위법	관련시장
5	카르텔	경쟁 사업자	독점적 관행·불공정 경쟁	합리의 원칙	·
6	트러스트	다른 사업자	독점적 관행·불공정 경쟁	합리의 원칙	·
7	수요과점	다른 사업자	독점적 관행·불공정 경쟁	합리의 원칙	추정조항, 관련시장
8	수직 통합	다른 사업자	불공정 경쟁·사회 후생 저하	합리의 원칙	·
9	배타적 거래	다른 사업자	·	당연위법	·
10	외국 사업자와의 합의	다른 사업자	독점적 관행·불공정 경쟁	합리의 원칙	·

을 요하고, 다른 유형은 '다른 사업자'와 할 것을 명시하고 있다. 이는 소위 동일한 관련시장에 있는 경쟁사업자와의 수평적 합의와 그 외의 다른 사업자와의 수직 및 기타 합의를 구분하기 위함으로 이해된다. 하지만, 가격고정과 관련된 제5조 내지 제8조에서는 '소비자[14](consumer)'와 '관련시장'(제5조), '구매자(buyer)'와 '다른 가격'(제6조), '시장가격 이하'(제7조), '계약된 가격 이하'(제8조) 등 다양한 용어와 개념을 사용하고 있다. 또한, 어떤 유형은 '독점적 관행을 야기'할 것, 또 다른 유형은 '불공정한 경쟁을 야기'할 것, 어떤 유형은 둘 다를 명시하거나, 그 외에 '사회적 후생 저하'를 요하는 유형도 있는바 그 개념과 기준이 명확하지 않아 수범자의 혼란과 경쟁당국의 입증 부담이 예상된다.

두 번째 특징은, 시장분할, 가격담합과 같은 경성담합의 경우 미국 판례법의 발전에 따른 당연위법(per se)의 원칙을 기준으로 심사하는 것이 글로벌스탠다드로 받아들여지고 있다. 하지만 인니 경쟁법의 금지되는 합의 중 경성담합으로 분류될 수 있는 가격고정, 시장분할, 카르텔 조항에는 '독점적 관행을 야기하는' 또는 '불공정한 경쟁을 야기하는'이라는 요건이 포함되어 있다. 우리나라 공정거래법 제40조 부당한 공동행위 금지의 '부당하게 경쟁을 제한하는' 규정과 비슷해 보인다. 이와 관련하여 UNCTAD[15]와 OECD[16]와 같은 국제기구가 인니 경쟁법을 대상으로 실시한 동료평가(peer review)에서 개정되어야 할 부분이라고 지적한 바 있다.

하지만, 인니 경쟁당국이 발행한 카르텔 가이드라인, 입찰에서의 공모 가이드라인에는 합리의 원칙(rule of reason)을 따르고, 법 집행 시 비교형량(balancing test) 한다고 명시되어 있다. 심지어 동 가이드라인에는 "많은 경쟁당국은 카르텔 사건을 당연위법의 원칙에 따라 처리한다"는 예시까지 들고 있다.

일견 인니경쟁당국의 경성담합과 관련된 법집행 관행이 글로벌스탠다드와는 다소 거리가 있어 보인다. 하지만, 법 제정시 산업의 많은 부분에서 경제력이 집중되어 있었던 점, 법을 제정하고 시행한지 20여년밖에 안 되었다는 점, 게다가 법 집행 사례도 많지 않은 점, 경쟁법에 대한 낮은 국민적 인지도, 오랜 기간 고착되

---

14) 동법 제1조 제10항은 소비자를 다음과 같이 정의하고 있음. Consumer shall be any user and or utilizer of goods and or services, either for their own interest or for the interest of other parties.

15) UNCTAD, Voluntary Peer Review on Competition Policy: Indonesia, 2009.

16) OECD, Reviews of Regulatory Reform in Indonesia, 2012.

어 온 족벌경영과 엘리트 정치인들 간의 결탁, 국가 경제발전을 위한 산업정책과 경쟁정책의 관계를 고려할 때, 선진 경쟁당국의 관행이라고 해서 바로 당연위법의 원칙을 적용하는 것은 무리가 있어 보인다. 그러한 점에서 경쟁당국이 합리의 원칙에 따라 법을 집행하면서 경험도 축적하고, 재계와 사법부와 그리고 국민에게 법집행을 통한 경쟁주창 메시지를 전하는 것도 유의미하다고 생각한다.

세 번째 특징은, 동법이 규제하는 각 유형의 금지되는 합의와 다른 조문에서 규제하는 금지되는 행위 및 지배적 지위와 중첩하여 규제하고 과징금을 중과할 수 있다는 점이다. 위에서 말한 바와 같이 구체적인 위법성 요건과 합리의 원칙을 통한 심사기준 때문에 법을 집행하는 인니 경쟁당국의 어려움은 자명해 보인다. 이런 어려움에 대한 조처인지, 법집행의 재량권 확보를 위함인지, 경쟁당국이 발행한 몇 가지 금지되는 합의에 대한 가이드라인[17]을 보면, 해당 행위가 동법 내 다른 금지되는 합의 또는 다른 조항과의 관련성을 언급하고 있다. 예를 들어, 수직통합 합의(제14조)는 배타적 · 구속조건부 거래(제15조)를 야기할 수 있는 점, 통합 이후 관련시장의 상품에 대한 시장통제(제19조)가 될 수 있는 점, 여러 회사의 임원겸임(제26조) 또는 기업결합(제28조 내지 제29조)의 형태로도 수직통합 합의가 이루질 수 있음을 언급하고 있다. 앞서 살펴본 GRAB과 TPI사건에서 인니 경쟁당국은 수직통합 합의(제14조)뿐만 아니라 시장통제(제19조)도 동시에 규제하였고, 각각의 위반행위에 대해 과징금을 부과하였다. 이는 우리나라 공정거래법이 금지요건의 중첩은 허용하나 그 처벌에 있어서는 법위반 행위 중 가장 중한 행위유형에 대한 형사벌 또는 과징금[18]만을 부과한다는 점에서 차이가 있다.

(2) 금지되는 행위(Prohibited Activities)

인니 경쟁법 제4장은 단독행위, 경제력집중, 공동행위, 불공정거래행위 등을 규율하고 있다. 먼저 독점(제17조)과 수요독점(제18조)을 다루는데, 시장점유율 50%를 상회하는 자들에 대한 추정조항을 두어 독점 또는 구매독점 사업자의 단독행위를 규제하고 있다. 그리고 경쟁자를 배제하거나 차별적 취급과 같은 불공정거래행위(제19조 내지 제21조)와 입찰담합, 영업비밀 침해도 금지하고 있다(제22조 내지 제24조).

---

17) 카르텔(제11조), 수직통합(제14조), 입찰에서의 공모(제22조).

18) 「형법」 제40조 및 공정거래위원회 과징금부과 세부기준 등에 관한 고시 참조.

1) 독점(Monopoly)

사업자는 독점적 관행이나 불공정 경쟁을 야기할 수 있는 상품・용역의 생산・판매를 통제하여서는 안 된다(제17조 제1항). ① 관련 상품・용역의 대체품이 없는 경우, ② 다른 사업자가 동일 상품・용역 시장의 경쟁에 진입할 수 없도록 하는 경우, ③ 한 사업자 또는 사업자그룹이 특정 상품・용역의 50% 이상의 시장점유율을 가지고 있는 경우, 사업자는 상품・용역의 생산・판매를 통제하고 있다고 합리적으로 의심 또는 간주된다(제17조 제2항).

일견 시장지배적 지위 남용행위의 일반조항 같아 보인다. 하지만 인니 경쟁법 제5장은 지배적 지위를 별도로 다루고 있다. 두 조항의 관계는 후에 상술한다.

2) 수요독점(Monopsony)

사업자는 독점적 관행이나 불공정한 경쟁을 야기할 수 있는 상품・용역의 취득을 통제하거나 단독의 구매자로서 행동해서는 안 된다(제18조 제1항). 한 사업자 또는 사업자그룹이 특정 상품・용역의 50% 이상의 시장을 통제하고 있는 경우 상품의 취득을 통제하거나, 단독 구매자라고 합리적으로 의심 또는 간주한다(제18조 제2항).

3) 시장통제(Market Control)

사업자는 단독으로 또는 다른 사업자와 공동으로 관련시장에서 독점적 관행 또는 불공정한 경쟁을 야기할 수 있는 다음의 행동을 하여서는 안 된다. ① 관련시장에서 동일한 사업을 하는 자를 방해 또는 거절하는 행위, ② 경쟁사업자의 소비자 또는 고객이 경쟁사업자와 사업관계를 맺는 것을 방해하는 행위, ③ 상품・용역의 관련시장에서 공급・판매를 제한하는 행위, ④ 특정 사업자를 차별하는 행위가 금지 된다(제19조).

또한 경쟁법은 약탈적 가격설정(부담염매)을 규율하고 있는데 그 내용은 다음과 같다. 사업자는 관련시장에서의 경쟁사업자에게 피해를 주거나 또는 경쟁사업자를 제거할 목적으로 상품・용역을 극단적으로 낮은 가격으로 설정하거나 또는 원가 이하로 공급하여 독점적 관행이나 불공정 경쟁을 야기할 수 있는 행위를 해서는 안 된다(제20조). 사업자는 상품・용역의 가격을 구성하는 생산 가격이나 다른 가격을 결정하는 불공정한 관행에 관여하여 불공정한 경쟁을 야기하는 행위를 해서는 안 된다(제21조).

관련 판결

"CONCH 부담염매" 건 (경쟁당국 2021.1.15., 상업법원 2021.3.9.)

남깔리만탄의 시멘트제조업자인 Conch South Kalimantan Cement(이하 'CONCH')가 염가로 상품을 판매하여 경쟁법 제20조(부담염매)를 위반했다는 제보가 있었다. 인니 경쟁당국이 조사해 본 결과 CONCH는 2015년 원가 이하로 상품을 판매하여 손실이 발생하였고, 2015년에서 2019년까지는 남깔리만탄 시멘트 시장가격의 평균 이하로 상품을 판매하였다는 것이 확인되었다. 다국적 기업인 모회사(Anhui Conch Cement)의 자금력이 풍부하여 이러한 염매정책을 실시할 수 있었고, 해당 행위로 인해 5개의 다른 시멘트업체들이 남깔리만탄 시장에서 철수하였다. 경쟁당국은 CONCH에 과징금 22억 루피아(약 17.7억원)를 부과하였다.

2021년 2월 CONCH는 경쟁당국의 결정에 불복하여 상업법원에 소를 제기하였다. 그러나 상업법원은 경쟁당국의 결정에 어떠한 오류도 발견된 바가 없다며 경쟁당국의 결정을 인용하였다.[19]

이는 2020년 11월 법 개정에 따라 경쟁법 사건의 전속관할이 지방법원에서 상업법원으로 변경된 이후, 상업법원에서 경쟁법 사건에 대한 첫 사법심사이자, 경쟁당국의 결정을 인용하였다는 데에 의의가 있다.

4) 공모(Conspiracy)

사업자는 다른 자들(other parties)과 입찰의 낙찰자를 결정할 목적으로 공모하여 불공정한 경쟁을 야기하는 행위를 해서는 안 된다(제22조). 사업자는 다른 자들과 경쟁사업자들의 비밀정보로 간주되는 정보를 얻기 위한 목적으로 공모하여 불공정한 경쟁을 야기하는 행위를 해서는 안 된다(제23조). 사업자는 경쟁사업자의 상품·용역의 생산·판매를 방해하기 위해 관련시장에 공급 또는 제공되는 상품·용역의 수량, 품질 또는 시기(납기) 측면에서 저하되는 것을 목적으로 다른 자들과 공모하여서는 안 된다(제24조).

---

19) 인니 경쟁당국 영문 보도자료, Commercial Court Confirms Decision of ICC on PT. CONCH South Kalimantan Cement, 2021. 3. 9.

관련 판결

법 제22조 내지 제24조 '다른 자'에 관한 헌법재판소 결정 (헌법재판소 2017.9.20.)

입찰에서의 공모 즉 입찰담합 등을 규제하는 동법의 제22조 내지 제24조에는 '다른 자'(other parties)[20]라는 용어가 사용된다. 입찰담합가이드라인은 '다른 자'에 대해 더욱 상세하게 정의[21]하고 있다.

하지만 헌법재판소는 동법의 '사업자'(Business Actor)와 같이 법문에 별도로 '다른 자'를 정의하였거나, '그리고/또는 다른 사업자와 관련된 자(and/or Parties Related to Other Business Actors)'라고 이미 정의된 조항과 연관되어 있지 않기 때문에 헌법에 위배된다고 결정하였다.[22]

입찰과 관련된 인니 경쟁법의 특징은 입찰담합뿐만 아니라 일종의 부패사건도 경쟁법으로 규율하고 있다는 점이다. 예를 들어 법 제22조의 경우 사업자가 입찰을 담당하고 있는 공무원(법문상 '다른 자'에 해당함)과 결탁을 통해 낙찰자를 특정한 경우에도 동법을 위반한 것이 된다. 또한 부정경쟁방지법에서 다루는 영업비밀 침해에 대한 부분도 경쟁법에서 다루고 있다.

(3) 지배적 지위(Dominant Position)

1) 일 반

인니 경쟁법은 제5장에서 시장지배적 사업자의 남용행위를 규제하고 있다. 먼저 제25조에서 시장지배적 사업자를 정의하고 있다. 한 사업자 또는 사업자그룹이 특정 상품·용역의 50% 이상의 시장점유율을 가지고 있는 경우, 또는 2개 또는 3개 사업자의 특정 상품·용역의 시장점유율이 75% 이상인 경우 해당 사업자는 시장지배적 지위를 가지고 있다.[23][24] 앞서 살펴본 독점·수요독점 남용을

20) 동법 제22조, Business actors shall be prohibited from conspiring with other parties with the aim of determining the awardees of tenders which may cause unfair business competition.
21) Other Parties are defined as follows: "parties (vertical and horizontal) involved in a tender process which enter into a tender conspiracy, either business actors as bidders and or other legal subjects related to the tender."
22) 인니 경쟁당국 영문 보도자료, Constitutional Court rules the term of Other Party in Bid Rigging provision, 2017. 9. 20.
23) Business actors shall have a dominant position as intended in paragraph (1) the following events:
a. one business actor or a group of business actors controls more than 50% (fifty per cent)

규제하는 조항에는 '합리적으로 의심' 또는 '간주한다'는 법률적 추정조항이 사용되었다. 하지만 본 조항에서는 특정 시장점유율을 보유하고만 있으면 바로 시장지배적 사업자로 본다.

시장지배적 사업자는 ① 소비자가 가격 또는 품질에서 경쟁관계에 있는 상품・용역의 취득을 방해하려는 목적으로 거래조건을 결정하는 행위, ② 시장이나 기술발전을 제한하는 행위, ③ 잠재적 경쟁사업자의 시장진입을 방해하는 행위를 해서는 안 된다.

앞서 살펴본 금지되는 합의 또는 금지되는 행위와 달리 본 법조문에서는 '독점적 관행을 야기하는', '불공정 경쟁을 야기하는', 또는 '사회 후생저하를 야기하는'과 같은 경쟁제한성 또는 공정거래저해성을 나타내는 표현이 없다. 이는 시장지배적 지위의 사업자가 위에 열거된 행위를 하는 경우 경쟁당국은 당연위법의 원칙을 적용하여 사건을 처리한다는 것을 뜻한다.[25] 관련 가이드라인에는 다음의 세 단계를 걸쳐 해당 행위를 규제하도록 하고 있는데 ① 관련시장을 획정하고, ② 관련시장에서 시장지배적 사업자임을 입증하고, ③ 해당 지배적 사업자의 남용행위를 입증한다. 반경쟁적 효과와 효율성 달성이나 소비자 후생증진과 같은 친경쟁적 효과를 비교형량 하지 않는다. 이는 합리의 원칙으로 시장지배적 사업자의 지위 남용여부를 판단하는 글로벌스탠다드와는 거리가 있어 보인다. 하지만, 법 제정 당시 많은 산업분야에서 이미 경제력이 집중되어 있었던 점, 과점이 만연했던 점, 카르텔 및 독점권 부여와 반경쟁적 행위가 정부의 승인(consent)하에 자행되었던 점[26]을 고려한다면 이러한 입법을 하게 된 것은 어느 정도 수긍할 수 있다.

앞서 살펴본 것처럼 독점(제17조)도 본 조항과 동일한 시장점유율에 기초한 규정을 두고 있다. 경쟁당국 가이드라인에 따르면 시장지배적 지위 남용행위와 관련하여 가격차별(제6조), 배타적 거래(제15조), 독점(제17조), 수요독점(제18조), 시장통제(제19조 사업활동 방해, 제20조 약탈적 가격설정), 임원겸임(제26조), 지분소유(제

---

of the market share of a certain type of goods or services; or

b. two or three business actor or a group of business actors control more than 75% (seventy-five per cent) of the market share of a certain type of goods or services.

24) 공정거래법처럼 시장점유율이 특정 값 이하인 사업자를 제외하는 조항은 없다. 복수의 추정요건과 관련한 논리적 오류는 본고에서 언급하지 않기로 한다.

25) UNCTAD, 위 자료, 30면.

26) OECD, 위 자료, 16면.

그림 1 지배적 지위 남용행위 심사절차

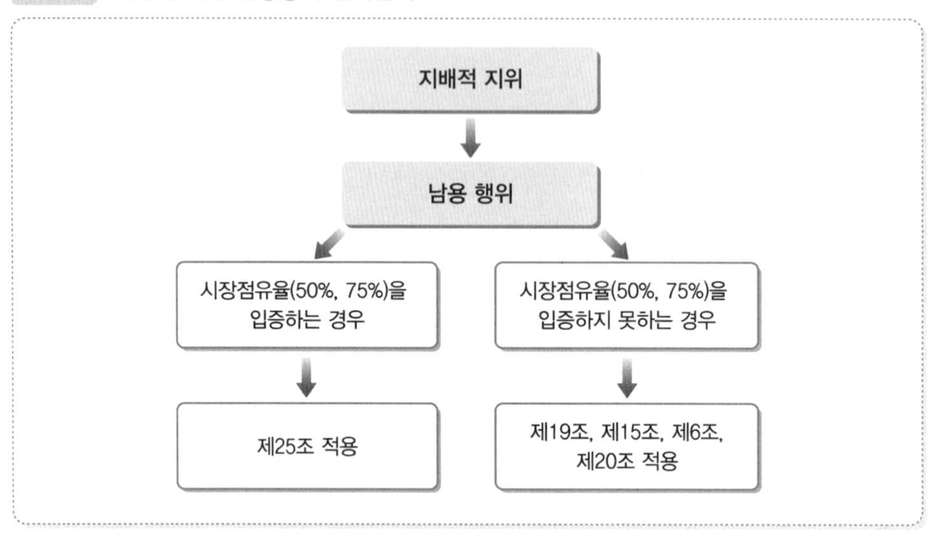

27조), 기업결합(제28조)와 관련하여 이루어질 수 있는데, 이처럼 특정 시장구조에 의해 관련 법위반 행위가 발생하는 경우 하나의 위반 행위(single indictment), 즉 지배적 지위 남용행위로 처리할 수 있다.

2) 임원 겸임(Interlocking Directorate)

인니 경쟁법 제26조는 독점적 관행이나 불공정한 경쟁을 야기할 수 있는 임원의 겸임을 금지하고 있다. ① 회사가 동일한 관련시장에 있는 경우, ② 관련 사업 분야와 강한 연관성(strong connection)이 있는 경우, ③ 특정 상품·용역의 시장점유율을 공동으로 통제할 수 있는 경우 임원을 겸임하여서는 안 된다.

본 조의 수범자는 임원의 지위에 있는 개인[27]이라고 되어 있다. 시장지배적 사업자 또는 독과점적 지위에 있다고 추정되는 회사에 소속되어 있는 임원이라고 되어 있지도 않다. 동일한 장 내에 있는 제25조 및 제27조에서 사용하고 있는 추정조항 또한 사용되지 않는다. 하지만 독점적 관행 또는 불공정한 경쟁을 야기한다는 요건을 고려했을 때 결국 해당 임원 겸임을 통하여 독과점적 사업자 또는 시장지배적 지위의 사업자가 될 수 있는 회사들 간의 결합이라고 이해된다.

---

27) 동법 제26조, A person holding the position as a member of the board of directors or as a commissioner of a company ….

3) 지분소유(Share Ownership)

인니 경쟁법 제27조는 사업자가 다른 회사의 지분을 보유하거나 설립하여 ① 한 사업자 또는 사업자그룹이 특정 상품·용역 시장의 50%을 통제하게 되는 경우, 또는 ② 2개 또는 3개 이상의 사업자 또는 사업자그룹이 특정 상품·용역 시장의 75% 이상을 통제하게 되는 경우를 금지하고 있다. 이는 우리나라 공정거래법의 반경쟁적 기업결합 중 주식취득 유형과 유사하다.

4) 기업결합(Mergers, Consolidations and Acquisitions)

동법 제28조 내지 제29조에서 기업결합을 규제하고 있다. 사업자들은 독점적 관행이나 불공정한 경쟁을 야기하는 다른 사업체(business entities)와 합병하거나 다른 회사(other companies)의 주식을 취득하여서는 안 된다(제28조). 이와 관련하여 정부령(Government Regulation)[28]에서 구체적인 규정을 제공하도록 되어 있는데, 기업결합 당사자들의 자산 총액이 2.5조 루피아(약 1.9백억원) 또는 연간 매출액이 5조 루피아(약 3.8백억원)을 초과하는 경우에는 해당 결합 후 30일(영업일 기준) 이내에 경쟁당국에 의무적으로 신고를 하도록 되어 있다.

경쟁당국은 해당 결합이 시장에서의 독점적 관행이나 불공정한 경쟁을 야기한다고 판단하는 경우 그 결합을 취소할 수 있다. 그리고 사업자들이 기업결합 신고를 하지 않는 경우 경쟁당국은 행정적 과징금(administrative penalty)을 1일 당 10억 루피아(약 8천만원)를 부과하게 되고, 최대 250억 루피아(약 19.8억원)까지 부과할 수 있다.

경쟁당국 영문 홈페이지에서는 기업결합의 사후신고 지연에 따른 과징금이 부과된 다수의 사례를 찾을 수 있다. 그리고 최근 신고 지연에 따른 경쟁당국의 과징금 부과에 대해 대법원에서 인용한 판결도 있다.

28) Government Regulation of Law No. 57 2020 concerning Merger or Consolidation of Business Entities and Acquisition of Share of Companies which May Cause Monopolistic Practices and Unfair Business Competition.

관련 판결

"SFU의 기업결합 신고 지연에 따른 과징금 부과" 건 (대법원 2021.5.)

2016년 1월 7일 동물사료 제조업자인 PT Sarana Farmindo Utama (이하 'SFU')가 또 다른 동물사료 제조업자인 PT Prospek Karyatama의 주식 전부를 취득하였다. 동법에 따라 30영업일인 2016년 2월 18일까지 경쟁당국에 해당 결합 건을 신고하였어야 하나, SFU는 약 3년 6개월 뒤인 2019년 7월 24일에 신고를 하였다. 경쟁당국은 동법 제29조 및 정부령 제57조의 기업결합 신고의무를 위반했다는 이유로 과징금 2.3억 루피아(약 1.8억원)를 부과하였다.

SFU는 경쟁당국의 결정에 불복하여 2020년 6월 자카르타 지방법원에 소를 제기하였으나 법원은 이를 기각(turn down)하였다. 2020년 10월 SFU는 대법원에 상고하였으나, 2021년 3월 대법원도 해당 건을 기각하였다.[29]

(4) 소 결

이상에서 검토해 본 인니 경쟁법의 실체법적 규정을 단독행위, 기업결합을 포함한 경제력 집중, 공동행위, 불공정거래행위 및 부정경쟁방지행위 그리고 기타로 구분해 보면 [표 2]와 같다.

표 2 인니 경쟁법상 규제 행위

구 분	내 용
단독행위	• 독점(제17조) • 수요독점(제18조) • 약탈적가격설정(제20조) • 지배적 지위남용 행위(제25조)
경제력집중	• 임원겸임(제26조) • 지분소유(제27조) • 합병(제28조)
공동행위	• 과점(제4조) • 가격고정(제5조) • 가격차별(제6조) • 약탈적가격설정(제7조) • 재판매가격유지행위(제8조) • 시장분할(제9조) • 가격담합(제11조) • 트러스트(제12조) • 수요과점(제13조) • 수직통합(제14조) • 외국사업자와의 합의(제16조) • 입찰담합(제22조)
불공정거래 행위/ 부정경쟁행위	• 보이코트/공동의거래거절(제10조) • 배타적 거래/거래지역·상대방제한, 배타조건부거래(제15조) • 시장통제/거래거절(제19조) • 시장통제/차별적취급(제19조) • 시장통제/사업활동방해(제19조) • 공모/사업활동방해(제24조) • 공모/영업비밀침해(제23조)

29) 인니 경쟁당국 영문 보도자료, Supreme Court Confirms Decision of ICC on PT Sarana Farmindo Utama. 2021. 3. 5.

4. 집행기관

인니 경쟁법을 집행하는 기관은 경쟁감독위원회(Commission of Supervision of Business Competition, 이하 '인니 경쟁당국')이다. 의결기구인 위원회의 위원은 국회의 동의를 얻어 대통령이 임명한다. 동법은 7인 이상의 위원으로 위원회를 구성할 것을 명하고 있으며, 현재 9명의 (상임)위원이 있다. 위원의 임기는 5년이며 1회에 한해 중임이 가능하다. 위원장과 부위원장은 위원들이 선출하며(호선) 임기는 2.5년이다. 인니 경쟁당국은 정부부처를 포함한 외부의 영향력을 차단하고 독립적인 법집행을 위해 대통령 산하 직속기구로 설립되었다(제30조). 위원회 산하 사무처는 경쟁주창부(경제과, 경쟁정책과, 경쟁주창과), 법집행부(조사과, 기업결합과, 하도급감독과, 송무담당과), 기획재정국, 법무국, 홍보협력력국, 인사운영국 및 지방사무소(6개)로 구성되어 있으며 현재 402명의 직원이 근무하고 있다.[30]

동법 제36조 내지 제37조에 경쟁당국의 의무와 권한이 규정되어 있다. 먼저 법집행 권한이다. ① 국민 또는 사업자로부터 독점적 관행 또는 불공정 경쟁의 존재에 대한 신고를 접수하고, ② 독점적 관행 또는 불공정한 경쟁이 있을 것으로 예상되는 산업에 대한 연구를 실시하고, ③ 신고 또는 산업연구를 통해 파악된 법 위반 혐의가 있는 행위에 대해 조사하고, ④ 해당 조사 결과 법위반 여부에 대한 결정을 내리고, ⑤ 법위반에 대한 행정적 제재를 부과하는 것이다. 또한 독점적 관행 또는 불공정 경쟁이 있는 정부정책과 관련하여 정책조언 및 의견을 개진한다. 그리고 동법과 관련된 가이드라인과 출판물을 발행한다. 끝으로 경쟁당국은 대통령과 국회에 정기적인 보고를 해야 한다.

최근 4개년간 경쟁당국의 법집행 실적[31]은 [표 3]과 같으며, 기업결합 신고

표 3 경쟁당국 법집행 실적

구 분	세부 내용
2020년(15건)	기업결합 신고지연(9), 입찰담합(5), 담합(1)
2019년(33건)	입찰담합(18), 기업결합 신고지연(12), 담합(2), 지배적 지위남용(1)
2018년(14건)	기업결합 신고지연(8), 입찰담합(4), 담합(1), 지배적 지위남용(1)
2017년(11건)	입찰담합(4), 그 외(4)

30) 인니 경쟁당국 연례보고서 2020, 49면.
31) 인니 경쟁당국 연례보고서 2017-2020.

지연 및 입찰담합 규제가 전체 집행실적의 상당한 부분을 차지함을 알 수 있다.

일견 적지 않은 402명의 공무원이 법을 집행하고 있지만, 연평균 처리 건수는 20건이 되지 않아 법집행 실적이 저조해 보인다. 그 원인으로는 2억 6천만 명이 넘는 인구와 17,000여 개의 섬으로 이루어진 점 등 여러 가지가 있겠지만, 경쟁당국의 현장 조사권한 및 압수수색 권한의 부재도 주요 원인일 것이다. 인니 경쟁당국은 법위반 혐의가 있는 사업자, 증인, 전문가를 위원회로 소환하거나 관련 자료제출을 요구할 수 있는 권한만 있다(제36조). 경쟁당국의 조사권한 남용을 방지하기 위해 이러한 입법을 한 것으로 이해되지만, 한편으로는 경쟁당국이 제 기능을 하기 위한 최소한의 법적 도구도 제공하지 않은 것 같기도 하다. 이에 대한 대책으로, 2010년 경쟁당국은 검찰 및 경찰과 각각 양해각서를 체결하여 경쟁법 사건과 관련한 정보도 교류하고, 제36조의 조사와 관련하여 관련자 소환 및 자료제출에 도움을 받고 있다.

5. 제재조치

동법 위반에 대해 부과하는 제재조치는 행정적 제재이다(제47조). 법 개정 이전에는 모든 실체법 위반 조항에 대해 행정적 제재 이외에 형사벌 부과가 가능하도록 되어 있었다.[32] 하지만 1999년 법 제정 후 단 한 건의 형사벌 부과도 이루어진 적이 없었고, 최근 법 개정으로 인해 모든 형사벌 조항은 폐지되었다.

모든 경쟁법 위반 사항에 대해 형사벌을 부과한다는 것은 형평성과 비례의 원칙에 비추어 보면 지나친 감이 없지 않다. 하지만 OECD의 모범관행에 따르면 경쟁법을 도입한 국가 중 3분의 1이 경성담합 행위에 대해 형사벌을 부과하고 있다고 한다. 그리고 카르텔을 제지하는 가장 효과적인 수단은 과징금 또는 벌금보다는 법위반 사업자의 임직원 개인에 대한 자유형[33]이라고 하는데, 금번 개정

---

32) • 벌금 250~1천억 루피아(약 20억~79억원) 또는 6개월 이하 징역: 과점(제4조), 시장분할(제9조), 보이코트(제10조), 카르텔(제11조), 트러스트(제12조), 구매과점(제13조), 수직통합(제14조), 외국사업자와의 합의(제16조), 독점(제17조), 수요독점(제18조), 시장통제(제19조), 지배적 지위 남용(제25조), 지분소유(제27조).
• 벌금 50억~250억 루피아(약 4억~20억원) 또는 5개월 이하 징역: 가격고정(제5조 내지 제8조), 배타적 거래(제15조), 시장통제(제20조 내지 제21조), 공모(제22조 내지 제24조), 임원겸임(제26조), 반경쟁적 기업결합(제28조).
• 벌금 10억~50억 루피아(약 0.8억~4억원) 또는 3개월 이하 징역: 자료제출 거절(제41조).

33) OECD, Council Recommendation concerning effective action against hard core cartels, 1988.

표 4 개정 전·후 제재조치 비교

구 분	개정 전	개정 후
과징금 상한	• 10억 루피아(약 8천만원)~250억 루피아(약 20억원)	• 10억 루피아(약 8천만원)~관련 순이익의 50% 또는 관련 매출액의 10% 이내
형사벌 병과	• 벌금 10억~1천억 루피아 (약 8천만원~79억원) • 또는 징역형 3~6개월	삭제
그 외 형사벌	• 사업자 허가 취소 • 임원 금지 2~5년	삭제

으로 인해 꼭 필요한 형사적 조치까지 폐지된 부분은 아쉬운 대목이다.

개정된 경쟁법에 의해 인니 경쟁당국은 법위반에 대해 다음의 조치를 부과할 수 있다. ① 합의 취소명령(전체 또는 부분), ② 수직통합 중지명령, ③ 독점적 관행 및 불공정한 경쟁행위 중지명령, ④ 시장지배적 지위 남용행위 중지명령, ⑤ 기업결합 취소명령, ⑥ 배상명령 및 ⑦ 필요한 경우 최소 10억 루피아(약 8천만원)[34] 이상의 과징금 부과를 할 수 있다(법 개정 정부령 제6조). 과징금은 법위반 사업자가 관련시장에서 위반기간 동안 벌어 들인 순이익의 50% 또는 총 매출액의 10%까지 부과가 가능하다(법 개정 정부령 제12조). 과징금은 위반행위가 발생한 연도의 관련시장 연매출액에 비례하여 부과하며 부과금액은 사업규모, 법위반 정도, 해당 사업자들의 합산 시장점유율(공동행위인 경우), 위반행위가 영향을 미치는 지리적 범위 등을 고려하여 산정한다.

6. 불복시 구제절차

인니 경쟁법 개정에 따라 경쟁당국의 결정에 불복하는 사업자는 14일 이내에 상업법원(Commercial Court)에 소를 제기할 수 있다. 상업법원은 3개월 내지 12개월 이내에 판결 하여야 한다. 상업법원의 결정에 불복하는 경우 14일 이내에 대법원에 상고할 수 있다. 참고로 인니의 사법제도는 삼심제를 기본으로 하나 경

34) 개정 전 동법에 의해 부과할 수 있는 과징금은 상한이 정해져 있었다. 10억 루피아(약 8천만원) ~ 250억 루피아(약 20억원)(제47조 제2항 g.).

표 5 개정 전·후 구제절차 비교

구 분	개정 전	개정 후
일심 관할/ 재판기간	지방법원(250개), 30일	상업법원(5개), 3~12개월
상고심 관할/ 재판기간	대법원, 30일	대법원, 없음

쟁법 사건의 경우 이심제로 진행이 된다. 구(舊)법 하에서는 복잡한 경쟁법 사건이라 하더라도 경쟁법 연수도 받지 않은 지방법원 법관들이 30일이라는 짧은 기간 내에 판단해야 한다는 사법부의 부담이 있었을 것이며, 자연히 사업자들과 경쟁당국은 사법부의 엄정한 판결을 기대하기도 어려웠을 것이다. 이 법 개정을 통해 상업법원이 전담법원으로 지정되고, 사법심사 기간도 일심의 경우 최대 12개월, 상고심의 경우 필요한 만큼 심사기간을 가질 수 있게 되었다는 점에서 경쟁법 사건에 대한 사법심사 역량강화의 토대가 마련되었다고 생각된다.

7. 현 안[35]

인니 조코위 정부는 새로운 일자리 창출을 위하여 외국인 직접투자 확대를 주요 정책기조로 내세웠다. 하지만 글로벌 경기의 둔화와 COVID-19에 따른 사회 및 경제 전반의 통제로 인해 외국인 직접투자는 증가하지 못하였다. 이러한 대외적인 원인 이외에도, 사업활동과 관련된 법령 체계가 일관되지 못하고 상호 모순되는 규정들이 다수 존재하였다는 점, 노동분야의 경직성이 상당하였다는 점, 시대와 산업의 발전을 반영하는 방향으로 관련 법령의 내용이 신속하게 변경되지 못한 점, 불필요한 규제의 존재 등 대내적인 원인도 부각되었다.

이러한 문제를 해결하기 위해 인니는 여러 법률에 산재해 있는 문제를 하나의 법률로 일괄 해결하고 일자리 창출을 위해 2020년 11월 2일 「옴니버스법」[36]을 제정하였다. 주요 내용에는 ① 사업인허가제도의 개혁, 사업인허가 절차 및 투자 요구 사항 단순화, ② 사업활동의 편의 보장, ③ 투자 생태계 전반의 규제 조정 및 외국인 투자 유치를 위한 환경 개선, ④ 근로 분야 개혁, ⑤ 영세 및 중소기업에 대한 활성화 조치 등이 있다.

35) 코트라 자카르타 무역관, 인도네시아 일자리창출 특별법(옴니버스법) 전체 개관 설명 요약 정리.
36) 2020년 제11호, 고용창출에 관한 법률(Omnibus Law on Job Creation).

이 중 '사업활동의 편의를 보장'하기 위한 부분의 일환으로 인니 경쟁법도 개정되었다. 경쟁법 사건에 대한 사법심사의 전문성을 높이기 위해 상업법원이 전속관할로 변경되었고, 법원의 판단 기한도 대폭 연장되었다. 그리고 경쟁당국이 부과하던 과징금의 상한액이 폐지되고 형사벌 조항 전부가 삭제되었다.

하지만 인니 경쟁당국이 법 개정을 위해 오랜 기간 노력해 왔던 역외적용, 리니언시 제도 도입, 사전 기업결합 심사, 중소기업 보호를 위한 거래상지위남용행위, 압수수색(dawn raid / search & seizure)과 관련된 조항들은 이번 개정에서도 반영되지 않았다.[37]

Ⅲ. 결 론

시장경제를 채택하고 있는 나라에서는 시장경제의 기본법인 경쟁법을 제정·시행하고 있다. 하지만 각국의 경쟁법은 그 나라의 경제발전의 정도나 경제여건, 시장경제의 성숙도 또는 경쟁에 대한 국민들의 인식수준 등에 따라 다양한 모습으로 나타난다.[38] 인니 경쟁법은 이러한 특징을 가장 잘 보여주는 입법례라고 생각한다.

인니는 ASEAN 국가들 중 가장 빠른 1990년대 후반에 경쟁법을 도입하였다. 그리고 그 제정 배경에는 경제성장을 최우선시하였던 국가정책의 내홍이 포함되어 있다. 인니 경쟁법은 금지되는 합의, 금지되는 행위, 지배적 지위로 분류되는 세 가지 유형의 실체적 규정을 담고 있다. 수평적 합의를 합리의 원칙으로 판단하고, 시장지배적 지위의 남용행위를 당연위법의 원칙으로 판단하고, 기업결합에 대해 사후규제를 한다는 특색이 있다. 하지만 이 또한 이 나라의 고유한 사회, 정치, 경제경험의 토대 위에 국민의 대표들이 모여 입법하고 그렇게 시행하기로 결정한 합의의 산물이기에 존중받아 마땅하다.

인니 경쟁당국은 20여년간 동법을 집행하였다. 마늘담합과 같은 농산물 시장에서부터 GRAB과 같은 거대 글로벌 플랫폼 사업자에 대한 규제까지 다양한 산업분야에서 법집행을 수행하여 왔다. 게다가 2020년도 법 개정을 통해 부과할

37) 인니 경쟁당국 영문 보도자료 The Parliament finished drafting its new competition law (2017. 4. 29.) 하지만 동 개정안에 대해 정부와의 협상이 제대로 이루어지지 않음.
38) 권오승·서정, 「독점규제법」(제4판), 법문사, 2020, 41면.

수 있는 과징금이 상향되어 경쟁법 사건에 대한 국민의 관심이 증가할 것으로 기대된다. 또한, 경쟁법 사건의 사법심사 담당법원이 지정되고, 사법부의 심사기간도 예전에 비해 많이 확보되어 사법부의 경쟁법에 대한 이해도 및 전문성 향상도 기대가 되는 상황이다. 하지만, 인니 경쟁당국은 짧은 조사기간, 역외적용 조항의 부재, 조사권한의 부재, 글로벌스탠다드와는 다른 심사기준으로 인한 높은 입증부담, 리니언시 부재에 따른 낮은 카르텔 사건 적발률, 사후 기업결합 심사의 실효성 여부, 경쟁법에 대한 사법부의 이해, 경쟁에 대한 국민들의 인식개선 등 아직 넘어야 할 장애물이 산재해 있다.

필자의 개인적인 의견으로는 인니 경쟁법이 시장경제가 제대로 기능하고, 세계적 기준의 경쟁법 수준에 도달하는 첫걸음으로 담합 규제와 관련된 조항의 보완이 필요하다. 더욱 구체적으로 리니언시 도입과 조사권한 강화를 위한 법 개정이 될 것이다. 인니 경쟁당국이 발행한 연례보고서를 보면 담합과 관련된 법집행 사건수는 연평균 8.8건(최근 4년 평균)[39]이다. 하지만, 이는 입찰담합과 관련한 조달담당 공무원들의 비위행위 규제도 포함된 것임을 감안한다면 경쟁법에서 일반적으로 의미하는 담합 관련 집행 건수는 위의 수치보다 더 적을 것으로 생각된다.

인니가 신흥공업국(newly industrialized economy)으로서 COVID-19 이전에는 연 5~7%의 성장을 해 왔던 점을 고려한다면, 공공 및 민간부문에서의 크고 작은 입찰과 활발한 산업활동이 전개되고 있을 것이고, 그 이면에서는 담합도 은밀히 이루어지고 있을 것이다. 담합은 시장에서의 경쟁을 직접적으로 제거하여 그 피해가 국가와 소비자에게 전가되는 만큼 경쟁당국은 법집행에 있어 최우선 순위에 두고 규제해야 하는 영역이다. 하지만 담합은 그 특성상 은밀하게 이루어지는 만큼 적발이 쉽지 않다. 따라서 인니가 처한 국가적 특성과 현재 경쟁법의 한계를 고려할 때 효과적이고 효율적인 담합 규제를 위해 리니언시제도 도입과 조사권한 강화가 필요하고, 이것이 인니 경쟁법이 글로벌스탠다드에 한걸음 더 다가가는 것이라 생각한다.

ASEAN 경제공동체 청사진[40]에 의해 회원국들은 2015년까지 경쟁법을 도입하기로 했다. 이에 따라 많은 나라가 경쟁법을 도입 또는 전면개정(예: 태국, 베트남,

---

39) 참고로 공정거래위원회는 연 평균 223건의 부당한 공동행위를 처리하였다(공정거래위원회 2020년 연례보고서, 4면).

40) ASEAN Economic Community Blueprint 2015.

필리핀)하였다. 인니는 1999년 법을 제정하여 20 여년간 시행해 오면서 2020년에 단 한 차례의 법 개정만이 있었다. 이 또한 진일보한 것이라 할 수 있지만, 더 효율적이고 효과적인 경쟁법 집행을 위해 위에서 언급한 리니언시제도 도입과 조사권한을 포함하는 경쟁법 개정도 검토해 볼 필요가 있을 것이다. 다국적 기업의 활동, 국가 간의 자유무역 협정시 포함되는 경쟁챕터, ASEAN 경제공동체 형성과 같은 지역별 블록화 현상을 고려하여 인니 경쟁법도 글로벌 스탠다드와 부합 · 수렴하는 쪽으로 개정하는 것에 대해 진지한 검토가 필요한 시점이다.

참고문헌

공정거래위원회, 「인도네시아의 경쟁법·제도 및 사건처리절차」, 2020.
권오승·서정, 「독점규제법 이론과 실무」(제4판), 법문사, 2020.
김용운, “인도네시아의 이슬람법에 대한 연구”, 「법학논집」 16.1(2011).
법제처, 「아세안의 경쟁법」, 2017.
_____, 「인도네시아 법체계와 입법절차」, 2017.
신영수, “인도네시아 경쟁법(Law No.5 1999)에 관한 연구”, 「경쟁법연구」 제28권(2013).
_____, OECD 대한민국정책센터 발주 연구용역 “인도네시아 경쟁법에 관한 연구”(2010).
외교부, 「인도네시아 개황」, 2019.
이동원, “인도네시아 경쟁법의 쟁점과 시사점”, 「경영법률」 제29권(2018).

Law No.5 of 1999 concerning the Prohibition of Monopolistic Practices and Unfair Business Competition.
Government Regulation No. 44 of 2021 regarding Implementation of Prohibition of Monopolistic Practices and Unfair Business Competition.
Government Regulation No. 57 of 2010 concerning Merger or Consolidation of Business Entities and Acquisition of Shares of Companies Which May Cause Monopolistic Practices and Unfair Business Competition.
Regulation of No.9 of 2009 concerning Guideline on Implementation of the Provision of Article 47 concerning Administrative Measure.
Regulation of No.1 of 2010 concerning Procedure for Case Handling.
Regulation of No.2 of 2010 concerning Guideline on Implementation of the Provision of Article 22 concerning Conspiracy in Tenders.
Regulation of No.4 of 2010 concerning Guideline on Implementation of the Provision of Article 11 concerning Cartel.
Regulation of No.14 of 2010 concerning Guideline on Implementation of the Provision of Article 14 concerning Vertical Integration.
Regulation of No.7 of 2010 concerning Guideline on Implementation of the

Provision of Article 25 concerning Abuse of Dominance Position.
Regulation of No.3 of 2011 concerning Guideline on Implementation of the Provision of Article 19d concerning Discrimination Practices.
Regulation of No.4 of 2011 concerning Guideline on Implementation of the Provision of Article 5 concerning Price Fixing.
Regulation of No.7 of 2011 concerning Guideline on Implementation of the Provision of Article 20 concerning Predatory Pricing.
Regulation of No.1 of 2019 regarding Procedures for Case Handling.
ASEAN, Handbook on Competition Policy and Law in ASEAN for Business 2019.
Indonesia Competition Commission, Annual Report 2017～2020.
IMF: World Economic Outlook Database, April 2021.
Manaek Sm Pasaribu, Challenges of Indonesian Competition Law and Some Suggestions for Improvement, ERIA Discussion Paper Series, 2016.
Rahmat SS Soemadipradja, Verry Iskandar, The Dominance and Monopolies Review, Law Business Research, 2016.
OECD, OECD Reviews of Regulatory Reform: Indonesia, 2012.
_____, Recommendation of the OECD Council Concerning Effective Action against Hard Core Cartels, 1998.
UNCTAD, Voluntary Peer Review on Competition Policy: Indonesia, 2009.
Wahyuningtyas, Sih Yuliana, 'Indonesian competition law: up for renewal' in Steven Van Uytsel, Shuya Hayashi, and John O. Haley (eds.), Research *Handbook on Asian Competition Law* (Edward Elgar, 2020), 100.

말레이시아 경쟁법:

지난 10년의 발전

최요섭*

Ⅰ. 서론: 말레이시아 경쟁법의 입법 배경

경쟁법(competition law)은 국가가 시장경제를 운영하는데 기본이 되는 중요한 법 분야로서, 전 세계적으로 130개가 넘는 나라에서 경쟁법 또는 이와 유사한 독점금지법(antitrust law)과 정책을 도입하고 있다.[1] 각국은 자국의 경제발전, 경제여건, 그리고 시장경제와 경쟁(법)문화의 성숙도에 따라 다양한 형태의 경쟁법을 도입하고 있으며 저마다 특유한 경쟁정책을 발전시키고 있다.[2] 2021년 12월 현재, COVID－19 팬데믹 상황에서도 시장의 급속한 디지털화와 국제화는 세계시장의 경쟁을 촉진시키고 있다. 각국 경제의 국제화가 빠르게 진행됨에 따라 경쟁법의 지역적 조화(localised harmonisation) 또는 수렴화(convergence)가 상당히 증진되고 있으며, 이를 통해 각국의 경쟁법 집행의 내용이 발전하고 있다.[3]

지난 20년간 미국 및 유럽연합(EU)의 경쟁법이 세계적 기준(global standard)이 되어 왔으며 많은 개발도상국들은 이들 두 경쟁법제(competition regime)를 참고하여 자국의 경쟁법 실체규정 및 집행제도를 도입하여 실시하고 있다.[4] 그리고

* 한국외국어대학교 국제지역대학원 부교수, 법학박사

** 이 글에서 논의하는 우리나라 공정거래법은 2021년 12월 30일에 발효된 전부개정법을 말한다.

1) Richard Whish and David Bailey, *Competition Law* (9th edn, Oxford University Press 2018) 1.

2) Yo Sop Choi, 'The Choice of Competition Law and the Development of Enforcement in Asia: A Road Map Towards Convergence' (2014) 22(1) *Asia Pacific Law Review* 131, 138.

3) Yo Sop Choi and Andreas Heinemann, 'Competition and Trade: The Rise of Competition Law in Trade Agreements and Its Implications for the World Trading System' (2020) 43(4) *World Competition: Law and Economics Review* 521, 524.

앞서 설명한 바와 같이 각국의 특수한 사정을 반영하여 다양한 내용으로 경쟁법과 정책을 발전시키고 있다.[5] 예를 들어, 식민지의 역사를 가지고 있는 지역이나 국가에서는 이전 지배국가의 경쟁법을 답습하는 경우가 많다.[6] 영국법의 영향을 받은 말레이시아와 싱가포르의 경우, 영국 경쟁법의 실체규정과 절차규정의 구조를 많이 참고한 것으로 보인다.[7] 그러나 말레이시아의 경우에는 싱가포르와 다르게 이슬람법의 영향이 지속적으로 증가하고 있는 상황이며,[8] 이와 같이 특수한 배경은 경쟁법제의 지역적 조화에 영향을 미칠 수 있을 것이다.[9]

따라서 특정 국가의 경쟁법은 외국의 경쟁법 실체규정과 유사한 구조를 기본으로 하면서도 다양한 법적·경제적 기술을 자국의 특수한 상황에 맞추어 새로운 시도를 하는 경우가 있다.[10] 특히 아시아 개발도상국들은 미국과 유럽연합의 경쟁법뿐만 아니라 우리나라 공정거래법 및 인접 아시아 국가의 경쟁법을 참고하여 유사한 규정을 도입하기도 한다.[11] 그러므로 아시아 개발도상국의 경쟁법의 내용을 연구하는 것은 향후 아시아 지역의 특수한 경쟁법의 내용을 이해하고, 이를 통해 비슷한 배경을 가지고 있는 개발도상국 경쟁법의 발전을 예측하는데 도움이 될 수 있다.[12] 그리고 이러한 경쟁법의 비교연구는 우리나라 기업들이 해당 지역시장에 진출하는 경우에도 많은 도움이 될 수 있을 것이다.[13]

---

4) Mark Furse, *Antitrust Law in China, Korea and Vietnam* (Oxford University Press, 2009), 24.

5) 권오승·서정, 「독점규제법: 이론과 실무」 제3판, 법문사, 2018, 43면.

6) 최요섭·이황, "말레이시아 경쟁법에 관한 연구", 「경쟁법연구」 제26권 (2012), 369면.

7) 소병국, "영국 식민지배 시기 말레이시아 법제도의 변동: 말레이 반도를 중심으로", 「동남아연구」 제26권 제3호 (2017), 29~46면.

8) 소병국, "이슬람과 현대 말레이시아 법제도의 변동", 「동남아연구」 제28권 제1호 (2018), 3~26면; May Fong Cheong and Yin Harn Lee, "Malaysia and Singapore" in Mark Williams (ed.), *The Political Economy of Competition Law in Asia* (Edward Elgar, 2013), 215.

9) 예를 들어 이슬람의 히스바(Hisbah)제도는 사회, 정치, 법문화와 관련이 있으며, 이슬람 국가의 시장에서 공정성의 개념을 형성하는데 영향을 주기도 한다. Dong-Hwan Kim and Yo Sop Choi, "Modernization of Competition Law and Policy in Egypt: Past, Present, and Future" (2020) 64(1) *Journal of African Law* 107.

10) 최요섭·이황, 앞의 글, 369면.

11) 예를 들어 태국 경쟁법에는 우리나라 불공정거래행위의 금지와 유사한 규정을 두고 있다. Rajah & Tann Asia, 'Client Update: Thailand' (August 2017) <https://th.rajahtannasia.com/media/2894/2017-08-new-thai-trade-competition-law.pdf> accessed 19 March 2021.

12) 실제 우리나라 공정거래위원회가 말레이시아 경쟁당국에 직원을 파견하여 공정경쟁정책 관련 협력한 사실이 있다. CPI, 'South Korea: Antitrust regulator to work with Malaysia' (15 July 2019) <https://www.competitionpolicyinternational.com/south-korea-antitrust-regulator-to-work-with-malaysia/> accessed 24 May 2021.

13) 최요섭·이황, 앞의 글, 332면.

아시아 개발도상국, 특히 ASEAN(Association of Southeast Asian Nations) 회원국들 중 말레이시아의 경쟁법과 정책은 이러한 측면에서 연구의 의의가 있다. ASEAN은 2008년 경제공동체 청사진(Blueprint 2008)을 통해 회원국들이 2015년까지 경쟁법을 도입하도록 독려하였는데, 말레이시아는 이보다 훨씬 빠른 2010년에 이미 경쟁법을 제정하였다.[14] 비록 말레이시아가 최초 경쟁법 입법논의를 시작한 시기로부터 실제 경쟁법의 입법까지 상당한 시간이 소요 되었으나 주변 ASEAN 회원국에 비하면 어느 정도 이른 시기에 경쟁법과 정책을 도입했다고 볼 수 있다.[15] 말레이시아 경쟁법은 다른 아시아 국가 또는 ASEAN 회원국의 경쟁법과 유사한 내용을 담고 있으나, 역시 자국의 특징을 반영한 규정들을 포함하고 있다. 따라서 말레이시아 경쟁법 실체규정의 내용과 최근 집행사례를 연구하는 것은 인접 아시아 국가 및 향후 ASEAN 경쟁법의 조화 또는 통일의 관점에서도 필요하다.

말레이시아는 제8차 계획(The Eighth Malaysia Plan 2001~2005)에서 경쟁법제의 중요성에 대해 강조하였다.[16] 특히 공정한 거래행위를 보장하여 보다 효율적이고 경쟁적인 시장경제가 형성되도록 노력해야 한다고 강조하였다. 또한 공정거래정책과 법을 도입하여 담합과 시장지배적 지위남용과 같은 경쟁제한적 행위를 금지하는 방법으로 말레이시아의 경제가 발전할 수 있다고 설명하였다. 당시 논의된 공정거래법안(Fair Trade Practices Act)에는 다음과 같은 네 가지 사업자 활동을 경쟁제한적 행위로 유형화하였다. (i) 부당염매, 독점계약, 가격남용, 끼워팔기와 같은 시장지배적 지위남용, (ii) 가격담합, 시장분할 등과 같은 경성담합, (iii) 경쟁을 제한하는 기타 합의(주로 수직적 합의), (iv) 경쟁을 실질적으로 저해하거나 불공정경쟁조건을 부과하는 행위 등을 포함한 불공정거래행위가 그 내용이다.[17]

당시에 기업결합에 대하여 특별한 논의를 하지 않은 부분은 아쉬운 점이며, 이러한 문제가 현재의 당면문제로 논의되고 있다. 말레이시아 국내거래・소비자

---

14) May Fong Cheong, et al., "Legal transplant: giving life to Malaysia's competition regime" in Steven Van Uytsel, Shuya Hayashi, and John O. Haley (eds.), *Research Handbook on Asian Competition Law* (Edward Elgar, 2020), 181.

15) Cassey Lee, 'Competition Law Enforcement in Malaysia: Some Recent Developments' (2014) 51 *Malaysian Journal of Economic Studies* 77.

16) 말레이시아 경쟁법 이전의 입법논의와 관하여는 최요섭・이황, 앞의 글, 334~337면 참조.

17) Cheong and Lee, op. cit., 231~232.

상무부(Malaysian Ministry of Domestic Trade and Consumer Affairs: 이하 '소비자상무부')가 1993년에 마련한 경쟁법안(Trade Practices Bill: 또는 거래행위법안)에는 사전신고 형식의 기업결합규정이 있었으나 이후에 삭제된 것으로 보인다.[18] 또한 제8차 계획에서 논의된 법안은 우리나라 공정거래법 제45조에서 규율하고 있는 불공정거래행위의 금지와 유사한 내용을 포함하고 있었는데,[19] 실제 2010년의 말레이시아 경쟁법안에서는 이를 포함하지 않았다.

말레이시아가 2010년 경쟁법을 도입하기 전에도 소비자보호 관련 법률을 통해 제한적이지만 경쟁관련 규제를 하고 있었는데, 통신미디어분야와 에너지분야, 그리고 항공분야와 같은 특정 산업분야를 규제하는 법률이 경쟁규제의 내용을 포함하고 있었다. 따라서 현재 통신미디어, 에너지, 원유 및 항공분야는 경쟁법의 적용에서 제외되고 있다.[20] 2010년 경쟁법을 도입하기 전에는 특수 분야(규제산업) 또는 산업에 대한 개별 법률이 경쟁에 대한 규제를 담당하고 있었으나, 말레이시아 시장경제에서 담합이나 시장지배적 지위남용을 규제하는 데에는 한계가 있었다.

이러한 문제를 인식하여 말레이시아정부는 다양한 전문가 의견을 수렴하고, 영국, 호주, 유럽연합, 미국 및 싱가포르의 경쟁법을 모델로 고려한 후,[21] 말레이시아 경쟁법(Competition Act: Act 712, 이하 '법')과 경쟁위원회법(Competition Commission Act: Act 713)을 2010년에 도입하였으며, 2016년에 개정한 후 현재까지 시행하고 있다.[22] 영국법의 영향을 받은 말레이시아는 경쟁법의 전체적인 실체규정을 구성하는 데에도 영국 경쟁법(Competition Act 1998 및 Enterprise Act 2002)을 그 모델로 삼은 것으로 보인다. 영국 경쟁법의 실체규정은 유럽연합 경쟁법의 실체규정을 기본으로 했기 때문에 말레이시아 경쟁법의 실체규정의 내용

18) 최요섭 · 이황, 앞의 글, 335~336면; Cheong May Fong, "ASEAN Competition Law Project (Draft) Malaysia Country Report" (20 March 2001) 9 et seq <https://www.jftc.go.jp/eacpf/02/malaysia_r.pdf> accessed 5 April 2021.

19) Malaysia Competition Commission, "Policy: Objective" <https://www.mycc.gov.my/policy> accessed 6 April 2021. 2005년 말레이시아 공정거래정책에 불공정거래행위금지가 정책목표에 포함되어 있었다.

20) Cheong, et al., op. cit., 182.

21) Ibid., 189; Dato' Seri Mohd Hishamudin Yunis, "Competition Law in Malaysia: A Digest of Recent Developments" (2020) 32 *Singapore Academy of Law Journal* 349, 351.

22) Malaysia Competition Commission, <https://www.mycc.gov.my/> accessed 19 March 2021; ASEAN, 'Handbook on Competition Policy and Law in ASEAN for Business 2019', p. 27 <https://www.asean-competition.org/file/post_image/Handbook%20on%20CPL%20in%20ASEAN%20for%20Business%202019%20-%20FINAL.pdf> accessed 19 March 2021.

과 구성은 유럽연합의 기능조약(Treaty on the Functioning of the European Union: TFEU) 제101조 및 제102조와 상당히 유사하다.[23] 또한 절차 및 집행기구에 관한 내용은 영국 경쟁법제의 내용과 비슷하다.[24]

예를 들어 말레이시아는 경쟁항소법원인 Competition Appeal Tribunal(CAT)을 도입했는데, 명칭과 집행의 내용이 영국의 그것과 상당히 유사하다. 이러한 내용은 영연방에 속한 나라의 경쟁법제에서 공통적으로 확인할 수 있다.[25] 그러나 말레이시아 경쟁당국인 경쟁위원회(Competition Commission)는 말레이시아 소비자상무부 소속으로 되어 있어서 규제기관의 독립성 측면에서 본다면 영국의 경우와 차이가 있다.[26] 결론적으로 향후 말레이시아 경쟁법의 적용 및 집행의 내용이 유럽연합과 영국의 그것과 유사할 것으로 유추할 수 있다. 특히 최근 유럽연합의 판례법을 말레이시아 경쟁당국과 법원이 참고하고 있는 것은, 말레이시아 경쟁법의 집행과 판례법의 내용이 유럽연합의 내용과 유사한 방향으로 발전할 수 있다는 것을 보여준다.[27]

본 연구는 먼저 말레이시아 경쟁법의 배경과 일반규정을 소개하고(Ⅱ), 경쟁법의 주요 실체규정인 경쟁제한적 합의금지(Ⅲ)와 시장지배적 지위남용금지(Ⅳ)에 대해서 자세히 논의한다.[28] 말레이시아 경쟁법은 기업결합규정을 포함하고 있지 않다. 말레이시아가 기업결합을 특별히 사전규제하지 않는 이유를 자국 산업발전에 필요한 투자를 유치하여 국가경제 및 산업경쟁력을 증진시키려는 목적으로 설명하는 경우도 있다.[29] 따라서 기업결합에 대한 규제는 경쟁법이 아닌, 특정 분야를 규율하는 상법 등에 의해서 이루어지고 있다.[30] 그리고 2012년 말레이시아

---

23) 말레이시아 경쟁법 제4조 및 제10조의 실체규정의 내용을 유럽연합 기능조약 제101조 및 제102조 그리고 영국 경쟁법 제2조 및 제18조와 비교할 수 있다. Cheong, et al., op. cit., p. 182; Sandra Marco Colino, *Competition Law of the EU and UK* (Oxford University Press, 2019), 49. 유럽연합 경쟁법 실체규정의 내용과 관련하여, 신현윤, 「경제법」 제8판, 법문사, 2020, 102~119면 참조.

24) 최요섭·이황, 앞의 글, 339면; Cheong, et al., op. cit., 182. 영국 경쟁법과 유럽연합 경쟁법과의 관계와 관련하여, Ioannis Lianos, Valentine Korah, and Paolo Sicilaini, *Competition Law: Analysis, Cases & Materials* (Oxford University Press 2019) 29 et seq. 참조.

25) 최요섭·이황, 위의 글, 333면.

26) 최요섭·이황, 위의 글, 333면.

27) Cheong, et al., op. cit., 193.

28) 말레이시아 경쟁법의 절차규정과 관련하여, 최요섭·이황, 앞의 글, 360~368면 참조.

29) Yunis, op. cit., 356.

30) 예를 들어 말레이시아 회사법, 자본시장법 등에 의해 규제되고 있다. Cheong and Lee, op. cit., 243.

경쟁법이 발효된 이후 현재까지, 지난 10년 동안의 말레이시아 경쟁위원회의 결정과 판례를 살펴보면서 관련 규정 적용의 내용을 분석하고 논의한(Ⅴ) 다음, 마지막으로 본 연구에서 논의한 내용을 정리하고 결론을 맺는다(Ⅵ).

Ⅱ. 말레이시아 경쟁법의 목적 및 일반

1. 말레이시아 경쟁법의 목적

말레이시아 경쟁법의 목적은 법의 서문에 규정되어 있는데, 경쟁의 과정을 증진하고 보호함으로써 경제발전에 이바지하고, 이를 통해 소비자의 이익을 보호하는 것을 주요한 목적으로 한다. 특히, 경쟁의 과정을 보호함으로써 효율성 및 혁신 그리고 기업 활동을 증진시켜 이를 통해 경쟁적 가격, 품질의 증진과 소비자 선택의 폭을 넓히는데 긍정적인 영향을 보장하는 것을 경쟁법의 목적으로 설명하고 있다. 따라서 위와 같은 긍정적인 결과를 가져오기 위해서 경쟁제한적 행위를 금지한다고 선언하고 있다.

말레이시아 경쟁법은 이러한 내용을 크게 세 개의 목적으로 구분하였는데, (i) 경쟁과정의 보호, (ii) 국가경제발전, (iii) 소비자이익의 보호를 포함한다.[31] 위 목적조항은 전형적인 개발도상국 경쟁법의 특징을 보여준다. 낮은 가격, 높은 품질, 혁신의 증진, 폭넓은 소비자선택과 같이 넓은 의미의 소비자후생을 법의 목적에 포함하면서 동시에 거시적 측면에서의 국가경제발전도 포함하고 있다. 말레이시아와 같이 상대적으로 규모가 작은 시장을 가지고 있는 개발도상국의 경우, 경제발전을 포함하여 효율성 증진을 중요한 법의 목적으로 하는 경우가 많다. 그 주요한 이유는 지나치게 넓은 정책적 목적을 법의 목적에 포함하는 것보다는 '경제적 목적(economic goals)'을 명시하는 것이 현대 경쟁법에서 중요한 내용이 될 수 있기 때문이다.[32] 따라서 말레이시아 경쟁법의 목적조항을 경제적 목적 중심으로 설명하기도 한다.[33]

---

31) Ibid., 233; 최요섭 · 이황, 앞의 글, 338면.

32) Michal S. Gal, *Competition Policy for Small Market Economies* (Harvard University Press, 2003), 48.

33) Deborah Healey, "The ambit of competition law: comments on its goals" in Deborah Healey, Michael Jacobs, and Rhonda L. Smith (eds.), *Research Handbook on Methods and Models of Competition Law* (Edward Elgar, 2020), 12, 28.

결론적으로 주변 아시아 국가의 경쟁법의 목적조항은 공정성 혹은 경제민주화 등 사회 · 정치적 목적을 강조하는 반면,[34] 말레이시아 경쟁법의 경우 유럽연합과 미국에서 강조하고 있는 목적의 교집합이 되는 부분을 기술하는 것으로 보인다.[35] 또한 미국이나 유럽연합과 달리 말레이시아 경쟁법이 목적조항을 포함하고 있는 것은 아시아 국가에서 볼 수 있는 일반적인 현상이며, 법적 확실성을 보장하기 위한 것으로 이해할 수 있다.[36]

2. 말레이시아 경쟁법의 구성

말레이시아 경쟁법은 총 6부(Part)와 67개 조문(Section)으로 구성되어 있으며 두 개의 부칙(Schedule)을 포함한다. 제1부는 서문(preliminary)으로 총칙과 정의 조항과 같은 일반적인 내용을 담고 있다. 제2부는 경쟁제한행위에 대한 금지로서 가장 중요한 실체규정을 포함하며, 총 4장과 10개의 조항으로 구성된다. 특히 제2부 제1장은 경쟁제한적 합의의 금지(Chapter I Prohibition: 이하 '제1장 금지조항')이며, 제2부 제2장은 시장지배적 지위남용의 금지(Chapter II Prohibition: 이하 '제2장 금지조항')이다. 이러한 구조는 영국 경쟁법의 제1장 및 제2장 금지조항(Chapters I and II Prohibitions)의 형태를 답습한 것으로 보인다.[37] 제3부는 조사와 집행에 관한 내용을 다루고 있다. 제4부는 자진신고자감면제도(리니언시)를 포함하여 위원회의 결정을, 제5부는 경쟁항소법원(CAT)의 설치 등에 관하여 규정하고 있다. 제6부는 사적소송과 과징금의 내용을 포함하고 있는데, 실체규정의 위반에 대한 과징금을 위반기간의 전 세계 매출액의 10%까지 부과할 수 있도록 하였다(법 제40조 제4항). 기타 일반 조항을 포함하며 두 개의 부칙(Schedule)을 두고 있다.[38]

말레이시아 경쟁위원회는 효과적인 경쟁법 집행에 필요한 지침(guidelines)을

---

34) Ibid., 30~31. 인도네시아의 경우, 경쟁법의 목적과 관련하여 경제민주화를 강조하고 있다.

35) Aditya Bhattacharjea, 'Who Needs Antitrust? Or, Is Developing-Country Antitrust Different? A Historical-Comparative Analysis' in D. Daniel Sokol, Thomas K. Cheng, and Ioannis Lianos (eds.), *Competition Law and Development* (Stanford University Press, 2013), 52, 57~58.

36) 최요섭 · 이황, 앞의 글, 338면.

37) 최요섭 · 이황, 위의 글, 342면.

38) Kamilah Kasim, 'Malaysia' in D. Daniel Sokol, et al. (eds.), *Global Antitrust Compliance Handbook* (Oxford University Press, 2014), 508~509; 최요섭 · 이황, 위의 글, 337면.

발표하였는데, 주요한 지침으로는 제1장 금지조항: 경쟁제한적 합의금지 심사지침(이하, '제1장 금지조항지침'), 제2장 금지조항: 시장지배적 지위남용 심사지침(이하, '제2장 금지조항지침'), 시장획정지침, 자진신고지침, 과징금에 관한 지침, 신고절차지침이 있다. 위 지침은 2012년에 발표되었으며, 최근에는 지식재산권 관련 심사지침(Guidelines on IPR and Competition Law of 2019)이 도입되어 시행되고 있다. 지식재산권 심사지침은 유럽연합의 기술이전 관련 일괄예외규칙[39]과 유사한 내용을 포함하고 있는데, 예를 들어 기술시장(technology market)의 내용[40]과 안전지대에 대한 내용을 포함하고 있다.[41] 말레이시아 지식재산권 심사지침이 유럽연합의 내용과 다른 점은 유럽연합규칙은 경쟁제한적 합의를 규율하고 있는 반면, 말레이시아 지침은 경쟁제한적 합의와 시장지배적 지위남용을 모두 규율한다는 점이다.[42]

경쟁위원회가 마련한 지침은 주요 실체규정과 집행규정 내용의 해석을 담고 있으며, 지침을 통해 현재 경쟁위원회가 경쟁법 위반을 심사하는데 중요하게 고려하는 사항을 확인할 수 있다. 다른 경쟁법제와 마찬가지로 말레이시아 경쟁법의 연성법이 법적구속력을 갖는 것은 아니지만, 실무의 측면에서 중요하다.[43] 이 연구에서는 주요 실체규정과 관련 사례를 중심으로 지난 10년간 말레이시아 경쟁법의 발전을 논의하는 것을 주요 목적으로 한다. 따라서 이 글은 말레이시아 경쟁법 제1부와 제2부의 내용과 관련 지침 및 사례의 내용을 중심으로 분석하고 논의한다.

3. 사업자, 역외적용, 적용제외 및 자진신고제도

말레이시아 경쟁법 제2조 정의조항은 법의 적용 범위에 대해서 중요한 내용을 설명하고 있다. 우선 '사업자'를 상품 및 용역과 관련하여 상업적 행위를 수행하는 주체로 정의한다. 또한 모회사와 자회사가 법적으로 다른 주체인 경우에도 자

39) Commission Regulation (EU) No 316/2014 on the application of Article 101(3) TFEU to categories of technology transfer agreements, OJ L 93 (TTBER).
40) 지식재산권심사지침 제4.2항.
41) 지식재산권심사지침 제6.35항. 안전지대 관련 시장점유율 기준은 제1장 금지조항지침을 준용한다.
42) ManagingIP, 'Malaysia: How does competition law interact with IP rights?' (23 November 2018) <https://www.managingip.com/article/b1kbpsvx3dbc2t/malaysia-how-does-competition-law-interact-with-ip-rights> accessed 7 April 2021.
43) 최요섭 · 이황, 앞의 글, 337면.

회사가 시장에서의 사업활동과 관련하여 실질적으로 독립적인 결정을 하지 못하는 경우, 법의 목적에 비추어 하나의 사업자로 정의한다. 이러한 내용은 유럽연합의 경제단일체 이론을 참고한 것으로 보이며, 우리나라 공정거래법의 내용과도 유사하다.[44] 그리고 말레이시아 경쟁법은 소비자에 대한 개념을 폭넓게 정의하고 있다. 법 제2조는 '소비자'를 사업자가 공급하는 상품과 용역을 직접 또는 간접으로 사용하는 자를 말하며, 유통업자, 재판매업자, 최종소비자와 자신의 사업활동을 위해 필요한 상품을 구매하는 자도 '소비자'에 포함된다. 이러한 내용은 중간소비를 하는 사업자를 경쟁법을 통해 보호하려는 의미로 해석할 수 있다.

말레이시아 경쟁법은 역외적용에 대해서도 규정하고 있다. 법 제3조는 경쟁법의 관할권에 대해서 규정하고 있다. 동조 제1항과 제2항은 말레이시아 역내시장과 역외에서 행해진 사업활동이 말레이시아 시장에 영향(effect)을 미치는 경우, 법의 적용이 가능하도록 보장하고 있다. 따라서 미국 독점금지법의 판례를 통해 발전된 효과이론(effects doctrine)과 유사한 규정을 두고 있다.[45] 미국이나 유럽연합의 경우 판례법을 통해 경쟁법의 역외적용을 인정하고 있지만 말레이시아의 경우 경쟁법 집행 초기에 역외적용에 대한 논란이 있을 수 있으므로, 다른 성문법계 경쟁법과 마찬가지로 경쟁법에 이를 명시하는 방법을 택한 것으로 보인다. 무엇보다 국제카르텔 규제와 관련하여 법적 확실성을 구축하기 위해 역외적용 규정을 받아들인 것으로 보인다.[46] 그 내용은 우리나라 공정거래법 제3조와 유사하다.[47] 그리고 동조 제3항은 다른 법률에 의해서 규제되는 분야 또는 소비자상무부가 공보(Gazette)를 통해 공표하여 규제되는 분야는 경쟁법의 적용에서 제외된다고 규정한다.[48] 이 내용은 우리나라 공정거래법 제116조의 법령에 따른 정당한 행위에 대한 적용제외와 비교할 수 있을 것이다.

마지막으로 다른 나라와 마찬가지로 말레이시아는 자진신고자감면제도를 운영하고 있다. 법 제41조 제1항은 담합에 가담한 사업자가 자진신고의 방법으로 과징금의 전액 면제가 가능하다고 규정한다. 법 제4조 제2항의 위반이 되는 경성제

---

44) 경제적 단일체 이론의 내용에 관하여는 권오승 · 서정, 앞의 책, 76~79면 참조.

45) *Hartford Fire Insur. v. California* 509 U.S. 764 (1993).

46) 최요섭 · 이황, 앞의 글, 345면.

47) 공정거래법 제3조는 외국에서 이루어진 사업자의 행위라도 국내 시장에 영향을 주는 경우 공정거래법을 적용하도록 명시하고 있다.

48) ASEAN, op. cit., 27 et seq.

한적 담합의 경우에도, (a) 법의 위반을 인정하고 (b) 당해 사건을 조사하는 단계에서 경쟁위원회에 협조하는 등 담합 관련 정보를 제공하는 방법으로 경쟁당국에 전적으로 협력하는 경우에는 면제의 대상이 된다. 법 제41조 제2항은 그 외에 다양한 기준을 근거로 하여 과징금을 면제받을 수 있다고 설명한다. 그 기준에는 (a) 사업자가 첫 번째로 자진신고를 했는지에 대한 여부와 (b) 담합의 조사단계에서 담합에 가담했다는 사실을 인정하고 담합관련 정보를 제공하거나 경쟁위원회가 그 외에 필요하다고 인정하는 내용 등이 포함된다.[49]

4. 시장력(market power)에 대한 내용 일반

말레이시아 경쟁법 제2조는 시장지배적 지위에 대해서 정의하고 있다. '시장지배적 지위'를 하나 또는 그 이상의 사업자가 현저한(significant) 시장력(power)을 가지고 있는 지위라고 정의한다. 이러한 시장력은 사업자가 다른 경쟁자 또는 잠재적 경쟁자의 영향을 받지 않고 가격과 공급 또는 거래조건을 결정할 수 있는 경우로 규정하고 있다. 시장지배적 지위에 관한 정의는 다른 나라 경쟁법의 규정과 유사한데, 특히 우리나라 공정거래법 제2조 제3호의 시장지배적 사업자의 정의와 매우 비슷하다.[50] 무엇보다 법 제2조의 시장지배적 지위의 정의에 공동의 시장지배력(collective dominance)의 내용을 포함하고 있는데, 이는 유럽연합 경쟁법의 공동의 시장지배적 지위에 관한 판례와 기능조약 제102조의 내용을 참고한 것으로 보인다.[51] 또한 법 제2조는 (관련)'시장'에 대한 내용을 폭넓게 정의하고 있다. '시장'을 말레이시아 시장 또는 말레이시아의 부분시장으로 정의하며 상품과 용역이 사용되는 장소와 이를 대체하거나 경쟁하는 상품과 용역을 포함하고 있다. 이러한 내용은 관련 상품시장과 지역시장을 개괄적으로 구분・명시하는 것으로서 우리나라 공정거래법상 '일정한 거래분야' 혹은 관련시장의 내용과 유사하다고 볼 수 있다.[52]

---

49) 최요섭・이황, 앞의 글, 354면.

50) 공정거래법 제2조 제3호는 시장지배적사업자를 '일정한 거래분야의 공급자나 수요자로서 단독으로 또는 다른 사업자와 함께 상품이나 용역의 가격, 수량, 품질, 그 밖의 거래조건을 결정・유지 또는 변경할 수 있는 시장지위를 가진 사업자'로 정의하고 있다.

51) Joined Cases C-395/96 P and C-396/96 P, *Compagnie Maritime Belge Transports v Commission*, ECLI:EU:C:2000:132. 판례의 자세한 내용은 [Ariel Ezrachi, *EU Competition Law: An Analytical Guide to the Leading Cases* (6th edn, Hart 2018) Ch. 6] 참조.

52) 최요섭・이황, 앞의 글, 340면. 공정거래법 제2조 제3항은 일정한 거래분야를 '객체별・단계별 또

말레이시아 경쟁당국은 시장획정에 대한 지침을 마련하여 시행하고 있는데,[53] 관련 내용이 유럽연합과 우리나라 지침의 내용과 상당히 유사하다.[54] 우선 시장획정지침은 제1장 및 제2장 금지조항(경쟁제한적 합의금지 및 시장지배적 지위남용금지) 위반을 심사하는데 시장획정이 필요하다는 것을 명시하고 있다.[55] 따라서 말레이시아 경쟁위원회는 시장지배적 지위남용에 대한 심사뿐만 아니라 경쟁제한적 합의를 조사하는 경우에도 시장획정을 실시하고 있다.[56] 말레이시아 시장획정지침은 관련시장획정을 위해 수요와 공급의 측면에서 상품 및 서비스 관련 대체성에 대해서 조사하도록 하고 있다. 따라서 가상독점기업 테스트(Hypothetical Monopolist Test), 즉 SSNIP[57] 테스트의 방법으로 시장획정이 이루어진다.[58] 위 지침은 시장획정 이후에 시장점유율, 시장진입장벽 등을 고려하여 시장에서의 경쟁을 판단한다고 설명하고 있다.[59] 다만, 법 제4조 제2항에서 기술하고 있는 경성제한적 합의, 예를 들어 가격담합, 생산담합, 시장분할담합, 입찰담합의 경우에는 시장획정을 통한 경쟁제한성을 판단할 필요가 없다고 명시하고 있다.[60] 이 내용은 유럽연합의 집행과 유사하게, 경성제한행위에 대해서 엄격한 시장획정을 요구하지 않는다는 것으로 이해할 수 있다. 그러나 위 심사지침은 구속력이 없으므로 실제 판례법을 통한 관련 내용의 발전이 필요할 것으로 보인다.

마지막으로 말레이시아 경쟁당국은 현재의 SSNIP 테스트의 방법을 모든 상황에 정확하고 일정하게 적용하여, 원하는 정도의 시장획정결과를 얻는다는 것이 실무적으로 어렵다는 것을 인지하고 있다. 따라서 말레이시아 시장획정지침은 외국에서 적용되고 있는 시장획정의 방법과 함께 말레이시아 시장의 상황을 종합적으로 고려하여 시장획정을 한다고 기술하고 있다.[61] 결론적으로 말레이시아와 유사한 법체계 또는 경쟁법 구조의 측면에서 비슷한 실체규정을 가지고 있는 인접

는 지역별로 경쟁관계에 있거나 경쟁관계가 성립될 수 있는 분야'로 정의하고 있다.

53) Malaysia Competition Commission, ‘Guidelines’ <https://www.mycc.gov.my/guidelines> accessed 24 March 2021.

54) Cheong, et al., op. cit., 191.

55) 시장획정지침 제1.1항.

56) 최요섭 · 이황, 앞의 글, 340면.

57) Small but significant non－transitory increase in price.

58) 시장획정지침 제2항; 최요섭 · 이황, 앞의 글, 341면.

59) 시장획정지침 제1.6항.

60) 시장획정지침 제1.8항.

61) 시장획정지침 제4.5항.

아시아 국가 또는 유럽연합에서 실시하는 시장획정의 방식 및 경험이 말레이시아 경쟁법 실무에 영향을 줄 것으로 판단된다.[62)]

Ⅲ. 제1장 금지조항: 경쟁제한적 합의의 금지

1. 경쟁제한적 합의의 금지 일반

말레이시아 경쟁법 제2부 제1장은 경쟁제한적 합의를 금지하고 있으며, 그 구성은 다음과 같다. 우선 법 제4조는 경쟁제한적 수평 및 수직적 합의의 금지를, 제5조는 면제사유 또는 정당화 사유(relief of liability) 근거를 포함하고 있다. 그리고 제6조는 개별예외(individual exemption) 조항을, 제7조는 개별예외의 취소를 규정한다. 제8조는 일괄예외(block exemption)의 내용을, 제9조는 일괄예외의 절차에 대해서 규율하고 있다. 말레이시아 경쟁법상 경쟁제한적 합의금지의 전체적인 구성과 내용은 유럽연합 경쟁법과 유사하다. 우선 말레이시아 경쟁법 제4조 제1항은 기능조약 제101조 제1항의 금지조항과 마찬가지로 경쟁제한의 목적(object)과 효과(effect)의 규정을 포함하고 있으며, 말레이시아 경쟁법 제5조에서 기능조약 제101조 제3항과 마찬가지로 예외의 기준을 규정하고 있다.[63)] 또한 유럽연합 경쟁법에서의 일괄예외규칙 또는 법률(block exemption regulation)과 유사한 규율을 집행하기 위해, 말레이시아 경쟁법 제8조와 제9조는 일괄예외에 대한 내용과 절차를 규정하고 있다. 따라서 말레이시아의 경쟁제한적 합의금지와 예외의 내용을 간략히 살펴보면 유럽연합 및 영국 경쟁법의 내용을 상당부분 참고한 것으로 보인다. 말레이시아 경쟁법 제2부 제1장의 내용은 다음과 같다.

먼저, 법 제4조 제1항은 상품과 용역시장에서의 경쟁을 현저하게 방지, 제한, 왜곡하려는 목적이나 효과가 있는 사업자 간의 수평적 또는 수직적 합의를 금지하고 있다. 유럽연합 기능조약 제101조 제1항에서는 수평적 그리고 수직적 합의를 구분하지 않고 판례법을 통해 광범위하게 적용하는 반면, 말레이시아의 경우 이를 명시하여 법의 적용범위를 확정하고 있다. 이는 관련 판례법이 존재하지 않는 상황에서 법적 확실성과 예측가능성을 보장하기 위한 것으로 보인다.

---

62) 최요섭 · 이황, 앞의 글, 341면.

63) Cheong and Lee, op. cit., 237.

법 제2조 정의조항에서는 합의(agreement)와 관련하여 그 의미를 설명하고 있다. 우선 '합의'를 법적 구속력의 존재유무와 상관없이 사업자 간에 형성된 계약, 협의, 양해 등의 형태를 말하며 사업자단체의 결정이나 '동조적 행위(concerted practice)'를 포함한다고 규정한다. 제2조에서는 동조적 행위를 사업자 사이에 협력을 형성하는 행위로, 사업자가 경쟁의 위험(risk)을 회피하고자 실질적으로 명시적 공동행위를 대체할 수 있는 방법을 인지하고 이루어지는 행위로 설명한다. 이러한 행위는 사업자 사이의 직접적 또는 간접적인 연락을 포함하며, 행위의 목적과 효과가 (a) 시장에서 하나 또는 그 이상의 사업자의 행위에 영향을 주는 경우와 (b) 사업자가 결정 또는 채택한 행위의 과정 등을 공개하는 경우로, 이러한 공개가 경쟁의 일반적인 조건에서 이루어질 수 없는 경우를 포함한다고 설명한다.

제1장 금지조항지침은 공동행위에 대해 자세히 설명하고 있다. 공동행위는 일반적으로 비공식적인 협력의 형태를 가지고 실질적으로 협력하거나 위 행동으로 상호 간의 의사교환을 통해 의사의 합치를 인지하는 행위를 포함한다. 지침에 따르면 원자재 가격상승과 같이 가격인상의 정당화 사유를 증명할 수 있는 경우가 아닌 이상, 맹목적으로 경쟁자의 가격을 모방하는 것에 대해서 주의할 필요가 있다고 설명한다.[64] 그러나 이러한 내용이 법적 구속력이 있는 것은 아니므로 향후 판례법을 통해 발전될 것으로 보인다. 결론적으로 말레이시아의 규정은 의사의 합치를 중심으로 경쟁당국 또는 원고의 합의증명책임을 완화하는 것으로 볼 수 있다.

제1장 금지조항지침은 합의의 정의를 좀 더 자세히 설명하고 있다. 합의는 서면 또는 구두로 표현한 것을 포함하기 때문에 사업자는 다른 사업자 또는 경쟁자와 교류할 경우 의사소통에서 상당한 주의를 요한다고 설명하면서, 전화, 편지, 이메일 또는 그 이외의 어떤 방법으로도 합의의 추정이 될 수 있다고 설명한다.[65] 위 규정은 우리나라 공정거래법 제40조 제5항의 합의추정 규정과 유사한 측면이 있다. 우리나라 법에서는 관련시장, 상품 등의 특성, 행위의 경제적 이유와 파급효과 등에 비추어 공동행위로 볼 수 있는 개연성의 존재와 가격결정 등에 필요한 정보를 주고 받은 경우를 합의추정 요건으로 보고 있는데, 말레이시아 경쟁법의 합의추정 규정은 우리나라 규정과 비슷하다.

64) 제1장 금지조항지침 제2.6항; 최요섭 · 이황, 앞의 글, 347면.
65) 제1장 금지조항지침 제2.1항~제2.3항; 최요섭 · 이황, 위의 글, 346면.

법 제4조 제2항은 합의의 목적(object)이 경쟁제한적인 수평적 합의의 예시를 포함하고 있으며 그 내용으로는 판매가격 또는 그 이외의 거래조건 관련 합의, 시장 또는 공급의 분할합의가 있다.[66] 또한 생산, 시장진입, 기능적 혹은 기술적 발전, 투자 등에서의 제한 및 통제 관련 합의와 입찰담합을 관련 시장에서 경쟁을 제한하는 목적의 합의로 규정하고 있다.[67] 특이한 점은 유럽연합 기능조약 제101조 제1항에는 입찰담합에 대한 규정이 없는 반면, 말레이시아 경쟁법 제4조 제2항에서는 우리나라 공정거래법 제40조 제1항 제8호의 경우와 마찬가지로 경쟁제한적 입찰담합을 금지행위로 명시한다. 이러한 내용은 다른 아시아 경쟁법의 내용을 참고하여 법 제4조 제2항에 반영한 것으로 보인다.[68]

따라서 법 제4조 제1항의 경쟁제한적 합의금지에 관한 일반조항과는 별도로 제4조 제2항은 경성제한행위를 명시하여 판례법이 부족한 상황에서 법적 확실성을 보장하려는 입법의도로 이해할 수 있다. 특히 당연위법(per se rule)과 합리의 원칙(rule of reason) 관련 법리가 형성되지 않은 상황에서 경성제한적 합의를 준당연위법(quasi-per se illegality)으로 규율하려는 것으로 볼 수 있다.[69] 불문법의 전통을 가지고 있는 말레이시아에서 판례법에 의한 당연위법 및 합리의 원칙의 유형화가 중요한데, 현재까지 당연위법의 법리가 존재하는 것으로 보이지는 않는다. 최근 경쟁항소법원의 판례에서도 법 제4조 제2항의 적용과 관련하여 당연위법의 법리를 인정하지 않는 것으로 보인다.[70]

말레이시아 경쟁법은 경성제한적인 수평적 합의에 대해서 규율하면서 최저재판매가격제한과 같은 경성제한적 수직적 합의에 대한 조항은 포함하고 있지 않다. 다만 제1장 금지조항지침에서 관련된 내용과 심사기준을 세부적으로 설명하고 있다.[71] 최저재판매와 관련된 최초의 조사로는 2019년 코카콜라사건[72]이 있

66) 말레이시아 경쟁법에서 '합의의 목적'조항을 정의하는 부분은 없으나, 제1장 금지조항지침 제2.11항~제2.12항은 유럽연합에서 경성제한행위 또는 미국에서 당연위법으로 취급하는 합의를 이에 포함하는 것으로 설명한다. 최요섭 · 이황, 위의 글, 346면.

67) 말레이시아에서 입찰담합과 관련하여 의미 있는 사건들이 있다. Global Legal Insights, 'Cartels 2020: Malaysia' <https://www.globallegalinsights.com/practice-areas/cartels-laws-and-regulations/malaysia> accessed 7 April 2021.

68) Cheong, et al., op. cit., 192.

69) 최요섭 · 이황, 앞의 글, 342면.

70) Cheong, et al., op. cit., 193.

71) Lee, op. cit., 79.

72) Case No. 1/3/2/2008.

는데, 경쟁당국은 유통업체가 공급업체의 자회사로 판단하여 '경제적 단일체'로서 합의가 존재하지 않는다고 결정하였다.[73] 따라서 현재로서는 최저재판매가격 제한과 같은 수직적 가격합의에 대한 경쟁당국의 입장과 법의 해석을 판단하기는 어렵다.

2. 경쟁제한적 합의 관련 예외조항

말레이시아 경쟁법 제5조는 예외 또는 정당화 사유조항(relief of liability)으로 법 제4조의 위반에도 다음과 같은 (정당화)사유가 존재하는 경우에는 법 위반이 아님을 규정한다. 먼저, 상당한 정도로 확인이 가능한 기술적, 효율적, 사회적 이익 또는 긍정적 효과가 당해 합의에 의해 발생되는 경우이다(제a호). 또한 이러한 긍정적 효과가 경쟁을 제한하는 효과를 발생시키는 합의에 의하지 않고는 획득하기 어려운 경우이어야 하며(제b호), 경쟁에 부정적 효과를 발생시키는 합의의 내용이 합의의 긍정적 효과에 대해 비례적(proportionate)이어야 한다(제c호). 이 규정의 내용은 부차적 경쟁제한성 및 비교형량에 대한 내용을 포함하는 것으로 볼 수 있다. 마지막으로 당해 합의가 관련 상품 또는 용역에서 상당한 정도로 경쟁을 제한해서는 안 된다(제d호).

위의 내용은 유럽연합 기능조약 제101조 제3항의 두 개의 긍정요건과 두 개의 부정요건(two positives and two negatives)의 내용을 상당부분 답습한 것으로 보이며, 법의 해석도 유럽연합 경쟁법의 판례를 참고할 수 있을 것으로 보인다. 그러나 유럽연합의 예외조건인 소비자이익의 보장(fair share of consumers) 내용이 법 제5조에는 포함되지 않았다. 하지만 말레이시아 경쟁법의 목적조항에서 소비자이익 보호를 기술하고 있기 때문에 면제 심사에서는 유럽연합의 경우와 비슷하게 집행이 이루어질 것으로 보인다. 특히 법 제5조 제a호는 사회의 긍정적 이익 또는 공익을 포괄적으로 설명하고 있으므로 소비자후생을 포함하는 것으로 해석할 수 있을 것이다.[74]

법 제4조 제1항의 경쟁제한적 합의에 대한 일반금지조항은 당해 합의의 경쟁

73) Christopher & Lee Ong, 'Malaysia Competition Law: 2019 – Hindsight and 2020 – Foresight' (Rahah & Tann Asia February 2020) <https://www.christopherleeong.com/media/3757/clo_202002_competitionlaw.pdf> accessed 7 April 2021.

74) 최요섭 · 이황, 앞의 글, 343면.

제한성 판단과 관련하여 사소한 정도의 효과가 아닌 현저한 정도이어야 하며, 법 위반을 판단하기 위해서 시장분석이 필요하다는 것을 의미한다. 따라서 현저성 판단을 위해 시장점유율이 중요한 기준이 된다. 제1장 금지조항지침은 유럽연합 및 우리나라와 유사하게 안전지대(safe harbour)를 설정하여 경쟁제한성을 심사한다. 수평적 합의에서는 사업자의 시장점유율의 합이 20%가 넘지 않는 경우에는 현저하게 경쟁을 제한하지 않는다고 설명하고 있으며, 수직적 합의의 경우 사업자의 개별 시장점유율이 각각 25% 미만일 경우에는 현저하게 경쟁을 제한하지 않는 합의로 판단된다.[75] 따라서 지침의 시장점유율 기준에 따라 법 제5조의 적용이 가능하며 실무에 상당한 영향을 미칠 것으로 예상된다.[76] 다만, 법 제4조 제2항의 경성제한적 합의의 경우 시장점유율 기준의 안전지대는 적용되지 않는다. 그러나 경성제한 합의에 대한 안전지대규정의 제한이 경성제한적 합의에 대한 법 제5조의 적용을 제한하는 것은 아니다.[77] 지침의 안전지대 설정은 법적 구속력이 없기 때문에 유럽연합의 일괄예외규칙의 안전지대 방식이라기보다는 유럽연합의 사소성 지침(De Mininis Notice)[78]이나 우리나라 공동행위 심사기준[79]에서의 경쟁제한효과기준과 유사하다고 볼 수 있다.[80] 이는 사소성의 법리(de minimis doctrine)의 내용을 바탕으로 설정된 것으로 보인다.[81]

전체적으로 말레이시아 경쟁법은 경쟁제한적 합의 사건에서 당해 합의의 반경쟁적 효과(anti-competitive effect)와 친경쟁적 효과(pro-competitive effect)를 비교형량하고 개별적으로 심사하여 결정할 수 있는 기준을 명시하고 있다. 따라서 법 제4조와 제5조의 전체적인 구조가 유럽연합 기능조약 제101조 제1항과 제3항의 내용과 매우 유사하다. 특히 기능조약 제101조 제3항과 유사하게, 말레이시아 경쟁법에서 규정하는 예외 정당화사유의 요건은 기술적, 효율적, 사회적 이익의 증명을 포함한다.[82] 제1장 금지조항지침에 따른 안전지대의 시장점유율기준은 경

75) 제1장 금지조항지침 제3.4항.
76) 최요섭 · 이황, 앞의 글, 349면.
77) Global Legal Insights, op. cit.
78) Notice on agreements of minor importance which do not appreciably restrict competition under Article 101(1) of the Treaty on the Functioning of the European Union (De Minimis Notice) 2014/C 291/01.
79) 공정거래위원회 예규 제235호, 2015. 10. 23., 일부개정.
80) 최요섭 · 이황, 앞의 글, 349면.
81) 권오승 · 서정, 앞의 책, 263면 참조.
82) Kasim, op. cit., 514.

쟁제한성을 심사하는데 경쟁당국에 재량권을 제한할 수 있으므로 앞으로 판례법의 발전에도 도움이 될 수 있을 것이다. 무엇보다 시장점유율기준은 예측가능성과 관련이 있으며 향후 법의 집행에서도 긍정적인 영향을 줄 것이다.[83] 말레이시아 경쟁법은 위의 규정과 함께 인가제도를 활용한 예외인정 조항도 포함하고 있는데, 그 내용은 아래와 같다.

3. 개별예외조항과 일괄예외조항

말레이시아 경쟁법 제6조는 개별예외를 규율한다. 동조 제1항은 사업자가 법 제4조가 금지하는 합의에 대해 경쟁당국으로부터 허가받을 수 있도록 인가제도를 마련하고 있다. 이 규정은 유럽연합 경쟁법의 내용보다는 우리나라 공정거래법 제40조 제2항의 인가제도와 유사하다.[84] 다만 우리나라 공정거래법에서는 불황극복을 위한 산업구조조정 등 거시적인 측면의 내용을 인가 조건으로 고려하는 반면, 말레이시아의 경우에는 보다 미시적인 측면을 중심으로 당해 합의의 경쟁제한과 경쟁촉진을 고려한다는 차이가 있다.[85] 말레이시아 경쟁법 제6조 제2항은 법 제5조의 예외조항의 조건을 충족하는 경우 경쟁위원회가 개별예외를 인정할 수 있도록 규정하고 있으며, 이를 '개별예외(individual exemption)'로 명시하고 있다(제3항). 동조 제4항은 경쟁위원회가 경쟁제한적 합의를 인정해주는 조건으로 사업자에게 특정한 의무를 부과할 수 있도록 하였다. 또한 예외인정을 통해 관련 합의를 제한적으로 특정 기간 동안만 허용하도록 규율하고 있다.[86]

말레이시아 경쟁법은 개별예외와 관련하여 추후 이를 취소하거나 수정할 수 있도록 경쟁당국의 재량권을 보장한다. 법 제7조 제1항은 개별예외 인정 이후,

---

83) 최요섭 · 이황, 앞의 글, 350면.

84) 유럽연합에서도 1/2003규칙이 도입되기 이전에는 유럽집행위원회에 신고하여 인가를 받는 방법으로 기능조약 제101조 제3항의 집행이 이루어졌다. 이러한 집행의 내용은 1/2003규칙을 통해 폐지되었고, 현재는 사업자의 합의에 대한 개별 심사의 방법으로 관련 규정이 적용되고 있다. 신현윤, 앞의 책, 105면. 1/2003규칙 이전에 기능조약 제101조 제3항이 인가제도로 운영되었던 주요한 이유는 기존 17/62집행규칙의 입법과정에서 프랑스의 의견이 아닌 독일이 주장한 인가제도를 채택했기 때문이다. Lorenzo Federico Pace and Katja Seidel, 'The Drafting and the Role of Regulation 17: A Hard–Fought Compromise' in Kiran Klaus Patel and Heike Schweitzer (eds.), *The Historical Foundations of EU Competition Law* (Oxford University Press, 2013), 54, 70.

85) 최요섭 · 이황, 앞의 글, 344면.

86) 최요섭 · 이황, 위의 글, 344면.

상황에 변화가 있거나 사업자에게 부여한 의무의 위반이 있는 경우, 경쟁위원회가 개별예외 인정을 취소할 수 있도록 하였다. 또한 경쟁위원회가 사업자의 합의와 관련하여 특정한 조건이나 의무를 변경하거나 추가 조건 및 의무를 부과하도록 허용하고 있다. 특히 동조 제2항에서 예외 인정을 받기 위해 사업자가 제출한 정보가 허위이거나 잘못된 내용일 경우 또는 특정한 조건에 대한 위반이 있는 경우, 경쟁위원회는 개별예외를 취소할 수 있다고 규정하고 있다.87)

개별예외규정과 더불어, 말레이시아 경쟁법이 다른 아시아 국가의 경쟁법과 다른 부분은 일괄예외규정을 포함하고 있다는 점이다. 법 제8조 제1항은 법 제5조의 예외조건이 충족되는 합의의 경우, 경쟁위원회가 공보를 통해 특정 분야의 합의들에 대한 예외를 인정하도록 보장하고 있다. 이러한 경우를 '일괄예외(block exemption)'로 명시하고 있으며(제2항), 법 제4조의 금지조항의 적용으로부터 예외가 인정된다(제3항). 그리고 동조 제4항은 위원회가 일괄예외를 허용하면서 특정한 조건이나 의무를 부과할 수 있도록 조건부 예외를 허용하고 있다. 또한 동조 제5항은 앞에서 설명한 개별예외와 유사한 내용을 포함한다. 사업자에게 부과한 조건의 위반이나 의무의 위반이 있는 경우, 경쟁위원회는 서면으로 일괄예외 인정을 철회할 수 있도록 하고 있다. 그리고 경쟁위원회가 특정한 합의가 법 제5조의 예외조건을 충족하지 못한다고 판단할 경우, 서면을 통해 일괄예외를 철회할 수 있도록 보장하고 있다. 마지막으로 법 제9조는 일괄예외 관련 절차를 규정하고 있다. 우선 경쟁위원회는 일괄예외를 인정하기 전에 관련 내용을 공표해야 한다. 그리고 경쟁위원회는 신고된 일괄예외의 내용을 공표한 후 30일 동안 대중들이 이와 관련된 의견을 제출할 수 있도록 보장해야 한다. 관련 규정은 경쟁위원회가 이에 대한 의견을 충분히 고려하도록 규율하고 있다.

말레이시아 경쟁법의 일괄예외규정은 많은 장점을 가지고 있다. 일괄예외를 통해 유사한 합의가 법의 적용으로부터 면제가 되기 때문에 개별 사업자들은 일괄적으로 예외 인정을 받을 수 있다는 장점이 있고, 경쟁위원회는 유사한 경쟁효과를 발생시키는 특정분야에서의 합의를 개별적으로 심사할 필요가 없이 한 번에 예외인정 여부를 결정할 수 있기 때문에 행정비용 및 집행비용을 절감할 수 있다. 이는 유럽연합의 일괄예외규칙과 비슷한 긍정적 효과로 볼 수 있다. 다만 유

87) 최요섭 · 이황, 위의 글, 344~345면.

럽연합의 경우와는 달리 말레이시아의 일괄예외규정은 심사의 내용을 일반국민에게 공개하여 의견을 수렴해야 하기 때문에 예외인정을 신청한 사업자들은 개별예외의 방법으로 이를 신청하는 경우보다 부담이 클 수 있다.[88]

말레이시아에서 규율하고 있는 일괄예외규정은 유럽연합 경쟁법의 내용을 참고한 것으로 보이지만, 그 내용면에서는 차이가 있다. 우선 유럽연합은 다양한 수평적 또는 수직적 합의 관련 일괄예외규칙을 도입하여 관련 규정의 적용이나 범위가 확실하게 정해지도록 하였다. 그러나 말레이시아의 관련 규정의 경우에는 특정 종류의 합의가 경쟁당국의 인가를 통해 일괄적으로 예외가 인정될 수 있도록 법률로 보장한다는 측면에서 차이가 있다. 다시 말해, 말레이시아가 유럽연합의 일괄예외규칙과 유사한 형태의 법률을 도입한 것은 아니고, 보다 유연한 방법으로 특정 산업분야 또는 합의에 대한 신고의 방법을 통해 일괄적으로 적용예외가 인정되도록 규정하고 있다.[89] 마지막으로 유럽연합의 경우 일괄예외의 철회가 각 개별사안에 따라 가능하다. 이와 유사한 방법으로 말레이시아 경쟁법은 상황에 따라 개별적으로 또는 전체적으로 예외를 인정하거나 철회할 수 있는 법적 근거를 마련하였다.

4. 경쟁제한적 합의 금지조항에 대한 평가

말레이시아 경쟁법의 경쟁제한적 합의금지 조항은 크게 두 가지의 특징이 있다. 첫째, 법 제4조에서 나타난 바와 같이 유럽연합 기능조약 제101조의 내용을 상당부분 참고하여 용어 및 구조에서 많은 부분을 그대로 가져왔다. 이와 동시에 자국 경쟁법 적용에 필요한 특수성을 고려하여 입찰담합 금지의 내용 등을 추가하였다. 둘째, 예외의 조건 또는 정당화 사유 관련 규정은 유럽연합 기능조약 제101조 제3항의 내용을 상당부분 참고하였다. 위 조건을 법 제4조 위반 사건에 적용하면서, 동시에 사전 인가제도에도 적용할 수 있도록 규정하였다. 인가제도의 도입은 실무에서 행정 및 집행비용의 문제를 고려한 것으로 보인다. 만약 기능조약 제101조 제3항과 유사하게 예외조항을 적용한다면 많은 판례의 축적이 필요할 터인데, 이러한 배경이 없는 상황에서 실무적으로 유럽연합의 규정을 그

88) 최요섭 · 이황, 위의 글, 353면.
89) Kasim, op. cit., 514.

표 1 경쟁제한적 합의의 금지 및 예외의 구성

규정의 유형	경쟁제한적 합의 관련 규율의 내용	
금지조항	제4조 제1항	경쟁제한적 합의의 금지 일반: 수평적 또는 수직적 합의의 목적과 효과가 경쟁을 방지, 제한, 왜곡하는 경우 이를 금지
	제4조 제2항	수평적 합의의 목적이 경쟁제한적인 경우에 이를 금지(경성제한적 합의금지 또는 준당연위법): a. 가격을 직·간접으로 결정하거나 거래조건을 설정하는 합의 b. 시장분할합의 c. 생산 등을 제한하는 합의 d. 입찰담합
정당화사유 조항	제5조	정당화 사유 근거 조항: a. 당해 합의로부터 상당한 정도의 긍정적 이익이 직접적으로 발생하는 경우 b. 경쟁제한적 효과를 발생시키는 경우라도 당해 합의가 없으면 긍정적 효과가 발생하기 어려운 경우 c. 경쟁제한적 효과가 비례적(부분적)인 경우 d. 당해 합의가 경쟁을 현저히 저해하지 않는 경우
예외조항 (인가제도)	제6조	개별예외 조항: 경쟁당국의 인가를 통한 개별예외
	제8조	일괄예외 조항: 경쟁당국의 인가를 통한 일괄적 예외

대로 적용하기는 어려울 것이다. 따라서 신생 경쟁당국의 입장에서는 현실적인 법의 적용을 위해 말레이시아의 실정에 맞게 발전시켰다고 할 수 있다. 경쟁제한적 합의의 금지 및 예외의 구성은 [표 1]과 같다.

[표 1]에서 보듯이, 말레이시아 경쟁법의 예외 조항의 내용은 유럽연합의 그것과 어느 정도 차이점이 있는데, 그 중요한 이유는 시장의 규모와 관련된 배경의 차이에서 기인한 것으로 보인다. 유럽연합은 상당히 많은 수의 사업자가 활동하고 있기 때문에, 경쟁당국이 모든 관련시장을 감시하고 사전신고의 방식으로 심사하는 것은 실무적으로 불가능하다. 따라서 유럽연합에서는 특정 분야에 대해서 일괄예외를 허용하는 법률을 도입하였으며 개별 사업자가 본인의 책임으로 관련 법률의 내용을 파악하여 이를 준수하는 방식으로 법의 적용이 이루어진다.[90] 그러나 말레이시아는 유럽연합과 달리 시장의 규모가 상대적으로 작고 사업자의 수

90) David Bailey and Laura Elizabeth John, *Bellamy & Child European Union Law of Competition* (8th edn, Oxford University Press, 2018), Ch. 7.

도 비교적 적다고 할 수 있다. 특히 기존 국가운영사업자 또는 국영기업(State-Owned Enterprise: SOE)에 대해서 특혜를 주는 경험이 있는 아시아 국가[91]들에게는 특정 관련 분야에서의 합의를 여러 측면에서 고려하여 예외를 인정하는 것이 실무적으로는 더욱 효과적일 것이다.[92] 실제 말레이시아의 경우 국영기업과 관련된 국가경제정책이 경쟁법에 영향을 주는 것으로 보인다.[93] 예를 들어, 말레이시아 경쟁법의 부칙2는 통신미디어법 및 에너지위원회법과 충돌하지 않도록 관련 산업에서 경쟁법의 적용을 제외하도록 명시하고 있다.[94]

마지막으로, 우리나라의 공동행위 인가제도와 비교하면 말레이시아에서는 예외 인가제도가 어느 정도 활발하게 이루어지는 것으로 보인다.[95] 유럽집행위원회(European Commission)가 인가제도를 통해 경쟁제한적 합의를 허용했던 시기에도 일 년에 평균 4 건만 인정되었다.[96] 유럽연합과 비교하여 말레이시아의 시장규모를 고려했을 때 말레이시아의 인가는 횟수의 측면에서 많은 것으로 보인다. 해상운송(Malaysian Shipowners Association 등)[97]과 육로운송(Association of Malaysian Hauliers), 그리고 생명보험(LIAM)과 같은 분야에서 일괄예외 신고가 있었으며, 네슬레의 경우 개별예외 신고를 하였다.[98] 또한 2019년에는 해상운송 관련 일괄예외 인가가 연장되기도 하였다.[99] 그러나 개별 및 일괄예외 심사에서 경성제한적 합의의 경우에는 제5조의 조건을 충족하는 경우가 거의 없기 때문에 인가되지 않을 가능성이 많다. 실제 2013년 해상운송 관련 일괄예외 심사에서 경쟁당국은 해당 합의가 가격담합, 중요한 정보교환을 포함해서는 안 된다는 조건을 사업자에게 부과하였다.[100] 경쟁위원회는 가격담합과 같은 경성제한적 합의

---

91) 개발도상국에서 외국자본의 국영기업취득 관련 경쟁법의 문제는 정치적인 문제가 되기도 한다. Angela Huyue Zhang, *Chinese Antitrust Exceptionalism* (Oxford University Press, 2021), 21.

92) Pornchai Wisuttisak and Cheong May Fong, 'Competition Law, State-Owned Enterprises and Regional Trade Integration in ASEAN' in Burton Ong (ed), *The Regionalisation of Competition Law and Policy within the ASEAN Economic Community* (Cambridge University Press, 2018), 94.

93) Fong and Lee, op. cit., 215.

94) 최요섭 · 이황, 앞의 글, 338면.

95) 국내에서 공동행위를 인가한 예가 많지 않다. 권오승, 「경제법」 제13판, 법문사, 2019, 308면 참조.

96) Lianos, et al., op. cit., 638.

97) 해상운송 관련 인가 사례와 관련하여 Malaysian Competition Commission, 'Decision: Others' <https://www.mycc.gov.my/others> accessed 6 April 2021.

98) Kasim, op. cit., 515.

99) Christopher & Lee Ong, op. cit.

100) Nasarudin Abdul Rahman and Haniff Ahamat, 'Competition Law and the Malaysian

에 대해서는 엄격하게 법을 적용하고 상당한 금액의 과징금을 부과하기도 한다. 예를 들어 2017년 보험사의 담합사건에서 2억 링깃(2021년 4월 현재, 한화 약 540억 원)의 과징금을 부과하였는데, 이는 2012년 이후 역대 최대 과징금이었다.[101]

Ⅳ. 제2장 금지조항: 시장지배적 지위남용의 금지 및 시장조사

1. 시장지배적 지위의 추정

다른 경쟁당국과 마찬가지로 말레이시아 경쟁위원회는 다양한 지침을 마련하여 시장지배적 지위를 추정하기 위한 기준을 마련하였다. 시장획정지침과 제2장 금지조항지침은 시장지배적 지위남용을 심사하기 위한 2단계(two stage)의 심사절차, 즉 사업자의 시장지배적 지위추정과 시장지배적 사업자에 의한 남용행위(또는 경쟁제한성) 심사기준을 마련하였다. 그 첫 번째 단계로서 시장지배적 지위추정의 내용은 경쟁제한성 심사에서 중요한 부분이라고 할 수 있다.[102]

위의 제II에서 설명한 바와 같이, 시장지배적 지위의 일반정의는 우리나라 공정거래법의 내용과 유사하다고 할 수 있다. 우리나라의 경우, 공정거래법 제6조에서 시장지배적 지위의 추정기준을 마련하고 있는데, 하나의 사업자의 시장점유율이 50% 이상 또는 셋 이하의 사업자의 시장점유율의 합이 75% 이상(시장점유율이 10% 미만인 사업자는 제외)으로 규정하고 있다. 말레이시아의 경우, 우리나라와 같이 추정조항을 마련한 것은 아니고 제2장 금지조항지침에서 단일 사업자의 시장점유율을 기준으로 시장지배적 지위를 추정하고 있다. 제2장 금지조항지침에서는 시장획정에 대한 내용을 포함하여 남용행위를 세부적으로 구분하여 심사기준을 마련하고 있다. 위 지침은 단일 사업자의 시장점유율이 60% 이상일 때에는 시장지배적 지위추정이 가능하다고 설명하고 있다.[103]

시장점유율이 시장지배적 지위를 추정하는데 가장 중요한 요소이지만, 시장진입장벽과 같이 시장지배적 지위 판단에 필요한 다른 요소들을 함께 검토하여 그

Financial Sector' (2015) 172 *Procedia - Social and Behavioral Sciences* 74, 76.

101) Lexology, 'First-step analysis: competition compliance in Malaysia' (30 April 2020) <https://www.lexology.com/library/detail.aspx?g=6888d741-724e-48ab-8f5d-37ed685b3106> accessed 7 April 2021.

102) 최요섭 · 이황, 앞의 글, 358면.

103) 제2장 금지조항지침 제2.2항.

지위 인정여부를 결정하게 된다.[104] 제2장 금지조항지침에서의 60% 시장점유율 기준은 유럽연합이나 우리나라의 기준과 비교하면 상당히 높은 관대한 기준이라고 할 수 있다. 유럽연합의 경우 일반적으로 시장점유율이 40%인 경우를 시장지배적 지위의 추정조건으로 하고 있다.[105] 그럼에도 불구하고 말레이시아에서 경쟁법 관련 판례법이 형성되고 있는 상황에서 위의 기준은 경쟁위원회의 집행과 법원의 판단에 중요하게 작용할 수 있다. 시장점유율과 더불어 경쟁위원회는 제품차별화, 가격상승에 대응할 수 있는 구매자의 존재유무(수요독점), 그리고 경쟁에 영향을 줄 수 있는 혁신까지 심사하여 최종적으로 시장지배적 지위를 결정한다. 위의 판단 요소를 포함하여 규모의 경제, 규제, 구매 및 판매 관련 접근성, 네트워크효과, 높은 매몰비용 등을 시장진입장벽의 기준으로 고려한다.[106] 마지막으로 경쟁위원회는 잠재적 시장진입의 내용에 대해서도 고려하며, 시장진입장벽을 검토할 때에는 규모의 경제와 범위의 경제를 포함한다. 또한 시장진입장벽과 관련하여 시장진입과 관련된 라이선싱과 같은 규제의 유무 등을 고려하여 시장지배적 지위유무를 판단한다.[107]

2. 시장지배적 지위의 남용금지

말레이시아 경쟁법 제10조 제1항은 상품 또는 용역시장에서 시장지배적 지위의 사업자가 단독 또는 공동으로 그 지위를 남용하는 행위를 금지하고 있다. 다른 경쟁법과 유사하게 위 규정은 시장지배적 지위 자체를 금지하는 것은 아니고 시장지배적 지위의 남용만을 금지하고 있다.[108] 특히 Labuan Ferry판결[109]에서 경쟁항소법원은 경쟁법의 목적이 소비자이익을 보호하는 것이며, 동시에 독점(monopolies) 자체를 금지하는 것은 아니라고 판시하였다.[110] 시장지배적 지위남용 금지의 일반규정인 제10조 제1항의 적용을 제한하지 않으면서, 동조 제2항은

104) 제2장 금지조항지침 제1.5항.
105) Guidance on the Commission's enforcement priorities in applying Article 82 TEC (now Article 102 TFEU) to abusive exclusionary conduct by dominant undertakings, 2009/C 45/02, 제14항. 유럽연합에서는 39.7%의 시장점유율을 가진 경우 시장지배적 사업자로 추정한 판례가 있다. Case T-219/99 *British Airways plc v Commission*, ECLI:EU:T:2003:343.
106) 제2장 금지조항지침 제2.17~2.22항.
107) 제2장 금지조항지침 제2.16항 이하; 최요섭 · 이황, 앞의 글, 358면.
108) Cheong and Lee, op. cit., 240.
109) *Labuan Ferry Corp Sdn Bhd v Chin Mui Kien* [2018] 3 MLJ 256; [2018] 2CLJ 142 at [59].
110) Yunis, op. cit., 351.

다음과 같이 시장지배적 지위의 남용행위를 예시로 들고 있다.

법 제10조 제2항 예시조항은 직접 또는 간접으로 불공정하게 구매 혹은 판매가격을 설정하거나 그 외에 불공정한 거래조건을 공급자나 구매자에게 부과하는 행위(a호), 생산, 시장진입, 기술적 발전, 투자를 제한하거나 통제하여 소비자이익을 저해하는 행위(b호), 특정 사업자 또는 사업자단체에게 공급을 거절하는 행위(c호), 동일한 거래를 다른 거래 상대방에게 다른 조건으로 공급(d호)하여 (i) 시장진입, 확장, 기존 경쟁자의 투자를 방해하거나, (ii) 시장지배적 사업자보다 효율적으로 경쟁할 수 있는 경쟁자를 시장에서 퇴출시키거나 현저히 피해를 주는 경우(동등효율 경쟁자 심사와 유사),[111] 그리고 (iii) 시장지배적 사업자가 참여하고 있는 시장 또는 상부시장 혹은 하부시장에서 경쟁을 저해하는 행위를 금지한다. 그리고 거래와 관련이 없는 부차적인 조건을 거래 당사자에게 강요하여 계약하는 경우(e호), 경쟁자에 대한 약탈적 가격설정(부당염매) 행위(f호), 그리고 경쟁자가 필요한 중간재 또는 원자재(필수설비)를 정당한 이유 없이 구매하는 행위(g호)가 시장지배적 지위의 남용행위에 포함된다.

위의 남용행위와 관련하여, 제2장 금지조항지침에서 경쟁법이 가격남용과 같은 착취남용과 약탈적 행위와 같은 배제남용을 금지한다고 설명하고 있다.[112] 착취남용의 경우, 가격남용을 통해 소비자를 착취하는 것을 의미한다. 지침은 원칙적으로 가격남용을 판단하기 위해 공급 가격, 비용 및 시장지배적 사업자의 수익 등과 같은 요소들을 고려하여 위반여부를 판단한다고 설명한다.[113] 위 지침은 배제남용의 경우 동등효율심사를 중심으로 판단한다고 기술하고 있으며, 남용행위의 실질적 경쟁효과(effects on competition)를 기준으로 심사한다. 특히 경쟁제한효과의 의미를 경쟁의 과정에 영향을 주는 것으로 이해하며, 경쟁자에 대한 영향을 중심으로 심사하는 것은 아니라고 기술하고 있다.[114] 당해 사업자의 행위가 배제남용에 해당하는지 여부를 판단하기 위해서는 (i) 행위가 소비자에게 부정적인 영향을 주는지 여부와 (ii) 행위가 시장지배적 사업자와 동등하게 경쟁할 수

111) 권오승 · 서정, 앞의 책, 173면. '동등효율 경쟁자 심사'는 시장지배적 지위남용 관련 경쟁제한성심사에서 당해 사업자의 행위가 시장에서 동등하게 효율적이거나 더 효율적인 경쟁자를 배제하는 경우를 심사하는 것을 말한다.

112) 제2장 금지조항지침 제3.2항.

113) 제2장 금지조항지침 제3.2~3.4항.

114) 제2장 금지조항지침 제3.5~3.8항.

있는 효율적인 사업자를 배제하는지 여부를 심사한다.115) 지침은 그 외에 부당염매, 가격차별, 배타조건부거래, 충성리베이트, 거래거절 및 필수설비 등에서의 심사기준들을 자세히 설명하고 있는데, 해당 내용은 다른 나라에서 일반적으로 판단하는 기준과 유사한 내용을 담고 있다. 예를 들어 지침에서 부당염매의 경우, Areeda－Turner 테스트 및 유럽연합의 판단기준을 설명하고 있다.116)

마지막으로 법 제10조 제3항에서는 위의 금지조항이 시장지배적 사업자가 새로운 시장진입이나 경쟁자의 시장활동에 정당하게 대응하여 활동하는 것 자체를 금지하는 것은 아니라고 설명한다. 이러한 내용은 유럽연합 기능조약 제102조가 제101조 제3항과 같은 예외조항을 가지고 있지 않아서 판례법을 통해 정당화사유에 대한 심시기준을 마련해 놓은 것과는 다른 방법이라고 볼 수 있다. 말레이시아가 법 제10조 제3항을 마련한 것은 유럽연합처럼 판례법에 의한 기준이 없는 상황에서 기본적인 정당화 사유의 기준을 설정하는 것이 입법초기에 필요했을 것으로 생각된다.117) 또한 동조 제4항은 사업자의 시장점유율이 특정 기준 이상 또는 이하라고 해서 그 자체만으로 당해 사업자가 시장지배적 지위에 있다고 확정하여 결정하는 것은 아니라고 규정한다. 따라서 경쟁자를 보호하는 것이 아니라 경쟁의 과정을 보호하는 것이라고 설명하고 있으며, 시장지배적 지위를 추정함에 있어서도 시장점유율을 포함하여 그 외에 시장진입장벽과 같은 다양한 요소들을 고려하는 것으로 이해할 수 있다. 위 내용은 입법초기에 시장지배적 지위남용금지와 관련하여 법적 확실성을 추구하면서도 시장지배적 지위의 추정 판단에서는 판례를 통한 발전을 모색했던 것으로 보인다.118)

3. 시장조사 규정

말레이시아 경쟁법은 제11조에서 영국 경쟁법과 어느 정도 유사하게 시장조사(market review)규정을 두고 있다. 법 제11조 제1항은 경쟁위원회가 직권 혹은 소비자상무부의 요청에 따라 특정한 시장을 조사할 수 있으며, 이를 통해 시장에서 경쟁을 제한하거나 왜곡하는 내용이 있는지를 확인할 수 있도록 규정하고 있

115) 제2장 금지조항지침 제3.9항.
116) 제2장 금지조항지침 제3.5~3.26항.
117) 최요섭 · 이황, 앞의 글, 356면.
118) 최요섭 · 이황, 위의 글, 356면.

다. 동조 제2항은 시장조사의 내용으로 시장구조(a호), 시장에서의 사업활동(b호), 시장에서의 공급자 및 소비자의 행동(c호), 그리고 그 밖의 경쟁 관련 문제들을 폭넓게 포함한다(d호). 법 제12조에 따르면, 시장조사결과에 따라 경쟁위원회는 관련 내용과 권고(recommendation)의 보고서를 발간해야 하며(제1항), 경쟁위원회의 시장조사 보고서는 일반인에게 공개해야 한다(제2항). 이러한 규정은 영국법의 내용을 참고한 것으로 보이는데, 영국의 규정과 가장 큰 차이점은 시장조사를 통해 시정명령을 부과하지 않고 권고만 한다는 점이다.[119] 따라서 말레이시아의 시장조사 규정은 우리나라 공정거래법 제4조 제3항에 있는 시장구조의 조사 및 공표 등의 내용에 더 가깝다고 할 수 있다.

4. 시장지배적 지위의 금지조항에 대한 평가

2012년 말레이시아 경쟁법이 발효된 이후 경쟁법의 해석 및 적용과 관련하여, 시행초기에는 경쟁당국이나 법원이 충분한 지식과 경험이 부족했기 때문에 많은 어려움이 있었던 것으로 보인다. 특히 영국법의 영향을 받아 불문법체계를 계수한 말레이시아로서는 기존의 판례법이 축적되어 있지 않은 상황에서 법 제10조의 적용이 쉽지 않았을 것이다.[120] 그러나 2012년 이후부터 경쟁위원회는 지속적으로 시장지배적 사업자의 지위남용행위를 조사하여 규제하고 있으며, 관련하여 유의미한 판례가 축적되고 있다. 시행 초기에는 상당수의 법위반 사건이 있었는데, 주로 경성담합 사건들이었다. 이러한 사건의 배경에는 사업자들의 경쟁법에 대한 인식 부족이 있었다. 따라서 당시에는 경쟁법에 대한 교육과 경쟁문화형성이 주요 당면과제였다. 경성담합뿐만 아니라 시장지배적 지위남용과 관련하여 사업자와 시민들의 경쟁법에 대한 인식이 낮았던 것으로 보인다. 특히, 경쟁법 도입 초기에 신고를 통한 위반조사보다는 직권에 의한 조사가 주를 이루었는데 이와 관련하여 당시 말레이시아 국민들에게 경쟁법 관련 교육이나 문화가 제대로 형성되지 않았다고 설명하는 견해가 있다.[121] 그러나 최근 통계에 의하면 경쟁법 위반신고가 상당히 증가하고 있는데,[122] 이는 말레이시아에서 경쟁(법)문화가 비

119) 영국 시장조사제도와 관련하여 류시원, "영국의 시장조사제도에 관한 연구", 「경쟁법연구」, 제42권, 2020, 257~296면 참조.

120) 최요섭 · 이황, 앞의 글, 339면.

121) Lee, op. cit., 86~87.

122) 2012년에서 2019년 사이, 경쟁법 위반 신고는 547건이었으며 직권조사는 74건이었다. Yunis, op.

교적 빠르게 발전하고 있다는 증거라고 할 수 있다.

경쟁법의 실체규정 중에서 국가 간 조화가 전반적으로 가장 잘 드러나는 조항은 경성제한적 합의의 금지와 배제남용의 금지조항이라고 할 수 있다. 그러나 실무에서는 나라 간 다양한 법의 목적의 차이 때문에 시장지배적 지위남용 금지조항에 대한 집행과 해석이 국가별로 상이한 경우가 많다. 따라서 세계적 기준(global standard)이 만들어지기 어려운 부분이라고 할 수 있다.[123] 그러나 말레이시아의 경우에는 이러한 일반적인 상황과는 다르다고 평가할 수 있다. 말레이시아 경쟁법의 제1장 금지조항은 예외 및 인가와 관련하여 다른 나라의 규정과 차이가 존재(divergence)하는 반면, 제2장 금지조항의 집행은 경제분석을 중심으로 이루어지기 때문에 외국의 내용과 유사하게 수렴(convergence)하고 있는 것으로 보인다. 예를 들어, 최근 경쟁위원회의 조사와 집행의 내용을 살펴보면 초기 집행의 내용과 상당한 차이를 보인다. 2021년 Dagang Net Technologies Sdn Bhd(Dagang)사건[124]에서 경쟁위원회는 150페이지가 넘는 방대한 분량의 결정문을 준비하였고, 그 내용에 있어서도 시장획정을 포함하여 상당한 수준의 경제분석의 내용을 포함하고 있다.

Ⅴ. 최근 경쟁법 집행 사례와 평가

1. 경쟁제한적 합의금지 관련 사례

위의 Ⅲ에서 설명한 바와 같이, 말레이시아 경쟁법에 있어서 경쟁제한적 합의금지는 상당히 세분화되어 있다. 특히 우리나라 공정거래법과 비교했을 때, 말레이시아의 경우 경성제한적 합의금지만을 따로 구분한 규정이 있다. 따라서 경성제한합의 및 연성제한합의(경성 공동행위 및 연성 공동행위)와 관련된 법집행과 판례의 발전에 따라 경성제한적 행위의 유형화 또는 구분이 가능하고, 이를 근거로 법의 적용 예측이 가능할 것이다. 최근 말레이시아에서 경성제한행위 또는 경쟁제한적 목적의 합의(object test)에 관련된 사건들이 있었다.

---

cit., 358.

123) Giorgio Monti, 'Unilateral conduct: the search for global standards' in Ariel Ezrachi (ed), *Research Handbook on International Competition Law* (Edward Elgar, 2012), 345, 365.

124) Case No. 700-2/2/003/2015.

2012년 말레이시아 경쟁법이 발효된 후, 첫 담합사건은 Cameron Highlands 화예협회(floriculturist association)의 가격인상 사건이었다. 이 사건에서 사업자단체가 2012년 3월에 절화재배상품(temperate cut-flower)의 가격을 10% 인상하여 소매상에게 공급하기로 결정한 내용이 문제가 되었다. 사업자단체의 결정은 법 제4조 제2항의 경성제한적 합의금지조항을 위반하는 합의였으며, 위 합의는 소매상을 포함하여 결국 소비자에게 부정적인 효과를 발생시키는 행위로 간주되었다. 이 사건 관련 방송보도가 있은 이후에 경쟁위원회는 공식적으로 조사를 시작하였다. 사업자단체는 2008년 이후 원가상승으로 인해 가격을 올릴 수밖에 없었다고 정당화 사유를 제시했으나 받아들여지지 않았는데, 그 주요한 이유로 가격담합이라는 행위 자체에도 문제가 있었으나 사업자단체의 시장점유율이 90% 이상이었고 이는 시장에 상당히 부정적인 영향을 주었기 때문이다. 조사 초기에 경쟁당국은 중지명령을 포함하여 과징금을 부과하려고 하였으나, 추후 과징금 부과결정은 취소하였다. 그 이유는 경쟁법 집행의 초기 단계에서, 점진적으로 경쟁당국의 명성과 신뢰성을 구축하려는 목적과 경쟁항소법원에서의 첫 패소가 될 수 있다는 우려가 이러한 결정에 영향을 준 것으로 보인다.[125] 또한 사업자단체가 조사에 적극적으로 협조하여 과징금에 대한 면제가 있었던 것으로 보인다.[126] 이 사건 이후에도 화물차운송 사업자단체의 15% 운송가격인상 사건이 경쟁당국으로부터 제재를 받았다.[127]

두 번째로 의미 있는 사건은 쿠알라룸푸르의 아이스크림 생산업체인 Selangor와 Putrajaya 사이의 수평적 합의 및 Sibu제과와 제빵협회의 수평적 합의 사건이었다. 말레이시아 경쟁당국은 아이스크림 사업자의 공동행위사건에서 제조사들 간에 상품가격을 공동으로 인상한 합의는 가격담합이라고 결정하였다. Sibu제과·제빵 공동행위사건에서도 제빵사들이 제과 및 제빵 상품의 가격을 5~10% 인상한 합의는 가격담합이라고 결정하고 법 제4조 제2항을 적용하였다. 경쟁당국은 두 사건에서의 합의 내용은 법 제4조 제2항, '합의의 목적' 사건이므로 합의의 효과를 심사할 필요가 없다고 판단하였다.[128] 이러한 결정은 경성제한행위 또는 합의에 대한 준당연위법의 결정이라고 볼 수 있다.

---

125) Lee, op. cit., 81~82.
126) Cheong et al., op. cit., 198.
127) Lee, op. cit., 84.
128) Cheong, et al., op. cit., 193.

법 제4조 제2항의 적용과 관련하여 효과심사(effect test)의 문제와 연관된 사건도 있었다. Malaysia Airline System Bhd(MAS)와 AirAsia Bhd(AirAsia) 사이의 협력합의(collaboration agreement) 사건에서,[129] 경쟁당국은 사업자들 사이에 시장분할의 합의가 있었으며 이는 법 제4조 제2항 제b호 위반이라고 판단하였다.[130] 이 사건은 상당히 중요한 의미가 있었는데, 그 이유는 사업자와 이해관계자들이 국영기업이었기 때문이다. 경쟁당국은 유럽연합과 영국의 관련 판례를 참고하여 법 제4조 제2항이 적용되는 경성제한합의에서는 엄격한 정도의 시장획정이 불필요하다고 주장하였다. 그러나 경쟁항소법원은 경쟁위원회의 관련 규정 적용이 잘못되었다고 판단하였다.[131] 경쟁항소법원은 관련 합의가 법 제4조 제2항에서 금지하고 있는 시장분할합의가 아니라고 결정하였다. 경쟁항소법원은 당해 합의의 의도가 사업자의 주요 전문분야를 제대로 활용할 수 있는지 여부를 확인하기 위한 것으로, 효율성 및 경쟁력을 강화하기 위한 의도가 주요 목적이었다고 판시하였다. 특히 경쟁항소법원은 관련 합의가 조건부 합의였으며 경쟁법 준수를 위해 실제 실행에 옮기지 않았다고 강조하였다. 또한 경쟁당국이 관련 합의가 시장분할을 목적으로 이루어졌는지를 제대로 증명하지 못했으며, 관련시장도 적절하게 획정하지 못했다고 판단하였다. 무엇보다 경쟁위원회가 '합의의 목적' 추정조항을 단순하게 적용한 것이 잘못되었다고 판시하였는데, 항공분야에서는 항공동맹(airline alliance)을 포함하여 공동운항(code sharing)이 폭넓게 이루어지고 있는 상황에서 관련 합의가 시장분할이라고 볼 수 없다고 설명하였다.[132] 이 판결에서 특이한 점은 합의의 실행에 대한 판단이다. 일반적으로 합의의 존재만으로 법위반을 인정하기에 충분하고 실행행위가 이루어지지 않았더라도 경쟁제한적 합의로 규제할 수 있다는 관점에서 경쟁항소법원의 판단은 문제가 있었다.[133]

실제, 경쟁항소법원의 판결은 상당한 비판을 받았는데, 그 주요한 이유는 '합의의 목적'과 '합의의 효과'로 구분하는 말레이시아 경쟁법의 내용을 모호하게 만들었다는 것이다. 말레이시아 경쟁법학자들은 '합의의 목적'에 포함되는 경성제한

129) WA-25-82-05/2016 [2019] 6 CLJ 623.
130) Lee, op. cit., 82~84.
131) Cheong, et al., op. cit., 193.
132) Ibid., 193~194.
133) 권오승 · 서정, 앞의 책, 256면.

합의에 대해서 경쟁당국이 합의의 경쟁제한성을 자세하게 심사할 필요가 없으며 경성제한합의에 대한 간단한 경쟁제한분석을 통해 행정비용 또는 집행비용을 줄일 수 있다고 강조하였다. 또한 경쟁항소법원의 결정은 유럽연합의 목적규칙(object rule)에서 미국의 합리의 원칙(rule of reason)의 내용으로 이탈하는 모습을 보여준다고 비판하였다. 특히 합의의 목적 법리에서 '목적'의 의미가 사업자의 주관적 의도를 의미하는 것이 아니라 관련 합의가 추구하는 목적을 의미하는 것이기 때문에 법원의 판단이 잘못되었다고 비판하였다.[134] 경쟁위원회는 경쟁항소법원의 결정에 불복하여 항소하였으며, 고등법원(High Court)은 다음과 같이 판단하였다.

고등법원은 법 제4조 제2항 사건에서는 관련시장획정이 불필요하다고 설명하면서 경쟁항소법원은 관련조항에 대해 잘못 판단했다고 판시하였다. 또한 법 제4조 제1항과 제2항의 기준(표현)은 명확하며, 위 조항은 법의 적용과 관련하여 시장획정을 요구하는 구체적 내용이 없다고 판단하였다. 따라서 본 사건에서 사업자 간 합의는 경쟁제한적 목적을 포함하므로, 경쟁위원회가 시장분석을 할 필요가 없다고 결정하였다.[135] 특히 경쟁항소위원회가 항공산업에서 항공동맹과 공동운항과 같은 특징을 설명했으나, 이러한 내용은 법적 근거나 정당화의 근거가 될 수 없다고 판시하였다.[136]

2. 시장지배적 지위남용 금지 관련 사례

말레이시아 경쟁법 제10조는 우리나라와 유럽연합과 마찬가지로 시장지배적 사업자의 착취남용과 배제남용을 모두 금지하고 있다.[137] 시장지배적 지위남용의 의미 있는 첫 번째 사례로 Megasteel Sdn Bhd사건이 있다. 이 사건에서 Megasteel은 상부시장인 열연강판(hot rolled coil)시장에서 유일한 공급자였으며, 하부시장인 냉각용 강판(cold rolled coil)시장에서도 관련 상품을 공급하고 있었다. 위 사업자는 수직적 통합구조의 장점을 이용하여 약탈적 가격결정행위를 통해 하부시장인 냉각용 강판시장에서 경쟁사를 배제하려고 하였다. 조사 초기에

134) Cheong, et al., op. cit., 194~195.
135) WA-25-82-05/2016 [2019] 6 CLJ 623 at [93]-[94].
136) Yunis, op. cit., 366~367.
137) 제2장 금지행위지침 제2.4항; Cheong, et al., op. cit., 196~197.

경쟁위원회는 이러한 행위를 법위반으로 판단했으나, 추후 무혐의로 종결하였다.[138]

다음으로 중요한 시장지배적 지위남용사건으로 2016년 My E.G. Services Bhd(MyEG)사건이 있다. 이 사건에서 MyEG는 말레이시아에서 외국인 노동자의 허가증 갱신서비스를 제공하는 독점기업이었다. 말레이시아 경쟁당국은 MyEG가 제공하는 필수보험에 외국인 노동자들이 가입하도록 유도한 것이 시장지배적 지위의 남용행위라고 판단하였다. MyEG는 외국인 노동자들이 보험의 일정부분은 다른 보험사 상품에 가입할 수 있도록 허용하면서도, 실제로는 자사의 보험상품을 계약하는 경우 타사 보험사와 계약하는 경우보다 쉽고 빠르게 허가증 갱신을 해주는 방식으로 불공정한 조건을 부과하였다. 경쟁위원회의 결정에서 배제남용으로 판단한 것으로 보이지만 실제 경쟁위원회는 위 행위를 착취 또는 배제남용으로 구분하지는 않았다. MyEG는 경쟁당국의 결정에 불복하여 소를 제기했으나 경쟁항소법원과 고등법원은 이를 기각하였다. 이 사건에서 고등법원이 MyEG가 상부시장에서 시장지배적 사업자로서 하부시장에서 시장접근을 허용했어야 한다고 판단한 것은 중요한 의미가 있다. 위 판결에서 시장지배적 지위남용금지 관련 '유사한 거래(equivalent transactions)' 및 '시장에서의 경쟁제한(harm competition in the market)'에 대한 법원의 해석은 향후 판례법의 발전에 많은 도움이 될 것이라는 의견이 있다.[139]

마지막으로 의미 있는 시장지배적 지위남용사건은 Dagang Net Technologies Sdn Bhd(Dagang)이다. 이 사건에서 경쟁당국은 Dagang의 배타적 거래가 법 제10조 제2항 제c호를 위반했다고 판단하였다.[140] Dagang은 Dagang NeXchange의 자회사로서 National Single Window(NSW)체제 아래에 Sistem Maklumat Kastam 관련 무역원활화(trade facilitation: 수속간소화) 온라인 서비스를 제공하는 정부의 유일한 사업자(service provider)였다. 고객들은 NSW서비스를 이용하여 사업자와 말레이시아 규제기관 사이에 거래 관련 문서 등을 전자송달의 방법으로

---

138) Lee, op. cit., 84~85; Shanthi Kandiah, 'The Dominance and Monopolies Review: Malaysia' (The Law Reviews 11 August 2020) <https://thelawreviews.co.uk/title/the-dominance-and-monopolies-review/malaysia> accessed 7 April 2021.

139) WA-25-81-03/2018; Cheong, et al., op. cit., 197; Christopher & Lee Ong, op. cit.; Yunis, op. cit., 368~372.

140) Cheong, et al., op. cit., 197~198.

전달하였는데, 당시 NSW가 전자문서송달의 유일한 방법이었다. 2015년부터 2017년까지 Dagang은 배타적 거래조건을 소프트웨어 사업자(software provider)에게 부과하였다. 경쟁당국은 Dagang의 배타조건부거래는 소프트웨어 사업자가 최종소비자(이 경우, 수출입 업자, 화물운송 대행업자, 제조사 등)에게 Dagang의 서비스와 유사한 uCustoms서비스를 제공하는 것을 방해했으며, 결론적으로 경쟁을 제한했다고 판단하였다. 경쟁당국은 Dagang의 배타적 거래가 법 제10조 제1항을 위반했다고 결정하고, 약 1천만 링깃(2021년 4월 현재, 한화 약 27억원)의 과징금을 부과하였다.[141)]

3. 기업결합규제 부재의 문제

두 개의 공유경제 회사인 그랩(Grab)과 우버(Uber)의 2018년 기업결합은 싱가포르를 포함하여 동남아시아에서 중요하게 다루어졌던 사건이다. 싱가포르 경쟁당국은 그랩과 우버의 기업결합이 싱가포르 경쟁법을 위반했다고 판단하였다. 싱가포르 경쟁당국은 당해 기업결합이 승객운송 플랫폼(ride–hailing platform)시장에서 현저하게 경쟁을 제한했으므로 싱가포르 경쟁법 제54조를 위반했다고 결정하고 우버에게는 약 660만불의 과징금을, 그랩에게는 약 650만불의 과징금을 부과하였다. 이 사건은 싱가포르 경쟁당국이 기업결합신고를 누락한 외국사업자에게 내린 첫 번째 의미 있는 결정이었다.[142)] 그랩의 사업활동은 동남아시아에서 다양한 사회・경제적 문제를 일으키고 있다. 기존의 여객운송 사업자 및 단체와 갈등을 겪었으며, 몇몇 동남아시아 국가에서는 여객운송 공유경제 서비스를 불법으로 규정하기도 한다.[143)] 다만 관광업을 중요한 산업분야로 인식하고 있는 대부분의 동남아시아 국가에서는 그랩을 포함한 공유경제 서비스를 암묵적으로 인정하는 것으로 보인다.

앞서 설명한 바와 같이, 다양한 이유로 말레이시아 경쟁법은 기업결합규제를

---

141) Malaysia Competition Commission, News Release, 'MyCC imposes RM 10.3 Million fine against Dagang Net' (26 February 2021) <https://www.mycc.gov.my/sites/default/files/pdf/newsroom/Press%20Release_DagangNet.pdf> accessed 6 April 2021.

142) Deborah Healey, 'Grab–Uber merger in Southeast Asia: the Singapore approach' (2020) 8(3) *Journal of Antitrust Enforcement* 627.

143) Bangkok Post, 'Grab awaits legal progress amid domination' (10 January 2019) <https://www.bangkokpost.com/tech/1608654/grab–awaits–legal–progress–amid–domination> accessed 15 March 2021.

포함하고 있지 않다.[144] 그럼에도 불구하고 말레이시아에서 위의 그랩 · 우버 기업결합 사건에 대한 경쟁제한성이 문제가 되었다. 말레이시아 경쟁당국은 기업결합 이후 그랩의 활동과 관련하여 상당수의 경쟁법 위반신고를 접수했다고 밝혔으며, 이를 근거로 그랩의 사업활동 전반에 대해서 조사했다.[145] 2019년 10월 말레이시아 경쟁위원회는 그랩이 말레이시아 지역시장에서 그랩운전자의 사업활동을 제한하여 여객운송시장에서의 경쟁을 저해했다고 설명하고, 이를 시장지배적 지위의 남용으로 판단하였다. 특히 그랩은 그랩운전자가 그랩경쟁사에 대한 광고나 프로모션을 하지 못하도록 제한했는데, 경쟁위원회는 이를 법 제10조의 위반으로 판단하여 약 8천7백만 링깃의 과징금을 부과하였다.[146] 싱가포르에 본사를 두고 있는 그랩이 자회사격인 GrabCar Sdn Bhd와 MyTekxi Sdn Bhd와 함께 말레이시아 경쟁당국의 결정에 불복하여 고등법원에 소를 제기하였으나 법원은 이를 기각하였다.[147]

그랩 · 우버 기업결합사건과 같이 향후 말레이시아 시장에 상당한 영향을 미칠 수 있는 기업결합의 수는 점차 증가할 것이다. 2010년 말레이시아가 경쟁법을 도입했을 당시에는 자국 시장에서 투자를 유인하고 자국 기업의 경쟁력을 강화시킬 목적으로 경쟁법에 기업결합규정을 포함시키지 않았다. 그러나 다국적 기업의 말레이시아 시장진출이 증가하고 외국사업자의 사업활동이 시장에 상당한 영향을 미치는 상황에서 말레이시아는 기업결합규정을 도입하는 개정을 논의할 필요가 있다. 특히 경쟁법 시행이전부터 말레이시아는 자국 산업을 보호하여 대표기업(national champion)을 키우고 이를 통해 산업 및 무역정책을 증진시키는 것을

144) Cheong, et al., op. cit., 198.

145) Reuters, 'Malaysia's Competition regulator to decide on ride-hailing firm Grab on Thursday' (2 October 2019) <https://www.reuters.com/article/us-grab-competition-malaysia/malaysias-competition-regulator-to-decide-on-ride-hailing-firm-grab-on-thursday-idUSKBN1WH13Z> accessed 24 March 2021.

146) Kandiah, op cit; Reuters, 'Malaysia proposes $20 million fine on Grab for abusive practices' (3 October 2019) <https://www.reuters.com/article/us-grab-competition-malaysia-fine-idUSKBN1WI06D> accessed 25 March 2021.

147) CPI, 'Grab Takes Malaysian Regulator To Court Over Fines' (12 February 2020) <https://www.competitionpolicyinternational.com/grab-takes-competition-regulator-to-court-over-fines/> accessed 24 March 2021; CPI, 'Grab To Appeal Malaysian High Court Over Antitrust Fine' (11 March 2020) <https://www.competitionpolicyinternational.com/ grab-to-appeal-malaysian-high-court-over-antitrust-fine/> accessed 6 April 2021.

우선으로 삼았는데, 이는 결국 기업결합규제의 부재라는 문제를 낳게 되었다.

경쟁법 입법초기에는 경쟁정책 이외의 다른 정책과의 조화가 필요하였기 때문에 경쟁법의 집행도 가장 일반적이고 기본적인 경쟁제한행위인 담합과 시장지배적 지위남용의 금지에 중점을 둘 수밖에 없었을 것이다.[148] 그러나 기업결합규제가 없는 경쟁법에는 한계가 있다. 위에서 살펴본 그랩사건은 기업결합 이후에 시장지배력이 이미 강화된 상황에서 경쟁법을 적용한 사례이다. 만약 기업결합을 사전에 규제했었더라면, 관련 시장에서의 경쟁제한적 효과를 미연에 방지할 수 있었을 것이다. 말레이시아 경쟁당국은 유럽연합 경쟁당국이 Continental Can[149] 사건에서와 같이 기업결합규제와 관련하여 기존의 시장지배적 지위남용 금지규정을 적용하기가 어렵다는 것을 인정한 후, 1989년이 되어서야 비로소 기업결합규칙을 도입한 것을 참고할 필요가 있다.[150] 현행 말레이시아 경쟁법은 시장지배적 지위남용금지를 통해 행태적 시정조치를 취할 수 있을 뿐, 구조적 시정조치를 부과할 수 있는 방법이 없다.[151] 향후 경쟁제한적 기업결합을 사전에 규제하기 위해 말레이시아는 기업결합규제의 도입을 고려해야 한다. 현재 말레이시아에서 기업결합규제 도입에 대해 어느 정도 논의가 진행 중인데, 이와 관련하여 말레이시아 경쟁당국은 다른 나라의 관련 규정을 참고할 필요가 있을 것이다.[152]

Ⅵ. 결론: 말레이시아 경쟁법의 발전방향

한 국가의 경쟁법과 경쟁정책의 내용은 해당 국가와 사회가 가지고 있는 지역조건, 고유한 문화, 경제, 정치, 법제에 따라 달라질 수밖에 없다.[153] 경쟁법은 해당 국민들이 일상에서 인식하는 경쟁의 과정, 경쟁제한적 효과, 그리고 소비자후생 등에 대한 인식을 반영한다. 또한 각 나라의 경쟁법 체제는 사회・정치적 가

---

148) 최요섭・이황, 앞의 글, 368면.

149) Case 6-72 *Europemballage Corporation and Continental Can Company Inc. v Commission*, ECLI:EU:C:1973:22.

150) Alison Jones, Brenda Sufrin, and Niamh Dunne, *EU Competition Law: Text, Cases, and Materials* (7th edn, Oxford University Press, 2019), 1068.

151) Lee, op. cit., 79.

152) ASEAN, op. cit., 33; Yunis, op. cit., 356.

153) Thomas K. Cheng, 'How Culture May Change Assumptions in Antitrust Policy' in Ioannis Lianos and D. Daniel Sokol (eds.), *The Global Limits of Competition Law* (Stanford University Press, 2012), 205.

치와 경제적 실제의 내용을 반영하게 된다.[154] 따라서 아시아 각국의 국민들이 이해하는 다양한 사회적 가치, 즉 효율성과 형평성, 특히 공정성에 대한 해석이 다른 경우에는 경쟁법 집행에서 다른 결과를 가져오게 된다. 공정경쟁의 의미가 특정 국가에서는 경쟁의 보호가 아닌 경쟁자를 보호하는 개념으로 이해될 수 있으며, 이는 경쟁법의 조화를 어렵게 만들기도 한다.[155] 특히 개발도상국의 경쟁법 발전에는 공통적으로 경쟁(법)문화에 대한 이해가 필요하다.[156] 또한 경쟁문화 발전의 중심에는 정치·경제적인 배경에 대한 이해가 중요하다.[157]

말레이시아의 경우 경제발전과 관련하여 인종 또는 민족 간 복잡한 갈등이 문제가 되고 있다. 예를 들어 말레이인과 기타 민족출신 간에 경제적 차별이 존재했는데, 주로 소수의 화교출신 그룹과 다수의 말레이인 사이에 부의 재분배 문제가 발생하고 있다. 부의 불평등을 해결하기 위해 1971년의 경제개발정책에서는 말레이인에게 특혜를 주는 정책이 있었는데 이러한 전통이 사회 전반적으로 유지되는 것으로 보인다.[158] 특히, 공공입찰과 관련하여 명시적인 차별이 있는데, 이러한 내용은 결과적으로 시장에서 경쟁을 저해하는 결과를 가져올 수 있으며 경쟁문화에도 부정적인 영향을 미칠 수 있다. 따라서 특수한 사회·정치적 배경이 경쟁법의 조화에 부정적인 영향을 미친다.[159] 결론적으로 ASEAN의 경우와 같이 경쟁법의 조화가 어려운 이유는 국가경제발전과 관련하여 다양한 사회·경제적 배경, 경쟁법의 집행능력, 경쟁법의 인식, 경쟁법의 우선순위 등의 차이가 존재하기 때문이다. 그러나 실질적인 경쟁법 조화의 진행은 다국적기업을 포함하여 자국기업의 사업활동에 긍정적인 영향을 줄 수 있으므로 조화를 위해 더 많은 노력이 필요하다. 예를 들어 지역적 조화는 외국 경쟁법 집행의 예측가능성, 거래비용의 문제해결, 무역의 증가와 같은 긍정적인 결과를 도출할 수 있다.[160]

---

154) Ariel Ezrachi, *Competition and Antitrust Laws: A Very Short Introduction* (Oxford University Press, 2021), 36.

155) David J. Gerber, "Asia and global competition law convergence" in Michael W. Dowdle, John Gillespie, and Imelda Maher (eds.), *Asian Capitalism and the Regulation of Competition* (Cambridge University Press, 2013), 36, 38.

156) Yo Sop Choi, 'The evolution of fair and free competition law in the Republic of Korea' in Steven Van Uytsel, Shuya Hayashi, and John O. Haley (eds.), *Research Handbook on Asian Competition Law* (Edward Elgar, 2020), 65, 77.

157) Cheong, et al., op. cit., 187~188.

158) Cheong and Lee, op. cit., 222~223.

159) Leela Cejnar and Rachel Burgess, "The globalization of competition law: Yes or no?" in John Duns, et al. (eds.), *Comparative Competition Law* (Edward Elgar, 2017), 9, 15.

지난 10년간의 말레이시아 경쟁법 집행을 살펴보면 개발도상국에서의 지역적 조화를 보여주는 중요한 내용을 발견할 수 있다. 무엇보다 다른 개발도상국의 경우와 달리, 정치적 영향이 경쟁법 집행에 많은 영향을 주지 않는 것으로 보이며, 이를 긍정적으로 평가할 수 있다.[161] 그럼에도 불구하고 말레이시아 국내 시장의 활성화와 사업자의 경쟁력을 보장하기 위해 경쟁법에 기업결합규제를 포함하지 않은 것은 사회·정치적 영향을 보여주는 것으로 향후 개선되어야 할 부분이다. 물론 개발도상국에서 '공정'경쟁의 의미가 자국의 소규모 사업자가 대규모 다국적 사업자와 경쟁할 수 있도록 보장하는 것으로 이해될 수도 있다.[162] 그러나 세계화 및 국제무역이 급속하게 발전하고 있는 상황에서 경쟁자를 보호하는 목적의 규율은 사회전반적인 후생에 부정적인 결과를 가져올 수밖에 없다. 말레이시아는 지난 몇 년간 의미 있는 경쟁법 집행을 보여주었다. 경쟁법을 도입하고 첫 10년 동안의 집행내용을 살펴보면 향후 경쟁법의 발전 속도를 예측할 수 있다. 말레이시아 경쟁당국과 법원은 다양한 산업분야 및 다국적기업의 사업활동과 관련하여 유의미한 경쟁법 집행과 판단을 했다. 따라서 말레이시아가 앞으로 경쟁법 및 정책과 관련하여 상당한 경험과 기술을 축적할 것으로 예상된다. 말레이시아 경쟁법의 발전은 장차 다른 ASEAN 회원국의 경쟁법 발전에 긍정적인 영향을 미칠 수 있을 것으로 기대한다.

---

160) Eleanor M. Fox, "Antitrust Without Borders: From Roots to Networks" in Andrew T. Guzman (ed), *Cooperation, Comity, and Competition Policy* (Oxford University Press, 2011), 265, 267; David J. Gerber, 'Economic Development and Global Competition Law Convergence' in D. Daniel Sokol, Thomas K. Cheng, and Ioannis Lianos (eds.), *Competition Law and Development* (Stanford University Press, 2013), 13; A.E. Rodriguez and Ashok Menon, *The Limits of Competition Policy: The Shortcomings of Antitrust in Developing and Reforming Economies* (Wolters Kluwer, 2010), Ch. 9.

161) Gerber, op. cit., 18.

162) Joseph E. Stiglitz, 'Towards a Broader View of Competition Policy' in Tembinkosi Bonakele, Eleanor M. Fox, and Liberty Mncube (eds.), *Competition Policy for the New Era: Insights from the BRICS Countries* (Oxford University Press, 2017), 4, 16.

참고문헌

권오승, 「경제법」 제13판, 법문사, 2019.

권오승·서정, 「독점규제법: 이론과 실무」 제3판, 법문사, 2018.

류시원, "영국의 시장조사제도에 관한 연구", 「경쟁법연구」, 제42권, 2020, 257~296면.

소병국, '영국 식민지배 시기 말레이시아 법제도의 변동: 말레이 반도를 중심으로', 「동남아연구」, 제26권 제3호, 2017, 29~46면.

_____, 이슬람과 현대 말레이시아 법제도의 변동', 「동남아연구」, 제28권 제1호, 2018, 3~26면.

신현윤, 「경제법」 제8판, 법문사, 2020.

최요섭·이황, '말레이시아 경쟁법에 관한 연구', 「경쟁법연구」, 제26권, 2012, 332~374면.

Bailey, David and Laura Elizabeth John, *Bellamy & Child European Union Law of Competition* (8th edn, Oxford University Press, 2018).

Cejnar, Leela and Rachel Burgess, "The globalization of competition law: Yes or no?" in John Duns, et al. (eds.), *Comparative Competition Law* (Edward Elgar, 2017), 9.

Cheng, Thomas K., "How Culture May Change Assumptions in Antitrust Policy" in Ioannis Lianos and D. Daniel Sokol (eds.), *The Global Limits of Competition Law* (Stanford University Press, 2012), 205.

Cheong, May Fong and Yin Harn Lee, 'Malaysia and Singapore' in Mark Williams (ed.), *The Political Economy of Competition Law in Asia* (Edward Elgar, 2013), 215.

_____ and others, "Legal transplant: giving life to Malaysia's competition regime" in Steven Van Uytsel, Shuya Hayashi, and John O. Haley (eds.), *Research Handbook on Asian Competition Law* (Edward Elgar, 2020), 181.

Choi, Yo Sop, "The Choice of Competition Law and the Development of Enforcement in Asia: A Road Map Towards Convergence" (2014) 22(1) *Asia Pacific Law Review* 131.

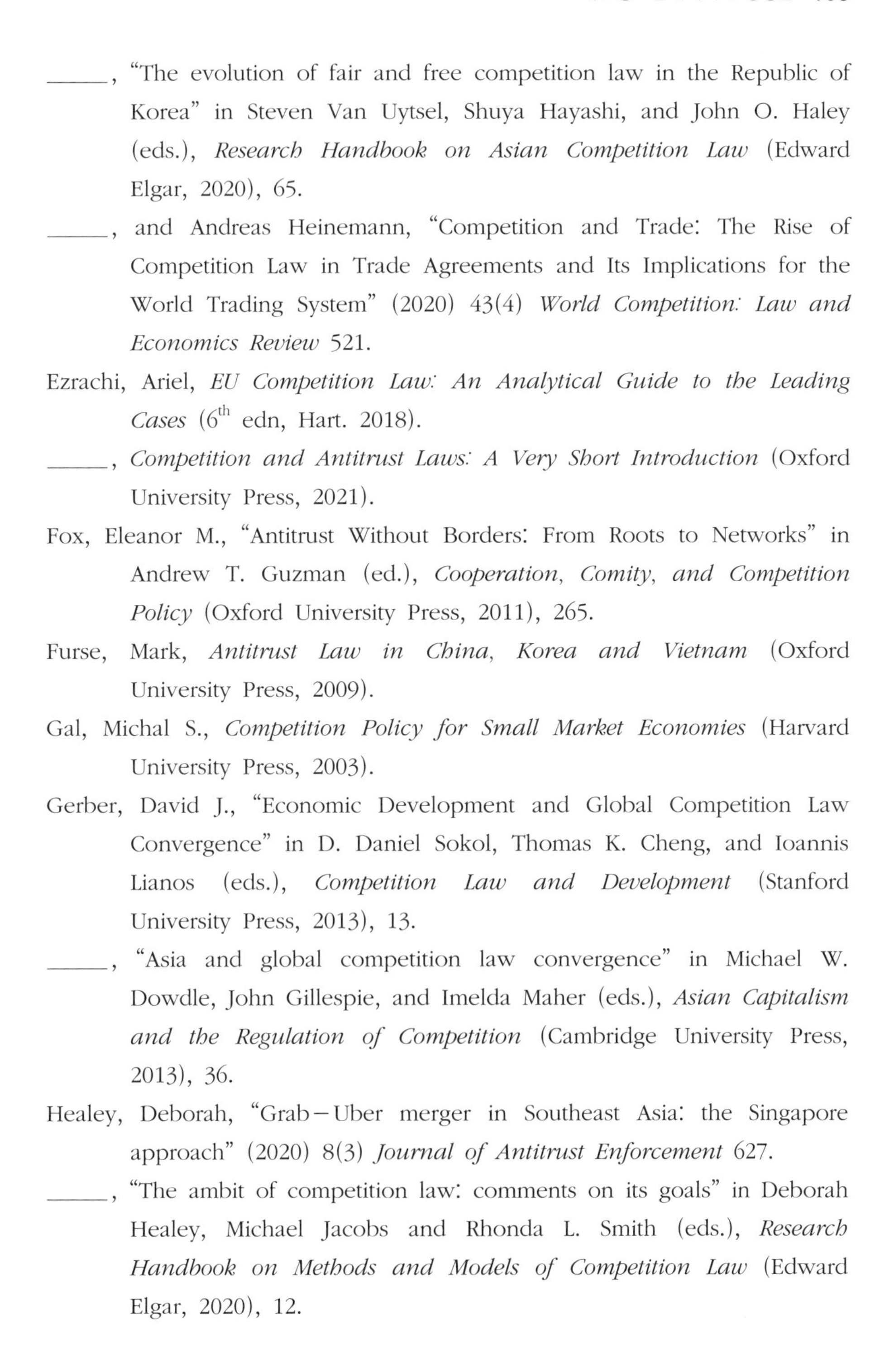

_____, "The evolution of fair and free competition law in the Republic of Korea" in Steven Van Uytsel, Shuya Hayashi, and John O. Haley (eds.), *Research Handbook on Asian Competition Law* (Edward Elgar, 2020), 65.

_____, and Andreas Heinemann, "Competition and Trade: The Rise of Competition Law in Trade Agreements and Its Implications for the World Trading System" (2020) 43(4) *World Competition: Law and Economics Review* 521.

Ezrachi, Ariel, *EU Competition Law: An Analytical Guide to the Leading Cases* (6th edn, Hart. 2018).

_____, *Competition and Antitrust Laws: A Very Short Introduction* (Oxford University Press, 2021).

Fox, Eleanor M., "Antitrust Without Borders: From Roots to Networks" in Andrew T. Guzman (ed.), *Cooperation, Comity, and Competition Policy* (Oxford University Press, 2011), 265.

Furse, Mark, *Antitrust Law in China, Korea and Vietnam* (Oxford University Press, 2009).

Gal, Michal S., *Competition Policy for Small Market Economies* (Harvard University Press, 2003).

Gerber, David J., "Economic Development and Global Competition Law Convergence" in D. Daniel Sokol, Thomas K. Cheng, and Ioannis Lianos (eds.), *Competition Law and Development* (Stanford University Press, 2013), 13.

_____, "Asia and global competition law convergence" in Michael W. Dowdle, John Gillespie, and Imelda Maher (eds.), *Asian Capitalism and the Regulation of Competition* (Cambridge University Press, 2013), 36.

Healey, Deborah, "Grab–Uber merger in Southeast Asia: the Singapore approach" (2020) 8(3) *Journal of Antitrust Enforcement* 627.

_____, "The ambit of competition law: comments on its goals" in Deborah Healey, Michael Jacobs and Rhonda L. Smith (eds.), *Research Handbook on Methods and Models of Competition Law* (Edward Elgar, 2020), 12.

Jones, Alison, Brenda Sufrin, and Niamh Dunne, *EU Competition Law: Text, Cases, and Materials* (7th edn, Oxford University Press 2019)

Kasim, Kamilah, "Malaysia" in D. Daniel Sokol, et al. (eds.), *Global Antitrust Compliance Handbook* (Oxford University Press, 2014), 508.

Kim, Dong-Hwan and Yo Sop Choi, "Modernization of Competition Law and Policy in Egypt: Past, Present, and Future" (2020) 64(1) *Journal of African Law* 107.

Lee, Cassey, "Competition Law Enforcement in Malaysia: Some Recent Developments" (2014) 51 *Malaysian Journal of Economic Studies* 77.

Lianos, Ioannis, Valentine Korah, and Paolo Sicilaini, *Competition Law: Analysis, Cases & Materials* (Oxford University Press, 2019).

Marco Colino, Sandra, *Competition Law of the EU and UK* (Oxford University Press, 2019).

Monti, Giorgio, "Unilateral conduct: the search for global standards" in Ariel Ezrachi (ed.), *Research Handbook on International Competition Law* (Edward Elgar, 2012), 345.

Pace, Lorenzo Federico and Katja Seidel, "The Drafting and the Role of Regulation 17: A Hard-Fought Compromise" in Kiran Klaus Patel and Heike Schweitzer (eds.), *The Historical Foundations of EU Competition Law* (Oxford University Press, 2013), 54.

Rahman, Nasarudin Abdul and Haniff Ahamat, "Competition Law and the Malaysian Financial Sector" (2015) 172 *Procedia - Social and Behavioral Sciences* 74.

Rodriguez, A.E. and Ashok Menon, *The Limits of Competition Policy: The Shortcomings of Antitrust in Developing and Reforming Economies* (Wolters Kluwer, 2010).

Stiglitz, Joseph E., "Towards a Broader View of Competition Policy" in Tembinkosi Bonakele, Eleanor M. Fox, and Liberty Mncube (eds.), *Competition Policy for the New Era: Insights from the BRICS Countries* (Oxford University Press, 2017), 4.

Whish, Richard and David Bailey, *Competition Law* (9th edn, Oxford

University Press, 2018).

Wisuttisak, Pornchai and Cheong May Fong, "Competition Law, State-Owned Enterprises and Regional Trade Integration in ASEAN" in Burton Ong (ed.), *The Regionalisation of Competition Law and Policy within the ASEAN Economic Community* (Cambridge University Press, 2018), 94.

Yunis, Dato' Seri Mohd Hishamudin, "Competition Law in Malaysia: A Digest of Recent Developments" (2020) 32 *Singapore Academy of Law Journal* 349.

Zhang, Angela Huyue, *Chinese Antitrust Exceptionalism* (Oxford University Press, 2021).

ASEAN, 'Handbook on Competition Policy and Law in ASEAN for Business 2019', <https://www.asean-competition.org/file/post_image/Handbook %20on%20CPL%20in%20ASEAN%20for%20Business%202019%20-%20FINAL.pdf>

Bangkok Post, 'Grab awaits legal progress amid domination' (10 January 2019) <https://www.bangkokpost.com/tech/1608654/grab-awaits-legal-progress-amid-domination>

CPI, 'South Korea: Antitrust regulator to work with Malaysia' (15 July 2019) <https://www.competitionpolicyinternational.com/south-korea-antitrust-regulator-to-work-with-malaysia/>

Christopher & Lee Ong, 'Malaysia Competition Law: 2019 - Hindsight and 2020 - Foresight' (Rahah & Tann Asia February 2020) <https://www.christopherleeong.com/media/3757/clo_202002_competitionlaw.pdf>

Fong, Cheong May, 'ASEAN Competition Law Project (Draft) Malaysia Country Report' (20 March 2001) <https://www.jftc.go.jp/eacpf/02/malaysia_r.pdf>

Global Legal Insights, 'Cartels 2020: Malaysia' <https://www.globallegalinsights.com/practice-areas/cartels-laws-and-regulations/malaysia>

Kandiah, Shanthi, 'The Dominance and Monopolies Review: Malaysia' (The

Law Reviews 11 August 2020) <https://thelawreviews.co.uk/title/the-dominance-and-monopolies-review/malaysia>

Lexology, 'First-step analysis: competition compliance in Malaysia' (30 April 2020) <https://www.lexology.com/library/detail.aspx?g= 6888d741-724e-48ab-8f5d-37ed685b3106>

Malaysia Competition Commission, <https://www.mycc.gov.my/>

ManagingIP, 'Malaysia: How does competition law interact with IP rights?' (23 November 2018) <https://www.managingip.com/article/b1kbpsvx3dbc2t/malaysia-how-does-competition-law-interact-with-ip-rights>

Rajah & Tann Asia, 'Client Update: Thailand' (August 2017) <https://th.rajahtannasia.com/media/2894/2017-08-new-thai-trade-competition-law.pdf>

Reuters, 'Malaysia's Competition regulator to decide on ride-hailing firm Grab on Thursday' (2 October 2019) <https://www.reuters.com/article/us-grab-competition-malaysia/malaysias-competition-regulator-to-decide-on-ride-hailing-firm-grab-on-thursday-idUSKBN1WH13Z>

Reuters, 'Malaysia proposes $20 million fine on Grab for abusive practices' (3 October 2019) <https://www.reuters.com/article/us-grab-competition-malaysia-fine-idUSKBN1WI06D>

제3장

싱가포르 경쟁법:

최근 발전에 관한 연구

박준영*

Ⅰ. 서 론

싱가포르 경쟁법을 살피고 연구하는 작업은 다음과 같은 의의를 가진다. 첫째, 싱가포르는 아세안 국가 중 경쟁법을 가장 적극적이고 선진적으로 집행하는 국가로 손꼽히고 있다. 따라서 그 체계와 법조문, 집행사례를 검토하는 것은 이론적인 측면에서 상당한 의의를 가진다. 둘째, 국제경쟁력 관련 지표에서 상위권에 자리잡고 있는 싱가포르의 경쟁법제에 대한 이해는 우리나라 경제질서가 나아갈 방향과 경쟁법의 역할을 재정립하는 데에 좋은 참고자료가 될 수 있다.[1] 마지막으로 우리나라와 싱가포르는 교역과 투자에 있어 밀접한 관계를 맺고 있고,[2] 건설 분야에서는 중동 지역을 제외하면 싱가포르는 우리나라 최대 해외건설 시장이라는 특징을 가지고 있다.[3] 다수의 우리나라 기업들이 싱가포르 시장에서 직·간접적으로 사업활동을 하고 있는 실정을 고려하면, 싱가포르 경쟁법을 소개하는 본고는 경쟁법 집행에 따른 사업리스크를 어느 정도 줄여주는 실제적인 역할을

---

* 서울대학교 법학연구소 경쟁법센터 객원연구원, 법학박사

** 본고는 일부 수정·보완 후, 한국유통법학회에서 발행하는 「유통법연구」 제8권 제2호(2021)에 게재되었음을 밝힌다.

1) 외교부에 따르면, 2019년 싱가포르는 '기업하기 좋은 국가' 2위, '경제자유도' 2위, '국가경쟁력' 1위로 평가되고 있다. 대한민국 외교부, "싱가포르 개황" (2019) 73면.

2) 교역 부문에서 싱가포르는 한국의 13대 교역대상국(수출 9위, 수입 16위)이고, 한국 또한 싱가포르의 8대 교역대상국(수출 8위, 수입 7위)이며, 투자 부문에서는 싱가포르가 대한(大韓) 4위 투자국이고, 한국 또한 동남아에서 베트남에 이어 싱가포르에 가장 많은 투자를 하고 있다. 외교부, 앞의 각주 1)의 자료, 107면, 110~111면.

3) 외교부, 앞의 각주 1)의 자료, 113~114면.

할 수 있을 것으로 기대된다.

이미 싱가포르 경쟁법을 나름대로 충실히 소개하는 기존 문헌들이 존재하지만, 이들은 최근 2017년에 이루어진 법개정의 내용과 경쟁법 집행사례를 반영하지 못한다는 한계를 가지며, 전반적인 법체계와 법조문에 대한 분석 역시 다루어지지 못한 아쉬움이 있다. 따라서 본고는 싱가포르 경쟁법을 법조문에 충실하게 소개하고, 주요 집행사례 분석, 기존 문헌의 내용을 보완하는 데에 초점을 맞추려 하였다. 특히, 싱가포르 법제에 대한 평가는 최대한 자제하고, 객관적인 내용 전달을 중심으로 작성하였다.

이상의 연구배경을 바탕으로 이하에서는 먼저 싱가포르 경쟁법의 제정과 개정을 소개하고, 법체계와 집행현황을 정리하여 개관한다(Ⅱ). 그리고 시장지배적 지위남용, 부당한 공동행위, 경쟁제한적 기업결합을 금지하는 실체법적 규정을 고찰하고 대표사례를 분석한다(Ⅲ). 마지막으로 싱가포르 경쟁법 집행체계를 살피기 위해 싱가포르 경쟁당국의 조직을 정리하고, 법집행 절차 및 불복절차를 검토한 후(Ⅳ), 향후 연구과제 등을 제시하면서 결론을 맺는다(Ⅴ).

Ⅱ. 싱가포르 경쟁법 개관

1. 싱가포르 경쟁법의 제정과 2018년 법개정

싱가포르의 경쟁법률인 'The Competition Act'(이하 '싱가포르 경쟁법')는 2004년에 제정되었는데, 이는 아세안 국가 중에 비교적 늦은 시기이다.[4] 싱가포르는 이 법률의 제정을 통해 내부적으로는 시장의 자유화 개혁을 달성하려 하였으며,[5] 외부적으로는 미국과의 자유무역협정(FTA)상 경쟁법 제정 및 경쟁당국의 설치의무를 준수하려 하였다.[6][7] 싱가포르가 경쟁법을 도입할 당시에 통상산업부

4) 싱가포르 경쟁법 제정의 맹아(萌芽)를 1990년대 후반의 아시아 지역 금융위기로 보고 그 후의 경제구조조정 노력의 일환으로 설명하는 견해로 장영신 외 5인, "아세안 주요국의 경쟁법 비교분석: 디지털 플랫폼 시장 M&A를 중심으로", 『세계지역전략연구』 20-09, 대외경제정책연구원, 125~126면.

5) Ong, Burton, "Competition Law and Policy in Singapore", ERIA Discussion Paper Series, 2015.

6) 미국은 FTA 체결 과정에서 싱가포르 시장에서의 국영 공기업 또는 준공공기관의 시장경쟁 왜곡 및 차별적 행위에 대한 우려를 해소하기 위해 경쟁법 관련 내용을 포함하게 되었다는 설명으로 장영신 외 5인, 앞의 각주 4)의 글, 126~127면.

7) 싱가포르 경쟁법 제정의 원동력을 내부적·외부적 요인으로 구분하여 설명하는 문헌으로 Khoo and Sng, "Singapore's Competition Regime and its Objectives: The Case against Formalism",

(Ministry of Trade and Industry)[8]가 검토한 경쟁법들은 영국, 호주, 아일랜드, 미국, 캐나다 등 다양했지만, 최종적으로 의회에 제출된 법안은 EU 경쟁법을 기반으로 하면서 1998년의 영국 경쟁법(UK Competition Act 1998)을 상당 수준 참조한 것이다.[9]

싱가포르 경쟁법의 시행과정을 간략히 살피면 다음과 같다.[10] 경쟁법안은 2004년 10월 19일에 국회를 통과하였지만, 3단계에 거쳐 시행되었다. 먼저, 2005년 1월 1일 경쟁위원회(Competition Commission of Singapore, CCS) 설립 조항이 발효되어 경쟁법 집행과 경쟁정책을 관할하는 정부조직이 출범하였다(제1단계). 그 후, 2006년 1월 1일에는 반경쟁적 합의, 시장지배적 지위남용 금지의 실체법적 조항과 법집행 및 불복 절차의 절차법적 조항, 그리고 기타 영역에 대한 조항이 발효되었다(제2단계). 마지막으로 2007년 1월 1일, 기업결합 규제와 관련된 나머지 조항들이 발효되어 경쟁법의 온전한 시행이 이루어졌다(제3단계). 이렇듯 국민경제에 큰 영향을 미치고 경제질서에 새로운 획을 긋는 경쟁법을 한 번에 시행하지 않고 단계적으로 시행한 점은 필요한 경우 다른 국가에도 참고가 될 수 있을 것으로 평가된다.[11]

싱가포르 경쟁법은 제정 이후 약 10여 년간 변화없이 유지되다가 최근 2018년에 개정되었다. 2018년 법개정에 의해 경쟁위원회는 경쟁법과 함께 '소비자보

Singapore Journal of Legal Studies (2019), 85~86.

8) 싱가포르 정부 부처의 명칭 등은 대한민국 외교부에서 발간한 싱가포르 개황 책자를 참조하였다. 외교부, 앞의 각주 1)의 자료, 26면.

9) Han Li Toh, "Convergence and Divergence in Singapore's Competition Law Regime" in Charbit and Ahmad (ed.), *Frederic Jenny - Standing Up for Convergence and Relevance in Antitrust, Concurrences* (2018), 82; Burton Ong, "Competition law in Singapore: the first decade" in Steven Van Uytsel, Shuya Hayashi, and John O. Haley (eds.), *Research Handbook on Asian Competition Law* (Edward Elgar, 2020), 151~152 이에 따르면 싱가포르 경쟁법은 기본적으로 반경쟁적 공동행위(법 제34조), 시장지배적 지위남용(법 제47조), 경쟁제한적 기업결합(법 제54조)을 금지하는데, 각각의 금지규정이 영국과 EU 경쟁법의 그것과 거의 유사하다. 즉, 목적 또는 효과에 의해 경쟁을 제한하는 합의 등을 금지하는 법 제34조는 영국 경쟁법 제1장과 EU 기능조약 제101조, 시장지배적 지위의 남용을 금지하는 법 제47조는 영국 경쟁법 제18조 및 EU 기능조약 제102조를 모델로 하여 제정하였고, 나아가 기업결합을 금지하는 법 제54조는 2002년 영국 기업법(UK Enterprise Act 2002) 제22조 제1항 b호를 모델로 하였다.

10) 이하 법무법인(유) 율촌, "싱가포르 경쟁법에 관한 연구", OECD 대한민국 정책센터 연구용역 보고서 (2012), 6면.

11) 공정하고 자유로운 경쟁을 촉진하기 위하여 제정된 싱가포르 경쟁법이 시장에서 오히려 비효율적인 사업자를 보호하여 효율적인 사업자가 역차별을 받을 수 있다는 우려를 고려하여 단계적으로 법률을 시행하였다는 견해로 장영신 외 5인, 앞의 각주 4)의 글, 127면.

호(공정거래)법' (Consumer Protection (Fair Trading) Act)을 관장하게 되었고, 이에 따라 경쟁・소비자위원회(Competition and Consumer Commission of Singapore, 이하 'CCCS'라 한다)로 확대 개편되었다. 2018년 법개정은 당면한 조직적 변화를 뒷받침하기 위한 것이었으며, 몇몇 부분적인 실체법적 개정도 있었지만, 큰 틀에서의 변화는 없었다.

2. 싱가포르 경쟁법의 체계와 집행현황

(1) 법체계

2021년 6월 현재, 싱가포르 경쟁법은 법률인 The Competition Act(Chapter 50B)와 6개의 규칙(Regulations), 2개의 명령(Orders), 12개의 지침(Guidelines), 신속처리절차(Fast Track Procedure)를 위한 실무지침, 그리고 2018년에 신설된 「항공산업 가이던스」,[12] 2020년에 신설된 「코로나19 관련 경쟁사업자 간의 협조에 관한 가이던스」[13]로 구성되어 있다.[14][15] 지침들은 경쟁당국의 법집행에 관해 사업자가 보다 쉽게 접근하고 경쟁법에 대한 투명성과 신뢰성을 높이기 위해 제정된 것으로서 대외적 구속력은 없지만 실무상 경쟁법 적용 여부를 판단하는 데에 주요한 기능을 수행한다.[16]

싱가포르 경쟁법률은 총 7부 100개의 조로 구성되어 있다. 각 부의 명칭을 살피면, 제1부 총칙(Preliminary), 제2부 싱가포르 경쟁・소비자 위원회, 제3부 경쟁법 실체규정 및 절차규정, 제4부 불복절차, 제5부 형벌, 제6부 사적 집행을 포함한 기타 내용, 제7부 사업자의 위원회 제출규정이다. 다음 절에서는 실체법적 규정(Ⅲ)과 절차법적 규정(Ⅳ)을 나누어 자세히 살피도록 한다.

---

12) CCCS Airline Guidance Note 2018.

13) CCCS Guidance Note on Collaborations between Competitors in Response to COVID-19 Pandemic.

14) CCCS Homepage, Competition Act and Guidelines.
https://www.cccs.gov.sg/legislation/competition-act (마지막 방문 2021.6.23.)

15) 참고로 2018년에 새로 제정된 소비자 보호(공정거래)법은 법률(The Consumer Protection(Fair Trading) Act, Cap. 52A), 5개의 규칙, 불공정거래 행위 목록, 그리고 2개의 지침으로 구성되어 있다. CCCS Homepage, Consumer Protection (Fair Trading) Act.
https://www.cccs.gov.sg/legislation/consumer-protection-fair-trading-act
(마지막 방문 2021.6.23.)

16) 정해원, "동남아시아 경쟁법 주요 규정의 비교법적 연구", 「유통법연구」 제4권 제1호, 2017, 133면.

표 1 싱가포르 경쟁법의 체계[17)]

법률 Act	규칙 및 명령 Regulations and Orders	지침 등 Guidelines/ Practice Statement/ Guidance Note
경쟁법률	1. 경쟁 규칙 2. 경쟁 (통지) 규칙 3. 경쟁 (제34조의 경과조항) 규칙 4. 경쟁 (수수료) 규칙 5. 경쟁 (형벌) 규칙 6. 경쟁 (불복) 규칙 7. 경쟁 (금전적 제재) 규칙 8. 경쟁 (선박 일괄면제) 규칙	▪ 지침 〈Guidelines〉 1. 주요 경쟁법 위반행위에 관한 2016 지침 2. 제34조 금지에 관한 2016 지침 3. 제47조 금지에 관한 2016 지침 4. 기업결합의 실체적 평가에 관한 2016 지침 5. 기업결합 심사절차에 관한 2012 지침 6. 시장획정에 관한 지침 7. 경쟁법 사건 조사권한에 관한 2016 지침 8. 경쟁법 집행에 관한 2016 지침 9. 리니언시에 관한 2016 지침 10. 제34조, 제47조의 결정 통지 기록에 관한 2016 지침 11. 제재금 부과에 관한 2016 지침 12. 경쟁법의 지적재산권 문제에 관한 지침 ▪ 실무 지침 〈Practice Statements〉 1. 제34조, 제47조 위반의 Fast Track 절차 지침 ▪ 안내 책자 〈Guidance Note〉 1. 항공산업 안내 책자 2018 2. 코로나19 시대의 경쟁자 간 협력에 관한 안내 책자

(2) 집행 현황

2021년 6월까지 싱가포르 경쟁당국이 법 위반으로 결정하여 조치한 사건들은 [표 2]와 같이 총 20건이며, 보다 구체적으로는 시장지배적 지위남용 금지 1건, 가격고정・입찰담합・정보교환과 같은 반경쟁적 합의 금지 18건, 그리고 경쟁제한적 기업결합 금지 1건이다.[18)19)]

17) 출처, CCCC 홈페이지, https://www.cccs.gov.sg/legislation/competition-act (마지막 방문 2021.6.24.).

18) 이하 Toh, op. cit., 82.

19) 나아가 CCCS는 반경쟁적 합의와 관련된 안내 또는 결정의 통지를 16건 처리하였고, 89건 이상의 기업결합 건을 심사하였다.

표 2 CCCS의 경쟁법 집행현황(2021.6.기준)[20]

법 위반 유형	법조항	건수	마지막 집행연도
반경쟁적 합의(카르텔)	제34조	18	2020
시장지배적 지위남용	제45조	1	2010
경쟁제한적 기업결합	제54조	1	2018

한편, CCCS가 발표한 2019년까지 CCCS의 조치 유형별 사건처리 현황은 [표 3]과 같다.[21]

표 3 CCCS 조치 유형별 사건처리 현황 (2020.3.기준)

CCCS의 조치	2017	2018	2019	2005부터 2019까지
예비조사(Preliminary Enquiries)	8	7	8	136
조사(Investigations)	2	3	4	48
리니언시(Leniency)	2	2	4	28
통지(Notification)*	5	15	5	120
통지 전 논의(Pre-Notification Discussion)	0	3	2	17
불복(Appeals)	1	0	0	10
자문(Competition Advisories)	34	20	26	212
시장연구(Market Studies)	2	2	2	26
총계**	54	52	51	597

* 안내 또는 결정의 통지, 합병 승인 통지 포함
** 이의제기 사건 제외

Ⅲ. 실체적 규정

1. 목적조항(제6조)

싱가포르 경쟁법 제6조는 CCCS의 기능과 의무를 규정함으로써 동법의 목적조항의 역할을 하고 있는데,[22] 경쟁당국의 역할이 상당히 광범위하게 규정되어 있

20) CCCS 홈페이지의 정보를 참조하여 취합하였다. 마지막 방문 2021. 6. 25. https://www.cccs.gov.sg/cases-and-commitments/public-register.
21) CCCS Annual Report 2019~2020, 13.

는 것이 특징이다. 즉, 경쟁당국은 효율적인 시장행위를 유지 · 증진시켜 싱가포르시장에서 생산성, 혁신, 경쟁력을 증진하는 것을 목적으로 하고 있다.[23] 동법 제6조 제1항의 내용은 다음과 같다.[24]

Art. 6 Functions and duties of Commission

(1) 위원회의 기능 및 의무는 다음과 같다.
- (a) 효율적인 시장 행위를 유지 및 개선하고 싱가포르 시장의 전반적인 생산성, 혁신 및 경쟁력을 촉진한다.
- (b) 싱가포르 내 경쟁에 대해 부정적인 효과를 미치는 관행을 제거하거나 조정한다.
- (c) 싱가포르 시장에서의 경쟁을 촉진 및 지속시킨다.
- (d) 싱가포르 경제 전체에 강한 경쟁 문화와 환경을 촉진한다.
- (e) 경쟁법 사안 및 소비자 보호 사안에 있어 싱가포르의 대표기구로서 국제적으로 활동한다.
  - (ea) 싱가포르 내 공급자와 수요자 사이에 공정한 거래 관행을 촉진하고 소비자로 하여금 정보에 기반한 구매결정을 가능하도록 한다.
  - (eb) 싱가포르 내 공급자들이 불공정 관행에 개입하지 않도록 방지한다.
  - (ec) 소비자 보호 및 공정거래 법률을 운영하고 집행한다.
- (f) 정부, 기타 공공기관 또는 소비자 보호 단체에 경쟁법 사안과 소비자 보호 사안에 관한 국가적 필요와 정책에 대하여 일반적인 자문을 제공한다; 그리고
- (g) 기타 성문법에 의해 위원회에 부과될 수 있는 기타 기능을 수행하고 기타 의무를 이행한다.

2. 반경쟁적 공동행위 금지

(1) 관련 규정 및 내용

1) 싱가포르 경쟁법 제34조

싱가포르 경쟁법은 싱가포르 시장의 경쟁을 방해, 왜곡, 제한할 목적을 가지거나 이와 같은 효과를 초래하는 사업자들의 합의, 사업자단체의 결정 또는 동조적

---

22) 싱가포르 경쟁법의 목적에 대한 심도있는 논의를 담은 문헌으로 Khoo and Sng, op. cit., 67~107.
23) Ong, “Competition law in Singapore: the first decade”, op. cit., 154.
24) 이하의 싱가포르 경쟁법 조문의 번역본은 법무법인(유) 율촌에서 2012년에 발간한 OECD 연구용역 보고서 부록을 참조하고, 2018년 법개정으로 새로 들어온 규정만 새로 번역하였다.

행위를 금지한다(동법 제34조 제1항).[25] 보다 구체적으로는 a) 직접적·간접적으로 가격을 고정하거나 기타 거래조건을 정하는 행위, b) 생산, 판매, 기술발전 또는 투자를 제한하거나 통제하는 행위, c) 시장이나 공급 자원을 공유하는 행위, d) 동등한 거래에 대하여 상이한 조건을 적용하여 다른 거래당사자를 경쟁상 불리하게 하는 행위, e) 해당 계약의 목적물과 거래특성상 또는 상업적 용도와 관련성이 없는 부가적인 의무를 부과하면서 계약을 체결하는 행위가 금지된다(동법 제34조 제2항). 다만 제2항은 예시적 열거에 불과하고 보다 세부적인 사항은 「제34조 금지에 관한 2016 지침」[26]에서 규율하고 있다.[27]

Art. 34 Agreements, etc., preventing, restricting or distorting competition

(1) 제35조를 전제로 하여, 싱가포르 내 경쟁을 방해·제한 또는 왜곡할 **목적이나 효과**를 가진 사업자 간의 **합의**, 사업자 단체의 **결정** 또는 **동조적 행위**는 이하의 조항에 따라 면제되지 않는 한, 금지된다.
(2) 제1항의 목적상, 다음 각호의 합의, 결정 내지 동조적 행위는 싱가포르 내 경쟁을 방해·제한 또는 왜곡할 목적 또는 효과를 가질 수 있다.
  (a) 직간접적으로 구매가격, 판매가격 또는 기타 거래조건을 고정하는 경우
  (b) 생산, 판매, 기술개발 또는 투자를 제한·통제하는 경우
  (c) 시장 또는 공급원을 공유하는 경우
  (d) 동일한 거래에 상이한 조건을 적용하여 다른 거래당사자가 경쟁에 있어 불이익을 당하는 경우
  (e) 계약의 목적물과 거래특성, 또는 상업적 용도와 관계없는 부가적인 의무를 부과하면서 계약을 체결하는 행위

2) 목적 또는 효과에 의한 경쟁제한

법 제34조 제1항에 따르면 합의 등의 목적 또는 효과에 의한 경쟁제한(restriction by object or effect)이 발생하면 동조에 위반되어 금지된다. "목적 또는 효과"는 누적적 요건이 아니라 선택적 요건이고, 목적에 의한 경쟁제한이 입증되면 반경쟁적 효과 여부를 판단하지 않아도 된다.[28] 대표적인 유형으로는 가

25) 이하 장영신 외 5인, 앞의 각주 4)의 글, 130면 참조.
26) CCCS Guidelines on the Section 34 Prohibition 2016.
27) 한편, 싱가포르 경쟁법을 이루는 규칙 중 제34조 금지조항의 경과규정이 존재한다. Competition (Transitional Provisions for Section 34 Prohibition) Regulations, 2006.

격고정, 입찰담합, 시장 분할, 생산 제한 등이 있고, 싱가포르 경쟁법상 대부분의 카르텔 사건이 여기에 해당된다.[29][30]

목적에 의한 경쟁제한을 판단함에 있어서는 문제되는 합의 등과 관련된 사실관계 및 상황이 검토되어야 한다. 여기에는 특히, 합의의 내용, 합의의 객관적 목표, 합의가 성립된 맥락, 그리고 합의한 사업자들의 실제 행위나 행태 등이 고려된다.[31]

3) 적용제외 및 일괄예외, 안전지대, 리니언시

싱가포르 경쟁법은 법 제34조 금지에 해당되지 않는 합의 등에 대해 법률에 규율하고 있다(법 제35조, [별표 3]).[32] 아울러 일괄예외(block exemption)를 위한 법조항들을 마련하고 있는데(동법 제36조 내지 제41조), 이에 따르면 생산 또는 유통의 개선, 기술적 또는 경제적 발전의 촉진을 초래하는 합의에 대해서는 통상산업부 장관의 명령에 의해 제34조의 예외가 인정된다.

나아가 위에서 언급한 「제34조 금지에 관한 2016 지침」에서는 시장점유율 기준 안전지대(market share thresholds)가 설정되어 있다. 이에 따르면, 사업자들의 시장점유율이 수평적 합의의 경우 20%, 비수평적 합의의 경우 25%를 넘지 않거나 중소기업들의 합의에 해당하면 제34조 위반으로 판단하지 않는다.[33] 다만, 가격고정, 입찰담합, 시장분할 및 생산・투자 제한 및 통제의 경우에는 본 안전지대가 적용되지 않는다. 한편, CCCS는 리니언시 프로그램을 운영하고 있는데, 「리니언시 2016 지침」[34]에 상세한 내용이 규정되어 있다.

---

28) CCCS Guidelines on the Section 34 Prohibition 2016, 2.22.

29) Joshua Seet, "Developing Object Restrictions in Singapore Competition Law", 41(1) World Competition (2018) 101; Ong, 'Competition law in Singapore: the first decade', op. cit., 160~162.

30) 목적에 의한 경쟁제한에 해당하는 합의라 하더라도 카르텔 참가사업자들의 일정한 시장점유율 기준 즉, 수평적 합의의 경우 그 합이 20%, 비수평적 합의의 경우 그 합이 25% 이하이거나, 중소기업들 간의 합의는 금지되지 않는다. CCCS Guidelines on the Section 34 Prohibition 2016, 2.25.

31) CCCS Guidelines on the Section 34 Prohibition 2016, 2.23.

32) 이에 따르면 사회전체적인 경제적 효용이나 국제적 의무 등 공공성이 강한 합의, 우편, 수도 공급과 같은 특정 산업에 관련된 합의 등이 적용제외 된다.

33) 당해 안전지대 제도를 카르텔의 '상당성' 요건으로 설명하고 상세한 분석을 하고 있는 문헌으로 Seet and Zheng, "Understanding the appreciability requirement under Singapore competition law", 8 Journal of Antitrust Enforcement (2020) 428~446.

34) CCCS Guidelines on Lenient Treatment for Undertakings Coming Forward with Information on Cartel Activity 2016.

(2) 대표적 사례

CCCS는 반경쟁적 합의에 대해서 가장 활발히 경쟁법을 집행하고 있고 최근까지도 집행한 사례가 존재한다. 몇 가지만 살피면, 2020년 12월에는 수영장 등에 대한 수질관리 서비스 시장에서의 입찰담합을 금지하였고,[35] 동년 6월에는 야생환경 보존 서비스 관련 입찰담합을 적발하였다.[36] 나아가 2019년 1월에는 호텔 사업자들 간 상업적으로 민감한 정보를 교환한 행위에 대해 법위반으로 판단한 바 있고,[37] 2018년 9월에는 신선 닭고기 배송사업자들의 가격 고정 및 비(非)경쟁 합의에 대해 법위반 결정을 내렸다.[38] 이하에서는 2019년 1월의 정보교환행위 사례를 검토하도록 한다.

CCCS는 싱가포르 창이 국제공항 근처에 있는 4개 호텔[39]의 정보교환행위를 경쟁법 제34조에서 금지하는 반경쟁적 합의로 판단하고 총 SGD1,522,354의 제재금을 부과하였다.[40] CCCS가 문제삼은 행위는 2014.6.3.부터 2015.6.30.까지 Capri 호텔과 Village 호텔 간의 정보교환과 2014.1.14.부터 2015.6.30.까지 Capri 호텔과 Crowne 호텔 간의 정보교환 두 가지 행위인데, 교환된 정보는 그들의 법인회원과 관련된 상업적으로 민감한 정보였다. 즉, 문제된 호텔과 법인회원들 사이에 비공개로 협의된 객실 요금 및 다음 계약연도의 가격 상승률, 입찰가격, 법인회원들의 가격 인하 요구 수락 여부 등의 미래의 가격에 관한 전략 정보를 교환한 것이다. CCCS는 이들의 정보교환행위는 목적에 의한 경쟁제한행위이고, 경쟁에 심각한 침해를 불러온다고 판단하였다.[41]

---

35) CCCS Penalises Contractors for Bid-rigging in Tenders for Maintenance Services of Swimming Pools and Other Water Features, 2020, CCCS 500/7003/17.

36) CCCS Penalises Contractors for Bid Rigging of Quotations for Wildlife Reserves Singapore, 2020, CCCS 500/7003/16.

37) CCCS Issues Infringement Decision against the Exchange of Commercially Sensitive Information between Competing Hotels, 2019, CCCS 700/002/14.

38) CCCS Penalises Fresh Chicken Distributors for Price-fixing and Non-compete Agreements, 2018, CCCS 500/7002/14.

39) 문제가 된 호텔은 Capri by Fraser Changi City Singapore, Village Hotel Changi and Village Hotel Katong, Crowne Plaza Changi Airport Hotel이다.

40) 이하 Media release, CCCS Issues Infringement Decision against the Exchange of Commercially Sensitive Information between Competing Hotels, 2019.1.30.

41) CCCS는 정보교환행위가 없었다면 각 호텔은 독립적인 판단을 내렸어야 했고, 법인회원과의 거래에서 보다 강한 경쟁압력이 존재했을 것으로 판단하였다.

3. 시장지배적 지위남용 금지(제47조)

(1) 관련 규정 및 내용

1) 싱가포르 경쟁법 제47조

싱가포르 경쟁법은 싱가포르 시장에서 지배적 지위를 가진 1개 또는 다수의 사업자의 남용행위를 금지한다(동법 제47조 제1항).[42] 보다 구체적으로는 a) 경쟁자에 대한 약탈적 행위, b) 생산, 판매 또는 기술적 발전을 제한하여 소비자에게 손해를 입히는 행위, c) 동등한 거래에 대하여 상이한 조건을 적용하여 다른 사업자를 경쟁상 불리하게 하는 행위, d) 해당 계약의 목적물과 거래특성, 또는 상업적 용도와 관련성이 없는 부가적인 의무를 부과하면서 계약을 체결하는 행위가 남용행위에 해당할 수 있다고 예시적으로 명시하고 있다(동법 동조 제2항). 한편, 여기서 말하는 시장지배적 지위는 싱가포르 또는 기타 지역에서의 지배적 지위를 뜻한다(동법 동조 제3항).

시장지배적 지위남용에 대하여는 「제47조 금지에 관한 2016 지침」[43]이 제정되어 보다 상세한 내용이 규율되고 있다.

Art. 47 Abuse of dominant position

(1) **<u>싱가포르 시장에서 지배적 지위</u>**를 가지는 1개 또는 다수의 **<u>사업자의 남용행위는 금지</u>**된다.
(2) 제1항의 목적에 따라 특히 다음 행위들은 남용행위에 해당한다.
  (a) 경쟁자에 대한 약탈적 행위
  (b) 생산, 판매, 기술적 발전을 제한하여 소비자에게 손해를 입히는 행위
  (c) 동등한 거래에 대하여 상이한 조건을 적용하여 다른 사업자를 경쟁상 불리하게 하는 행위
  (d) 해당 계약의 목적물과 거래특성, 상업적 용도와 관련성이 없는 부가적인 의무를 부과하면서 계약이 체결하는 행위
(3) 당해 조항의 "지배적 지위"는 싱가포르 또는 다른 영역 내의 지배적 지위를 의미한다.

---

42) 이하 장영신 외 5인, 앞의 각주 4)의 글, 131~132면 참조.
43) CCCS Guidelines on the Section 47 Prohibition 2016.

2) 남용 판단 원칙

「제47조 금지에 관한 2016 지침」[44]에 따르면 싱가포르 경쟁법은 시장지배적 지위남용에 해당하는지에 대한 판단을 2단계, 즉 ① 시장지배력의 존재 여부 → ② 남용행위의 존재 여부라는 단계적 검토를 거쳐서 내리게 된다.[45]

먼저 시장지배력의 존재는 관련시장 획정,[46] 지배력 평가를 통하여 진단하는데, 현재 경쟁의 정도는 시장점유율을 중심으로 판단하고,[47] 잠재적 경쟁의 정도는 시장진입에 비추어 판단한다.[48] 동 지침에 따르면 사업자의 시장점유율이 60% 이상인 경우 시장지배력을 보유할 가능성이 있다고 판단한다.[49] 또한, 수요자의 시장력, 수요자 측면의 시장구조, 그리고 사업자의 경제적 행위가 정부 또는 산업적 규제기관에 의해 제한되는 상황 등을 고려하여야 한다고 하고, 공동의 시장지배력 판단에 대해서도 규율하고 있다.[50]

남용 여부 판단은 시장지배적 사업자의 행위가 싱가포르 시장의 경쟁 조건에 실질적인 영향을 잠재적으로 미칠 수 있다는 부분과 당해 행위가 성공적인 혁신이나 규모의 경제, 범위의 경제와 같은 효율성으로부터 나오는 행위일 수 있다는 부분을 종합적으로 고려 내지 비교형량하여 판단한다.[51] 앞에서 살핀 법 제47조 제2항은 남용행위에 해당할 수 있는 행위의 넓은 범위를 제시한 것이고, 당해 지침 부록 C는 보다 더 다양한 예시를 제공하고 있다.

3) 관련시장과 남용행위

당해 지침은 사업자가 시장지배력을 가진 시장과 남용행위가 행해진 시장, 그리고 남용의 효과가 발생한 시장이 동일할 필요가 없다고 명시하고 있다.[52] 동

---

44) CCCS Guidelines on the Section 47 Prohibition 2016.
45) CCCS Guidelines on the Section 47 Prohibition 2016, 3.1.
46) 시장획정에 관해서는 2007년에 제정된「관련시장 획정에 관한 지침」에서 상세한 방법론을 정하고 있고, 이에 따르면 수요대체성 중심으로 관련시장을 획정하는 '가상의 독점자 테스트(hypothetical monopolist test)'가 주된 방법론으로 사용된다. CCCS Guidelines on Market Definition, 2.1－2.2.
47) CCCS Guidelines on the Section 47 Prohibition 2016, 3.5－3.10.
48) CCCS Guidelines on the Section 47 Prohibition 2016, 3.11－3.13.
49) CCCS Guidelines on the Section 47 Prohibition 2016, 3.8.
50) CCCS Guidelines on the Section 47 Prohibition 2016, 3.16－3.21.
51) CCCS Guidelines on the Section 47 Prohibition 2016, 4.1.
52) CCCS Guidelines on the Section 47 Prohibition 2016, 4.7.

표 4 시장지배력과 남용, 그리고 시장의 종류

시나리오	시장 A	시장 B
Y는 시장 A에서 지배력을 가지면서 시장 A의 경쟁사업자들을 제거하기 위해 약탈적 전략을 사용함	시장지배력 남용 효과	
Y는 시장 A에서 지배력을 가지고 시장 B에서 생산하는 제품의 필수적인 요소를 공급하는데, Y는 시장 B의 시장참가자이기도 함. 시장 B에서의 자신의 지위를 강화하기 위해 Y는 당해 필수요소의 공급을 거부함으로써 시장 A에서의 지배력을 남용함	시장지배력 남용	효과
Y는 시장 A에서 시장지배력을 가지지만 시장 B에서는 그렇지 않음. Y는 시장 B에서 시장 A에 자신에게 고착되어 있는 구매자들에게 시장 B에서의 특별할인 행사를 행하여, A시장에서의 지배적 지위를 강화할 수 있음	시장지배력 효과	남용
Y는 시장 A에서 시장지배력을 가짐. Y는 시장 A에서의 판매와 시장 B에서의 판매를 묶어 자신의 지배력을 시장 A에서 시장 B로 전이하려 할 수 있음	시장지배력	남용 효과

지침은 나아가 남용규제에 있어서 일견 가장 복잡한 문제의 이해를 위해 이와 관련한 시나리오를 제공하고 있는데, 참조할 만하다.

(2) 대표적 사례: SISTIC 사건(2010)

CCCS가 시장지배적 지위남용으로 판단한 유일한 사건은 2010년 6월의 SISTIC 사건이다.[53][54] 당해 사건의 사실관계는 다음과 같다.[55] 싱가포르 온라인 티켓팅 서비스 시장에서 85~95%의 점유율을 가진 시장지배적 사업자인 SISTIC은 2개의 행사장소 제공사업자 및 17개의 행사 사업자와 배타적 계약을 맺고, 당해 행사장소 및 행사와 관련한 티켓을 모두 자신을 통해서 판매하게 하였다. 관련 사업자들은 SISTIC을 통하여 티켓을 판매할 수밖에 없었고, 결과적으로 경쟁

53) Abuse of a Dominant Position by SISTIC.com Pte Ltd, 2010 CCS 600/008/07.
54) CCCS는 당해 사건 이후 총 6건의 시장지배적 지위남용 사건을 심사하였는데, 모두 사업자의 자발적 시정 내지 동의의결로 사건이 마무리되었다. (마지막 방문, 2021.6.24.)
https://www.cccs.gov.sg/cases-and-commitments/public-register/abuse-of-dominance
55) 이하 CCS Media Release, CCS fines SISTIC.com PTE LTD for abusing its dominant position to foreclose competition in the ticketing services market, 2010.6.4.; CCCS, 'Key Prohibitions under the Competition Act explained', Booklet 2, p. 11. (마지막 방문 2021.6.24.)
https://www.cccs.gov.sg/resources/collaterals/making-markets-work-well-4-part-series

사업자들은 시장에 진출하는 것이 방해되었으며, 티켓 구매자들 또한 SISTIC로부터 티켓을 구매할 수밖에 없었다.

당시 CCS는 SISTIC의 당해 행위를 경쟁법 제47조 위반으로 판단하고, 배타적인 내용이 담긴 계약조건을 삭제하라는 시정조치와 함께 제재금 SGD 989,000을 부과하였다.[56)57)] CCCS는 당해 결정을 통해 티켓팅 서비스 시장이 보다 경쟁적이고 역동적으로 변화하였다고 자평하면서, 홈티켓과 같은 새로운 서비스가 등장할 수 있었다고 설명하였다. 또한, SISTIC이 다양한 정부기관이 지분을 가지고 있던 공기업(government-linked company, GLC)이었다는 점에 주목하여 당해 사건이 공기업의 시장지배적 지위남용 행위를 경쟁법으로 규율할 수 있음을 보여주었다는 의미를 가진다는 평가도 있다.[58)]

4. 경쟁제한적 기업결합 금지(제54조)

(1) 법률 규정 및 내용

1) 싱가포르 경쟁법 제54조

싱가포르 경쟁법은 싱가포르 내의 상품과 용역 시장에서 경쟁을 실질적으로 제한하거나 제한할 것으로 예상되는 기업결합을 금지한다(동법 제54조 제1항). 나아가 동법은 합병의 유형 및 기업결합 여부 판단의 핵심요소라 할 수 있는 지배력 존재의 판단기준을 상세히 마련하고 있다(동조 제2항 내지 제10항).

Art. 54 Mergers

(1) 제55조를 전제로, 싱가포르 상품 내지 용역 시장의 **경쟁을 실질적으로 저해**하거나 저해할 것으로 예상되는 기업결합은 금지된다.

56) CS Media Release, CCS fines SISTIC.com PTE LTD for abusing its dominant position to foreclose competition in the ticketing services market, 2010.6.4. (마지막 방문 2021.6.24.) https://www.cccs.gov.sg/public-register-and-consultation/public-consultation-items/abuse-of-dominant-position-by-sisticcom-pte-ltd?type=public_register

57) SISTIC은 CCS의 당해 결정에 대해 불복하여 이의신청을 하였지만 경쟁항소법원 또는 위원회는 제재금만 SGD769,000로 감면하고, 법위반결정에 대해서는 경쟁당국의 손을 들어주었다.

58) Ong, "Competition Law and Policy in Singapore", 7~8.

2) 기업결합 관련 지침

싱가포르 경쟁법상 기업결합 규제에 관해서는 「기업결합의 실체적 평가에 관한 2016년 지침」[59]과 「기업결합 심사절차에 관한 2012년 지침」[60]이 상세한 내용을 규정하고 있다.[61]

먼저 앞의 지침은 기업결합 후 사업자가 보유하게 되는 시장점유율이 40% 이상이거나, 시장점유율이 20~40%이면서 상위 3개 업체의 시장점유율 합이 70% 이상인 경우에 CCCS의 기업결합 심사가 필요하다고 한다.[62] 또한, 동 지침은 기업결합에 순 경제적 효율성이 인정되면 경쟁을 실질적으로 제한하더라도 금지되지 않는다는 법 제54조 제7항을 보다 구체화하여 규정한다.[63]

3) 자발적인 기업결합 사후신고

싱가포르 기업결합 규제의 가장 큰 특징은 경쟁당국의 기업결합 심사가 종료되기 전에는 기업결합 당사자들이 예정된 기업결합을 시행할 수 있다는 점이다.[64] 즉, 기업결합 당사자들에게 사전신고 의무 대신 자발적인 사후신고 제도를 운영하고 있다.

CCCS는 사후에 기업결합의 경쟁법 위반 판단이 내려진 경우, 해당 기업결합에 대한 변경 · 중지 · 해산을 명할 수 있으며, 기업결합 진행에 대한 임시적 조치 내지 임시중지명령을 내릴 수 있다. 다만, 기업결합 당사자는 경쟁당국의 사후규제의 위험을 줄이기 위해 기업결합의 사전검토를 CCCS에 요청할 수 있다.

(2) 대표적 사례: Grab-Uber 기업결합 사건(2018)

싱가포르 경쟁법상 사업자들의 기업결합을 법위반으로 판단한 유일한 사건은 2018년 9월에 시정조치와 제재금 부과명령이 내려진 Grab-Uber 사건이다.[65][66]

---

59) CCCS Guidelines on the Substantive Assessment of Mergers 2016.
60) CCCS Guidelines on Merger Procedures 2012.
61) 이하 정해원, 앞의 각주 16)의 논문, 138~139면 참조.
62) CCCS Guidelines on the Substantive Assessment of Mergers 2016, 5.15.
63) CCCS Guidelines on the Substantive Assessment of Mergers 2016, 3.36.
64) 이하 장영신 외 5인, 앞의 각주 4)의 글, 133면.
65) Acquisition of Uber's Southeast Asian business by Grab and Uber's acquisition of a 27.5 per cent stake in Grab, 2018, 500/001/18.
66) 이하 장영신 외 5인, 앞의 각주 4)의 글, 189~200면 참조.

당해 사건의 사실관계는 다음과 같다. 싱가포르에서 차량호출 서비스 플랫폼을 제공하면서 개인고용 차량 임대 사업을 영위하는 Grab과 Uber는 Uber가 싱가포르뿐만 아니라 인도네시아, 말레이시아, 태국 등 동남아시아 국가에서 영위하는 승차공유 및 음식배달 사업을 Grab에게 양도하고, 그 대가로 Grab의 지분 27.5%를 취득하면서 Grab의 이사 1인을 선임하는 매매계약을 체결하였다.

CCCS는 당해 기업결합의 관련시장을 싱가포르의 차량호출 서비스 제공 플랫폼 시장(양면시장)과 개인고용 차량 임대시장으로 획정하고, 기업결합 후 결합당사자들의 시장점유율이 전자의 경우 80~90%[67], 후자의 경우 50~60%에 달한다고 보면서, 당해 기업결합의 단독효과, 수직효과를 각각 평가하고, 경쟁을 실질적으로 제한할 우려가 있다고 판단하였다.[68] 먼저 단독효과에 관해서는 ① 플랫폼 시장 상위 2개 사업자 간의 경쟁을 제거함으로써 당해 시장에서 상당한 경쟁감소, ② Grab의 가격 인상 능력 증대에 대한 당사회사들의 예상(내부문서), ③ 기업결합 이후 Grab의 실질요금 인상(10~15%) 등을 고려하였고, 수직효과에 관해서는 기업결합 이후 Grab이 개인고용 차량 임대회사 및 당해 회사로부터 차량을 임대하는 운전기사들을 배타조건부 계약을 통하여 결합하는 방식으로 플랫폼 시장에 대한 시장진입장벽을 강화할 것으로 판단하였다. 마지막으로 CCCS는 당사회사들이 주장한 효율성 증대효과가 입증되지 않았다고 판단하여 법위반 결정을 내리게 되었고, 여러 행태적 시정조치와 함께 SGD 13,001,702(한화 약 106억 7,000만원)의 제재금을 부과하였다.[69]

본 건은 동남아시아 대부분의 국가에서 문제되었던 Grab－Uber 기업결합에 대해 유일하게 법위반 결정을 내린 사건이라는 점에서 의미가 크다. 즉, 싱가포르 경쟁당국은 기타 동남아시아 국가의 경쟁당국과는 달리 당해 기업결합이 싱가포르 관련시장의 경쟁을 실질적으로 감소시킬 우려가 있다는 이유로 시정조치 및

---

67) CCCS는 플랫폼 시장에서의 시장점유율은 당해 플랫폼에서 연결된 호출 건수를 기준으로 산정하였다.

68) CCCS 협조효과에 대해서도 플랫폼 시장의 담합의 유인이 상승할 것이라는 검토결과를 내렸지만, 이것이 당해 기업결합의 협조효과에 대한 직접적 증거라는 판단을 내리지는 않았다. 장영신 외 5인, 앞의 각주 4)의 글, 196면 참조.

69) 당해 기업결합 건에 대해 CCCS는 선제적이고 적극적인 움직임을 보여주었는데, 당사회사들 간의 매매계약 체결일(2018.3.25.) 이전부터 싱가포르의 기업결합 규제에 관한 설명을 하였을 뿐만 아니라, 기업결합 3주 만에 임시적 조치를 부과하였으며(2018.4.13.), 최종적으로는 기업결합 6개월 만에 최종 법위반 결정을 내렸다(2018.9.24.). 당해 사건의 경과에 관해 장영신 외 5인, 앞의 각주 4)의 글, 189~190면.

제재금을 부과한 점에 유의하여야 한다.[70] 한편, CCCS의 시정조치 내용 중, 당사 회사의 차량호출 플랫폼을 이용하는 운전기사를 보호해야 한다는 것에 주목하여 노동시장에 관한 경쟁정책적 의미를 부여하려는 견해도 존재한다.[71]

Ⅳ. 집행기관과 절차

1. 집행기관: 싱가포르 경쟁 · 소비자 위원회(CCCS)

(1) 개 관

앞에서 언급하였듯이 싱가포르 경쟁법 집행기관은 싱가포르 경쟁・소비자 위원회(Competition and Consumer Commission of Singapore, 이하 'CCCS'라 한다)이며, 싱가포르 통상산업부 소속의 법정기관(statutory board)이다. 2005년 설립 당시 명칭은 싱가포르 경쟁 위원회(Competition Commission of Singapore)였는데, 소비자 보호 및 공정거래법(The Consumer Protection (Fair Trading) Act (Chapter 52A))의 집행을 함께 담당하면서 2018년 4월 1일 그 명칭이 CCCS로 변경되었다.[72]

(2) 조직구조

CCCS는 1인의 위원장, 2인 이상 16인 이하의 위원[73]으로 구성된 위원회(법 제5조)와 사무처장을 중심으로 하는 사무국으로 이루어져 있다(법 제10조). 위원회와 위원, 사무국과 직원에 관해서는 싱가포르 경쟁법 [별표 1][74]이 상세히 규율하고 있다.

---

70) 그 이유에 대해서는 보다 심도있는 연구가 필요하겠지만, 사견으로는 싱가포르 운송 시장의 특수성이 반영되었으며, 실제 싱가포르 시장에서 Grab의 요금인상이 나타난 것이 다른 나라와의 차이를 보이게 한 것으로 본다.

71) 장영신, "경쟁정책과 노동시장: 동남아 디지털 플랫폼 시장 M&A 사례를 중심으로", 국제노동브리프 2020년 12월호, 한국노동연구원, 2020, 14~15면.

72) Toh, op. cit., 81.

73) 2021년 현재 위원의 수는 11인이다. CCCS 홈페이지 참조(마지막 방문 2021.6.24.). https://www.cccs.gov.sg/about-cccs/organisation-structure/commission-members

74) The Competition Act, First Schedule - Constitution and Proceedings of Commission.

그림 1 CCCS 조직도(2021.6.)

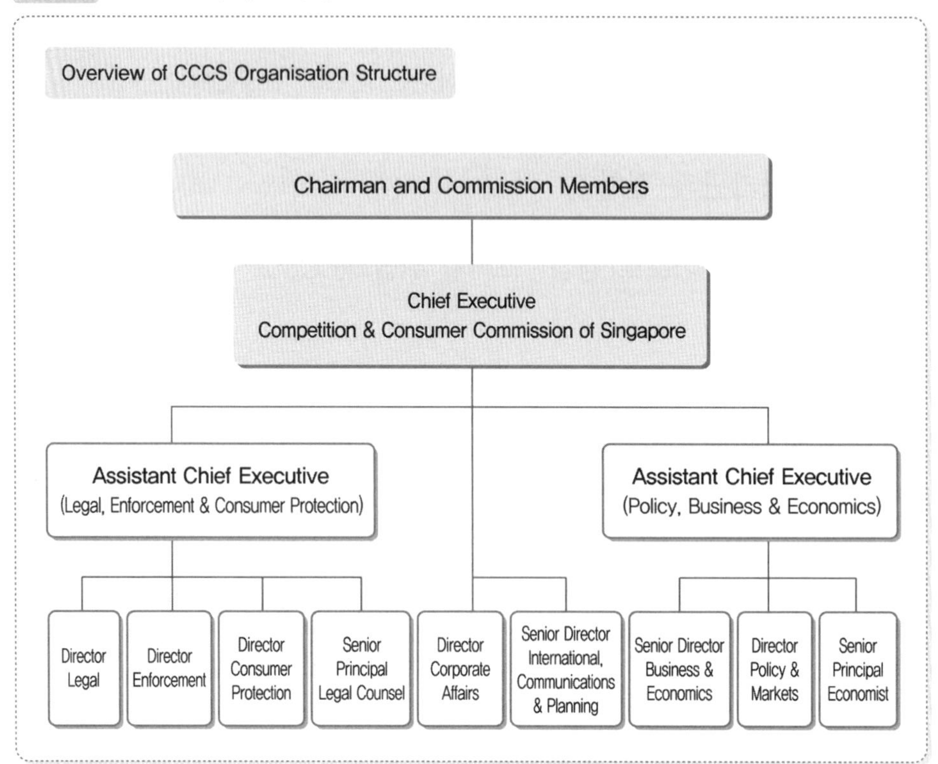

몇 가지 주요 내용만 언급하면, 위원장과 위원은 장관이 임명하고(동 별표 제1조 제1항), 사무처장은 위원장의 지명, 장관의 승인에 의해 선임된다(법 제10조 제1항).[75] 장관은 사무처장을 위원회 위원으로 임명할 수 있다(별표 제1조 제2항).[76][77] 장관은 재량으로 위원회 위원 중 한 명을 부위원장으로 임명할 수 있다(별표 제2조 제1항). 한편, 위원장, 사무처장, 위원의 자격에 관해서는 따로 정한 바는 없고, 단지 산업·무역·행정적 능력과 경험 또는 전문 자격 또는 기타 적절성에 의해

75) 이에 따르면 위원회의 구성, 그리고 사무처장 임명에 관해 장관이 모든 것을 관장하게 되고, CCCS는 조직적 독립성이 크게 확보되어 있지 않다고 평가할 수 있다. 경쟁법 제8조에 의해 장관이 위원회에 정부조직법 제5조와 관련한 지시를 내릴 수 있다는 점 또한 이를 대변한다.

76) 사무처장이 위원회 위원을 담당할 수 있다는 사실은 CCCS의 위원회와 사무국이 기능적으로 분리되지 않을 수 있다는 점을 보여준다. 2021년 현재 CCCS의 사무처장은 위원회의 위원의 자격을 가지고 있다.

77) CCCS는 싱가포르의 독립된 정부기관인 법정이사회(statutory board)로서 위원회 형태로 조직되었다는 점과 독자적인 결정 권한을 가졌다는 점에서 고유성을 가지고 있다는 견해가 있지만, 재검토가 필요하다. Toh, op. cit., 81.

임명될 수 있다고 한다(별표 제1조 제3항).

(3) 사무국의 구성

2021년 6월 현재, CCCS의 사무국은 2개의 국, 그리고 7개의 과로 구성되어 있는데,[78] 주요 내용을 소개하면 다음과 같다.[79] 한편, 각 국에 속해 있지 않은 기업업무과(Corporate Affairs Division)와 국제소통계획과(International, Communications & Planning Division)에 대해서는 생략한다.

먼저 법률·집행 & 소비자보호국의 법무과(Legal Division)는 CCCS의 법집행을 보좌하고 경쟁법과 소비자보호·공정거래법의 법적 분석과 자문을 제공한다. 집행과(Enforcement Division)는 경쟁법, 소비자보호·공정거래법의 집행을 일차적으로 담당하면서 조사활동에 있어 엄격한 절차를 보장하는 역할을 한다.

다음으로 정책·경영 & 경제국의 경영경제과(Business and Economics Division)는 사건처리에 필요한 경제분석을 실시하고 전문가 단체와 사업자 단체에 공정하고 경쟁적인 사업 관행을 제안하는 업무를 수행한다. 정책 및 시장과(Policy and Markets Division)는 시장연구 및 감시, 학계·연구소와의 협업, 경쟁정책에 관한 다른 정부기관의 협조 등을 담당한다.

2. 법집행절차 및 불복절차

(1) 법집행절차

싱가포르 경쟁법은 제3장 제5부 "집행"에서 법집행절차를 규정하고 있고, 세부적인 법집행절차는 「조사권한에 관한 2016 지침」,[80] 그리고 「경쟁법 집행에 관한 2016 지침」[81]에 규정되어 있다. 이에 따르면 위원회는 '① 경쟁법 위반사건에 대한 조사 → ② 관련 사업자의 의견진술(서면·구술) → ③ 위원회 결정'의 절차를 거쳐 시정조치, 제재금을 부과할 수 있다.

---

78) 2개의 국은 법률·집행 & 소비자보호국과 정책·경영 & 경제국이 있고, 각각 4개, 3개의 과가 설치되어 있다. 2개의 과, 즉 기업업무과(Corporate Affairs Division)와 국제소통·계획과(International, Communications & Planning Division)는 국 소속이 아니다.

79) 이하 CCCS 홈페이지 참조 (마지막 방문 2021.6.24.)
https://www.cccs.gov.sg/about-cccs/organisation-structure/cccs-divisions.

80) CCCS Guidelines on the Powers of Investigation in Competition Cases 2016.

81) CCCS Guidelines on Enforcement of Competition Cases 2016.

1) 조사절차

먼저 CCCS는 사전조사 성격을 갖는 자료제출요청을 할 수 있는 권한을 가진다(법 제61A조). CCCS는 법위반에 대한 합리적인 근거가 있는 경우 조사를 행할 수 있고(법 제62조), 보다 구체적으로는 자료제출명령(법 제63조), 영장 없는 임의적 현장조사(법 제64조), 영장 있는 강제적 현장조사(법 제65조)의 방법으로 법위반 여부를 조사한다. 조사절차에 관해서는 법률 조항, 그리고 앞에서 언급한 '조사권한에 관한 2016 지침'에 요건, 절차 등이 상세히 규정되어 있다.

한편, 싱가포르 경쟁법은 조사과정에서 피조사인의 자기부죄 및 변호인 특권과 관련한 규정을 두고 있다(법 제66조). 이에 따르면 피조사인은 자기부죄원칙을 들어 해당 자료를 제출명령대상 또는 현장조사대상에서 제외할 수 없고, 당해 자료는 동법에 정해지지 않은 형사절차상 증거로 사용될 수 없을 뿐이지 동법상의 법적 절차 및 민사절차 등에 있어서는 증거로 인정될 수 있다(동조 제1항, 제2항 각호). 다만, 법률 자문가가 작성하여 면책특권이 인정되는 문서나 기타 자료는 공개되지 않는다는 규정이 마련되어 있어, 변호인 특권은 법률 차원에서 인정하고 있다(동조 제3항 각호).

2) 관련 사업자의 의견진술 등

조사가 완료되면 위원회는 법위반 결정을 내릴 수 있도록 제안(propose)할 수 있는데, 이때 위원회는 해당 결정에 영향을 받을 수 있는 자에게 법위반결정제안서(Proposed Infringement Decision(PID))라는 서면으로 법위반 결정에 대해 사전 통지하고, 그들에게 의견을 진술할 수 있는 기회를 부여하여야 한다(법 제68조 제1항 (i), (ii) 목). 통지되는 서면에는 사안의 사실관계, 법위반 결정 제안의 근거가 제공되고, 통지받은 자는 기본적으로 서면으로 의견을 진술하여야 하지만, 원하는 경우 서면신청으로 구술청문을 할 수 있도록 CCCS에 요청할 수 있다.[82] 나아가 PID를 통지받은 자는 관련 자료를 열람할 수 있는 합리적인 기회를 가진다.[83]

기업결합의 경우, 기업결합 당사자들은 법위반 결정 제안서를 통지받은 날부

82) CCCS Guidelines on Enforcement of Competition Cases 2016, 2.4.
83) CCCS Guidelines on Enforcement of Competition Cases 2016, 2.5.

터 14일 이내에 통상산업부 장관에게 공익적 차원의 법위반 면제를 요청할 수 있다(법 제68조 제3항). 만일 장관이 면제를 승인한 경우, 면제결정은 최종적인 것이고(동조 제4항), 위원회는 이에 따라야 하며(동조 제5항), 오직 장관만이 일정한 요건 하에 면제결정을 철회할 수 있다(동조 제6항).

3) 위원회의 결정 – 시정조치, 제재금 부과명령, 동의의결, 임시적 조치

위원회는 앞에서 설명한 절차를 거쳐 최종적으로 법위반을 확인하는 결정을 내릴 수 있고, 법위반 행위의 중지를 명하거나 경쟁제한적 효과를 개선, 완화 또는 제거하고 재발 방지를 위한 조치를 내릴 수 있다(법 제69조 제1항). 나아가 위원회는 고의 또는 과실에 의한 법위반에 대해서는 제재금을 부과할 수 있는데(동조 제3항), 제재금은 법위반행위가 있었던 최장 3년 기간의 싱가포르 내 연매출액의 10%까지 부과될 수 있다(동조 제4항).[84] 한편, CCCS는 신청인의 신청 또는 직권으로 동의의결을 할 수 있는데(법 제60A조 제1항), 2018년 개정시 동의의결이 가능한 대상을 기존의 기업결합에서 반경쟁적 합의 및 시장지배적 지위남용까지 확대한 바 있다(법 제60A조 제1A항, 제1B항).[85]

CCCS의 결정 권한 중 주목할 한 것은 바로 임시적 조치(Interim Measures)이다.[86] 즉, CCCS는 법위반에 대한 조사가 완료되지 않은 시점에서도 법위반에 대한 합리적 근거가 있고, 긴급한 사유가 있는 경우 임시적 조치를 명할 수 있다(법 제67조). 긴급성 요건은 피해 사업자 등의 회복불가능한 피해방지와 공공의 이익 보호라는 목적의 긴급성을 뜻하고(동조 제1항 b호 (ii)목), 임시적 조치를 부과할 때에도 정식 결정과 동일하게 당사자에 대한 서면 통지 및 의견진술 기회 부여가 이루어져야 한다(동조 제2항 각호).

---

84) (원문) No financial penalty fixed by the Commission under this section may exceed 10% or such other percentage of such turnover fo the business of the undertaking in Singapore for each year of infringement for such period, up to a maximum of 3 years, as the Minister may, by order published in the Gazette, prescribe.

85) CCCS는 2019년, 1개의 법위반 사건(엘리베이터 사업자의 시장지배적 지위남용)을 동의의결로 종결하였고, 기존 동의의결의 내용을 수정하는 신청인의 요청을 승인하였다(항공사 카르텔 동의의결). CCCS Annual Report 2019 – 2020, 21~22.

86) EU 경쟁법상 임시적 조치의 요건과 최근 부과사례에 관한 문헌으로 박준영, "디지털 경제하 공정거래법상 임시중지명령 도입방안 – EU의 Interim Measures에 대한 비교법적 분석을 중심으로", 경제규제와 법 제14권 제1호 (2021) 94~115면.

(2) 불복절차

CCCS의 결정에 불복하고자 하는 사업자는 먼저 경쟁항소위원회(Competition Appeal Board, 이하 'CAB')에 이의를 제기하고, 그 이후에 고등법원(the High Court)에 소송을 제기할 수 있다.[87] CCCS의 법위반 결정에 대한 불복에 있어서 CAB에서의 이의신청이 유일한 사실심이고 고등법원 이후 소송에서는 오직 법적 문제와 과징금 액수만 다툴 수 있는 법률심이 이루어진다.[88]

1) 이의신청: 경쟁항소위원회(CAB)

CAB의 이의신청절차에 관해서는 CCCS의 「경쟁 (불복) 규칙」[89]이 상세히 정하고 있다. CCCS의 법위반결정을 통지받은 당사자는 반경쟁적 합의, 시장지배적 지위남용의 경우에는 2개월 이내, 경쟁제한적인 기업결합의 경우에는 4주 이내에 CAB에 이의신청을 제기하여야 한다(동 규칙 제7조 제3항, 제3A항). 이의신청이 제기되면 CCCS는 전자의 경우 6주 이내, 후자의 경우 4주 이내에 이의신청에 대한 항변서(defense)를 CAB에 제출하여야 한다(동 규칙 제7조). 경쟁항소위원회는 참석 위원의 과반수 이상의 득표로 결정을 내리며, 득표수가 동일할 경우에는 항소위원회의 의장 또는 상임이사가 결정투표권을 가진다. 항소위원회의 결정 중에 한 가지 특수한 것은 이의신청된 CCCS의 결정 자체는 인용하더라도, 그 근거가 된 사실관계에 대해서는 별도로 파기할 수 있다는 점이다(법 제73조 제10항).

이의신청절차를 담당하는 CAB는 CCCS 내의 독립된 기구로서 통상산업부 장관이 임명・지명하는 대법관 자격을 가진 의장과 30명 이하의 경쟁법・경제 전문가인 위원으로 구성되고(법 제72조 제1항, 제5항), 의장을 포함한 3명 이상의 위원으로 구성된 상임소회의 중심으로 수시로 활동하게 된다(동조 제8항 내지 제12항). 주목할 점은 CAB가 지방법원이 가지는 소송절차상의 권한과 권리, 특권을

87) 이하 Toh, op. cit., 82 참조.

88) 싱가포르의 사법제도는 고등법원(High Court)과 상고법원(Court of Appeal)과 으로 구성된 대법원(Supreme Court), 그리고 지방법원, 치안법원 등과 같은 하급법원과 고등법원(High Court)으로 이루어져있다. 대법원 내의 고등법원은 민・형사 사건의 1심 관할권을 갖고, 상소법원은 민・형사 사건의 상소심 관할권만 갖는다. 상고법원이 최고법원이다. 정리하면 싱가포르에서는 우리나라 고등법원과 대법원의 기능을 하는 법원이 '대법원'이라는 조직 하에 이원적으로 속해 있고, 경쟁법 사건에 대한 불복은 고등법원을 1심으로 하는 2심제로 운영된다고 이해할 수 있다. 박홍우, "싱가포르의 사법제도", 「법조」 제56권 제11호, 2007, 338, 342~346면 참조.

89) Competition (Appeals) Regulations.

보유한다는 것이 법률에 규정되어 있다는 것인데, 증인의 출석 및 증인심문, 문서제출명령 등이 있다(법 제73조 제3항 각호).

2) 법원 소송절차

앞에서 언급한 바와 같이 CAB의 결정에 불복하는 자는 고등법원에 항소할 수 있고, 고등법원 판결에 불복하는 자는 마지막으로 상고법원(Court of Appeal)에 상고할 수 있다. 법원 소송절차에서 다툴 수 있는 사항은 CAB 결정의 법적 쟁점 및 제재금 액수에 한한다(법 제74조 제1항 각호). 또한, 싱가포르 경쟁법은 당사자가 오직 CAB의 결정에 대해 소를 제기할 수 있다고 규정하고 있어서, 이의신청 전치주의가 작동하고 있는 것이 특징적이다.

(3) 기타: 민사적 집행 및 조사방해죄

싱가포르 경쟁법은 법위반행위로 인해 직접적인 피해를 입은 자가 법원에 금지명령, 손해배상 등을 청구하는 민사소송을 제기할 수 있도록 규정하고 있다(법 제86조 제1항, 제8항). 다만, 당해 소송은 오직 CCCS의 결정 및 이에 대한 CAB, 법원의 불복절차가 모두 종료된 이후에 제기될 수 있고, 그 시점 이후 2년까지만 소제기가 가능하다(동조 제4항, 제6항). 당해 소송에 있어 민사법원은 CCCS, CAB, 항소법원과 상고법원이 내린 사안의 위법성 판단이 최종적이고 결정적인 것으로 인정한다(동조 제7항).

경쟁법 위반에 대한 형사적 제재는 마련되어 있지 않다. 다만, 법 제80조 제1항에 규정된 경쟁당국의 조사에 대해 고의로 허위진술하거나 허위정보를 제공하는 자는 미화 5,000달러의 벌금 또는 12개월 이하의 징역, 또는 2가지 모두에 처할 수 있다(법 제80조 제2항).

V. 결 론

싱가포르 경쟁법에 관한 보다 심도 있는 이해를 위해서는 다음의 사항이 고려될 필요가 있다. 첫째, 싱가포르 고유의 역사와 법제, 시장상황과 산업구조, 국민경제의 특징을 파악해야 한다.[90] 둘째, 2018년에 개정된 소비자 보호 및 공

---

90) 싱가포르 역사에 관한 최근 문헌으로 강승문, 「싱가포르 역사 – 다이제스트100」, 가람기획, 2017;

정거래 법률에 대한 내용 분석, 경쟁법과의 관계 설정 등이 필요할 것이다. 셋째, 최근에 활발히 진행되고 있는 싱가포르 경쟁법의 디지털 경제에 대한 대응에 대한 정보가 수집, 분석되어야 할 것이다. 비록 당해 사항들을 향후 연구로 미루지만, 싱가포르 경쟁법을 개관한 본 연구가 그 밑바탕이 될 수 있을 것으로 생각한다.

비교법적 연구의 궁극적 목적은 외국과 자국의 법제를 공통점과 차이점을 중심으로 비교하여, 적절한 시사점을 도출하는 것에 있다.[91] 이러한 관점에 따르면, 본고는 서두에서 밝힌 바와 같이, 싱가포르 경쟁법에 대한 비교법적 연구의 첫 단계에 불과하다. 후속 연구를 통해 싱가포르 경쟁법과 우리나라 공정거래법 규정간의 비교분석, 대표적 집행사례의 분석, 그리고 CCCS와 우리나라 공정거래위원회의 차이점 및 공통점을 검토하는 심화분석이 요청되고, 나아가 바람직한 경제질서에 대한 가치관 및 경쟁법 문화의 공유를 위한 양국의 실무적・학술적 교류를 넓힐 필요가 있을 것이다.

주지하다시피 경제법에 있어 비교법적 분석은 필수불가결하다. 무릇 다른 법영역에서도 비교법적 연구는 중요하지만, 특히 아직 역사가 길지 않은 우리나라 경제법 영역에서 미국, EU, 독일 등 해외 법제에 대한 비교분석은 경제법이라는 새로운 영역을 독자적인 법영역으로 체계화하는 데에 큰 기여를 하였다고 볼 수 있다. 나아가 단편적이기는 하지만, 일본과 중국을 제외한 아시아 국가의 경쟁법제에 관한 연구가 진행되었는데, 동남아시아 또는 아세안(ASEAN) 경쟁법 연구는 소위 '아시아적 가치'를 공유하는 나라들의 경제법을 이해함으로써 장차 아시아 공동시장을 형성하는 데에 기여할 것으로 기대된다. 본 연구의 궁극적인 목적 또한 바로 여기에서 찾을 수 있을 것이다.

김종호, "50년의 역사, 200년의 역사, 700년의 역사 – '이민국가' 싱가포르의 건국사, 식민사, 21세기 고대사", 「동서인문」 제12호, 경북대학교 인문학술원, 2019.

91) 비교법적 검토의 방법론적 의의와 기능에 관하여 박정훈, "비교법의 의의와 방법론", 심헌섭선생75세기념논문집 「법철학의 모색과 탐구」(법문사, 2011).

참고문헌

강승문, 「싱가포르 역사 – 다이제스트100」, 가람기획, 2017.

김종호, "50년의 역사, 200년의 역사, 700년의 역사 – '이민국가' 싱가포르의 건국사, 식민사, 21세기 고대사", 「동서인문」 제12호, 경북대학교 인문학술원, 2019.

박세화, "싱가포르 상사법의 이해와 전망", 「법제연구」 제5호, 법제연구원, 2006.

박정훈, "비교법의 의의와 방법론", 심헌섭선생 75세 기념 논문집 「법철학의 모색과 탐구」, 법문사, 2011.

박준영, "디지털 경제하 공정거래법상 임시중지명령 도입방안 – EU의 Interim Measures에 대한 비교법적 분석을 중심으로", 「경제규제와 법」 제14권 제1호, 2021.

박홍우, "싱가포르의 사법제도", 「법조」 제56권 제11호, 법조협회, 2007.

이봉의, "경제법", 「서울대학교 법학」 제58권 제1호 [별책], 서울대학교 법학연구소, 2017.

장영신, "경쟁정책과 노동시장: 동남아 디지털 플랫폼 시장 M&A 사례를 중심으로", 「국제노동브리프」 2020년 12월호, 한국노동연구원, 2020.

_____ 외 5인, "아세안 주요국의 경쟁법 비교분석: 디지털 플랫폼 시장 M&A를 중심으로", 「세계지역전략연구」 20–09, 대외경제정책연구원.

정해원, "동남아시아 경쟁법 주요 규정의 비교법적 연구", 「유통법연구」 제4권 제1호, 유통법학회, 2017.

법무법인(유) 율촌, "싱가포르 경쟁법에 관한 연구", OECD 대한민국 정책센터 연구용역 보고서, 2012.

외교부, 싱가포르 개황, 2019.

CCCS, Promoting Competition, Protecting Consumers, Annual Report 2019~2020.

Khoo, Kenneth and Allen Sng, "Singapore's Competition Regime and its Objectives: The Case against Formalism", Singapore Journal of Legal Studies, 2019.

Ong, Burton, "The Origins, Objectives and Structure of Competition Law in Singapore" 29(2)World Competition 29(2), 2006.

_____, "Competition Law and Policy in Singapore", ERIA Discussion Paper Series, 2015.

Ong, Burton, 'Competition law in Singapore: the first decade' in Steven Van Uytsel, Shuya Hayashi, and John O. Haley (eds.), Research Handbook on Asian Competition Law (Edward Elgar, 2020), 151.

Seet, Joshua, "Developing Object Restrictions in Singapore Competition Law" 41(1) World Competition (2018).

_____ / Yirong Zheng, "Understanding the appreciability requirement under Singapore competition law", Journal of Antitrust Enforcement, 2020.

Toh, Han Li, "Convergence and Divergence in Singapore's Competition Law Regime", in: Charbit & Ahmad(Ed.), Frederic Jenny - Standing Up for Convergence and Relevance in Antitrust, Concurrences, 2018.

제4장

태국 경쟁법:

변화 과정과 현행 「거래경쟁법」의 주요내용

유 영 국*

Ⅰ. 머리말

경쟁규범의 형성과 그 변화는 해당 국가의 사회 · 경제 및 산업 여건과 시장경제에 대한 이해는 물론 다른 법규범 체계 형성 수준 등에 따라 그 모습을 달리한다. 게다가 시장경제체제가 도입된 것으로 평가받는 나라일지라도 시장에서의 경쟁메커니즘 작동이나 경쟁규범의 집행 수준에 차이를 보이면서 시장경제체제의 정착 여부에 대한 실질적 판단 역시 달라질 수 있다.[1)]

물론, 경제질서의 기본원칙으로서 시장경제체계의[2)] 성숙도를 경쟁규범의 마련과 그 집행 여부 등에 따라 기계적으로 판단하는 것은 적절하지 않다. 또한 경쟁법 이론과 집행에 있어서 이미 상당한 진전을 이룬 다른 국가의 규범체계와 이론적 · 실무적 수준에서 경쟁법 도입 및 집행 초기 단계에 있는 국가의 경쟁법을 분석 · 평가하는 것 역시 바람직하지 않은 접근일 것이다. 그럼에도 불구하고, 경쟁법 제 · 개정 등 경쟁규범의 발전 과정 전반을 살펴봄으로써 해당 국가 나름의 시장경제 도입 시도와 정착 노력의 특이점을 확인하는 동시에 국내 기업의 안정적 해외진출 등을 위한 해당 국가의 경쟁법에 대한 사전적 이해와 예측가능성 제고에 도움이 될 수 있을 것이다.

---

* 한국공정거래조정원 공정거래연구센터 연구위원, 법학박사(Dr. iur., LL.M. 독일 마르부르크대학교)
** 본고는 일부 수정 · 보완 후, 한국경제법학회에서 발행하는 「경제법연구」 제20권 제2호(2021)에 게재되었음을 밝힌다.
1) 권오승, "東亞細亞 共同市場의 形成과 競爭法의 課題", 「서울대학교 법학」 제46권 제3호, 서울대학교 법학연구소, 2005, 140~141면.
2) 권오승 · 서정, 「독점규제법 – 이론과 실무」(제4판), 법문사, 2020, 3~16면 참조.

이러한 맥락에서 태국 경쟁법의 변화 과정과 현행 경쟁법의 주요 내용을 살펴보는 것은 나름의 의미가 있을 것이다. 특히, 국가 주도의 산업정책이 강조되는 상황에서 경쟁법을 도입하는 경우가 많았던 동아시아 국가의 상황에 비추어 보면 일반적 관점에서 경쟁규범으로 이해될 수 경쟁법령 체계가 마련되었을지라도 실체적 · 절차적 규정에서 주목할 만한 점이 상당한 만큼 경쟁법 전반에 대한 상세한 검토와 지속적 모니터링은 중요한 의미를 가진다. 또한, 동남아시아 국가 연합(Association of Southeast Asian Nations, ASEAN) 창설을 위한 1967년 8월 방콕 선언(Bangkok Declaration)부터 현재에 이르기까지 아세안의 핵심 국가로서 선도적 역할을 해온 태국의 경쟁법 마련과 그 변화 과정, 그리고 현행 경쟁법 체계와 집행 동향을 살펴보고 이를 분석하는 것은 아세안 회원국의 경쟁법 체계 전반을 이해하는데 있어서도 도움이 될 것이다.

이하에서는 태국 경쟁법의 제 · 개정의 연혁과 그 배경을 설명하고, 현행 태국 「거래경쟁법」의 주요 내용을 실체법 · 절차법적 차원에서 법조문 중심으로 검토해 보고자 한다.

Ⅱ. 태국 경쟁법의 개관

1. 경쟁법의 입법 및 개정 연혁

태국 경쟁법, 이른바 「거래경쟁법」(Trade Competition Act, TCA)은[3] 1979년 제정된 「가격고정 및 반독점법」(Price Fixing and Anti-Monopoly Act B.E. 2522, PFA)을 대체하면서 1999년 2월 10일 제정되어 4월 30일 공포되었다. 이후 20년 가까이 별다른 변화 없이 비효율적이라는 비판에 직면하며 유지되어 오다가 2017년 법 개정이 이루어지면서 같은 해 10월 5일 시행되었다. 2017년 개정되어 현재까지 유지되고 있는 태국 「거래경쟁법」은 제정 당시 7장 56개 조항이었다가 현재는 6장 92개 조항으로 구성되어 있다.

(1) 1979년 「가격고정 및 반독점법」

1979년 제정 · 시행된 「가격통제 및 반독점법」은 동법 제정에 따라 폐지된 두

3) 이 글에서는 태국의 'Trade Competition Act'를 '거래경쟁법' 또는 '태국 경쟁법'으로 혼용하여 표기하였다.

법률, 즉 'Anti-Profiteering Act, B.E. 2490'과 'Anti-Profiteering Act (No.2), B.E. 2517'의 법목적과 동법 제2장(Price Fixing) 및 제3장(Anti-Monopoly)의 구체적 규정에서 알 수 있는 바와 같이 '부당이익의 배제'와 '물가안정'을 목적으로 하였다. 물론, 법률명과 규정 편제에 비추어보면 '독점규제' 역시 동 법이 추구하는 법목적의 한 축을 차지하는 것으로 볼 수 있다.[4] 하지만, 그 구체적 내용은 시장원리, 경쟁(법)적 관점이나 접근방식과[5] 무관한 정부의 가격통제 목적 달성에 초점이 맞추어져 있음을 확인할 수 있다.[6]

이와 관련한 동법의 주요 규정으로서 제2장의 제23조 및 제24조 그리고 제3장의 제31조 내지 제36조를 살펴보면 동법을 일반적 의미의 '경쟁규범'으로 보기 어려운 측면이 있다. 특히, 제2장에서 보는 바와 같이 중앙위원회(Central Committee)는 통제 대상 상품을 지정하여 그 가격 또한 고시하고, 그렇게 고시된 가격이 적정하지 않다고 판단되는 경우 위원회 스스로 이를 조정할 수 있도록 하였다.[7] 이에 더하여, 제23조에 의하여 고시된 상품의 '생산 – 유통 – 판매'과정 전반을 거의 완전하게 통제할 수 있는 권한이 제24조에 근거하여 중앙위원회에 부여되었다.

아울러, 반독점 관련 규정을 마련하고 있는 제3장, 즉 제31조 이하에 의하면 중앙위원회에 의하여 규제되는 사업자가 지정·고시되는 것은 물론 당해 사업자에 의하여 책정한 가격 또한 고시된다. 뿐만 아니라 중앙위원회가 이렇게 고시된 가격이 생산 및 유통비용, 적정이윤율에 비추어 합리적이지 않다고 판단하게 되면 위원회가 임의로 가격을 설정할 수 있도록 하였다. 한편, 제35조에 '독점 또는 불공정한 거래'를 목적으로[8] 다른 사업자와 공동으로 행위 하는 경우를 금지하도

4) 한편, 동법은 기업결합 관련 규제 등을 담고 있지 않았다.
5) 이와 관련하여, 권오승·서정, 앞의 책, 14~16면.
6) 이와 동일한 견해로, 이준표, "태국 경쟁법의 발전 동향에 관한 연구", 「상사판례연구」 제32집 제2권, 한국상사판례학회, 2019.6., 275면.
7) 당시 기준으로 보면, 중앙위원회(Central Committee) 태국 전역에 대한 가격통제 및 반독점법 집행 권한을 가지고 있었다. 상무부장관과 차관을 위원장과 부위원장으로 하여 내각이 임명하는 4~8인의 위원으로 구성되었으며, 위원의 절반은 민간에서 임명되었다. 또한 상무부 국내거래국(Department of Internal Trade)이 위원회 사무처 역할을 함으로써 국내거래국장이 위원과 사무처장 역할을 하였다. OECD, OECD Global Forum on Competition - Contribution from Thailand, 26. Sep. 2001., p. 2.
8) OECD, Ibid., p. 2. 동 OECD 보고서는 1979년 「가격고정 및 반독점법」의 반독점 부분이 공정한 경쟁을 촉진하기 위한 것으로 설명하고 있으나, 정부의 가격통제를 위한 수단으로서 성격이 강한 규정 내용을 고려하면 공정한 경쟁 촉진을 목적으로 한 것으로 보는 것은 적절하지 않아 보인다.

록 규정하고 있으나, 그 적용대상이 제31조에 따라 사전 지정된 사업자와 상품에 한정되고 '경쟁제한적 합의'에 문제의 초점을 둔 부당한 공동행위 금지의 본래적 취지와[9] 달리 물가안정 내지 가격통제를 위한 또 다른 규제 수단으로 봄이 타당하다.[10]

결국, '가격고정 및 반독점법'은 시장의 가격메커니즘을 정부가 적극적으로 대신할 수 있도록 하는 규범적 근거로서 의미를 가진다. 다만, 동법 제31조 이하의 적용을 위한 일정한 시장상황으로 '독점 또는 제한적 거래관행이 발생'하는 경우로 전제함으로써(When it appears that there is monopoly or restrictive trade practices in any business), 적어도 법 형식상으로는 독과점적 시장에서의 가격책정에 초점을 맞추고자 하였다.

이러한 맥락에서 과거 우리의 「물가안정 및 공정거래에 관한 법률」(이하, '물가안정법', 1975)을[11] 떠올리는 것은 자연스러운 일로,[12] 입법 당시의 국·내외적 상황을 고려하면 이러한 취지의 법령 마련의 필요성에 어느 정도 공감하게 된다. 다만, 앞서의 태국 법규정에 비추어 보면 물가안정법 제1조에서 밝히고 있는 '법 목적'은 물론 '최고가격 지정', '독과점사업자 가격신고' 및 '긴급수급조정조치'의 근거로서 제2조, 제3조 및 제6조의 경우에도 정부의 개입 양상과 정도에 있어서 차이를 확인할 수 있다. 특히, 물가안정법은 제7조와 제8조에 '불공정거래행위의 금지'와 '경쟁제한행위의 금지'규정을 두는 등 경쟁규범으로서 실체법적 요소를 일정 부분 담고 있다는[13] 점에서 분명한 차이를 보인다.

---

9) 권오승·서정, 앞의 책, 246~247면.

10) 당시에는 독점 또는 카르텔은 이것이 기초 필수품의 구입이나 가격설정을 해하지 않는 한 적극적으로 규제되지 않았다.

11) 「물가안정 및 공정거래에 관한 법률」(시행 1976.3.15.. 법률 제2798호, 1975.12.31. 제정)은 1995년 「물가안정에 관한 법률」 (시행 1995.4.6., 법률 제4861호, 1995.1.5. 일부개정)으로 개정되어 현재까지 시행(법률 제17817호, 2021.1.5., 일부개정)되어 오고 있다. 이와 관련하여, 권오승·서정, 앞의 책, 25~26면.

12) 이준표, 앞의 글, 275면.

13) 권오승·서정, 앞의 책, 25면: "[...] 이에 1975년에는 당시 시행되고 있던 「물가안정에 관한 법률」에다가 「공정거래법안」의 일부 조항을 첨가하여 「물가안정 및 공정거래에 관한 법률안」을 국회에 제출하였으며, 이 법률안이 국회를 통과하여 1976년 3월 15일부터 시행되었다."

(2) 경쟁규범으로서, 1999년「거래경쟁법」

1) 법 제정의 배경과 헌법적 근거

주지한 바와 같이 경쟁규범으로 보기 곤란한「가격고정 및 반독점법」에 대한 비판, 무엇보다도 집행(Enforcement)과 관련한 문제가 꾸준히 제기되었다. 이에 상무부는 동법을 'Price of Goods and Services Act'와 'Competition Act'로 구분하여 법률을 제정하기로 하였으며,[14] 후자에 따른 것이 1999년 4월 30일 시행된「거래경쟁법」(Trade Competition Act B.E 2542)으로서, 동법은 태국의 새로운 경쟁법이자[15] 아세안 최초의 경쟁법으로 평가받아 왔다.[16] 다만, 입법 당시 법 집행에 관한 상이한 기대와 전망이 나오기도 하였다.[17]

한편, 태국「거래경쟁법」 제정은「가격고정 및 반독점법」에 대한 비판에 따른 것만은 아니며, 당시 태국을 포함한 동남아시아의 정치・경제 상황과[18] 그에 대한 대응의 일환으로 태국 정치의 '투명성', '책임성' 그리고 정부의 '안정성' 제고를[19] 목표로 하였던 이른바, 'The People's Constitution' 마련 등[20] 태국을 둘러싼 국・내외적 요인 역시 주요하게 작용하였다. 특히, 당시 태국은 우리나라

---

14) OECD, Ibid., p. 2.

15) 앞서 지적한 바와 같이,「가격고정 및 반독점법」에서 경쟁규범으로의 속성을 찾아보기 어려운 점을 감안하면, 1999년 제정된 거래경쟁법을 기존의 경쟁법을 전제한 태국의 새로운 경쟁법으로 볼 것인지에 관하여는 회의적이다.

16) Sakda Thanitcul, 'Competition law in Thailand: in transition to an operational law' in Steven Van Uytsel, Shuya Hayashi, and John O. Haley (eds.), *Research Handbook on Asian Competition Law*,Edward Elgar, 2020, p. 133.

17) Nipon Poapongsakrn, The New Competition Law in Thailand: Lessons for Institution Building, Review of Industrial Organization Vol. 21, No. 2 (Special Issue: Market Power in East Asian Economies: Its Origins, Effects, and Treatments), 2002, p. 185.

18) 이와 관련하여, 이준표, 앞의 글, 276~277면; 이동윤, "경제위기와 동남아의 정치적 대응 – 태국과 말레이시아의 비교",「국제관계연구」 제16권 제1호, 고려대 일민국제관계연구원, 2011, 72면 이하; 김홍구, "태국의 경제위기와 정치적 선택",「동남아시아연구」 제13권 제2호, 한국동남아학회, 2004, 229~230면.

19) 서경교, "태국 민주주의의 위기상황: 분석과 평가",「한국태국학회논총」 제17-1호, 한국태국학회, 2010, 81~82면: "[...] 새 헌법은 행정부의 권위를 강화하고, 상하원 모두를 직선으로 선출하도록 하였으며, 선거체제를 개편하여 군소정당의 난립을 방지하는 대신 소수의 거대 정당들이 형성되도록 고안하였다. 또한 정치적 부패를 전담할 수 있는 독립적 기구들을 새롭게 만들고, 언론의 자유를 보장하는 동시에 공직자 재산 신고제를 도입하였다."

20) 1992년 5월 이후 태국의 정치개혁과 헌법개정에 관하여, 김홍구, "태국의 1997년 개정헌법과 정치개혁",「비교법학」 제17권, 부산외국어대 비교법연구소, 2006, 5~8면; 이동윤, "태국의 정치개혁 확산과 내재화의 실패: 1997년 헌법 개정을 중심으로",「국제정치논총」 제50권 제1호, 한국국제정치학회, 2010, 403~410면.

표 1 태국의 경제질서 관련 1997년 개정 헌법의 규정

第50条	개인은 기업 또는 직업에 종사하고 공정하고 자유로운 경쟁을 할 수 있는 자유를 누려야 한다. 제1항에 따른 이러한 자유에 대한 제한은 국가 안보 및 안전 또는 국가 경제의 유지, 공익과 관련된 대중의 보호, 공공질서 또는 선량한 풍속의 유지, 경제의 안전과 안전 유지, 공익의 보호, 공공질서 및 도덕의 유지, 직업에 관한 규제, 소비자 보호, 도시와 국가계획, 천연자원 또는 환경의 보존, 공공복리, 독점 방지 또는 불공정한 경쟁의 제거(preventing monopoly, or eliminating unfair competition)를 위하여 제정된 법률에 의한 경우를 제외한다.
第87条	국가는 시장의 힘으로 자유로운 경제체제를 조성하고, 공정한 경쟁을 보장·감독하며, 소비자를 보호하고, 직·간접적인 독점을 방지하고, 경제적 필요에 부합하지 않는 사업을 관장하는 법령의 제정을 폐지·지양한다. 그리고 국가는 국가안보를 유지하거나 공익을 보호하거나 공공시설을 제공하기 위하여 필요한 경우가 아니라면 민간 부문과 경쟁하는 사업에 참여하여서는 아니 된다.

「독점규제 및 공정거래에 관한 법률」과 독일 경쟁제한방지법(Gesetz gegen Wettbewerbsbeschränkungen, GWB)의 내용을 상당부분 참고하여 거래경쟁법안을 마련하였다.[21]

[표 1]에서 보는 바와 같이 1997년 통과된 태국의 개정 헌법(Constitution of the Kingdom of Thailand B.E 2540) 제50조(2017년 개정된 현행 제40조에 상응)와 제87조(현행 제75조에 상응)는 개인의 경제적 자유를 원칙적으로 보장하고 일정한 경우에 한하여 이를 제한할 수 있으며, 시장경제의 원활한 작동을 위한 국가의 책무와 역할을 규정하는 것으로 볼 수 있다. 이는 '거래경쟁법 제정에 대한 헌법적 기초'를 제공하는 동시에 태국의 '헌법상 경제질서'를 선언하였다는 점에서 특히 주목할 만하다. 다만, 이러한 문리적 법 해석과 시장경제체제의 작동과 정착 과정에서 목격되는 실재는 상당한 괴리를 보일 수도 있다.

2) 1999년 「거래경쟁법」의 목적과 적용 범위

1999년 거래경쟁법은 '경쟁적 환경에서 공정하고 자유로운 거래의 촉진'을 목적으로 하고 있음을 밝힘으로써, 반독점규제를 통한 가격통제 등 시장에 대한 정부의 인위적이고 강력한 개입 일변도였던 기존의 규제 방향에 변화를 가져왔다. 아울러 법률의 내용적 측면에서 보더라도 이러한 법목적을 구현하기 위한 규범체

21) Thanitcul, op. cit., p. 119.

계를 어느 정도 갖춘 것으로 평가된다. 보다 구체적으로는, ① 법적용 제외대상이었던 국영기업으로 법적용 확대, ② 공익 또는 소비자단체 대표를 거래경쟁위원회에 포함시킴으로써 위원회 구성의 대표성 강화, ③ 거래경쟁위원회 사무국의 지위를 독립조직으로 격상, ④ 법 위반 사업자에 대한 벌칙 강화, ⑤ 법집행의 투명성 제고 등의 과제를 해결하기 위한 목적으로 법 개정이 이루어졌다.[22)]

이에 동법은 제4조 각 항에서 규정하고 있는, 중앙 및 지방정부, 지역의 자치단체, 예산 절차에 관한 법률에 따른 국영기업, 농민의 이익을 위해 사업을 운영하는 것으로 법에 의해 인정되는 농민, 협동조합 또는 협동조합단체, 부령에 의하여 정하여진 사업을 제외한 모든 유형의 사업활동에 적용되었다. 이에 의하면, 모든 '국영기업'등은 동법의 적용을 받지 않게 된다.

한편, 동법 제3조는 '사업(자)', '금융'(finance), '상품', '서비스', '가격', '위원회'[23)] 등 동법에서 사용하고 있는 용어의 개념을 정의하고 있다. 주목할 만 한 것은, 제7항에 '시장지배력을 지닌 사업자'(business operator with market dominance)에 관하여 정의하면서 단독 또는 공동의 시장지배 개념과 지배력 보유 여부 판단을 위한 대표적 표지로서 시장점유율과 매출액 규모 기준을 제시하고 당해 시장의 경쟁상황을 고려하도록 한 점이다. 이에, 당해 표지의 구체적 규모 기준 등은 각료회의의 승인을 받아 위원회가 정하여 고시하도록 하였으나, 경쟁상황을 판단하기 위한 구체적 고려 요소를 법에 명시하지는 않았다.

1999년 「거래경쟁법」에 의하여 시장지배적 지위 보유 여부의 판단기준을 규정한 고시, 'Notifications of Trade Competition Commission On Criteria for Business Operator with Market Domination'의 내용은 아래와 같다.

내각은 1999년 거래경쟁법 제3조에 따라 시장지배력을 가진 사업자의 시장점유율 및 매출액을 다음과 같이 승인하였다.

1. 일정한 상품 또는 서비스에 대하여 전년도 시장점유율이 50% 이상이고 최소 1,000만 바트 이상의 매출액을 보이는 사업자. 또는
2. 일정한 상품 또는 서비스에 대하여 전년도의 시장점유율이 75% 이상이고 최소 1억 바트 이상의 매출액을 보이는 상위 3개 사업자

22) 공정위, 해외경쟁정책동향(제48호) 2010.12.20. 11면.
23) 동법의 위원회(Commission)는 거래경쟁위원회(Trade Competition Commission, TCC)를 말한다.

전년도 시장점유율이 10% 미만이거나 매출액이 1000만 바트 미만인 사업자는 제외한다.

동 고시는 2007년 2월 8일부터 적용된다.

다만, 위 고시가 2007년 2월에 이르러서야 시행된 점을 감안하면 동법 제정 후 상당 기간 시장지배력 보유 여부 판단의 구체적 기준이 마련되지 않았다는 점은 유념할 만하다.

3) 「거래경쟁법」의 주요 내용

앞서 언급한 바와 같이 7장 56조로 구성된,[24] 1999년 「거래경쟁법」은 제1장과 제2장에 거래경쟁위원회(Trade Competition Commission, TCC)의 구성과 구성원의 자격 요건 및 임면 방식과 절차, 위원(장)의 임기와 직무 등에 관하여 규정하였다. 또한 제3장에 '시장지배력 남용'(제25조), '기업결합'(제26조), '부당한 공동행위'(제27조), '개인적 소비를 위한 병행 수입을 제한하는 행위'(제28조) 및 '불공정거래행위'(제29조)에 대한 규제 근거를 마련하였다. 그리고 제4장 허가 신청과 신청에 대한 심사, 제5장 손해배상소송,[25] 제6장 항소,[26] 제7장 처벌 규정을 두었다. 그중 제3장 반독점(Anti-Monopoly) 부분의 주요 규정을 간략히 살펴보자

24) 1999년 시행된 「거래경쟁법」의 조문 체계는 다음과 같다.

Chapter	Section
Ⅰ. Trade Competition Commission	Sec. 6~Sec. 17
Ⅱ. Office of the Competition Commission	Sec. 18~Sec. 24
Ⅲ. Anti-Monopoly	Sec. 25~Sec. 34
Ⅳ. Application for Permission and Consideration of the Application	Sec. 35~Sec. 39
Ⅴ. Action for Damages	Sec. 40~Sec. 41
Ⅵ. The Appeal	Sec. 42~Sec. 47
Ⅶ. Penalties	Sec. 48~Sec. 56
Transitory Provision	Sec. 57

25) 동법 제40조는 제25조 내지 제29조 위반에 따른 손해배상소송의 근거로서, 일정한 경우에는 손해배상소송 제기 시 소비자보호법에 의하여 인정된 소비자보호위원회 또는 협회가 소비자 또는 그 협회원을 대신하여 소송을 제기할 수 있도록 하였으며, 제41조에 손해배상소송의 시효를 규정하였다.

26) 동법 제42조 내지 제47조는 항소위원회(Appellate Committee)의 구성과 구성원의 자격 및 역할 등에 관하여 규정하였다.

면 다음과 같다.

동법은 제3조와 제25조를 통하여 사업자의 시장지배력 보유 자체로 법 위반에 되는 것이 아님을 분명히 하였다.[27] 또한 이러한 맥락에서 동법 제25조는 시장지배적 지위 남용행위를 금지하면서 그 구체적 금지유형으로 부당한 가격·거래조건 결정(제1항 및 제2항), 부당한 출고조절(제3항), 사업활동 방해(제4항) 등을 규정하였다. 그리고 제26조는 기업결합규제 관련 규정으로 규제되는 사업 분야를 위원회가 사전에 지정·공표하도록 하면서, 이때 위원회가 기업결합에 따른 최소 시장점유율, 총매출액, 자본금, 주식 또는 자산 규모를 명시하도록 하였다.

한편, 제27조는 부당한 공동행위를 금지하면서 그 구체적 유형을 열거하고 일부 행위 유형(제5항 내지 제10항)에 관하여는 상업적 필요(commercially necessary)가 인정되는 경우 일정한 기간에 한하여 사업자의 신청에 의하여 위원회가 이를 예외적으로 허용할 수 있도록 하였다. 아울러, 동법 제51조는 위의 제25조 내지 제29조 위반에 대하여 3년 이하의 징역형 또는 6백만 바트에 해당하는 벌금(fine)을 부과할 수 있으며, 반복적 위반에 대하여는 처벌의 상한을 2배로 올릴 수 있도록 규정하였다.[28] 사업자에 대하여 법 위반행위 시정을 직접 명령하는 경우는 특별조사위원회를 거치며 이에 불복하는 당사자는 재심 위원회에 불복할 수 있음은 물론 법원에 제소를 가능하게 하였다. 또한 시정이 이루어지지 않는 경우에는 1년 이상 3년 이하의 징역과 2~6백만 바트의 벌금, 법 위반 상태의 지속 일수에 따라 일당 5만 바트까지 벌금에 처해질 수 있도록 하였다.

2. 2017년 개정「거래경쟁법」

(1) 법 개정의 대·내외적 배경

1999년 제정된「거래경쟁법」은 그 구성과 내용 측면으로만 보면 '경쟁규범'으로서 일반적 형태를 어느 정도는 갖추고 있으나, 정작 그 집행은 활발하게 이루

---

27) 이와 같은 이른바 "폐해규제주의"적 입장은 2017년 개정법에도 그대로 유지되었다. Korpniti & Associates, Competition Law in Thailand, 23. Sep. 2020: "The principle that merely having a dominant position within the market will not, by itself, result in a breach of law is retained under the 2017 TCA."

28) 공정위, 해외경쟁정책동향(제120호), 2016.12.14., 9면(각주 4: 징역형은 하드코어 카르텔과 입찰담합에만 적용 가능하며, 행정적 과징금, 과태료, 민사적 책임도 규정하고 있음) 참조. 특히, 경쟁법 위반사항에 대하여는 거래경쟁위원회 산하 조사위원회의 조사를 거쳐 검사가 형사적 제재뿐만 아니라 비형사적 제재 조치도 취하며 형사적 제재에 대해서는 법원에 제소할 수 있도록 하였다.

어지지 않았다. OECD 보고서에 의하더라도 법 집행초기 2년간 주목할 만한 사례가 실제로 많지 않았음을 알 수 있다.[29] 다만, 시장경제원리가 제대로 작동하지 않는 개발도상국을 비롯한 경쟁법 집행 초기 국가의 일반적 상황이나 기존에 정부가 소유·운영의 주체가 되어 법·정책적 보호를 받아오던 사업 영역의 경쟁 도입에 대한 저항 등을 고려하면,[30] 거래경쟁위원회의 법 집행경험이 사실상 전무한 상황임에도 불구하고 시장지배적 지위 남용행위 사건이나 기업결합 사건 등을 다루었다는 점은 주목할 만하다.[31]

또한, 1999년 「거래경쟁법」은 그 하위법령 마련에 있어서도 진전을 보이지 못하였다. 이로 인하여 법 집행기관에 대하여 구체적 집행기준 등을 제공하지 못하였을 뿐만 아니라 수범자에게 있어서도 예측가능성 담보가 어렵게 됨으로써 법 집행의 효율성은 물론 그 정당성에 대한 비판에 직면해 왔다. 이러한 비판은 거래경쟁위원회의 광범위한 재량권과 함께 그 위상, 즉 독립성 확보가 근본적으로 어려운 조직체계의 문제에 또한 맞닿은 것이기도 하다.[32] 이와 같은 '경쟁규범 집행의 한계'라는 대내적 요인과 '시장개방 요구의 강화 및 2015년 아세안 경제공동체 출범 등'의 대외적 상황을 배경으로 거래경쟁법 개정 필요성이 부각되었다. 이에 상무부 장관 Pornthiva Nakasai는 동법의 개선 방안을 연구·검토하기 위한 부서를 지정하여 법 개정의 첫걸음을 내딛으면서 2010년 5월까지 내각에 제출할 개정안을 마련할 것임을 밝혔다.[33] 이렇게 마련된 개정안은 2010년 3월

---

29) OECD, Ibid., pp. 4~5.

30) 이와 관련한 상황적 설명으로, 이준표, 앞의 글, 278면; Deunden Nikomboriak, "The Political Economy of Competion Law: The Case of Thailnd", Northwestren Journal of International Law & Business, Vol. 26, No. 3, 2006, pp. 599~600.

31) OECD, Ibid., pp. 4~5: 'Tying sale of Whisky and Beer' 사건, 'Cable Television Monopoly' 사건 등.

32) Chitanong Poomipark, "Thailand to overhaul Trade Competition Law", Mayer Brown, 2010.2.24.: "The law's ineffectiveness was attributed to several causes, such as: 1. Lack of due process and transparency in administering and enforcing the law, 2. Broad discretionary authority of the Commission, 3. Lack of clear rules or guidelines for implementation, 4. Ineffective structure and composition of the Commission, which contributes to its lack of independence."

33) Chitanong Poomipark, Ibid., 2010: "The Proposal aims to rectify or eliminate several issues which are considered obstacles in enforcing the Trade Competition Law. It is anticipated to focus on: 1. Changing the structure and composition of the Commission by including representatives from public or consumer organisations to solve the conflict of interest issue, 2. Upgrading the status of the Office of Trade Commission to an independent body, 3. Increasing transparency in administering and enforcing the law, 4. Strengthening the

제출되었으나, 국무위원회가 일부 재개정을 요구하였고 이후 재검토를 거쳐 2016년 2월 2일 의회를 통과되었다.[34] 동법은 이후 2017년 10월 5일 시행되었다.

(2) 법 개정의 기본방향과 주요 과제

태국 거래경쟁위원회는 1999년 'Trade Competition Act B.E. 2542'와 2017년 'Trade Competition Act B.E. 2560'의 핵심적 차이를 아래의 법 개정의 기본방향을 제시함으로써 드러냈다.

"모든 사업 단위를 평등하게 포섭하고 유연하며 변화하는 경제 및 거래상황에 대응할 수 있는 법 집행 역량의 제고"[35]

그리고, 위와 같은 개정의 기본 방향에 따라 2017년 거래경쟁법은 기존 거래경쟁법의 실체·절차법적 관점에서 제기되어 온 문제의 해소와 변화하는 경제·거래환경에서 실효적 법집행이 가능할 수 있도록 경쟁법 체계 구축을 주요 과제로 하여 개정되었다.

(3) 법 목적과 체계 및 집행현황

1) 법 목적과 경쟁규범의 체계

"거래경쟁법 B.E. 2560은 자유롭고 공정한 거래 경쟁을 촉진하고 소비자에게 가장 유익한 방식으로 사업활동을 하기 위한 규칙 프레임워크를 만들기 위한 것이다. 가장 효율적이고 신속한 방식으로 법을 집행하고, 법 위반행위를 방지하고, 안정적이고 지속 가능한 태국 경제를 증진·강화하기 위한 바람직한 거버넌스를 통하여 민간 사업부문에 대한 신뢰를 구축하는 것을 목표로 한다."[36]

---

penalties imposed on business operators who violate the law, 5. Creating fair competition between state-owned enterprises and the private sector by expanding the scope of the law to apply to state-owned enterprises operating businesses that compete with the private sector."

34) 이준표, 앞의 글, 279면.

35) OTCC Website: "The ability of the law enforcement to equally cover all business units, to be flexible and conforms with the altered economic and trading situation."

36) OTCC, Annual Report 2019, pp. 19: "The Trade Competition Act B.E. 2560 is intended to create a framework of rules for doing business in a way that promotes free and fair trade competition and in a manner that is most beneficial to consumers. It is aimed at enforcing the law in the most efficient and prompt manner, as well as preventing practices that violate the law and creating trust in the private business sector through promoting good

표 2 2017년 「거래경쟁법」규정체계

장 (Ch.)	조항 (Sec.)	
Ⅰ. 거래경쟁위원회 (Trade Competition Commission, TCC)	§§ 7－26	
Ⅱ. 거래경쟁위원회 사무처 (Office of Trade Competition Commission, OTCC)	§§ 27－49	
Ⅲ. 독점 및 불공정거래행위 방지 (Prevention of Monopoly and Unfair Trade)	§§ 50－62	
Ⅳ. 담당관 (Officers)	§§ 63－68	
Ⅴ. 손해배상청구소송 (Filing of Lawsuits for Damage)	§§ 69－70	
Ⅵ. 처벌 규정 (Punishments)	§§ 71－79 (Criminal －)	§§ 80－85 (Administrative －)
부칙 (Transitional Chapter)	§§ 86－92	

주지한 바와 같이 기존 법률의 문제점을 개선하는 동시에 위와 같은 목적을 실현하기 위하여 2017년 개정 시행된 「거래경쟁법」은 [표 2]와 같은 규정체계로 이루어졌다.

한편, 거래경쟁위원회 사무처(Office of Trade Competition Commission, OTCC)의 연간보고서(2018 및 2019)에 의하면,[37] 1999년 「거래경쟁법」제정 이후 줄곧 제기된 비판으로서 하위규정의 부재로 인한 문제점을 개선하기 위하여 2017년 법 개정을 기점으로 다양한 규칙과 고시(Regulations and Notifications) 등이 마련되었음을 확인할 수 있다.[38] 특히, 이러한 하위규정의 지속적 제정은 거래경쟁위원회의 적극적 법 집행 경향과 맞물린 것으로 위원회의 사건처리 동향에 연계하여 고려될 수 있다.[39] 이러한 맥락에서 제정되어 온 하위규정을 OTCC Annual Report 2019를 기준으로 보면, Criteria(8건), Operations guide/Guide for

governance to enhance and strengthen a stable and sustainable Thai economy"

37) OTCC, Annual Report 2018 및 Annual Report 2019 참조.

38) Nutavit Sirikan, Kobkit Thienpreecha, "Thailand's Trade Competition Commission to Regulate Food Delivery Platforms", Tilleke&Gibbins, 9. Dec. 2020: 'TCC: A Developer－Regulator'

39) Nopparat Lalitkomon, Sappaya Surakitjakorn, "The Development of Trade Competition Legislation in Thailand", Tilleke & Gibbins, 2020.3.2.: "More promising still, the TCC proved to be a very active organization in 2019, issuing subordinate legislation and actively pursuing enforcement of the TCA. In August 2019, the TCC carried out its first enforcement in respect to three competition cases that were investigated by the previous commission. Summaries of these three precedent cases are provided below."

consideration(5건), Fees/Fines(1건), Complaint(1건) 및 Regulations and other Orders (5건)에 이른다.[40)]

또한 당해 하위규정 중 '시장획정 및 시장점유율 결정', '시장지배적 지위 남용 행위', '사업자간 공동행위', '다른 사업자의 손해를 야기하는 불공정한 행위' 및 '기업결합' 관련 몇 가지 고시는 2017년 「거래경쟁법」의 효율적 집행을 위하여 중요한 의미를 가지는 것으로 평가 받는다. 하지만, 이러한 고시가 2018년 11월 이후에 이르러 제・개정되어 시행된 것을 감안하면 법 시행 이후 1년 동안 다소 불안정한 집행상황에 있었다는 지적이 가능하다.[41)]

한편, 2019년 이후 위원회 고시 등이 추가적으로 제정되었으며,[42)] 최근 COVID-19 상황에서 태국은 온라인 플랫폼을 통한 전자상거래 및 음식 배달서비스 시장의 놀라운 성장을 이루면서 플랫폼 사업자에 대한 의존도가 커지는 경과로 이어졌다. 이에 위원회는 플랫폼에 기반 한 음식 배달서비스 사업자의 시장지배력을 확장과 플랫폼을 이용하는 식당 등에 대한 불공정한 거래 관행을 규제하기 위한 지침'Guidelines on Unfair Trade Practices between Online Food Delivery Service Providers and the Restaurant Business Operators'제정하여[43)] 2020년 12월 23일 시행하였다.[44)]

---

40) OTCC, Annual Report 2018, pp. 12~13 및 2019, pp. 12~13. 여기서 열거된 규칙과 고시의 영문명이 상이하게 표기되어 사용되는 경우가 많아 주의가 필요하다.

41) Jessada Sawatdipong, "Secondary laws under the Trade Competition Act BE 2560", In-House Community, 2018.11.28.

42) 2019년에서 2020년 초까지 제정된 주요 고시 등은 다음과 같다.

Jun. 2019	OTCC Notification on the criteria and procedures for issuing cease and desist orders issued
Jul. 2019	Two OTCC Guidelines issued: one on unfair trade practices for wholesale and retail business, and the other on criminal penalty settlement
Dec. 2019	OTCC Guideline on unfair trade practices in the franchise business issued
Jan. 2020	OTCC Notification on investigation and fact-finding procedures for criminal and administrative offences issued

또한, OTCC는 최근에는 권장 신용조건과 불공정거래관행에 관한 'Draft Guideline on Credit Terms with SMEs'에 대한 공청회를 개최하기도 하였다. Pornapa Luengwattanakit, Ampika Kumar, "OTCC opens for public hearing on Draft Guideline on Credit Terms with SMEs", 13. Apr. 2021; 2020년 2월 4일 시행된 프렌차이즈 지침에 관하여는, Bird & Bird LLP, "Prohibition of Unfair Trade Practices in Franchise Businesses in Thailand", 23. Jul. 2020 참조.

43) 동 지침은 'Unfair fees and charges', 'Setting unfair trading conditions that restrict or prevent the business operation of other persons', 'Utilizing unfair superior market power or superior bargaining power' 및 'Other unfair trade practices'를 규제하고 있다.

2) 집행 현황

OTCC Annual Report 2019에 의하면, 2017~2019년 사이에 총 34건의 사건이 접수되었으며, 연도별 그 처리 현황을 정리하면 [표 3]과 같다.[45] 한편, 접수된 전체 사건 중 22건은 법 위반이 아닌 것으로 판단되었다.[46]

표 3 TCC의 사건 접수현황

연 도	적용 법조**				총 사건 처리 건수*
	제50조	제54조	제55조	제57조	
2017	2/0	–	–	–	2/0
2018	2/0	0/2	–	5/2	7/4
2019	1/1	–	–	12/7	13/8
합계					22/12

* 처리 완료 건수 / 처리 중 건수
** §50 Use of unfair market advantage, §54 Merger agreement with severe consequences, §55 Merger agreement with severe consequences, §57 Unfair trade practices

이렇게 접수된 34건을 분야별로 구분하여 보면 [표 4]와 같다.[47]

표 4 분야별 사건 접수현황

구분	에너지	가전/사무용품	여행 등	자동차	식음료	농업
건수	1	2	1	5	7	4
구분	산업재료/기계	부동산개발	수송/물류	미디어/인쇄	상용서비스	포장
건수	3	2	4	1	3	1

44) Sirikan/Thienpreecha, Ibid., 9. Dec. 2020; Ponpun Krataykhwan, Chattong Sunthorn–opas, "New guideline on online food delivery services", Nagashima Ohno & Tsunematsu (Thailand), 5. Jan. 2021.
45) OTCC, Annual Report 2019, p. 28: Pending Cases (12) / Concluded Cases (22).
46) OTCC, Annual Report 2019, p. 28.
47) OTCC, Annual Report 2019, p. 29.

Ⅲ. 「거래경쟁법」의 주요 실체 규제

1. 적용범위 (제4조) 등

동법 제4조는 「거래경쟁법」 적용의 예외를 규정하고 있으며, 그 구체적 내용은 아래와 같다.

Sec. 4	이 법은 다음 각 항에는 적용하지 아니한다. (1) 중앙 및 지방정부, 지역의 자치단체 (2) 국가의 안보, 공익, 공리의 유지에 유용하거나 공익사업의 제공을 위하여 필요한 법률 또는 내각의 의결에 의한 부문에 한하는 국영기업, 공공기관 또는 정부의 기타 기관 (3) 농민의 이익을 위해 사업을 운영하는 것으로 법에 의해 인정되는 농민, 협동조합 또는 협동조합단체 (4) 경쟁 관련 문제에 관할권을 가지는 다른 부문의 법률에 의하여 특별히 규제되는 사업

개정 이전 동조는 '국영기업'을 포함한 정부 주도의 사업활동에 대한 경쟁법 적용의 광범위한 예외를 인정하였으나, 그 예외 요건을 엄격히 함으로써 국영기업 등의 법적용 가능성을 확대하였다.

한편, 동법은 2017년 개정으로 '경제적 단일체 이론'을 도입하였으며,[48] 이를 판단하기 위한 구체적 기준 등을 위원회 고시, 'The Notification of the Trade

48) 이에 OTCC는 2017년 개정에 따른 경제적 단일체 이론 도입을 다음과 같이 평가하고 있다. 동 이론에 관한 자세한 설명은, 김형배, 「공정거래법의 이론과 실제」, 도서출판 삼일, 2019.12., 523~533면; 권오승 · 서정, 앞의 책, 77~80면.

> The proceeding covers the businesses that are affiliated in terms of policy or authority to order. The proceeding is distinct, detailed and in conformity with business evidence The Single Entity principle will be utilized for the consideration of every practice (the number of shares or the right to vote) in accordance with international principle
> – Power in the market: On the Dominance Position Market share and total sales are included
> – Cartel It is considered to be one entity; therefore, it is not deemed as a violation
> – Mergers and Acquisitions In the case of the joint of affiliated businesses, it is not required to seek permission or notify the joint of businesses
> – Unfair Trade Practices In the case that the parent company is engaged or command, it is considered to be a culprit or the notification of joint business

Competition Commission on the criteria for classifying business entrepreneurs who are associated through policy or commanding authority, B.E. 2561'(Single Economic Entity Notification)에 정하고 있다.

2. 관련시장(제5조 제6항)

개정 이전, 동법에서 사용하는 용어의 개념을 정의하여 규정하였던 제3조는 제5조로 조문 번호가 변경되는 동시에 '시장'(market)의 개념을 추가하는 동시에 이하에서 보는 바와 같이 시장지배적 사업자의 정의 규정 역시 보다 구체화하였다. 동법 제5조 제6항은 경쟁법상 시장 개념으로서 '일정한 거래분야' 내지 '관련시장'의 의미를 아래와 같이 규정함으로써, 남용규제 및 기업결합규제 등을 위한 시장의 범위를 규범적으로 밝히는 선결적 과정으로서[49] 관련시장 획정의 근거를 마련하였다.

Sec. 5	"시장"(market)은 상품 또는 용역의 특성, 가격 또는 사용 목적을 고려할 때 동일하거나 대체가능한 상품 또는 용역의 관련시장과 해당 상품 또는 용역이 판매되거나 제공되는 지역을 의미한다.

또한, 위원회는 관련시장 획정에 관한 구체적 내용을 담은 고시로서 'The Notification of the Trade Competition Commission on an operations guide to consider the designation of market scope and shares, B.E. 2561' (Market Definition Notification)을[50] 2018년 마련하였다.

3. 시장지배적 지위 남용행위 금지

(1) 시장지배적 사업자의 개념 정의(제5조 제7항, 제8항)

주지한 바와 같이, 개정 이전 동법 제3조 제7항은 시장지배적 사업자의 개념을 정의하면서 단독 또는 공동의 시장지배 개념과 시장지배력 보유 여부 판단을 위한 대표적 표지로서 시장점유율과 매출액을 고려하도록 하였으며, 경우에 따라

49) 권오승ㆍ서정, 앞의 책, 80-82면; 이호영, 「독점규제법」(제6판), 홍문사, 2020, 10~11면.

50) 동 고시는 관련시장의 개념과 시장획정의 원칙, 대체가능성 판단의 기준ㆍ방법, 잠재적 경쟁과 시장점유율에 관한 구체적 내용을 담고 있다.

서는 당해 시장의 경쟁상황을 고려하도록 하였다. 또한 이와 관련하여, 당해 표지의 정도는 각료회의의 승인을 받아 위원회가 정하여 관보에 게시하도록 할 뿐 구체적 규모 기준과 경쟁상황을 판단하기 위한 구체적 고려 요소를 법에 명시하지는 않았음을 앞서 지적한 바 있다.

이에 개정법은 제5조 제7항 이하에 시장지배적 사업자의 개념을 정의하면서 시장지배력 보유 여부 및 경쟁상황을 판단하기 위한 구체적 기준과 요소를 규정하였다. 그러면서 이와 관련한 보다 상세한 내용은 2018년 제정된 위원회 고시, 'The Notification of the Trade Competition Commission on the criteria for business entrepreneurs with market influence, B.E. 2561' (Dominance Notification)에 규정하도록 하였다.[51)]

Sec. 5	"시장지배적 사업자"(business operator with a dominant position of market power)란 시장점유율 및 위원회 고시에 규정된 임계값을 초과하는 매출액을 가진 사업자를 의미하며, 경우에 따라 경쟁조건(competition conditions)과 관련하여 하나 또는 그 이상의 요소를 고려해야 한다. 위원회는 고시 시행일로부터 3년에 1회 이상 시장점유율 및 매출액 기준을 검토하여야 한다. 시장지배적 지위에 있는 사업자의 시장점유율 및 매출액을 정함에 있어서, 위원회의 고시에 규정된 정책 또는 명령에 의한 모든 사업자의 시장점유율 및 매출액을 고려하여야 한다. 위와 같이 시장점유율 및 매출액을 가진 사업자는 시장지배적 지위를 가진 사업자로 본다.

(2) 시장지배력 보유 여부의 판단과 그 추정

위와 같이 동법 제5조 제7항은 시장지배력 보유 여부 판단의 핵심적 표지로 시장점유율과 매출액을 제시하면서, 그 구체적 기준을 이른바 '지배력 고시'(Dominance Notification, B.E. 2561)에 규정하도록 하였다. 또한 사업자가 이러한 시장점유율 또는 매출액 기준을 충족하는 경우에 시장지배력을 가진 것으로 추정(consideration)되도록 규정하였다. 동 고시는 1999년 법에 의하여 2007년 시행된 고시의 내용을 크게 벗어나지 않으면서 그 기준을 정하고 있다. 다만, 2017년 법

51) Pornapa Luengwattanakit, Ampika Kumar, "TCC provides clarity on exceptions to the market dominance threshold", Asia Pacific Competition Highlights, Baker McKenzie, 19. Jan 2021.

개정에 따라 2018년 마련된 현행 고시는 기존의 상위 3개 사업자에 의한 이른바 공동의 시장지배력 보유 여부(75% 이상) 판단에 있어서, 그러한 사업자 중 누구든 시장점유율이 10% 미만이거나 지난 1년간 매출액이 10억 바트 미만인 경우가 제외되는 결과를 낳는 기존 고시를 보완하기 위하여 개정되었다.

(3) 추가적 고려요소로서 시장의 경쟁상황

동법 제5조 제8항은 위 시장점유율과 매출액 기준 외에 추가적인 고려가 필요한 상황을 전제하여, 시장의 경쟁상황을 판단하기 위한 고려 요소를 제시하고 있다. 또한 동조 규정 외의 기타 요소를 위원회 고시를 통하여 정하도록 하였다.

Sec. 5	"경쟁조건의 요소"(factors on competition conditions)란 시장의 사업자 수, 투자금액, 중요 생산요소에 대한 접근성, 유통채널, 사업운영네트워크, 사업운영을 위한 필수 인프라, 정부의 규정과 규제, 그리고 위원회 고시에 따른 기타 요소를 말한다.

(4) 금지행위의 구체적 유형

동법 제50조는 제5조 제7항에 따른 사업자의 시장지배력 남용을 금지하면서 그 구체적 행위 유형을 아래와 같이 규정하고 있으며, 1999년 제정 「거래경쟁법」 제25조와 내용적 차이가 있는 것은 아니다.

Sec. 50	시장지배력을 가진 사업자는 다음의 행위를 하여서는 아니 된다. (1) 상품 또는 용역의 부당한 구입 또는 판매가격을 고정 또는 유지하는 행위; (2) 자신의 거래상대방인 다른 사업자가 상품을 생산, 구입 또는 판매를 제한하거나, 용역의 제공을 제한하거나, 상품 구입 또는 판매 여부를 선택할 기회를 제한하거나, 다른 사업자로부터 신용거래 기회를 제한하는 형태의 불공정한 강제 조건을 직간접적으로 부과하는 행위; (3) 시장의 수요에 비하여 공급을 줄이기 위하여 합리적인 이유없이 상품 또는 용역의 생산, 판매, 구매, 인도 또는 국내로의 수입 저지나 축소 또는 제한하거나 파손 또는 손상시키는 행위; (4) 합리적 이유 없이 다른 사람의 사업 운영을 방해하는 행위.

한편, '남용으로 포섭할 수 있는 구체적 행위 유형'과 '당해 행위의 정당성 인정 여부'에[52] 관한 구체적 기준 마련의 요구에 따라 2018년 위원회 고시, 'The Notification of the Trade Competition Commission on an operations guide for the consideration of prohibited actions undertaken by business entrepreneurs with market influence, B.E. 2561'(Guideline on abuse of dominant position practices)가 마련되었다.

4. 기업결합의 제한

(1) 경쟁을 실질적으로 제한하는 기업결합의 규제(제51조 내지 제53조)

동법 제51조는 경쟁제한적 기업결합의 규제를 위하여, 기업결합의 신고 기준과 그 세부 유형, 위원회 고시에 근거한 사전신고 및 위원회 허가 취득에 관하여 아래와 같이 규정하고 있다.[53] 이는 1999년 제정 「거래경쟁법」 제26조를 구체화한 것으로 상당한 개선이 이루어진 형태임을 확인할 수 있다.

Sec. 51	기업결합을 행하는 사업자는 위원회의 고시에 규정된 기준에 따라 특정 시장에서의 경쟁을 실질적으로 제한시킬 수 있는 기업결합에 대하여, 기업결합일로부터 7일 이내에 위원회에 신고하여야 한다. 사업자는 독점을 유발하거나 시장지배적 지위를 형성할 수 있는 기업결합을 계획하고 있는 경우 위원회의 허가를 받아야 한다. 제1항에 따른 고시는 기업결합에 따른 최소 시장점유율, 총매출액, 자본금, 주식수 또는 자산수를 명시하여야 한다. 기업결합에는 다음이 포함된다:

52) Baker McKenzie, Recent release of subordinated legislation under Thai Competition Act 2017 anticipated to significantly enhance enforceability, Dec. 2018, p. 5: "The examples of behaviors which could be considered an abuse of dominant position include predatory pricing, imposing certain restrictive trade terms on a business partner, having certain forms of discount schemes, and refusal to supply. Whether the behavior is fair and justifiable is determined by taking into account various factors such as whether such behavior is conducted in the normal course of business, or whether the business partner is provided with a reasonable advance notice."

53) 태국 기업결합신고 등에 관한 상세한 설명은, Sattapat Suradecha, Vichaphatra, Thailand (in Mergerfilers. com), Legal Partners Across Asia, 27. Jun. 2021; Baker McKenzie, Client alert - Trade Competition Bangkok, Aug. 2019 참조.

> (1) 생산자, 판매자, 생산자와 판매자, 또는 서비스 제공자 간의 기업결합으로 인하여 하나의 사업이 남아 있고 다른 사업은 종료되거나 새로운 사업의 창설을 초래하는 경우;
> (2) 위원회 고시에 규정된 기준에 따라 정책, 경영관리, 방향 또는 경영을 통제하기 위해 다른 사업의 자산 전부 또는 일부를 취득하는 행위;
> (3) 위원회 고시에 규정된 기준에 따라 정책, 경영관리, 방향 또는 경영을 통제하기 위해 다른 사업의 지분 전부 또는 일부를 취득하는 행위;
>
> 제1항에 따른 기업결합 결과신고, 제2항에 따른 기업결합의 허가 요청 및 그에 대한 허가는 위원회 고시에 규정된 기준, 절차 및 조건에 따른다.
>
> 제1항 및 제2항은 위원회의 고시에 규정된 정책 또는 명령권에 의하여 상호 관련된 사업자의 내부 구조를 조정하기 위한 기업결합에는 적용되지 않는다.

특히, 동법 제51조에서 언급하고 있는 기업결합 관련 위원회 고시는 다음의 세 가지이다.

(1) 'The Notification of the Trade Competition Commission on the criteria for allowing the sale of assets or stock to gain control over business policy and management, administration or operations that are merged entities, B.E. 2561'

(2) 'The Notification of the Trade Competition Commission on the criteria, procedure and conditions for notifying completion of merged entities, B.E. 2561'

(3) 'The Notification of the Trade Competition Commission on the criteria, procedure and conditions for seeking approval, and the approval process for merged entities, B.E. 2561'

위 고시는 'pre-merger approval', 'post-merger filing' 및 'criteria for defining dominance' 등 제51조 내지 제53에 따른 기업결합 신고 및 심사절차 전반에 관한 구체적 내용을 담고 있다. 그 대략적 내용을 살펴보면 아래와 같다.

(2) 신고 또는 허가 취득 대상 기업결합의 규범적 의미

동법 제51조 제1항 및 제2항에 따른 위원회 '신고' 또는 '허가 취득' 대상 기업결합으로서 '특정 시장에서의 경쟁을 실질적으로 제한시킬 수 있는 기업결합'과

'독점을 유발하거나 시장지배적 지위를 형성할 수 있는 기업결합'에 관하여 위원회 고시 (2)는 아래와 같이 규정하고 있다.

> "A merger that may substantially restrict competition in a particular market"이란, 자신의 매출액 또는 총 매출액이 10억 바트 이상이고 독점을 유발하거나 시장지배적 지위를 형성하지 않는 사업의 기업결합을 의미한다.
> 이 경우, 위원회 고시에 따라 특정 시장에서의 총 매출액은 공통 정책 관계 또는 공통 지배 이익(common policy relations or common controlling interests) 하에 있는 모든 사업자의 매출액이 포함되어야 한다.

> "Monopoly"이란, 상품 또는 용역의 가격과 수량을 독립적으로 결정할 수 있는 실질적인 권한이 있으며 10억 바트 이상의 매출액을 가지고 특정 시장에서 단독으로 사업활동하는 것을 의미한다.

전자의 경우 동법 제51조 제1항에 따라 기업결합 후 신고(Post-merger filing obligation) 의무가 발생하게 되어 취득자는 기업결합일로부터[54] 7일 이내에 위원회에 신고하여야 한다. 또한 후자의 경우는 동조 제2항에 의하여 사업자는 기업결합 사전 승인(Pre-merger approval) 신청을 해야만 하며, 이를 위하여 기업결합계획, 시장분석, 시장집중 및 경쟁평가에 대한 영향 등 당해 기업결합에 관한 종합적이고 상세한 정보의 증빙이 요구된다.[55] 또한 법 제52조에 의하여 위원회는 이와 같은 신청에 대해 90일 내에 검토를 완료하여야 하며(추가 15일 연장 가능), 사업자가 위원회의 검토 결과에 동의하지 않을 경우 결정 후 60일 내에 행정법원에 항소할 수 있다.

(3) 기업결합의 유형과 그 기준

동법 제51조의 '다른 사업자의 정책 또는 경영관리에 대한 통제권을 획득하기

---

54) 기업결합일(A Date of Acquisition)에 관하여는 위 지침 (2) 참조: a date when one undertaking remains and another undertaking ceased to exist, a date when the registration of assets' ownership transfer is completed, or a date when there is a transfer of shares pursuant to Section 51, para 4 (1), (2), or (3), depending on circumstances.

55) 위 지침 (3)의 제6조 참조: "An application for merger approval shall be completed with required information in a form predetermined by the Secretary-General of the Office of the Trade Competition Commission along with supporting documents or evidences as follows: [...]"

표 5 기업결합 유형과 기준

유 형	기 준
Assets Acquisition	이전 회계연도 정상운영자산 총액의 50% 이상의 취득
Share Acquisition	증권거래법(Security and Exchange Law)에 의해 규제되는 기업의 경우: 다른 사업자의 의결권 총액의 25% 이상을 보유하게 되는 주식, 신주인수권, 기타 전환사채의 직간접 매입 또는 취득
	증권거래법(Security and Exchange Law)에 의해 규제되지 않는 기업의 경우: 다른 사업자의 의결권 총액의 50% 이상을 보유하게 되는 의결권주식의 직간접매입 또는 취득

위하여 자산 또는 지분의 취득'이라는 기업결합의 개념적 이해에 따라, 위원회의 위 고시 (1)은 그 기준을 [표 5]와 같이 정하고 있으며, 당해 기준을 충족하는 자산 또는 지분 취득은 동법에 따른 다른 사업자의 정책 또는 경영관리에 대한 통제권 취득으로 보게 된다.

아울러, 위 기준의 충족 여부를 판단함에 있어서, ① 배우자(개인 매입/취득자의 경우), ② 법인 매수/취득자의 의결권 지분 30% 이상을 보유한 개인이나 법인, ③ 매입/취득자와 정책 또는 통제 측면에서 관련이 있는 사업자에 의한 모든 매입과 취득이 포함된다.

4. 부당한 공동행위의 금지

(1) 다른 사업자와 공동의 독점이나 경쟁제한 행위 금지 등(제54조 및 제55조)

동법 제54조 및 제55조는 다른 사업자와 공동으로 독점을 형성하거나 경쟁을 제한하는 행위를 금지하면서 그 구체적 행위 유형을 열거하고 있으며, 이는 1999년 제정 「거래경쟁법」 제27조에 규정된 10가지 금지 유형의 내용적 측면에 상응한다. 다만, 제54조와 제55조는 기존의 제27조의 행위 유형을 경쟁관계의 전제 여부에 따라 구분하여 규정하는[56] 동시에 예외적 허용에 대한 단서 조항을 추가하고 있다. 즉, 제54조는 수평적 카르텔, 제55조는 비수평적 카르텔에 대하여 규

56) Pornnapa Luengwattanakit u.a., "Cartels 2021: Thailand", Chambers & Partners 참조: "The Guideline sets out the criteria on actions that are likely to be considered as the following prohibited joint conducts under the Trade Competition Act B.E. 2560 (2017) (TCA): hardcore joint conducts between competing business operators (Section 54 of the TCA); and other prohibited joint conducts (Section 55 of the TCA).

정하고 있다.

또한 위원회 고시, 'The Notification of the Trade Competition Commission on an operations guide for the consideration of joint actions undertaken by business entrepreneurs leading to a monopoly or the reduction of market competition, B.E. 2561' (Guideline on Prohibited Joint Conducts)를 통해 제54조와 제55조에서 금지하고 있는 공동행위로서 'price fixing', 'imposition of trade conditions that indirectly impact pricing', 'bid rigging' 및 'market allocation' 등에 관한 구체화된 기준 등을 규정하고 있다.

Sec. 54	동일한 시장에서 서로 경쟁하는 모든 사업자는 다음의 방법 중 하나로 해당 시장의 독점화, 경쟁의 감소 또는 제한을 가져오는 행위를 공동으로(jointly) 행하여서는 아니 된다. (1) 직·간접적으로 구매 또는 판매가격 또는 상품이나 용역의 가격에 영향을 미치는 거래조건을 고정하는 행위; (2) 각 사업자가 합의에 의하여 생산, 구매, 판매 또는 제공할 상품 또는 용역의 수량을 제한하는 행위; (3) 어느 일방이 경매에서 낙찰되거나 상품 또는 용역의 입찰에서 낙찰되거나, 다른 일방이 상품 또는 용역의 입찰에 참여하지 않도록 하기 위하여 의도적으로 합의하거나 조건을 정하는 행위; (4) 각 사업자가 해당 상품 또는 용역을 판매하거나 판매를 줄이거나, 다른 사업자가 해당 상품 또는 용역의 구입 또는 판매를 할 수 없다는 조건 하에서 각 사업자가 상품 또는 용역을 판매 또는 구매하는 구매자 또는 판매자를 할당하는 행위; 제1항의 규정은 위원회 고시에 규정된 정책 또는 명령으로 인하여 서로 관련된 사업자의 행위에 대하여는 적용하지 아니한다.

Sec. 55	사업자는 다음의 방법 중 하나로 해당 시장의 독점화, 경쟁의 감소 또는 제한을 가져오는 행위를 공동으로(jointly) 행하여서는 아니 된다. (1) 동일한 시장에서 경쟁자가 아닌 사업자 사이에 제54조 (1), (2) 또는 (4)에서 규정한 조건을 설정하는 행위; (2) 상품 또는 용역의 품질을 이전에 생산, 판매 또는 제공된 것보다 떨어지는 상태가 되도록 하는 행위;

	(3) 동일한 상품을 독점 판매하거나 동일한 용역 또는 동일한 유형의 용역을 제공하도록 하는 자를 지정하거나 배정하는 행위; (4) 상품 또는 용역의 구입 또는 생산을 위한 조건 또는 관행을 설정하여 이러한 관행이 합의된 대로 따르게 하는 행위; (5) 위원회 고시에 규정된 다른 방식으로 합작계약(joint agreements)을 체결하는 행위.

(2) 예외적 허용(제56조)

주지한 바와 같이, 개정법은 제56조에 제55조의 예외적 상황으로, 정부 정책에 따른 경우나 합작계약에 따른 경우 등에 한하여 공동행위를 제한적으로 허용할 수 있도록 아래와 같이 규정하고 있다. 특히, 합작계약에 의한 예외적 허용 상황에 관하여는 보다 엄격한 요건을 추가적으로 규정하였다.

Sec. 56	제55조에 따른 규정은 다음의 상황(situations) 중 어느 하나에 해당하는 경우 적용하지 아니한다. (1) 사업자의 행위가 위원회 고시의 따른 정책 또는 명령권에 의하여 서로 관계된 경우; (2) 합작사업계약(joint business agreement)이 상품의 생산, 유통 및 기술적 또는 경제적 진보의 촉진을 목적으로 하는 경우; (3) 합작계약이 서로 다른 수준의 사업자들 간 계약의 형태로, 한쪽은 상품이나 용역, 상표, 사업운영방법 또는 사업지원에 권리를 부여하고, 다른 한쪽은 부여된 권리에 대한 요금, 수수료 또는 기타 보수를 지불할 의무에 따른 권리를 부여하는 경우; (4) 계약유형 또는 사업형태는 위원회의 조언(advice)에 대한 부령(ministerial regulation)으로 정한다. (2) 및 (3)항에 따른 합작계약은 위에 언급된 편익을 달성하는데 필요한 한도를 초과해서는 아니 되며, 시장에서의 독점력을 유발하거나 경쟁을 크게 제한해서도 아니 되며, 소비자에게 미치는 영향을 고려해야 한다.

아울러, 앞서 언급한 'Guideline on Prohibited Joint Conducts' 제3장 제2절에서 제56조에 따른 예외적 상황에 관한 구체적 내용을 제시하고 있다.

5. 불공정거래행위의 금지

(1) 다른 사업자에 대한 손해를 야기하는 불공정한 행위의 금지(제57조)

동법 제57조는 수범자로서 사업자가 시장지배적 지위에 있을 것을 전제하지 않은 상황에서 다른 사업자에게 손해를 야기하는 불공정한 행위를 금지하면서, 그 구체적 행위 유형을 열거하고 있다. 동조는 1999년 「거래경쟁법」 제29조에 상응하는 것으로, 기존 규정이 법 위반행위에 대한 예시를 두지 않는 등 금지규정으로서 명확성이 떨어진다는 비판에 따라 아래와 같이 개정되었다.

Sec. 57	어떠한 사업자도 다음과 같은 방식으로 다른 사업자에게 손해를 입히는 행위를 하여서는 아니 된다. (1) 다른 사업자의 사업활동을 부당하게 방해하는 행위; (2) 우월한 시장력(superior market power) 또는 우월한 협상력(superior bargaining power)을 부당하게 이용하는 행위; (3) 다른 사업자의 사업활동을 제한하거나 방해하는 거래조건을 부당하게 설정하는 행위; (4) 위원회 고시에 규정된 기타의 방식에 의한 행위.

(2) 수범자로서 사업자의 지위: 우월한 시장력과 협상력

동조에 따른 위원회 고시, 'The Notification of the Trade Competition Commission on an operations guide for the consideration of actions that have damaging impacts on other business entrepreneurs, B.E. 2561'(Guideline on unfair trade practices)에 의하면, 동조의 수범자로 사업자의 '우월한 시장력'과 '우월한 협상력'에 관한 판단 기준을 요약하면 다음과 같다.

> "superior market power"와 관련하여,
>
> 시장점유율이 10% 이상인 사업자는 시장력을 가지는 것으로 본다. 그럼에도 불구하고, 시장참여자의 수, 투자비용, 접근 또는 필요한 인프라, 사업운영네트워크 등과 같은 다른 관련 요소들도 고려된다.

"superior bargaining power"와 관련하여,

- 다른 사업자는 거래에 따른 가치(value)가 상품 또는 용역의 판매에서 파생된 수익의 최소 30%인 경우에 당해 재화 또는 용역의 공급에 의존한다.
- 다른 사업자는 재화 또는 용역의 판매에서 창출된 수익의 30% 이하이고, 다음 기준 중 어느 하나를 충족한다면 재화 또는 용역의 공급에 의존한다.
  - ✓ 사업자는 다른 사업자로부터 상품 또는 서비스를 공급받을 수 있는 선택지(즉, 대체거래선)가 없는 경우,
  - ✓ 다른 사업자로부터 상품 또는 용역을 공급받는데 드는 비용이 기존 거래상대방으로부터 받는 경우의 이익을 능가하는 경우

또한 동 고시는 불공정거래행위 또는 우월한 협상력 행사로 볼 수 있는 예시적 행위 유형을 제시하는 동시에 당해 관행이 공정하고 합리적인지 여부를 판단하기 위한 지침(guidelines)을 제공하고 있다.

6. 외국사업자와의 법률행위 또는 계약체결의 제한(제58조)

이상의 경쟁법적 관점에서 일반적으로 받아들여지는 규제 유형과는 상당히 이질적인 금지 규정으로서 동법 제58조를 살펴볼 필요가 있다. 동조는 정당한 사유 없이 독점을 초래하거나 불공정하게 거래를 제한할 우려 등을 이유로 외국사업자와의 법률행위나 계약 체결을 규제하기 위한 법적 근거로서 그 구체적 내용은 아래와 같다. 이 규정에 관하여는 세계적 기준에 부합하기 어렵다는 견해가 있다.[57]

Sec. 58	어떠한 사업자도 정당한 사유 없이 독점적 행위 또는 불공정란 거래 제한을 초래할 수 있을 뿐만 아니라 경제와 소비자 이익에 심각한 위해를 야기할 수 있는 외국 사업자와의 법률행위나 계약을 체결할 수 없다.

57) Thanitcul, op. cit., p. 132.

7. 위원회에 대한 사업자의 사전적 판단 요청(제59조)

동법 제59조는 위에서 살펴본 제50조 이하 규제의 위반 여부에 대하여 사업자가 사전에 위원회에 검토·판단을 요청할 수 있도록 규정하고 있다.

Sec. 59	사업자는 원활한 사업활동을 위하여 다음 각 호의 사항에 대한 검토를 위원회에 요청할 수 있다. (1) 제50조에 따른 시장지배적 지위 남용행위 (2) 제54조, 제55조, 제57조 또는 제58조에 따른 성격의 사업활동 제1항에 따른 요청은 위원회 고시에 규정된 기준 및 방법에 따라야 한다. 제1항에 따른 요청을 고려하여, 위원회는 사업자가 동법의 준수를 위하여 따라야 하는 일정한 조건을 부과할 수 있다. 위원회의 결정(decision)은 위원회가 정한 범위와 기간에 한해 요청자에게만 구속력이 있다. 그 후, 위원회의 고려에 사용된 요청자로부터 받은 정보가 실질적으로 정확하지 않거나 완전하지 않거나, 요청 사업자가 제3항에 따라 위원회가 규정한 조건을 준수하지 않는 것으로 판단되는 경우, 위원회는 그 결정을 철회하고 사업자에게 통보한다.

이는 사업자의 예측가능성은 물론 사업 활동의 편의를 제공한다는 측면에서 긍정적일 수 있다. 하지만, 위에 보는 바와 같이 사업자의 요청에 대한 검토 결과로 위원회가 사업자에게 법 준수를 위한 일정한 조건을 부과하고 준수 여부에 따른 조치를 취할 수 있게 하는 점을 고려하면, 사업자 관점에서 제도 활용에 대한 충분한 유인이나 실익이 있는지는 의문이다.

특히, 위원회의 관련 고시, 'The Notification of the Trade Competition Commission on the criteria and procedure in submitting petitions for the Trade Competition Commission to make an advance judgement, B.E. 2561'을 마련하고 있음에도 불구하고, 사업자에 의하여 제공되어야 하는 자료의 범위와 당해 자료 등의 활용에 대한 위원회 차원의 절차적 투명성이 '실질적으로' 담보되지 않는다면 또 다른 문제를 야기할 우려가 있다.

Ⅳ. 법 집행기관 및 절차

1. 법 집행기관

주지한 바와 같이 태국 '거래경쟁위원회'(Trade Competition Commission, TCC)는 태국 「거래경쟁법」의 감독 및 집행메커니즘의 핵심 기관이다. 동 위원회는 1999년 법 제정 후 줄곧 구조적으로 독립성이 제한된다는 평가를 받아 왔으나,[58] 2017년 법 개정으로 동 위원회 및 위원회 사무처의 구성과 구조를 대폭 개편하였으며, 그 기본방향은 위원회의 '독립성', '정치·경제적 영향의 차단', '효율성' 그리고 '투명성'의 제고에 있었다. 이러한 맥락에서 상무부 국내거래국(Department of Internal Trade, DIT) 산하에 있던 거래경쟁위원회 사무처를 독립적 기관으로 분리됨으로써 외부적 간섭을 최소화(minimize interference)하게 되는 등의 변화가 있었다.[59]

(1) 거래경쟁위원회 (TCC)

2017년 법 개정 전 「거래경쟁법」 제6조 이하에 의하면, 거래경쟁위원회는 태국 상무부(Ministry of Commerce) 산하 기관으로 상무부장관을 위원장으로 하고, 상무부 차관을 부위원장으로 하여, 재무부차관과 내각이 임명하는 8명 내지 12명의 전문가로 구성되었다.[60] 이후 법 개정으로 TCC는 아래와 같은 현행의 구조를 갖추게 되었다.

1) 위원회 구성과 직무

2017년 개정 「거래경쟁법」 제7조 내지 제17조에 거래경쟁위원회의 구성 및 위원의 자격과 임기 그리고 위원회의 권한 및 직무에 관하여 규정하고 있다.[61]

---

58) 2017년 법 개정 이전 조직구조에 관하여는, OECD, Ibid., p. 2.

59) Pornapa Luengwattanakit, "Thailand: Insight into the New Trade Competition Act", A Blog by Baker McKenzie, 22. Feb. 2018: "Under the New Act, the OTCC will be recognized as an independent agency, instead of a government agency or state enterprise. OTCC will comprise individuals without political and business ties, to minimize interference."

60) OTCC, Annual Report 2018, p. 22.

61) 법 개정 이전 위원회 구성 등과의 비교는 아래 <표> Old Board vs. New Bord 참조. Pornapa Luengwattanakit, "Thailand: Insight into the New Trade Competition Act", Baker Mckenzie, 22. Feb. 2018.

구체적으로 살펴보면 동 위원회는 위원장 1인, 부위원장 1인을 포함한 7인의 위원으로 구성되며 동 위원회의 간사는 사무처장으로 하며(제7조), 그 위원은 법학, 경제학, 금융, 회계, 산업, 경영, 소비자보호 또는 경쟁감독 분야에서 요구되는 실적이 있거나 지식과 전문성을 갖추었음을 증명할 수 있거나 적어도 10년 이상의 경력이 있는 자로 함(제8조)을 규정하고 있다. 또한 위원 자격을 얻기 위하여 충족해야 하는 요건을 매우 구체적이며 엄격하게 규정하고 있으며(제9조 및 제10조), 특히 '정치 · 경제적 독립성 내지 중립성의 유지'를 위한 위원의 자격요건이 강조되고 있음은 주목할 만하다.

아울러, 위원의 임명을 위하여 동법 제11조 각 항에 규정하고 있는 각 부 차관 등의 자 중 9인으로 구성된 차출위원회를 두고, 이를 위한 행정소요는 사무처에서 담당하도록 하고 있다. 이러한 위원의 선발과 임명에 관한 절차 등은 제12조에 의하며, 이렇게 임명된 위원은 4년 임기로 2회까지 재임이 가능하며 그 임면에 관하여는 제13조 내지 제16조에 그 구체적 사항을 정하고 있다.

한편, 동 위원회는 제17조에 근거한 권한과 직무를 수행하도록 되어 있으며, 동조 각 호는 그 구체적 내용을 규정하고 있다. 아울러, 동법 제17조는 위원회에 의하여 마련된 모든 규칙과 고시는 관보에 게재함으로써 시행할 수 있도록 하면서, 제18조에서 관보 게재 이전에 관련 당사자와 일반 시민의 의견 청취(30일)를[62] 위하여 관련 자료를 제공하고 청취된 의견을 참조하도록 하였다.

	Old Board	New Board
Com-position	8-12 members, comprising: - the Minister of Commerce - the Deputies of the Ministry of Commerce, and the Minister of Finance; and - more than half the members must be individuals from private sector with expertise in economics, business, or law	7 members, all of whom are: - individuals with 10 years experience in economics, business, or law; and - not in any way associated with any political party, the government, or any business organization
Budget	Under the Department of Internal Trade	Independent and separated budget
Authority	Review only - must request the public prosecutor to consider prosecution, and prosecution is at the prosecutor's discretion	Quasi-judiciary - may impose administrative penalties, at its discretion; and - may request the prosecutor, or the Attorney-General to consider prosecution

그림 1 거래경쟁위원회의 조직 구조

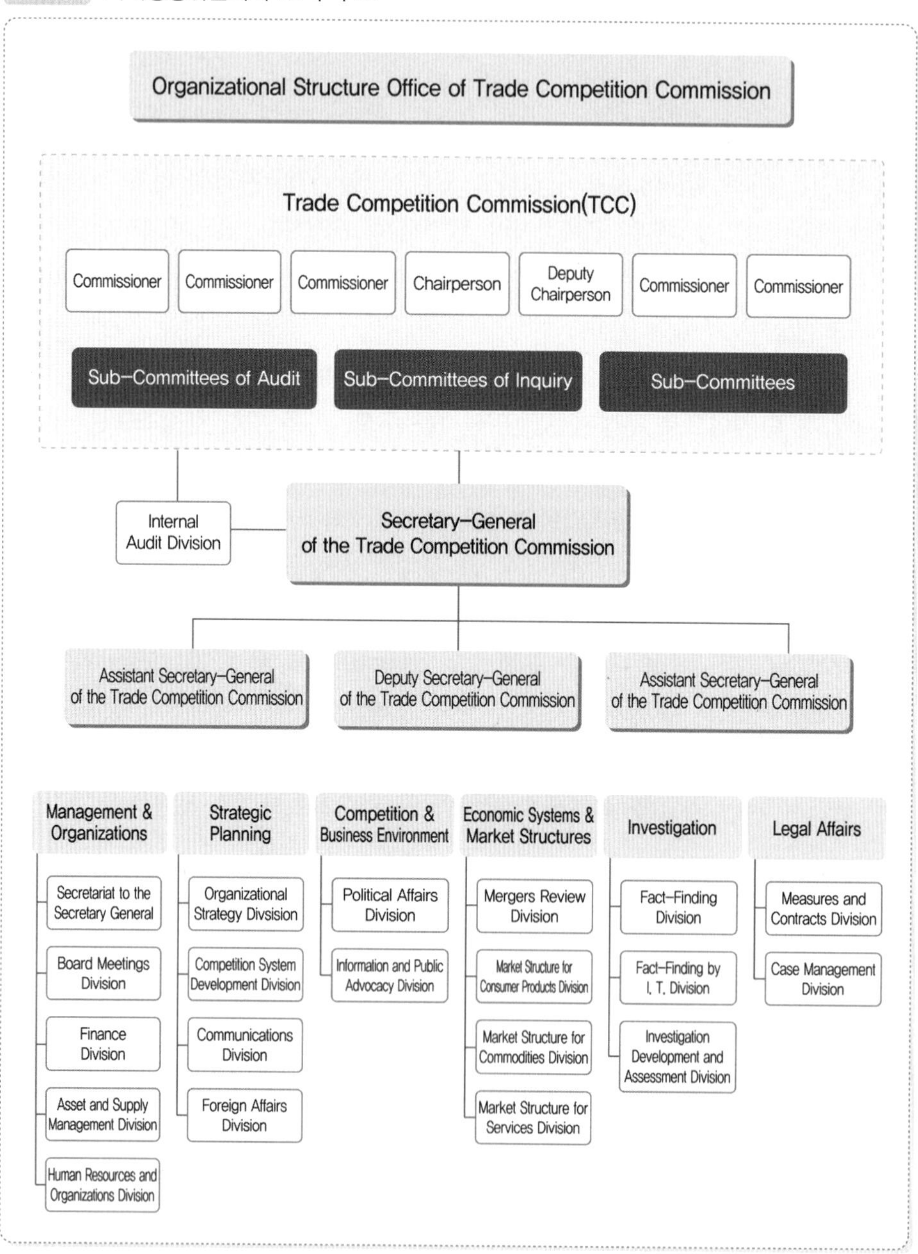

62) 의견 청취 기간은 30일을 원칙으로 하되 긴급한 상황에 대하여는 예외적으로 30일 이내로 의견 청취를 가능하도록 하고 있다.

2) 위원회 회의 운영

동법 제19조는 위원회 회의는 전체 위원 과반수 이상 참석을 의결정족수로 정하면서, 의장으로서 위원장 불참시 부위원장이 이를 대신하며, 양 자 모두 불출석할 경우 위원 1인을 의장으로 선출하도록 하였다. 또한 회의는 다수결에 의하며, 찬반 의견이 균형을 이루면 위원장이 표결권을 추가 행사할 수 있다.

한편, 동 위원회는 제20조의 위임 근거에 의하여 일정한 사안의 조사·이행을 위한 '소위원회'(sub-committee)를 임명할 수 있다. 또한, 위원회는 제21조에 의하여 '조사소위원회'(sub-committee of inquiry)를 하나 또는 그 이상 임명할 수 있으며, 담당관(officer)[63] 1인을 위원이자 간사로 임명하도록 하였다. 소위원회 위원은 전직 지방검사나 경찰, 공무원을 포함한 형사 사건처리에 관련된 지식과 경험을 가진 자와 경제학, 법학, 경영, 회계 또는 조사소위원회 위원이 되기 위하여 필요한 것으로 판단되는 기타 분야의 지식과 경험을 가진 자로 구성된다. 그리고 위원 중 1인을 위원장으로 선출하기 위한 첫 회의를 개최하여야만 한다.

이렇게 임명된 조사소위원회에 동법에 따른 조사(investigate and inquire) 권한과 의무가 부여되며, 조사가 완료된 것으로 판단될 경우 위원회는 해당 조사위원회 임명일로부터 12개월 내에 조사보고서(inquiry report)와 이에 관한 의견을 위원회에 제출해야만 한다. 다만, 정당한 사유가 있는 경우 위원회는 그 기간을 6개월 연장할 수 있으며, 그 연장 사유와 필요성을 기록으로 남겨야 한다. 위와 같은 소위원회 및 조사소위원회의 회의 운영과 관련하여 동법 제22조는 제19조를 준용하도록 규정하였다.

3) 위원회 위원의 형사법적 권한과 의무

동법 제24조는 동법에 따른 직무를 수행함에 있어, 위원장, 부위원장, 위원 및 조사소위원회 위원은 형법(Criminal Code)상 담당관이 되며, 그에 따라 형사소송법(Criminal Procedure Code)상 담당관에 상응하는 조사 권한과 의무를 가지도록 규정하고 있다.

---

63) 동법 제5조는 담당관(Officer)을 동법에 따른 직무를 수행하기 위하여 위원회가 임명한 실무자급 공무원 이상의 직위에 있는 사무처장 및 사무국 공무원이라고 정희한고 있다. 또한 담당관의 권한에 대하여는 동법 제63조 내지 68조에 정하고 있다. 특히, 담당관은 제68조은 동법에 따른 직무를 수행함에 있어서 형사소송법상 행정담당관 또는 경찰관에 상응하는 권한을 담당관에게 부여하고 있다.

4) 위원회 기소의견에 대한 검찰의 상이한 판단에 따른 절차

앞서 설명한 동법 제24조에 따른 위원회의 형사법적 권한과 의무에 기초하여, 위원회가 기소의견으로 지방검사(district attorney)에게 조사보고서와 위원회 의견을 송부하였음에도 불구하고 당해 검사가 기소금지명령을 내린 경우에 따른 절차를 동법 제25조에 규정하고 있다.

동조에 의하면 지방검사가 위원회 기소의견에 반하는 불기소명령을 내린 경우, 위원회는 형사소송법에 의하여 이에 불복할 수 있으며, 위원장은 경우에 따라서 경찰청장(Commissioner General) 또는 도지사(governor of a province)의 권한을 활용하도록 하고 있다. 또한, 위원장이 지방검사의 이러한 명령에 이의를 제기함에 있어서, 이의제기 의견과 함께 조사보고서를 검찰총장(Attorney－General)에게 제출하여야 한다. 이에 검찰총장이 위원장의 이러한 의견과 조사보고서가 사건 진행을 위하여 충분하지 않다고 판단하는 경우, 불충분한 것으로 판단한 세부 사항을 모두 표시하여 위원회가 추가적 심의를 할 수 있도록 통지하여야 한다.

이 경우 위원장과 검찰총장은 공동으로 불완전한 증거를 검토하고 추가 증거를 수집하여 사건을 진행할 수 있도록 검찰에 송부할 권한과 의무를 가진 양 측 동 수의 대표자로 구성된 1개의 작업반(working group)을 설치하도록 하였다.

5) 형사소송 및 손해배상소송의 관할 법원

동법 제26조는 동법에 따른 형사소송과 손해배상청구를 위한 민사소송은 지식재산 및 국제무역 법원(Intellectual Property and International Trade Court)이[64] 관할하는 것으로 규정하고 있다.

(2) 거래경쟁위원회 사무처 (OTCC)

주지한 바와 같이 1999년 법에 의하면 거래경쟁위원회 사무처는 상무부의 국내거래국(DIT) 산하의 한 부서로서 DIT 국장이 사무처장을 겸임하도록 하였다.[65] 이후 2017년 법 개정을 통하여 조직과 그 역할 측면에서 주목할 만한 변화를 보였다.[66]

64) 이에 관하여, 박홍우, “태국의 사법제도”, 「세계헌법연구」 제12권 제2호, 세계헌법학회 한국학회, 2006, 95~96면 참조.

65) OTCC, Annual Report 2018, p. 22.

동법 제27조에 의하면 거래경쟁위원회 사무처는 공무원 조직도 국영 기업도 아니지만 법인의 지위를 지닌 정부기관(government agency)으로서 설립되었음을 밝히고 있으며, 제28조에 사무처 본부(방콕 또는 그 인접 도)와 지부를 설치할 수 있음을 규정하였다. 또한 제29조는 신고사건에 대하여 사실규명을 위한 정보 및 증거를 찾고 수집하기 위한 충분할 조사 등 사무처의 권한과 의무를 구체적으로 규정하고 있다.

동법 제30조는 사무처는 위원장 직속으로 사무처의 직무수행의 책임자 및 사무처 직원, 피고용자의 관리자로 사무처장을 두도록 규정하고 있다.[67] 또한 동조는 대외적 관계에 있는 사무처 사업에 대하여 사무처장이 위원회를 대표하도록 하는 동시에 이를 위하여 특정 업무 수행을 하도록 다른 사람에게 권한을 위임할 수 있도록 하였다.

아울러, 제32조 내지 제33조는 사무처장의 자격 요건과 결격 사유에 관하여 상세히 규정하고 있다. 그리고 제35조에 4년 임기에 2회까지 재임할 수 있음을 밝히고, 제36조에 그 임기 만료에 따른 퇴직 외에 퇴임에 갈음하는 상황을 규정하고 있다. 특히, 사무처장의 직무에 비추어, 이해당사자가 되거나 직무능력 부족, 비위행위 등에 따른 위원회 해임 결의를 정하고 있다는 점은 유념할 만하다. 한편, 제38조는 사무처장의 직무와 권한을 규정하고 있으며, 대체로 사무처 운영에 관한 것으로 위원회가 정한 규칙에 의하거나 위원회 승인을 얻도록 하고 있다.

2. 법 집행절차 및 불복절차

동법은 법 집행절차에 관한 장을 별도로 두고 있지 않으며, 위원회, 소위원회를 비롯한 담당관에 관한 규정 부분에 함께 규정하고 있으며, 앞서 설명한 부분 외에 동법 제60조 내지 제62조를 살펴보면 아래와 같다.

Sec. 59	앞서 설명한 '위원회에 대한 사업자의 법위반여부 관련 사전적 판단 요청' 참조

66) OTCC의 조직도는 위 TCC 조직도 부분을 참조.
67) 동법 제31조에 의하면, 위원장이 위원회 승인을 얻어 사무처장을 임면하도록 하며, 사무처장의 구인 공고, 선발 및 임명 원칙・방식은 위원회가 정하는 바에 따르도록 하고 있다.

Sec. 60	위원회는 사업자가 제50조, 제51조 제2항, 제54조, 제55조, 제57조 또는 제58조를 위반하였거나 위반할 것으로 볼만한 충분한 증거를 가지고 있는 경우, 당해 사업자에게 그러한 행위의 중단, 중지 또는 시정이나 변경을 명령할 권한을 가진다. 이는 위원회가 정한 기준, 방법, 조건 및 기간을 따른다. 제1항에 따른 명령을 함에 있어서, 위원회는 동법의 목적을 달성하기 위해 필요한 어떠한 조건이든(any necessary conditions) 부과할 수 있다. 제1항에 따른 통지를 받은 사업자가 그 명령에 불복하는 경우, 명령을 받은 날로부터 60일 이내에 행정법원에 소를 제기할 수 있다.

Sec. 61	제60조에 따른 명령을 내림에 있어서, 위원회는 이러한 명령을 심의한 위원의 승인과 함께 사실 정보와 법적 문제를 모두 다루는 그와 같은 명령에 대한 이유를 표시해야 한다. 제1항에 따른 명령의 통지는 위원회가 명령을 내린 날로부터 7일 이내에 이루어져야 한다. 제66조의 규정을 준용한다.

Sec. 62	제60조에 따라 명령을 받은 자는 행정법원이 판결이나 집행정지 명령을 내리거나 위원회가 철회 명령을 내리지 않는 한 그러한 명령에 따라야 한다.

3. 손해배상청구소송

동법 제69조는 제50조, 제51조 제2항, 제54조, 제55조, 제57조 또는 제58조를 위반으로 인하여 피해를 입은 자의 손해배상청구권을 인정하고 있다. 그러면서, 그와 같은 손해배상청구소송에서 소비자보호위원회, 소비자보호에 관한 법률에 의하여 소비자보호위원회가 인정하는 협회나 재단은 경우에 따라 소비자 또는 협회나 재단의 회원을 대신하여 손해배상청구소송을 제기할 권리를 가지는 것으로 규정하고 있다. 아울러 제70조는 위 제69조에 따른 손해배상청구권의 시효를 피해자의 인지 또는 인지할 수 있었던 날부터 1년으로 정하였다.

4. 처벌 규정: 형사벌 및 행정벌

동법 제71조 내지 제79조는 동법 위반에 따른 형사벌을 제80조 내지 제85조는 행정벌을 규정하고 있다. 이러한 처벌 규정과 관련하여 2017년 개정에서 주목할 만한 점은, 위원회 자체로 부과할 수 있는 행정벌을 도입하였다는 점이다. 또한,

법 개정으로 형사기소는 시장지배적 지위 남용행위와 경성카르텔에 대하여만 가능하며, 형사제재는 최대 2년의 징역 및/또는 법 위반행위가 있던 연도 매출액의 10%에 해당하는 벌금으로 규정하였다. 다만, 사업 첫해에 법 위반행위가 이루어진 경우 최대 2년의 징역 및/또는 100만 바트의 벌금을 부과하도록 하였다.

한편, 비-경성카르텔, 불공정거래행위 및 해외법인과의 계약관계에서 발생한 문제에 관하여는 행정벌이 부과되며, 법 위반행위가 발생한 해의 위반자 연간 소득(annual income)의 최대 10%를 부과할 수 있으며, 사업 첫해에 법 위반행위가 이루어진 경우 100만 바트를 초과하지 않는 범위에서 부과하도록 규정하였다. 아울러, 형사벌과 행정벌은 해당 법인은 물론 법인의 권한 있는 이사 등 모두에게 부과될 수 있도록 하고 있다.

Ⅴ. 맺음말

태국을 비롯한 동남아시아 국가 연합(ASEAN) 회원국은 2007년 11월 아세안 경제공동체(ASEAN Economic Community, AEC) 구축을 위하여 채택된 AEC Blueprint 2025에 따라 2015년까지 무역 부문 정책 또는 법률을 시행하도록 하는 과정에서,[68] 경쟁법을 마련해야만 하였다.[69] 이러한 상황적 맥락은 회원국 경쟁법 제·개정의 국외적 요인으로 이해되는 동시에 회원국 간 경쟁법 규정체계와 그 실효적 집행 여부 측면에 있어서 상당한 차이를 드러낼 수밖에 없음을 보여준다.

다만, 이와 같은 차이는 경쟁법·정책체계와 그 집행에 관한 회원국 간 우열을 가리는 표지가 될 수는 없으며, 경쟁법 도입·안착 과정에서 노정되는 자연스러운 현상으로 받아들여야 한다. 또한 이러한 현상은 정부 주도의 산업화 내지 경제발전을 위한 산업정책적 요구가 경쟁법·정책적 고려보다 여전히 중요한 의미를 가

68) 2015년 12월 31일 출범한 'ASEAN Economic Community'는 2조 6000억 달러 규모의 6억 2200만 명이 넘는 거대한 시장 형태로 기회를 제공하는 아세안 지역 경제 통합 의제의 주요 이정표이며, 그 밑그림으로서 'AEC Blueprint 2025'는 상호적으로 관련되는 동시에 강화되는 – (i) A Highly Integrated and Cohesive Economy; (ii) A Competitive, Innovative, and Dynamic ASEAN; (iii) Enhanced Connectivity and Sectoral Cooperation; (iv) A Resilient, Inclusive, People-Oriented, and People-Centred ASEAN; (v) A Global ASEAN AEC – 5가지 특징을 보이며, 이와 같은 특징적 요소는 'ASEAN Community Vision 2025' 에서 구상한 AEC의 비전을 뒷받침하게 된다(이에 관하여는 https://asean.org/asean-economic-community/ 참조).

69) 법제처, 아세안의 경쟁법, 세계법제정보센터 연구보고서, 2017, 4면.

지는 등의 국내적 상황에도 불구하고 외부적 요인에 의하여 우선은 경쟁법을 도입해야만 하였던 일부 국가의 상황에 비추어보면 그 이해가 용이할 것이다.

태국 경쟁법 역시 이러한 국·내외적 상황에 직면하면서 변화와 발전을 이루어 왔다. 특히, 앞서 확인한 바와 같이 「거래경쟁법」은 2017년 개정으로 보다 체계화 된 경쟁규범의 모습을 갖추는 동시에 집행기관의 독립성 확보와 하위법령 마련을 통하여 실효적 법집행의 기반을 확보하게 되었다. 예컨대 거래경쟁법의 적용범위 확대 및 역외적용(제58조), 조사권한의 강화 등을 들 수 있다. 하지만, 법 집행사례가 아직은 많지 않고 잘 알려지지도 않은 만큼 해외사업자의 태국 시장진출 내지 사업활동에 있어서 요구되는 경쟁법 집행의 예측가능성이 충분히 확보되었다고 보기는 어려운 상황이다. 이에 태국 경쟁법 체계의 향후 변화와 집행 동향, 특성에 관한 지속적 확인과 연구가 무엇보다 중요할 것으로 생각된다.

참고문헌

권오승, "東亞細亞 共同市場의 形成과 競爭法의 課題", 「서울대학교 법학」 제46권 제3호, 서울대학교 법학연구소, 2005.

권오승·서정, 「독점규제법 - 이론과 실무」(제4판), 법문사, 2020.

김형배, 「공정거래법의 이론과 실재」, 도서출판 삼일, 2019.

김홍구, "태국의 1997년 개정헌법과 정치개혁", 「비교법학」 제17권, 부산외국어대 비교법연구소, 2006.

김홍구, "태국의 경제위기와 정치적 선택", 「동남아시아연구」 제13권 제2호, 한국동남아학회, 2004.

박홍우, "태국의 사법제도", 「세계헌법연구」 제12권 제2호, 세계헌법학회 한국학회, 2006.

서경교, "태국 민주주의의 위기상황: 분석과 평가", 「한국태국학회논총」 제17－1호, 한국태국학회, 2010.

이동윤, "경제위기와 동남아의 정치적 대응 - 태국과 말레이시아의 비교", 「국제관계연구」 제16권 제1호, 고려대 일민국제관계연구원, 2011.

_____, "태국의 정치개혁 확산과 내재화의 실패: 1997년 헌법 개정을 중심으로", 「국제정치논총」 제50권 제1호, 한국국제정치학회, 2010.

이준표, "태국 경쟁법의 발전 동향에 관한 연구", 「상사판례연구」 제32집 제2권, 한국상사판례학회, 2019. 6.

이호영, 「독점규제법」(제6판), 홍문사, 2020.

공정위, 해외경쟁정책동향(제120호), 2016. 12. 14.

공정위, 해외경쟁정책동향(제48호), 2010. 12. 20.

법제처, 아세안의 경쟁법, 세계법제정보센터 연구보고서, 2017.

Baker McKenzie, Recent release of subordinated legislation under Thai Competition Act 2017 anticipated to significantly enhance enforceability, Dec. 2018.

Baker McKenzie, Client alert－Trade Competition Bangkok, Aug. 2019.

Korpniti & Associates, Competition Law in Thailand, 23. Sep. 2020.

OECD, OECD Global Forum on Competition - Contribution from Thailand, 26. Sep. 2001.

OTCC, Annual Report 2019, 2020.
OTCC, Annual Report 2018, 2019.

Chitanong Poomipark, "Thailand to overhaul Trade Competition Law", Mayer Brown, 2010. 2. 24.

Deunden Nikomboriak, "The Politcal Econmy ofCompetion Law: The Case of Thailnd", Northwestrn Journal ofInternational Law & Busines, Vol. 26, No. 3, 2006.

Jessada Sawatdipong, "Secondary laws under the Trade Competition Act BE 2560", In－House Community, 2018.11.28.

Nipon Poapongsakrn, The New Competition Law in Thailand: Lessons for Institution Building, Review of Industrial Organization Vol. 21, No. 2 (Special Issue: Market Power in East Asian Economies: Its Origins, Effects, and Treatments), 2002.

Nutavit Sirikan, Kobkit Thienpreecha, "Thailand's Trade Competition Commission to Regulate Food Delivery Platforms", Tilleke&Gibbins, 9. Dec. 2020.

Ponpun Krataykhwan, Chattong Sunthorn－opas, "New guideline on online food delivery services", Nagashima Ohno & Tsunematsu (Thailand), 5. Jan. 2021.

Pornapa Luengwattanakit, "Thailand: Insight into the New Trade Competition Act", A Blog by Baker McKenzie, 22. Feb. 2018.

Pornapa Luengwattanakit, Ampika Kumar, "OTCC opens for public hearing on Draft Guideline on Credit Terms with SMEs", 13. Apr. 2021.

Pornapa Luengwattanakit, Ampika Kumar, "TCC provides clarity on exceptions to the market dominance threshold", Asia Pacific Competition Highlights, Baker McKenzie, 19. Jan 2021.

Sattapat Suradecha, Vichaphatra, Thailand (in Mergerfilers. com), Legal Partners Across Asia, 27. Jun. 2021.

Thanitcul, Sakda, 'Competition law in Thailand: in transition to an operational law' in Steven Van Uytsel, Shuya Hayashi, and John O. Haley (eds.), *Research Handbook on Asian Competition Law*, Edward Elgar, 2020.

제5장

베트남 경쟁법:

사회주의 시장경제의 경쟁법

이혜승*

Ⅰ. 서론: 베트남의 경쟁법 도입 및 발전 과정

베트남의 정식명칭은 '베트남사회주의공화국(Socialist Republic of Viet Nam)'으로, 수도가 하노이(Ha Noi)에 위치하고 있고, 인구는 약 9천7백만 명이다. 사회주의 공화제 체제로 공산당이 유일한 정당이며, 우리나라와 교역 규모[1]가 꾸준히 증가하고 있는 국가 중의 하나이다. 사회주의 정치체제를 따르는 베트남은 베트남 전쟁 이후 반자본주의(anti-capitalism)적 접근에 따른 경제-재건 정책들이 이루어졌고, 대내적으로 '사회주의 변혁(socialist transformation)' 프로그램을 시행하며, 1980년 헌법에서 이전까지 존재하던 민간 부문을 제거하고 국가의 주요 자원을 중공업 및 대규모 건설에 투입하였다. 이러한 정책으로 인하여 자원 배분이 중공업에 과도하게 치우치게 되었고, 시장은 더욱 비효율적으로 작동하면서 공급이 제한되고 가격은 지속적으로 상승하게 되었다.

대외적으로는 오랫동안 연대를 이루고 있던 러시아와 중국이 경제적 개혁을 통해 성공적인 시장경제로 전환하게 되면서, 베트남 역시 1986년 제6차 공산당 대회를 열어 기존의 소비에트형 중앙통제 경제를 포기하고 시장-기반 경제체제의 수용을 결정(Doi Moi, 도이머이 정책)[2]하였다.[3] 그 후 베트남은 정부의 통제

---

* 서울대학교 법학연구소 학문후속세대양성센터 연구펠로우

1) 2020년 기준 베트남은 한국과의 관계에서 수출 대상국 중 3위, 수입 대상국 중 5위이다. 한국무역협회, '2020년 베트남 및 한-베트남 수출입동향' 참조.

2) Doi Moi는 '쇄신'을 의미하며 1986년 제6차 전당대회에서 건의된 슬로건으로, 베트남의 개방정책을 토대로 하는 개혁을 이른다.

아래에서 경제를 활성화하는 방향의 개혁을 추진하면서 국유의 형태만 존재하던 소유권의 유형을 다양화하고 자유로운 가격 결정을 시작하였다. 그리고 정부가 소유 및 운영하던 국영기업의 시장지배가 경제 비효율성의 원인 중의 하나라고 판단한 뒤, 1991년 국영기업 재등록 조치를 시행하여 국영기업이 경제 부문에서 차지하는 비율을 지속적으로 줄이고자 하였다.[4] 1992년에는 베트남 헌법 제16조에 '사회주의를 지향하는 시장경제 기반정책의 실현'을 확인하며 경쟁법의 도입 논의를 발전시켰고, WTO(World Trade Organization, 세계무역기구)에 가입하여 활발하게 교역하는 개방경제로 전환하고자 경쟁을 기반으로 한 시장경제의 도입에 대한 노력이 있었다.[5]

무엇보다 국제기구들이 수차례 기술지원 프로그램을 통하여 베트남의 경쟁법 도입을 지원하였다. 사회주의 체제하에서는 공산당의 행정명령(administrative commands)에 의해 중앙에서 경제활동을 계획하고 관리하는 구조였으나, 시장경제 체제에서는 법과 규정이 구비되어야 하기 때문에 세계은행(World Bank)과 같은 국제금융기구, UNDP(United Nations Development Program, 유엔개발계획)와 같은 국제기구가 다른 나라의 경험과 제도를 베트남에 지원하며 시장경제체제로의 전환을 위한 환경을 조성하기 위해 노력하였다.[6] 이와 같은 포괄적 법제정비 방식을 통하여 베트남에서도 시장경제를 위한 법제가 수립되었으며, 1998년부터 경쟁법 초안이 베트남 무역부(Ministry of Trade)에서 논의되기 시작하여, 2004년 12월 3일 국회에서 「경쟁법(Competition Law 2005)」[7]이 통과되어 2005년 7월 1일부터 시행되었다.[8]

경쟁법 시행 이후 베트남의 경제도 많은 변화를 겪게 되었다. 서로 다른 경제 부문이 연계되는 글로벌 가치 사슬이 형성되고 다양한 국가와 교역이 이루어졌으

---

3) 권오승 · 김대인 · 이상헌, 「베트남의 체제전환과 법」, 서울대학교 아시아연구총서 동남아연구시리즈 1, 서울대학교 출판부(2013), 49면 및 144면.
4) 이한우, "베트남의 국영기업 소유구조 변화와 정부-기업관계", 「동남아시아연구」 제23권 제2호(2013), 144~145면.
5) David Fruitman, 'Vietnam' in Mark Williams (ed.), *The Political Economy of Competition Law in Asia* (Edward Elgar, 2013), 135.
6) 임을출, "국제기구의 중국 · 베트남 시장경제법제개혁 지원사례: 북한 적용과 시사점", 「통일정책연구」 제21권 제2호(2012), 90면.
7) No.27/2004/QH11
8) Mark Furse, *Antitrust Law in China, Korea and Vietnam* (Oxford University Press, 2009), 305~306.

며, 디지털 경제의 발전과 4차 산업의 확산으로 처음 경쟁법을 도입할 때에는 예상하지 못했던 문제들이 발생하였다. 그 중에서도 디지털 산업으로 인하여 국경을 넘는 기업 활동이 크게 증가하는 환경에서 명시적인 역외적용 규정을 두지 않은 경쟁법의 문제와 시장점유율을 기준으로 하는 당연 위법형태의 경쟁제한적 행위 금지 규정, 불공정경쟁행위에 대한 국가 기관의 관할권 중복 문제 등이 있어 개정의 필요성이 제기되었다.

2012년에는 일본국제협력기관(Japan International Cooperation Agency, JICA)이 베트남 경쟁당국(Vietnam Competition Authority, 이하 'VCA')과 함께 베트남 경쟁법을 검토하면서 2005년부터 8년간 집행된 모든 사례를 분석, 검토하여 베트남 경쟁법의 문제점을 지적하였다. 이후 발행된 검토 보고서(Review Report on Vietnam Competition Law)에서는 일본, 미국 그리고 캐나다의 경쟁법을 비교법적으로 연구하여 베트남 경쟁법에 대한 새로운 접근을 논의하였다.[9] 특히 2018년 베트남이 경쟁법을 개정할 당시에 경쟁법의 전반적인 구조는 유럽연합의 경쟁법 체계를 참고하였고, 불공정경쟁조항의 경우에는 호주의 경쟁 및 소비자법(Competition and Consumer Act)을, 그리고 국가독점(administrative monopoly)에 대한 규율은 중국의 경쟁법을 참고한 것으로 보인다.[10]

이후 지속적으로 경쟁법 개정작업을 하면서 베트남 총리(Prime Minister)는 정부의 중앙경제관리연구소(Central Institute for Economic Management, 이하 'CIEM')에 국영 부문(state-owned sector), 반경쟁 규범 및 경쟁법의 개정을 포함한 경쟁정책 전반에 대한 개혁의 준비를 2018년 말까지 수행하도록 지시하였다.[11] 베트남 정부는 경쟁법의 전면개정을 준비하면서 OECD와 함께 검토(review process)를 진행하였고, 2017년 파리 OECD에서 열린 글로벌 경쟁 포럼(Global Forum on Competition)에서 호주, 프랑스, 일본 및 루마니아의 경쟁당국이 베트

---

9) Phan Cong Thanh, 'Competition Law Enforcement of Viet Nam and the Necessity of a Transparent Regional Competition Policy' [2015] ERIA Discussion Paper Series, p. 16. 중앙계획경제 및 국영기업중심의 국가운영 배경을 가지고 있는 베트남이 경쟁법을 도입함으로써 국가 경제발전에 미치는 영향에 대한 문제는 경쟁정책 도입초기부터 있었던 것으로 보인다. Fruitman, op. cit., 119.

10) Ly Huong Luu, 'Vietnam's competition law adoption: from passive to active' in Steven Van Uytsel, Shuya Hayashi, and John O. Haley (eds.), *Research Handbook on Asian Competition Law* (Edward Elgar, 2020), 134.

11) OECD (2018). OECD Peer Reveiws of Competition Law and Policy: Viet Nam, http://oe.cd/vtn, p. 9.

남의 개정안을 검토하였고, 실체법 및 절차법적 실효성과 효과적인 규제를 위한 권고안을 도출하였다.[12] 이러한 과정을 거쳐 2018년 전면 개정된 경쟁법이 통과되어, 2019년 7월 1일부터 시행되고 있다.[13] 이 글에서는 2018년에 전면 개정된 경쟁법의 내용을 중심으로 살펴보고자 한다.

Ⅱ. 베트남 경쟁법의 개요 및 일반규정

1. 베트남 경쟁법의 구조 및 경쟁당국

베트남 경쟁법[14]은 총 10장 118조로 구성되어 있다. 개정된 경쟁법에서 규율하는 행위는 (1) 경쟁제한적 합의, (2) 시장지배적지위 및 독점적 지위의 남용행위, (3) 기업결합, (4) 불공정경쟁행위로 우리나라 공정거래법에서 규율하는 행위의 유형과 유사하다.[15] 그리고 2018년 경쟁법에서는 베트남에서 사업을 영위하는 사업자의 행위가 베트남시장에 경쟁제한적 영향을 미치는 경우에는 동법을 적용하는 역외적용의 규정을 제2조에 두어 베트남 시장의 경쟁을 저해하는 모든 행위에 적용하는 것으로 그 범위를 확대하였다.

제1장은 일반 규정으로, 경쟁법이 규제하고자 하는 행위와 그 수범자를 규정하면서 여기에 외국 기업도 포함하고 있고, 국가의 경쟁정책의 방향과 같은 내용을 명시하고 있다. 제2장에서는 반경쟁적 행위를 심사함에 있어 먼저 고려되어야

표 1 베트남 경쟁법의 구성

1장 일반 규정	1조-8조	6장 불공정경쟁행위의 금지	45조
2장 관련 시장 및 시장 점유율	9조-10조	7장 국가경쟁위원회	46조-53조
3장 경쟁제한적 합의	11조-23조	8장 경쟁법상 절차	54조-109조
4장 지배적지위, 독점지위 남용	24조-28조	9장 경쟁법 위반에 대한 제재	110조-115조
5장 기업결합	30조-44조	10장 집행	116조-118조

12) Ibid., 10.
13) Luu, op. cit., 134.
14) Luật số: 23/2018/QH14, LUẬT CẠNH TRANH
15) 불공정경쟁행위에 대한 규제는 호주를 포함하여 중동부 유럽국가의 경쟁법을 참고한 것으로 보인다. Luu, op. cit., 138.

할 시장획정과 시장획정 지표인 시장점유율에 관하여 정하고 있다. 제3장 이하에서 반경쟁행위를 규율하고 있는데, 우선 부당공동행위에 해당하는 반경쟁적 합의(Anti-competitive Agreements)를 금지하고, 제4장에서는 시장지배적지위 남용행위(Abuse of a Dominant Position) 및 독점지위 남용행위(Abuse of a Monopoly Position)를 금지하고, 제5장에서는 기업결합 등으로 인한 경제력 집중 중에서 경쟁을 실질적으로 제한하여 금지되는 행위 유형을 규정하고 있다. 제6장에서는 금지되는 불공정경쟁행위에 대하여 정하고 있다. 경쟁당국 또는 집행기구와 관련해서는 제7장에서 반경쟁행위에 대한 조사를 담당하는 국가경쟁위원회(National Competition Commission, 이하 'NCC')의 법적 근거를 마련하고, 절차에 관한 내용은 제8장에서 상세히 규정하고 있다. 제9장은 경쟁법을 위반한 경우의 제재(sanction)의 내용을, 마지막으로 제10장에서는 법의 이행과 발효에 관한 내용을 정하고 있다.

개정법에 따르면 베트남의 경쟁당국은 '베트남 경쟁 및 소비자 당국(Vietnam Competition and Consumer Authority, 이하 'VCCA')'[16]과 국가경쟁위원회(NCC)로 구성되는데,[17] 베트남 경쟁 및 소비자 당국(VCCA)은 산업무역부(Ministry of Industry and Trade)에 소속되어 있고,[18] 그 안에 베트남 국가경쟁위원회(NCC)가 2017년에 설치되어 건전한 경쟁환경의 보장을 위해 경쟁법, 소비자법의 집행 및 경쟁정책의 수립을 담당하고, 시장 참여자의 동등한 기회를 보장하며 소비자의 적법한 이익을 보호하기 위한 업무를 담당하고 있다.[19] 개정된 경쟁법 제7장 이하에서는 경쟁법의 집행을 담당하는 NCC에 관한 내용을 규정하고 있다. NCC는 경쟁제한 행위와 불공정경쟁행위에 대한 조사를 시행하고, NCC 산하에 조사기관(Investigation Agency)을 두고 조사 업무를 수행한다.[20] 베트남 경쟁 및 소비자 당

16) VCCA에는 6개의 과(division)과 정보 자문 교육 센터를 두고 있다.
17) 공정위, 베트남 경쟁법 · 제도 및 사건처리 절차, 2021. 3, 3~4면. 개정 이전에는 베트남 경쟁당국(Vietnam Competition Authority, 'VCA')과 베트남 경쟁위원회(Vietnam Competition Council, 'VCC')로 구성되어 집행하였다.
18) 법 제46조 제1항 참조.
19) VCCA, Ministry of Industry and Trade, Annual Report 2019, p. 3.
개정 경쟁법에 따르면 NCC산하에 경쟁조사기관(Competition Investigation Agency), 사건처리심의회(Anti-competitive Settlement Council), 이의신청심의회(Anti-competitive complaint Handling Council)을 설치하도록 규정하고 있으나, 현재까지 NCC가 설치되지 않아 VACC가 경쟁제한행위를 조사하는 업무를 맡고 있고, 구 경쟁법상 VCC가 VCCA의 조사 결과에 대하여 심의 후, 의결하고 있다. 단, 불공정경쟁행위에 관하여서는 VCCA가 조사와 심의, 의결을 모두 담당하고 있다.
20) 법 제50조 및 51조 참조.

국(VCCA)에는 일반 행정을 담당하는 부서 외에 각 경쟁제한행위의 조사를 담당하는 ① 기업결합과(Merger Control Division), ② 불공정경쟁행위 조사과 (Unfair Competition Investigation Division), ③ 반경쟁과(Antitrust Division), ④ 소비자 보호과(Consumer Protection Division), ⑤ 표준 계약 및 약관심사과(Standard Contract And General Conditions Control Division)가 각 사안을 담당하고 있다.

2. 일반 규정 및 관련시장 규정

베트남 경쟁법은 사업자가 법에 부합하는 범위 내에서의 경쟁의 자유(quyền tự do cạnh tranh)를 가진다고 규정하고 있고,[21] 국가는 사업자에게 적법한 경쟁의 권리(quyền cạnh tranh hợp pháp)를 보장해야 한다고 규정함으로써 사회주의 체제에서 국가가 주도하고 기업은 이를 수용하는 단계에서 벗어나 기업에게 자유롭게 경쟁할 수 있는 권리가 있음을 명시하고 있다. 이와 함께 제5조 제2항에서는 경쟁은 반드시 정직, 공정, 국가의 이익을 해하지 않을(non-infringement upon the interests of the State) 원칙과 공공의 이익(public interests) 등의 원칙에 맞게 수행되어야 한다고 규정하고 있다.[22] 또한 국가차원의 경쟁 정책도 명시하고 있는데, 제6조에서는 베트남의 경쟁정책 목표로 건강하고 공정하며 투명한 경쟁 환경을 조성 및 유지하고, 경쟁을 촉진하고 사업자에게 법규범에 부합하는 경쟁의 자유권(right to freedom of competition)을 보장하며, 시장에 대한 접근성을 향상시키고 효율성과 사회적 후생을 증대하며 소비자의 이익을 보호하여야 한다는 등의 정책 방향을 제시하고 있다.[23]

그중에서도 과거의 국가주도 경제체제의 잔재가 여전히 남아있는 산업구조로 인하여 효과적인 시장경쟁이 이루어지지 않을 것을 우려하여, 2004년 경쟁법과 유사하게 제8조에서 국가기관이 경쟁과 관련하여 개입할 수 없는 금지행위를 별도로 명시하고 있다. 즉, 기업, 조직 또는 개인에게 특정 상품을 구매하거나 판매할 것을 강요, 요청, 권고하는 행위, 특정 기업에게 서비스를 제공받거나 제공하는 행위 등을 일반적으로 금지하고(a항), 기업 간의 차별 또한 금지되고(b항), 협

21) 법 제5조 1항 참조.
22) Furse, op. cit., 305.
23) 경쟁당국은 경쟁정책 도입 초기부터 공정경쟁환경, 비차별, 사업자 및 소비자의 합법적 권리와 이익을 보호, 사회경제적 발전을 경쟁정책의 목표로 삼았다. Fruitman, op. cit., 138.

회 또는 조직이 시장의 경쟁을 저해하기 위하여 가입할 것을 강요, 요청, 권고를 할 수 없으며(c항), 국가기관의 지위 또는 힘을 이용하여 불법적으로 경쟁에 개입할 수 없다(d항)고 규정하고 있다. 따라서 시장경제 체제의 기반에서 국가 주도가 아닌 경쟁을 통하여 활동할 수 있도록 국가 기관 개입의 한계를 다시 한번 구체화하였다고 볼 수 있다.

관련시장의 획정과 관련해서는 제9조에서 정하고 있는데, 이 때 지배적 지위를 추정하거나 어느 기업결합이 신고의 대상이 되는지 또는 금지되는지 여부를 결정함에 있어서 시장점유율(market share)을 지표로 삼는다. 시장 획정과 관련해서는 2020년 5월 15일부터 발효된 시행령 Decree 35/2020/ND-CP에서 세부 내용을 정하고 있다. 2004년 경쟁법에서는 판매된 상품 또는 용역의 매출액을 기준으로 시장점유율을 산정하였으나 새로운 시행령에 따르면 판매된 상품 또는 용역의 매출(turnover) 또는 그 판매량(quantity, unit)에 근거하여 산정하는 것으로 그 범위가 확장되었다.[24)]

Ⅲ. 경쟁제한적 합의(Anti-Competitive Agreements)

1. 2018년 경쟁법상 경쟁제한적 합의의 변화

2004년 경쟁법에서는 법에 규정된 '경쟁을 제한하는 합의'에 해당하면 그 자체로 위법이 되는 행위 3가지[25)]를 규정하고,[26)] 그 외의 나머지 5가지 '경쟁을 제한하는 합의'와 입찰 제한행위는 합의의 당사자들이 관련 시장에서 가지는 시장점유율 합계가 30%이상인 경우에 금지된다고 규정하여 당연위법(per se rule)과 합리의 원칙(rule of reason)이 공존하고 있었다. 그런데 2018년 경쟁법에서는 경쟁제한적 합의가 11개로 늘어났으며 금지되는 경쟁제한적 합의를 접근하는 방식 또한 이전보다 효과주의 접근방식(effect-based approach)으로 변했다고 볼 수 있다.[27)]

---

24) Decree 35/2020/ND-CP 제10조 참조.

25) (1) 다른 사업자가 시장에 진입하거나 사업을 개발하는 것을 방해, 제한 또는 허용하지 않을 것에 대한 합의(제8조 6항),
(2) 합의의 당사자가 아닌 이외 사업자를 시장에서 배제하는 합의(제8조 7항),
(3) 하나 또는 그 이상의 당사자들이 재화 또는 서비스 제공 입찰에서 낙찰 받을 수 있도록 공모하는 행위(제8조 8항)

26) No.27/2004/QH11 제9조 참조.

베트남 경쟁법 제11조에서 열거하고 있는 '경쟁제한적 합의(anti-competitive agreements)'는 다음과 같다:

① 관련 시장에서 직접 또는 간접적으로 상품・용역의 가격을 정하는 합의(1항)
② 관련 시장에서 고객, 소비시장, 상품・용역의 공급원을 할당하는 합의(2항)
③ 상품・용역의 생산 또는 거래 시에, 그 상품・용역의 수량을 제한하는 합의(3항)
④ 상품・용역의 입찰담합(4항)
⑤ 다른 사업자의 시장진입, 사업의 개발을 방해하는 합의(5항)
⑥ 합의에 참여하지 않은 다른 사업자를 시장에서 배제하는 합의(6항)
⑦ 기술 개발 또는 투자를 제한하는 합의(7항)
⑧ 다른 사업자에게 상품・용역의 거래조건을 강요하거나 또는 계약과 직접 관련이 없는 의무를 강요하는 합의(8항)
⑨ 합의에 참여하지 않은 다른 사업자와 거래하지 않기로 하는 합의(9항)
⑩ 합의에 참여하지 않은 다른 사업자의 상품・용역의 공급원을 제한하는 합의(10항)
⑪ 기타 경쟁제한효과를 야기하거나 야기할 수 있는 합의(11항)

이 중에서 6가지 행위는 당해 행위에 해당하면 그 자체로서 위법이 되는 당연위법 행위로 2004년 경쟁법보다 추가되었다. 1항의 가격 담합, 2항의 시장 분할 및 3항의 생산량(output) 제한 행위를 동일한 관련 시장에서 시행하는 경우가 새로 추가되었고, 동일 관련 시장이 아니더라도 4항의 입찰담합, 5항의 방해 행위, 6항의 다른 사업자 배제 행위는 2004년 경쟁법에 이어서 여전히 당연위법에 해당된다.[28] 그리고 이전에 존재하였던 '경쟁제한적 합의에 참여한 사업자의 시장점유율 30% 이상'의 요건이 삭제되고, '시장에 실질적인 경쟁제한적 영향(substantial anti-competitive impact)을 야기할 경우'에 제11조 제7항부터 제11항까지의 경쟁제한적 합의가 금지된다.[29] 또한 동일한 상품 또는 용역의 생산-유통-공급의

27) 장영신・강구상・나승권・김제국・최재필・김수련, "아세안 주요국의 경쟁법 비교분석: 디지털플랫폼 시장 M&A를 중심으로", 「세계지역전략연구 20-09」, 대외경제정책연구원(2020), 158면.
28) Handbook on Competition Policy and Law in ASEAN for Businesses - 5th Edition Jakarta: ASEAN Secretariat, August 2020, p. 75; Luu, op. cit., 140.

각 단계의 사업자 간 수직적 합의를 따로 구분하여,[30] 제11조 1, 2, 3, 7, 8, 9, 10, 11항에 해당하는 수직적 합의를 하는 것 또한 시장에 상당한 반경쟁효과를 야기할 경우에 금지된다.

2. 반경쟁효과(anti-competitive effects)의 평가 및 경쟁제한적 합의의 예외 인정

경쟁제한적 합의에 의하여 야기될 우려가 있는 중대한 반경쟁효과를 판단하는 기준이 제13조에 명시되어 있는데, 베트남 국가경쟁위원회(NCC)는 반경쟁효과를 평가함에 있어서 다음 사항을 중심으로 경쟁제한적 합의를 검토하여야 한다.

① 합의에 참여한 사업자들의 시장점유율
② 시장 진입장벽의 유무
③ 기술 연구, 개발, 혁신 또는 기술력에 대한 제한
④ 필수기반설비에 대한 접근 또는 소유의 제한
⑤ 합의에 참여한 사업자의 상품·용역을 구매하거나 기타 관련 상품·용역으로 전환하기 위하여 거래상대방에게 추가로 소요되는 비용과 시간
⑥ 합의에 참여한 사업자들이 관련 분야의 특정 요소를 통제하여 시장의 경쟁을 감소시켰는지 여부

금지되는 경쟁제한적 합의에 해당하여 경쟁법에 위반되는 경우에도 일정한 경우에는 정해진 기간 동안[31] 예외적으로 인정된다. 즉, 제14조의 요건 중 하나에 해당하고 소비자에게 이익이 되는 경우로서, 해당 합의가 ① 기술 발전을 촉진하거나 상품·용역의 품질을 향상시키는 경우, ② 국제 시장에서 베트남 기업의 경쟁력을 향상시키는 경우, ③ 품질표준 및 기술 표준의 단일화를 촉진하는 경우, ④ 가격 또는 가격 형성 요소와 무관한 계약의 이행, 상품의 배송 및 지급 조건에 대한 합의일 경우에 예외가 된다.[32]

다만, 위 요건을 충족하더라도 제11조 제4항 입찰담합, 제5항 시장진입의 방

29) 법 제12조 제3항 참조.
30) 법 제12조 제4항 참조.
31) 2018년 경쟁법에서는 5년 동안 면제가 될 수 있다. 법 제21조 제3항 참조.
32) 법 제14조 제1항 참조.

해, 제6항의 다른 사업자 배제행위에 해당하는 경우에는 예외에 해당하지 않는다는 점에 유의하여야 한다. 제14조 1항의 예외가 되기 위해서는 '예외 인정 신청서(application for exemption)'를 국가경쟁위원회(NCC)에 제출하여야 한다.[33] 당사자가 NCC에 제출한 예외 인정 신청서는 7영업일 이내에 그 유효성(validity)과 완결성(completeness)을 심사하여 서면 통보하여야 하고,[34] 유효성 및 완결성 심사에서 해당 신청서가 유효하지 않거나 불완전한 경우에는 30일 이내 보완할 것을 요구할 수 있다. 신청이 접수되면 NCC는 접수일로부터 60일 이내에 예외 인정 여부를 결정하고, 이 기간은 1회에 한하여 최대 30일까지 연장이 가능하다.[35] 그리고 예외 인정 결정이 내려진 경우에도 NCC는 ① 더 이상 면제의 자격이 없거나, ② 예외 인정 신청서에서 거짓이 밝혀지거나, ③ 당해 기업이 예외 인정 결정에 명시된 조건과 의무를 이행하지 않는 경우, ④ 예외가 인정될 자격에 관한 부정확한 정보에 기초한 예외 인정 결정의 경우에는 그 결정을 취소할 수 있다.[36] 만일 합의가 다른 법에 규정되어 있는 구체적인 분야의 노동 합의(labor agreement) 또는 협동조합 합의(cooperation agreement)에 해당될 경우에는 자동적으로 경쟁법이 적용되지 않는다.[37]

3. 자진신고자 감면제도(리니언시 제도)

2004년 경쟁법에서는 자진신고자의 감면을 규정하지 않았으나,[38] 2018년 경쟁법에서는 보다 용이한 담합의 규제를 위하여 자진신고자 감면제도(Leniency Program)를 도입하여, 경쟁제한적 합의에 참여한 사업자가 경쟁제한적 합의를 적발하고 조사 및 처리에 도움이 되는 충분한 정보를 자발적으로 NCC에 제공하고 협조하는 경우 과징금의 전부(1순위 신고자) 또는 일부(2순위자에게는 60%, 3순위자에게는 40%)를 감면하도록 규정하고 있다. 감면자격의 부여는 (1) 신고 순서, (2) 신고 시기, (3) 제공한 정보 또는 증거의 가치에 의하여 결정되고[39] 자진신고자

33) 법 제15조 참조.
34) 법 제16조 참조.
35) 법 제20조 참조.
36) 법 제23조 참조.
37) 법 제14조 2항 참조.
38) 한국공정거래조정원, 「베트남 공정거래 역량강화」, 대한무역투자진흥공사(2018), 99면.
39) 법 제112조 참조.

감면제도에 따른 감면여부는 베트남 국가 경쟁위원회 의장이 결정한다.

자진신고자 감면을 적용받기 위해서는 ① 경쟁법상 경쟁제한적 합의의 당사자로 가담하였을 것, ② 경쟁당국이 조사를 결정하기 전에 위반 사실을 자발적으로 신고할 것, ③ 해당 경쟁제한적 합의 사실에 대한 NCC의 조사 및 적발에 유용한 모든 정보와 증거를 성실하게 제공할 것, ④ 조사 기간이 끝날 때까지 성실하게 협조할 것 등의 요건을 충족하여야 한다.[40] 그러나 만일 자진신고자가 다른 사업자에게 담합에 참여하도록 강요하였거나(forcing) 또는 주도적인(arranging) 역할을 한 사업자라면 자진신고자에 대한 감면이 적용되지 않는다고 규정함으로써,[41] 경쟁제한적 합의를 강요 또는 주도한 뒤에 스스로 신고하여 감면을 받는 행위를 방지할 수 있도록 하였다.

다른 경쟁제한적 행위와는 달리, 경쟁제한적 합의에 대한 경쟁법 위반의 경우에는 제5항, 제6항 경쟁제한적 합의를 통하여 부당이득을 취득하였거나, 타인에게 손해를 입힌 경우 또는 상습성 등과 같이 추가 요건이 충족되면 형사 처벌(criminal liability)도 가능하다.[42] 입찰담합에 대해서는 별도로 형사처벌을 규정하고 있다.[43]

4. 집행 사례

베트남에서는 그동안 담합 행위가 효율적으로 규제되지 못하였다. 2005년에 경쟁법 시행 이후 2018년까지 베트남 경쟁당국이 적발한 담합 사건은 총 6건에 불과하였다. 그러나 이는 시장에서 담합이 존재하지 않는다는 것을 의미하는 것이 아니라, 가스, 사탕수수, 시멘트 부문에서 가격의 인상 또는 시장 분할에 대한 협의 가능성에 대하여 반복적인 문제제기가 있어왔으며, 경쟁당국이 조사에 착수하여 2017년 총 92건의 사전절차조사를 실시하였다. 그 중 44건이 담합의 우려가 있었다고 발표한 바 있다.

2010년 베트남 경쟁당국(당시 VCA)은 19개의 보험사(총 시장점유율 99.79%)가 자동차보험요율 및 대물배상보험료를 고정하기로 합의한 사안에 대하여, 위법한

40) 법 제112조 3항 참조.
41) 법 제112조 4항 참조.
42) 형법 제221조 참조.
43) 형법 제222조 참조.

가격 담합(price-fixing) 행위에 참여하였음을 이유로 총 17억 VND(약 8,500만 원)의 과징금을 부과하였다.[44] 당시 부과된 과징금은 각 당사자의 매출액의 0.025%에 해당하는 금액으로, 당시 베트남에서는 경쟁법에 대한 인식이 낮은 상태이어서 경고의 의도를 가지고 부과되었다고 할 수 있다.[45] 2011년에는 Khanh Hoa 주의 12개의 학생 보험회사가 학생 보험료를 고정하기로 합의한 사안에 대하여, 해당 합의가 경쟁제한적 합의에 해당한다고 보았다. 12개의 보험사는 위반사실을 인정하고 시정하였으며, 각 회사에 10억 VND의 과징금을 부과하였다.[46]

2019년 9월에는 의약품 공급과 관련된 입찰담합 사건에 대하여 조사가 진행 중에 있었다. 의약품 입찰에서 낙찰을 받은 An Phu 회사는 B. Braun Vietnam Co., Ltd에게 자신의 공급 의무인 B. Braun이 생산하는 의료기기 소모품을 공급하기 위하여 허가서를 발급할 것을 요청하였으나, B. Braun은 이미 Central Pharmaceutical 회사(An Phu와 경쟁관계에 있는 기업)에게 허가서를 발급하였다는 이유로 이를 거절하였다. 이에 VCCA는 B. Braun 사와 Central Pharmaceutical 사 간의 입찰담합 여부를 조사 중에 있다고 밝혔다. 본 사안은 2018년 전면 개정된 경쟁법에 따른 첫 조사 사건이 되었다.[47]

Ⅳ. 시장지배적지위 및 독점적지위 남용행위

1. 지배적 지위 여부

베트남에서는 시장지배력 자체는 규제 대상이 아니고, 시장에서 지배적 지위를 남용하는 행위를 금지한다. 이때 시장지배적 지위와 관련하여, 2004년 경쟁법에서부터 단독으로 관련시장에서 30%이상의 시장점유율을 가지고 있으면 지배적

44) Vietnam Competition Council, *Vụ việc Thỏa thuận hạn chế cạnh tranh*, http://www.hoidongcanhtranh.gov.vn/default.aspx?page=news&do=detail&id=99 (최종접속: 2021.6.2.)

45) John M. Hickin, Hannah C. L. Ha, Vietnam Competition Law - Key Changes in 2019, Mayer Brown, 2019, p. 23.

46) Vietnam Competition Council, *Vụ việc Hạn chế cạnh tranh trong bảo hiểm học sinh của 12 doanh nghiệp tại Khánh Hoà* http://www.hoidongcanhtranh.gov.vn/default.aspx?page=news&do=detail&id=100 (최종접속: 2021.6.2.)

47) VCCA, Ministry of Industry and Trade, Annual Report 2019, 18~19.

기업이라고 보는 접근이 현재까지도 유지되고 있고, 추가적으로 2018년 개정 경쟁법 제26조에서 규정하는 실질적인 시장력(substantial market power)이 있는 경우[48]에 시장지배적 사업자라고 간주하며, 이는 번복(rebuttable)될 수 없다.[49] 이러한 시장지배적지위의 간주규정은 많은 비판을 받고 있다. 첫째, 베트남의 30% 시장점유율 기준은 다른 나라의 추정기준보다 상당히 낮고, 둘째로 우리나라를 포함하여 상당수의 경쟁법은 시장지배적지위를 추정하는데 있어서 시장점유율 이외의 다양한 요소들을 고려하고 있는 반면, 베트남 경쟁법은 30% 시장점유율이 유일한 추정 요소이며 추정이 번복될 수 없게 되어 있다.[50] 이러한 접근방법은 미국이나 유럽연합을 포함하여 다른 경쟁법제에서 찾아보기 어려운 엄격한 기준이라 할 수 있다.[51] 따라서 지나치게 엄격한 시장지배적 지위추정은 속박효과(strait-jacket effect)의 문제를 발생시킬 수 있다.

그 밖에도 둘 이상의 기업의 그룹(a group of enterprises)이 공동으로 시장에서 지배력을 가지는 요건을 규정하여 시장점유율의 합계가 일정 기준(2 사업자는 50% 이상, 3 사업자는 합계 65% 이상, 4 사업자는 점유율 합이 75% 이상인 경우, 5 사업자는 합이 85% 이상인 경우)을 초과하는 때에 그 시장에서 지배력이 인정된다. 다만, 이 경우에도 시장점유율 10% 미만의 기업은 공동 시장지배력 여부 판단을 위한 점유율 합계에서 제외된다.

베트남 경쟁법에 있는 독점지위(Monopoly position)는 관련 시장에서 상품 또는 용역에 대한 경쟁을 하는 다른 사업자가 없는 경우에 독점지위를 가지고 있다고 간주된다.[52] 우리나라, 또는 미국이나 유럽연합의 경우에는 독점지위를 별

48) '실질적인 시장력'의 판단 기준은
① 관련 시장에서 가지는 사업자의 시장점유율
② 사업자의 재정능력과 규모
③ 시장의 진입장벽
④ 상품·서비스의 공급원 및 유통·소비시장에 대한 통제력
⑤ 기술 및 기술 기반 시설의 이점
⑥ 기반 시설의 확보 및 접근
⑦ 지식재산권 소유 및 사용 권리
⑧ 다른 관련 상품·서비스의 수요처 또는 공급원으로의 전환 능력
⑨ 사업자가 사업을 영위하는 업종에 특유한 요소

49) Hickin, et al., op. cit., 27.

50) Luu, op. cit., 140.

51) Furse, op. cit., 323~324.

52) No.23/2018/QH14 第25조.

도로 규정하지 않고 시장지배적 지위를 가지는 사업자의 지위 남용행위만 그 규제 대상으로 보고 있다. 그러나 베트남에서는 독점사업자가 시장지배적 사업자보다 시장경제에서 위험한 존재이며, 시장지배적 사업자를 규제하는 내용보다 엄격한 방법으로 규제해야 한다는 것으로 이해되고 있다.[53)]

2. 시장지배적지위 남용행위

2004년 경쟁법과 마찬가지로 2018년 전면 개정법 제27조 1항에서는 시장지배적지위를 가진 사업자가 그 시장에서 지위를 남용한 행위의 유형을 열거하여 금지하고 있다.

① 비용보다 낮은 가격으로 상품 또는 용역을 판매하여 경쟁자를 시장에서 배제하거나 배제할 수 있는 행위(각호a),
② 비합리적인 구매 또는 판매가격을 정하거나, 재판매가격(RPM)의 하한을 설정함으로써 소비자에게 손해를 야기하거나 야기할 우려가 있는 행위(각호b),
③ 상품・용역의 생산 및 유통을 제한하거나, 시장을 한정하는 행위 또는 기술 개발을 방해하여 소비자에게 손해를 야기하거나 야기할 우려가 있는 행위(각호c),
④ 거래조건을 차별적으로 적용하여 다른 사업자의 시장 진입 또는 확장을 방해하거나 다른 사업자를 배제 또는 배제할 수 있는 행위(각호d),
⑤ 다른 사업자에게 상품・용역의 구매 또는 판매 계약을 체결할 때 조건을 부과하거나 소비자에게 계약과 직접적인 관련이 없는 내용의 의무를 요구함으로써 다른 사업자의 시장 진입 및 확장을 방해하거나 다른 사업자를 배제 또는 배제할 수 있는 행위(각호dd),
⑥ 다른 사업자의 시장 진입 및 확장을 제한하는 행위(각호e),
⑦ 다른 법에서 금지하고 있는 시장지배적지위 남용행위(각호g).

제27조 2항에서는 독점지위 사업자의 금지되는 남용행위로 위 시장지배적지위 사업자의 행위 중 5유형(각호 b, c, d, dd, e)에 더하여, 소비자에게 불리한 조건을 부과하는 행위(2항 각호b), 독점 지위를 이용하여 이미 체결된 계약을 정당한

53) Luu, op. cit., 140.

이유 없이 일방적으로 수정 또는 취소하는 행위(2항 각호c), 그 외 다른 법에서 금지하고 있는 독점지위 남용행위(2항 각호d)를 규정하고 있다. 베트남 경쟁법상 시장지배적지위의 남용금지는 다른 나라의 경쟁법과는 다르게 위의 남용행위를 당연위법으로 규정하고 있고 예외를 인정하지 않는다.[54] 따라서 베트남의 시장지배적지위남용의 금지는 전형적인 행태주의적 접근방법(formalistic approach)을 취하고 있으며, 2종 오류(Type II error)의 문제를 발생시킬 우려가 있다.

3. 집행 사례

2006년에서 2015년 사이에 VCA는 5건의 시장지배적지위 남용 사건을 조사하였는데 그 중에서는 국영 기업(State-Owned Enterprises)에 대한 집행도 포함하고 있어서 국영기업 역시 경쟁법의 적용에서 예외가 될 수 없다는 점을 알 수 있다.

(1) Vinapco의 연료 공급 거절 사례

Vinapco(Vietnam Air Petrol Company Limited)는 베트남 항공연료 시장에서 독점지위를 갖는 사업자로, Jetstar(Jetstar Pacific Airlines Company Limited)에 항공연료를 2008년에 톤당 593,000VND에 공급하는 계약을 체결하였다. 그러나 2008년 3월 국제 유가의 급등으로 인하여 가격변동이 생기자 공급가격을 750,000 VND로 일방적으로 인상하였고, Jetstar는 인상된 가격이 Vinapco가 자신의 모회사인 Vietnam Airlines에게 공급하는 가격과의 차이를 지적하며 가격 인상을 거절하였다. 이에 Vinapco는 Jetstar에게 연료 공급을 거절하였고, 2008년 4월 1일 Jetstar의 30여개 비행일정이 취소되거나 연기되었다. 그 후 교통부장관(Minister of Transport)이 Vinapco에 연료를 공급할 것을 지시하면서 그와 동시에 VCA가 위 Vinapco의 가격 인상행위의 반경쟁성 여부에 관한 조사를 착수하였다.

2009년 1월 VCC로 이관된 본 사안에 대하여 VCC는 독점지위의 남용행위로 보고 경쟁법에 위배된다고 판단하였고 Vipanco의 2007년 매출액의 0.05%인 33.78억 VND의 과정금을 부과하였다. 이후 Vinapco는 경쟁법에 위배되는 조항을 계약에서 삭제하였고, 본 결정은 2010년 12월 하노이 인민법원(People's Court)에서 확정되었다.[55]

---

54) Luu, op. cit., 142.

(2) AB Tours의 사례

2014년 4월에는 AB Tours(Trading Tourism Co., Ltd.)가 베트남 경쟁당국 VCA에 Anh Duong(Anh Duong Manufacturing Trading Services Import & Export Co., Ltd.)이 시장지배적지위를 남용했다고 신고하였다. Anh Duong은 Khanh Hoa 지역의 여러 호텔에게 독점합의(exclusivity agreement)를 체결할 것을 요구하고 합의한 호텔들은 Anh Duong을 통하여 베트남을 방문하는 러시아, 우크라이나 등 독립국가연합국(Commonwealth of Independent States, 이하 'CIS')의 관광객만 수용하고, 객실이 비어있더라도 타 경쟁 여행사의 손님은 수용할 수 없도록 하였다.

신고에 따라 VCA가 조사에 착수하였으며, 2016년 12월 결정에서 관련 시장은 '베트남을 방문하는 CIS 관광객을 위한 여행 서비스 시장'으로 획정하고 Anh Duong사가 51.6%의 시장점유율을 가지고 있어 당해 관련 시장에서 시장지배적 지위에 있다고 확인하였다. 이에 VCA는 Anh Duong과 합의를 체결한 호텔들로 하여금 타 여행사의 관광객을 수용하지 못하게 하는 행위는 새로운 경쟁자들의 시장 진입을 방해한다고 보고, 당해 행위가 2004년 경쟁법 제13조 6항에서 금지하는 행위에 해당한다고 판단하였다.[56] VCA의 결정이 발표된 이후, Anh Duong이 자발적으로 자신의 불법행위를 인정하고, AB Tours가 신고를 철회하면서, VCC는 Anh Duong에게 과징금이 아닌 이행합의(settlement) 비용인 5천만 VND을 지불하라는 결정을 내렸다.[57]

V. 기업결합 규제

1. 기업결합의 의의 및 유형

베트남 경쟁법은 베트남 시장에 경쟁제한효과를 초래할 수 있는 기업결합을

---

55) Hickin, et al., op. cit., 36~37.

56) Vietnam Competition Council, *Thông cáo báo chí của Hội đồng Cạnh tranh về vụ việc vi phạm hạn chế cạnh tranh, lạm dụng vị thế thống lĩnh trên thị trường du lịch*, http://www.hoidongcanhtranh.gov.vn/default.aspx?page=news&do=detail&id=135 (최종접속 : 2021.6.2)

57) Hickin, et al., op. cit., 35~36.

표 2 베트남 경쟁법상 기업결합의 분류(제30조)

흡수합병 Merger of enterprises	기업결합의 당사회사 중 하나는 존속하고 다른 회사는 흡수되어 자산, 권리 및 의무 등을 존속회사에게 포괄적으로 이전하는 기업결합
신설합병 Consolidation of enterprises	기업결합에 참여하는 모든 회사가 해산하여 새로 회사를 설립하고, 신설되는 회사에 자산, 권리 및 의무 등을 포괄적으로 이전하는 기업결합
기업인수 Acquisition of enterprises	다른 회사 지분의 전부 또는 일부를 인수하여 피인수회사의 거래를 통제하거나 지배하는 기업결합
합작투자 Joint Venture	둘 이상의 기업이 함께 자신의 자산의 일부, 권리, 의무 등을 새로운 회사의 설립을 위하여 이전

금지하고 있는데, 이는 우리나라의 기업결합에 대한 규제에 해당한다.[58] 베트남 경쟁법에서 규정하는 기업결합의 유형은 흡수합병, 신설합병, 기업인수 그리고 합작투자의 유형이 있고 그 외 다른 법에 의한 기업결합의 유형[59]도 따로 규정되어 있다.

시행령35 제2조에서는 세 번째 유형인 기업인수에 대하여 정의규정을 통해 구체적으로 한정하고 있는데,[60] 인수회사가 상대 회사의 자본 또는 자산을 인수함에 있어서 ① 상대 회사의 의결권 있는 주식 또는 지분의 50%를 초과하여 취득하는 경우, ② 상대회사가 사업의 전부 또는 일부를 영위하기 위하여 보유하고 있는 자산의 50%를 초과하여 소유권 또는 사용권을 취득하는 경우 또는 ③ 인수하는 회사가 상대회사의 이사회 구성원 전원 또는 과반수(주식회사일 경우), 사원총회 의장(유한책임회사일 경우) 또는 사장을 직접적 또는 간접적으로 임명하거나 면직할 권한을 보유하거나, 상대회사의 정관을 변경할 수 있는 권한을 보유하거나 또는 상대회사의 조직, 목적사업, 사업지역 및 그 형태, 목적사업의 규모, 사업자금의 조달 및 사용 방안 등과 같은 사업 활동의 주요 내용에 대하여 결정할 권한을 보유하는 경우가 여기에 포함된다고 하고 있다.

58) OECD 용역보고서, 베트남 경쟁법에 관한 연구, 59면.
59) No.23/2018/QH14 제30조 1항 각호dd, “Other categories of economic concentration as per the law”.
60) Decree 35/2020/ND-CP 제2조 1항.

2. 사전신고 대상 기업결합 및 신고 절차

베트남 경쟁법은 인도네시아, 싱가포르와 달리, 일정한 경우에 기업결합의 사전신고를 할 의무를 규정하고 있다. 2004년 경쟁법에서는 기업결합으로 인하여 결합 회사의 관련 시장에서의 점유율이 30~50%에 이를 경우 기업결합 이전에 반드시 국가경쟁위원회(NCA)에 사전 신고할 의무를 부과하고 있었다. 그런데 오직 시장점유율만을 기준으로 사전신고 대상 여부를 알 수 있게 되어 있어서, 신고 대상에 해당하는지 여부를 심사하는 단계에서부터 시장획정과 시장점유율을 먼저 판단해야 한다는 어려움이 있었다.[61] 이러한 문제는 특히 시장 획정이 어려운 디지털 플랫폼 시장에서 기업이 기업결합 신고를 회피하는 문제도 초래하고 있어서,[62] 2018년 경쟁법에서는 기업결합의 사전 신고 기준이 보다 더 확장되었다.

법 제33조 2항의 신고요건은 2020년 3월 24일 제정된 시행령을 통하여 구체화되었는데, 시행령의 내용은 다음과 같다.

① 기업결합 관련 기업들의 베트남 시장 총자산(total assets)이 3조 VND 이상,
② 기업결합 관련 기업들의 베트남 시장 총매출액이 3조 VND 이상,
③ 기업결합의 거래 가액이 1조 VND 이상,
④ 관련 시장 내 기업결합 관련 기업들의 시장점유율의 합이 20% 이상[63]

위 요건들 중 어느 하나라도 충족하는 경우에는 기업결합 당사자가 사전에 NCC에 신고하여야 한다.

시행령 제13조 2항에서는 증권회사, 보험회사의 경우에는 시장점유율 기준[64] 외의 나머지 3유형의 기준에 대하여 달리 규정하고 있는데 우선, 증권회사는 ① 총자산이 15조 VND 이상,[65] ② 총매출액이 3조 VND 이상,[66] ③ 기업결합 거래가액이 3조 VND 이상일 경우[67]에 사전 신고 대상이 되고, 보험회사일 경우에

61) APEC Economic Committee Report, *Use of Economic Evidence Experience from APEC Members and Implications to APEC Developing Economies and Viet Nam*, 21~22.
62) 장영신 · 강구상 · 나승권 · 김제국 · 최재필 · 김수련, 위의 연구보고서, 160면.
63) Decree 35/2020/ND-CP 제13조 1항.
64) Decree 35/2020/ND-CP 제13조 2항 각호d.
65) Decree 35/2020/ND-CP 제13조 2항 각호a 후단.
66) Decree 35/2020/ND-CP 제13조 2항 각호b 후단.
67) Decree 35/2020/ND-CP 제13조 2항 각호c.

는 ① 총자산이 15조 VND 이상,[68] ② 총매출액이 10조 VND 이상,[69] ③ 기업결합 거래가액이 3조 VND 이상[70]이 되어야 한다.

신고의무가 있는 기업결합에 해당할 경우, 경쟁법 제34조에 명시되어 있는 신고서류를 국가경쟁위원회(NCC)에 제출하여 신고를 접수한다. NCC는 신고서 접수일로부터 7영업일 이내에 신고의 유효성 및 완전성을 심사하여 서면으로 그 적격성여부를 통보한다.[71] 이 때 NCC는 접수 이전에 신고서의 보완이 필요할 경우에는 30일 이내에 그 보완을 요청할 수 있다. NCC는 신고서 접수일로부터 30일 이내에 기업결합의 예비심사(preliminary assessment of economic concentration)를 진행하고, 예비심사의 결과인 ① 기업결합의 승인 결정 또는 ② 기업결합의 사안이 일반심사절차의 대상에 해당한다는 결정 중 하나를 통보하여야 한다.[72] 예비심사에서는 기업결합 당사회사의 관련 시장 내 점유율의 합계, 기업결합 이전과 이후의 관련 시장에서의 집중도 그리고 기업결합 당사회사의 특정 상품 또는 서비스의 생산·유통·공급의 각 단계에서의 관계를 고려한다.[73] NCC는 30일 이내에 예비심사결과를 통지하지 않으면, 그 이후에 일반심사 대상임을 결정할 수 없고 당사회사의 기업결합은 그대로 실현된다.[74]

시행령 제14조에서는 ① 기업결합에 참여하는 기업들의 시장점유율의 합이 20%이하인 경우, ② 기업결합에 참여하는 기업들의 시장점유율의 합이 20% 또는 그 이상이지만, 시장점유율 지수(HHI)[75]가 1800 미만인 경우, ③ 기업결합에 참여하는 기업들의 시장점유율 합이 20%이상이고, 시장점유율 지수(HHI)가 1800

---

68) Decree 35/2020/ND－CP 제13조 2항 각호a 전단.
69) Decree 35/2020/ND－CP 제13조 2항 각호b 전단.
70) Decree 35/2020/ND－CP 제13조 2항 각호c.
71) No.23/2018/QH14 제35조 1항 및 2항.
72) No.23/2018/QH14 제36조 2항.
73) No.23/2018/QH14 제36조 1항.
74) No.23/2018/QH14 제36조 3항.
75) Decree 35/2020/ND－CP 제2조 3항에서 구체적인 지수(square) 산정 방법이 나타나 있다.
“The sum of squares of the market shares of enterprises in the relevant market is calculated according to the following formula:
Sum of squares of market share $= S_1^2 + S_2^2 + \cdots S_{(n)}^2$
In which: S_1, ... $S_{(n)}$ is the corresponding market share level of the 1st enterprise to the nth enterprise.
Example: In the same related market, there are 3 enterprises with 30%, 30% and 40% respectively. The sum of squares of the market shares of 3 firms in the relevant market is determined to be $30^2 + 30^2 + 40^2 = 3400$.

이상이지만, 기업결합 이후 증가하는 시장점유율 지수의 폭이 100이내인 경우, ④ 기업결합에 참여하는 회사들이 특정 상품 또는 서비스의 생산·유통의 단계 또는 상품·서비스를 상호 공급하거나 그 보완 상품 또는 서비스를 제공하는 각 단계의 관련 시장 내 시장점유율이 20% 미만인 경우에는 국가경쟁위원회(NCC)가 예비심사단계에서 기업결합을 승인하도록 규정하고 있다.

3. 기업결합의 본 심사

예비심사 후 그 기업결합이 본 심사(official assessment of economic concentration) 절차의 대상이 된다는 결정을 받은 기업결합 당사회사에게 NCC는 예비심사 결과를 받은 날로부터 90일 이내에 일반심사의 결과를 통지해야 하고, 그 심사 기간은 최대 60일까지 연장이 가능하다.[76] 일반심사에서는 ① 법 제31조에 명시되어 있는 기업결합으로 인하여 야기되었거나 야기될 수 있는 실질적인 반경쟁적 효과와 당해 반경쟁적 효과를 해소하기 위한 방안을 평가하고, ② 법 제32조에 명시되어 있는 기업결합으로 인한 긍정적인 효과(positive effects)와 기업결합으로 인한 긍정적인 효과를 증진할 수 있는 방안에 대해 평가하고, ③ 기업결합으로 인한 반경쟁적 효과 및 긍정적인 반경쟁적 효과(positive anti-competitive effects)를 종합적으로 고려한다.[77] 반경쟁적 효과와 긍정적인 효과에 대한 판단 기준은 2020년 시행령35 제15조와 16조에서 상세히 규정하고 있다. 제15조[78]에서는 기업결합의 중대한 반경쟁효과(significant anti-competitive effects)의 평가 내용을 설명하고 있다.

① 기업결합 이전과 이후의 관련시장 내 기업결합 당사회사의 시장점유율 합계(1항)
② 기업결합 이전과 이후의 관련 시장 내 집중도를 평가하여 해당 기업의 시장력 발생 또는 강화, 관련 시장 산업 내에서 사업자들 간의 협력, 담합이 증가할 가능성에 대하여 판단(2항)
③ 수직관계인 특정 상품·용역 또는 사업 라인의 생산, 유통 및 공급관계,

76) No.23/2018/QH14 제37조 1항.
77) No.23/2018/QH14 제37조 2항.
78) Decree 35/2020/ND-CP 제15조.

상호 독점적인 원자재를 공급하는 관계 또는 보완재를 공급하는 관계에 있는 기업 간의 기업결합일 경우 그 관계를 평가하여, 기업결합이 이루어지면 다른 경쟁자를 배제하거나 시장에 진입하는 것을 방해할 정도의 경쟁상 이점이 발생하는지를 판단(3항)

④ 관련 시장에서 기업결합으로 인한 경쟁상 이점(competitive advantage)은 상품의 특성, 생산 체인(production chain), 유통, 재정 역량(financial capacity), 브랜드 및 기술, 지적재산권 또는 그 외 기업결합 이후 관련시장에서 타 경쟁자에 대하여 가지는 유리한 고지, 기업결합 이후에 있을 수 있는 상당한 시장력의 발생 또는 강화 등에 기초하여 전체적으로 평가(4항)

⑤ 기업결합 이후에 판매수익에서 가격 또는 영업 이익(profit margin)을 인상할 수 있는 능력(5항)[79]

⑥ 기업결합 이후에 다른 사업자를 축출하거나 시장에의 진입/확장을 방해할 수 있는 능력(6항)[80]

⑦ 당해 산업 또는 분야의 특정 요소로, 해당 요소가 직접적으로 영향을 미치거나 경쟁제한적 영향 평가의 결과를 바꿀 수 있을 정도로 중대한 요소와 제15조에서 구체화된 경제력집행의 반경쟁적 효과를 고려(7항)

기업결합에서 유래하는 긍정적인 효과를 판단함에 있어서는 다음의 사항 중 하나 또는 여러 요소를 종합하여 판단한다.

① 산업, 분야 그리고 과학과 기술의 발전으로 인한 긍정적 영향(1항)[81]

② 중소규모 기업(small and medium-size enterprises)의 발전에 대한 긍정적인 영향, 이 요소는 중소규모의 기업이 기업결합 이후 제공되는 상품 및 용역 시장에 진입하거나 시장을 확장 또는 생산 및 유통망과 각 체인에 참여하고자 할 때에 얻을 수 있는 기회와 유리한 조건 등을 기초로 판단(2항)

③ 베트남 기업의 국제시장에서의 경쟁력 강화요소로서, 이는 기업결합으로

---

79) Decree 35/2020/ND-CP 제15조 5항 각호에서는 이와 같은 가격 인상 또는 영업 이익의 상승을 판단하는 데 기초가 되는 요소 5가지를 따로 규정하고 있다.

80) Decree 35/2020/ND-CP 제15조 6항 각호에서는 시장에서 제거 또는 시장진입/확장을 방해하는 행위로 4가지 요소를 규정하고 있다.

81) Decree 35/2020/ND-CP 제16조 1항에서는 긍정적인 효과로 간주되는 산업의 발전, 기술의 발전 등이 국가의 산업 전략과 국가 종합 계획(master plan)에 부합하는 요소라고 설명하고, 각호에서 국가의 산업 전략 등에 부합하는 내용을 평가할 수 있는 기준 2가지를 제시하고 있다.

인하여 생산의 규모, 내수 소비 및 상품/용역의 수출 등의 확장에 기초하여 판단(3항)

위 요소들을 종합하여 판단한 후 NCC는 기업결합의 승인, 조건부 승인, 또는 불승인 여부를 결정[82]하고 결정일로부터 5 영업일 이내에 이를 알려 준다. 조건부 승인 결정의 경우, 법에 정한 조건을 부과할 수 있는데 조건의 내용은 ① 기업결합에 참여하는 기업들의 전체 또는 부분 분할(division), 자본의 양도, ② 기업결합 이후에 형성된 기업의 상품 및 용역 거래와 관련된 내용 또는 그 외 사업상 계약의 거래 조건에 대한 통제, ③ 시장경쟁에 야기될 수 있는 부작용(adverse effects) 해결 방안, ④ 그 외 기업결합의 긍정적인 효과의 증진을 위한 조치를 명할 수 있다.[83]

2004년 경쟁법에서는 기업결합의 심사기한이 '기업결합 신고일로부터 45일', '추가 60일'로서 관련 시장의 획정 등 복잡한 심사절차를 수행하기에는 짧은 경향이 있었는데, 2018년 경쟁법에서는 예비심사와 본심사로 나누어서 경쟁제한성이 없는 기업결합에 대해서는 30일 이내 결정을 하고, 경쟁제한성이 우려되는 사안에 관하여는 예비심사 30일, 본 심사 90일, 추가 60일로 심도 있는 경제분석을 위한 기한이 확보되었다고 볼 수 있다.[84] 2004년 경쟁법에서는 기업결합 이후 관련 시장 내 시장점유율이 50%를 초과하는 경우에 그 외 별도의 경쟁제한성 심사 없이 경쟁제한적 기업결합으로 보아 예외 사유에 해당하지 않는 한 금지하는 당연위법식의 규제를 시행하였다.

그러나 2018년 경쟁법에서는 시장점유율 50% 조항을 삭제하고, 베트남 시장에 실질적인 경쟁 제한적 효과(substantial anti-competitive effects)가 있는 경우에 금지된다고 규정[85]함으로써 효과 기반의 접근으로 변화하였다고 할 수 있다. 그리고 이러한 변화는 NCC로 하여금 그동안 시장점유율에만 의존하는 수평적 시장경쟁 저해의 시각에서, 수직적(vertical) 또는 혼합적(conglomerate) 기업결합으로 인한 경쟁의 저해 이론(theory of harm)을 여러 시각에서 수립할 수 있는 기회를 열었다고 할 수 있다.[86] 다만, 베트남 경쟁법은 수평적 기업결합, 수직적

82) No.23/2018/QH14 제41조.
83) No.23/2018/QH14 제42조.
84) 장영신 · 강구상 · 나승권 · 김제국 · 최재필 · 김수련, 위 연구보고서, 163면.
85) No.23/2018/QH14 제30조.

기업결합, 혼합적 기업결합에 대한 구분은 따로 하지 않고 있다.[87]

4. 구체적 집행 사례

과거 사회주의 체제 하에서 국가주도의 경제 시스템을 운영할 당시에, 베트남의 대부분의 산업은 국영기업(State-Owned Enterprises)이 담당하였기 때문에, 기업결합에 대한 인식이 많이 부족하였고, 이로 인해 2005년에 경쟁법을 시행되었음에도 불구하고 기업결합 규정의 준수는 미미한 수준이었다고 평가 받는다.[88] 예를 들어, 2011년 5월 12일 베트남 총리는 EVN Telecom사를 EVN로부터 Viettel Group으로 이전하는 내용을 결정하였는데,[89] 이 거래는 합병(merger)에 해당하였음에도 불구하고 그 결정을 함에 있어 당시의 경쟁법이 고려되지 않았고, VCA에게 고지되지도 않았다.[90]

EVN은 100% 국영기업으로서 주된 사업 분야는 국가의 전력망을 운영하면서 거래의 자본을 투자하여 EVN Telecom을 설립하여, 통신 서비스를 제공하였다. 그러나 통신시장에서의 경쟁은 해당 시장에서 경험이 없었던 EVN Telecom에게 불리하였고, EVN이 지원하려 하였으나 큰 적자를 면치 못하여 EVN은 EVN Telecom에 투자한 자금을 회수하고자 하였다. 이에 Viettel과 HTC(Hanoi Telecom Corporation)이 EVN Telecom 인수에 관심을 보였는데, Viettel은 국방부(Ministry of Defense) 산하 국영기업이었고, HTC는 민간기업으로서 인터넷 서비스, VoIP, 이동통신 서비스, 3G 서비스 등을 시장에 공급하는 사업자였다. EVN Telecom은 이후 Viettel에 인수되었는데, 어떠한 근거 또는 산업상 이유에 의하여 HTC가 아닌 Viettel이 선정되었는지는 명확하지 않고, 이를 인수 거래로 인식하던 HTC와 달리 당시 Viettel은 이를 합병과 같은 사업상 거래로 보지 않고 국가의 자본을 더 이상 잃지 않기 위하여 EVN Telecom이 부채상태가 되는 것을 막고자 국가 기관에 의하여 의무를 부담하는 것이라고 보았고, 이에 총리는

---

86) APEC Economic Committee Report, *Use of Economic Evidence Experience from APEC Members and Implications to APEC Developing Economies and Viet Nam*, 21-22.

87) Luu, op. cit., 143.

88) Hickin, et al,, op. cit., 48.

89) Decision No.2151/QD-TTg.

90) Phan Cong Thanh, *Competition Law Enforcement of Viet Nam and the Necessity of a Transparent Regional Competition Policy (December 2015)*, ERIA Discussion Paper Series. p. 20.

이를 경쟁법의 절차를 거치지 않고 결합 결정을 내린 바 있다.[91)]

그러나 경쟁법에 대한 인식이 점차 확산되면서 베트남 경쟁당국의 기업결합 심사도 증가하였고, 최근에는 말레이시아와 싱가포르 및 인도네시아를 비롯하여 여러 국가에서 문제된 공유 택시 업체인 Grab-Uber 기업결합을 심사한 바 있다. 베트남 경쟁당국은 Grab의 Uber에 대한 2018년 3월 25일 기업결합으로 인하여 시장점유율 합계가 30~50%에 이른다면 이는 경쟁당국에 신고하여야 할 사전신고 대상이고, 사전 신고를 하지 않은 채 인수를 진행하였다면 과징금의 부과대상이 된다는 의견을 밝히며 베트남 경쟁법을 위반할 소지가 있다고 하였다.[92)] Grab측은 승객 운송 플랫폼 시장에서 시장점유율이 30%이하라고 반대 입장을 발표하였으나, 경쟁당국은 2018년 5월 18일 결정문 Decision No. 64/QD-CT을 발표하면서 본심사에 착수하여 2018년 11월 30일에 심사를 마무리 하였다.

베트남 경쟁위원회(VCC)는 Grab의 Uber 인수에서 경쟁법 위반이 없다고 판단하고, 기업결합이 진행되었으나, 이에 대하여 베트남 경쟁당국(VCA)은 위원회의 결정에 대하여 2019년 7월 1일 항소하였다. 위원회는 Grab과 Uber의 거래에 의결권 있는 보통주 거래가 포함되지 않아 합병 후에도 Grab이 Uber 베트남에 대한 의결권은 없으며, 어플리케이션 또한 여전히 Uber가 운영한다는 점에 근거하여 경쟁법을 위반하지 않았다고 보았으나, 경쟁당국은 이러한 위원회의 결정에 동의하지 않고 여전히 베트남 경쟁법을 위반했다고 보았다. 이 사건은 아직 진행 중이다.

Ⅵ. 불공정경쟁행위 규제

1. 불공정경쟁행위의 의의 및 유형

베트남 경쟁법은 일반규정에서 불공정행위의 의미를 밝히고[93)] 그 유형을 구분하고 있다. 2004년 경쟁법에서는 '불공정경쟁행위라 함은 사업자에 의한 경쟁 행

91) Phan Cong Thanh, op. cit., 20.

92) Kết thúc điều tra sơ bộ vụ việc Grab mua lại hoạt động của Uber tại thị trường Việt Nam, 2018.5.16.
http://www.moit.gov.vn/web/guest/tin-chi-tiet/-/chi-tiet/ket-thuc-%C4%91ieu-tra-so-bo-vu-viec-grab-mua-lai-hoat-%C4%91ong-cua-uber-tai-thi-truong-viet-nam-11979-22.html

93) No.23/2018/QH14 제3조

위로 일반적인 영업 윤리 기준에 위배되고 국가의 이익 및 다른 기업 또는 소비자의 적법한 권리와 이익에 해를 미치거나 미칠 수 있는 행위'라고 정의하고 있었다. 그런데 이 정의 규정이 2018년 전면 개정되면서, '불공정경쟁행위라 함은 사업자에 의한 행위로, 선의와 정직, 상업상 관행 및 기타 영업 기준에 위배되는 것으로 다른 기업의 적법한 권리와 이익에 손실 또는 해를 미치거나 미칠 수 있는 행위'라고 정의하면서 불공정경쟁행위를 통해 보호하고자 한 이익의 주체가 국가, 타 사업자 그리고 소비자에서 타 사업자로 한정되었고, 손해(damage)뿐만 아니라 손실(loss) 또한 불공정경쟁행위로 인한 결과가 될 수 있도록 변경하였다. 2004년 경쟁법에서는 10가지 유형의 불공정경쟁행위[94]를 규정하였는데, 2018년 경쟁법에서는 이 중 일부는 유지하고, 일부 중복되는 것으로 평가받은 행위 유형은 보다 더 구체적으로 개정하여 다른 행위 유형에 포섭시킨 이후에 삭제되었다. 그 상세한 내용은 다음과 같다.

(1) 영업 비밀의 침해 (Trade secret infringement)(제45조 1항)

2018년 경쟁법에서는 영업 비밀을 침해하는 행위를 불공정경쟁행위로 보고 있는데, 이 침해행위는 ① 영업 비밀 소유자에 대하여 보안 조치를 무단으로 해제하여 영업 비밀에 접근하거나 취득하는 방법 또는 ② 소유자의 동의 없이 영업 비밀을 공개 또는 사용하는 행위로 구성된다. 2004년 법에는 국가기관의 보안 조치에 침입하여 영업에 관한 절차, 상품 유통 등에 대한 절차를 수행하는 것도 불공정경쟁행위에 포함되었으나, 위에서 설명한 바와 같이 타 사업자의 이익을 보호하는 것으로 한정되면서 삭제되었다. 영업 비밀의 침해에 의한 불공정경쟁행위를 한 경우에는 2억 VND~3억 VND 과징금이 부과된다.

---

94) ① 오인할 수 있는 표시
② 영업상 비밀의 침해
③ 거래에 대한 강요 행위
④ 다른 사업자의 명예훼손
⑤ 다른 사업자의 사업활동 방해
⑥ 불공정한 경쟁을 위한 광고
⑦ 불공정한 경쟁을 위한 판촉활동
⑧ 협회에 의한 차별
⑨ 위법한 다단계 판매
⑩ 기타 본 법 제3조 제4항에 규정된 기준에 따라 정부가 정하는 기타 불공정한 행위

(2) 거래에 대한 강요 행위(제45조 2항)

사업자가 다른 사업자의 고객이나 거래 상대방으로 하여금 해당 사업자와 거래하지 못하도록 하거나 거래를 중단하도록 위협하거나 강요하는 행위를 의미한다. 이러한 행위는 거래 상대방이 자유로운 경쟁 및 거래 자유를 제약하는 것으로서 공정경쟁을 저해하는 행위이다. 강요행위에 해당할 경우 1억~2억 VND의 과징금이 부과되나, 만일 경쟁자의 가장 큰 고객 또는 거래 상대방에게 위와 같은 강요행위를 한 경우에는 2억~3억 VND의 과징금이 부과된다.

(3) 허위 사실에 의한 명예훼손(제45조 3항)

경쟁자인 다른 사업자의 명성, 재정상태 또는 사업 운영에 부정적인 영향을 미칠 거짓된 정보를 직접적으로 또는 간접적으로 제공하여 그 명예를 실추시키는 행위는 불공정경쟁행위로서 금지된다. 허위 사실을 직접 유포한 경우에는 2억~3억 VND의 과징금을 부과하고, 간접적으로 유포한 경우에는 1억~2억 VND 과징금을 부과함으로써 그 행위 성격에 따라 과징금에 차이가 있다. 추가적 시정조치로는 정정공표명령이 있다.

(4) 다른 사업자의 사업활동 방해(제45조 4항)

사업자가 경쟁자인 다른 사업자의 적법한 영업 활동에 직접적 또는 간접적으로 지장을 주거나 방해하는 행위가 금지된다. 이 경우에도 사업 활동을 직접 방해한 경우에는 1억~1.5억 VND의 과징금을 부과하고 간접적으로 방해한 경우에는 5000만~1억 VND의 과징금을 부과하며 추가 시정조치로 6개월~12개월 기간 동안 면허, 자격증, 사업허가서의 효력이 정지되거나 영업을 정지한다.

(5) 부당 고객 유인 행위(제45조 5항)

불공정한 경쟁을 막기 위하여 ① 고객을 유인하기 위하여 소비자에게 사업자의 상품 또는 용역에 관한 잘못되거나 오인을 일으키는 정보, 할인 프로모션, 거래 조건 등을 제공하는 행위와 ② 비교의 증명이 없이 경쟁 사업자의 상품 및 용역과 비교하는 행위를 통해 소비자를 유인하는 행위는 금지된다. 과징금은 1억~2억 VND이 부과되고, 추가 시정조치로 '일정 기간' 면허, 자격증, 사업허가서의 효력 또는 영업의 정지, 정정공표명령, 위반행위에 이용된 물건 및 위반행위로 취득한 이익의 몰수를 명할 수 있다.

(6) 부당염매(제45조 6항)

비용보다 낮은 가격으로 상품 또는 용역을 판매하여 경쟁자를 시장에서 배제하거나 배제할 우려가 있는 행위로서, 불공정경쟁행위에 새로 추가되었으나, 시장지배적지위 남용행위에도 유사한 내용이 규정되어 있다는 점이 특기할 만하다. 부당염매를 이용하여 사업자를 배제하였거나 배제할 우려가 있는 경우에는 8억~10억 VND의 과징금이 부과된다.

(7) 기타 불공정경쟁행위(제45조 7항)

그 밖에 다른 법률에서 금지하고 있는 불공정경쟁행위 또한 금지된다. 불공정경쟁행위는 경쟁법에 의해서만 규제되지 않고, 다른 시행령 또는 특정 산업에서 금지하는 행위도 존재한다. 2018년 베트남 최대 택시 업체 Vinasun이 공유 택시 플랫폼 사인 Grab을 상대로 호치민 인민법원에 제기한 소송에서, Vinansun은 Grab의 행위가 「사업 홍보 행위에 관한 상법을 위한 시행령 Decree No. 37/2006/ND－CP」에서 규정하는 '불공정 경쟁을 목적으로 하는 프로모션 행위'[95]에 해당한다는 이유로 손해배상을 청구하였다.

1심에서 Vinasun의 주장이 인용되어 48억 VND를 지급하라는 판결이 내려졌고, 2020년 3월 10일 호치민 고등법원에서 열린 항소심에서도 Vinasun의 승소가 확인되었다. 2004년 경쟁법과 비교하였을 때, '오인할 수 있는 표시 행위'는 부당고객 유인행위의 하나로 포함되었고, '불공정경쟁을 위한 판촉행위' 도 마찬가지로, '협회에 의한 차별행위'와 '위법한 다단계 판매행위'는 2018년 개정된 경쟁법에서 삭제되었다.

2. 불공정경쟁행위 집행 사례

불공정경쟁행위는 베트남 경쟁당국이 비교적 활발하게 조사하고 집행한 분야로서, 시장지배적지위 남용행위 또는 경쟁제한적 합의 보다 그 사례가 더 많다. 특히, 광고와 관련된 불공정경쟁행위가 상당수를 차지하고 다단계 판매 또한 경쟁당국이 조사를 활발하게 진행하였다.

95) Decree No. 37/2006/ND－CP 제4조 6항.

개정된 2018년 경쟁법에 의하여 집행된 사건으로 Golden Choice사는 제약회사로, 경구 피임약을 판매하는데 자신의 경쟁사업자인 Ba Dinh Pharmaceutical Biological Joint Stock Company가 경구 피임약을 판매하면서 자신이 사용하는 것과 유사한 포장과 문구를 사용하여 판매하는 행위를 VCCA에 신고한 사례가 있다. 즉, Golden Choice사는 'New Choice'의 포장으로 판매하는데, Ba Dinh은 'Welchoice'와 유사한 포장으로 판매하였다. 이에 VCAA는 Ba Dinh의 행동이 소비자들로 하여금 혼동을 일으키고 오인하게 할 소지가 있다고 판단하였을 뿐만 아니라, 유사한 상품을 판매하는 타 사업자에게 손해를 야기한다고 보고 2019년 5월 17일 VCCA는 8,625만 VND의 과징금을 부과하였다.[96]

2018년에는 CJ Minh Dat Food Co., Ltd가 Minh Dat International Co., Ltd를 상대로 불공정경쟁행위를 이유로 신고하였다. Minh Dat사는 이전에 CJ Minh Dat에서 관리자로 근무했던 자가 설립한 회사로서, CJ Minh Dat이 설립된 이후에 설립되었으나, 서로 유사한 상품 – 소고기 볼, 생선 볼, 해산물, 야채, 새우볼 – 을 공급하고 있었다. 본 사안에서는 Minh Dat사의 상품 포장이 CJ Minh Dat사의 포장과 유사한 것이 경쟁을 저해하는지 여부가 문제되었는데, VCCA는 Minh Dat의 위와 같은 행위가 고객을 유인하기 위하여 소비자 및 다른 기업들에게 오인을 일으키도록 한 행위로 보고 7,500만 VND의 과징금을 부과하였다.

Ⅶ. 경쟁법 위반 행위에 대한 제재

1. 제재 원칙 및 유형

경쟁법을 위반하는 기업의 경우, 당해 위반행위의 성격과 중대성에 따라 행정벌의 대상이 되고, 형사소추가 될 수 있으며 국가의 이익과 조직 및 개인의 적법한 권리 및 이익에 손해를 야기한 경우에는 법에 따라 이를 보상하여야 한다는 원칙을 규정하고 있다.[97] 베트남 경쟁법상 행정제재의 유형은 기본적 제재(primary penalty)로서 경고와 과징금이 있는데, 그 외에도 추가적으로(additional penalty) 법위반행위의 성격과 중대성을 고려하여 사업허가증의 취소, 면허 또는 영업허가의 박탈, 경쟁법 위반행위에 사용된 수단의 몰수를 명할 수 있다. 과징

96) Decision No. 62/QD–CT.

97) No.23/2018/QH14 제110조 1항.

금은 경쟁법을 위반한 사업자의 직전 회계연도 관련 시장에서의 총매출액(turnover)을 기준으로 산정한다. 과징금의 상한은 다음과 같다.[98]

· 총매출액의 10%에 상당하는 과징금 : 경쟁제한적 합의, 시장지배적지위의 남용행위, 독점적지위 남용행위
· 총매출액의 5%에 상당하는 과징금 : 기업결합 규제 위반
· 20억 VND 내 과징금 : 불공정경쟁행위 금지 위반
· 2억 VND 내 과징금 : 그 외 다른 법 위반 행위

그 외 시행령[99]에서는 행정 제재와 별도로 경쟁법 위반행위로 인한 결과의 시정을 위하여 각각의 경쟁제한적 행위에 대한 과징금 규정과 함께 구체적인 구제조치(remedy)를 규정하고 있다.

· 공공에 정보 정정의 명령
· 상품, 라벨, 거래 조항 등에서 경쟁제한적 요소의 제거
· 지배적 지위 또는 독점적 지위를 남용한 기업의 구조조정(restructuring)
· 사업 계약서 또는 합의 및 거래에 있어서 불법 조항 및 조건의 제거
· 기업결합을 통해 형성된 기업의 자본 또는 자산의 전부 또는 일부의 이전, 전부 또는 일부의 분할
· 기업결합을 통해 형성된 기업들 간에 체결된 상품 및 용역의 가격 또는 그 외 다른 계약서에 포함된 거래 조건에 대한 관할 당국의 통제
· 충분한 정보 및 문서의 제공 명령
· 사업자가 방해하던 기술 및 기술 발전 조건의 원상회복 명령
· 소비자에게 불리한 약관의 제거 명령
· 계약의 약관 또는 계약 내용이 정당한 이유 없이 수정되거나 무효가 된 경우, 그 계약의 원상회복 명령

2. 경쟁법 위반행위에 대한 형사 처벌

베트남 형법 제217조에서는 경쟁제한적 합의를 통하여 타인에 대하여 손해를

98) No.23/2018/QH14 제111조.
99) Decree 75/2019/ND－CP.

야기하였거나 불법 이득을 취득한 자에 대한 형사처벌을 규정하고 있다. 즉, 경쟁제한적 합의 외에 추가적인 형법상 구성요건을 충족하면 행정 제재 이외에 형사 처벌도 가능하다. 단, 입찰담합은 형법 제222조에서 별도로 정하고 있다. 형법 제217조의 요건에 해당하는 경쟁제한적 합의는 ① 시장에서 활동 중이거나 사업을 발전시키고 있는 다른 사업자를 방해하는 합의, ② 합의에 참여하지 않는 다른 사업자를 시장에서 배제하고자 하는 합의, ③ 합의에 참여하는 당사회사들의 시장점유율 합계가 30%이상인 경우에, 상품 또는 용역의 가격을 직·간접적으로 정하는 합의, 상품 또는 용역의 품질을 제한하거나 통제하는 합의, 기술개발 또는 투자를 제한하는 합의, 다른 사업자에게 상품 또는 용역 구매/판매 계약에 관한 거래 조건을 부과하거나, 다른 사업자에게 이러한 유형의 계약을 직접 체결할 수 없게 하는 의무를 부담하도록 강요하는 합의에 해당하는 경우이다.

이에 해당하는 유형의 합의가 존재하고, 이로 인하여 타인에게 10억~50억 VND 내 손해를 가하였거나, 5억~30억 VND 내 불법 이득을 취한 자는 2억~10억 VND 이하 벌금 혹은 2년 이하의 사회 봉사, 3~24개월 이하의 징역에 처할 수 있다. 만일, ① 가해행위가 2회 이상이거나 ② 가해행위에 기망이 수반되었을 경우, ③ 가해자가 시장지배적지위 또는 독점지위를 이용한 경우, ④ 불법으로 취득한 이득이 3억 VND 이상인 경우, ⑤ 다른 사업자에게 야기한 손해가 5억 VND 이상인 경우에는, 처벌을 가중하여 개인은 1억~3억 VND 벌금 또는 1년~5년 이하의 징역에 처하고, 기업일 경우 3억~5억 VND 벌금에 처하고 6개월~2년 이하의 영업금지를 명할 수 있다.

Ⅷ. 결론: 2018년 개정 이후의 발전

베트남은 2005년 처음 경쟁법을 시행한 이후 많은 경제적 사회적 변화를 겪으면서 시장경제로의 성공적인 전환을 위한 규범 마련을 위하여 꾸준히 노력해 왔으며, 2004년 경쟁법에서 유럽과 미국 등의 경쟁법과 유사한 체제를 갖추었음에도 시장점유율에만 의존한 지배력 판단 또는 기업결합의 당연 위법 해당성, 외국기업에 대한 명시적 역외 조항의 부재 등으로 그 정비가 필요함을 느끼고 일본, 유럽연합, OECD뿐만 아니라 여러 국제기구와 함께 집행 사례를 분석하고 개선할 점에 대하여 지속적으로 검토해 온 것으로 보인다.[100)]

복잡한 경제적 분석과 시장 획정 등이 수반되어야 하고, 기존의 국가 주도 산업 발전의 구조에서 유래되는 각 시장별로 국영 기업에게 집중되어 있는 경제력으로 인하여 기업결합 또는 지배적지위의 남용행위에 대한 집행 사건이 풍부하지는 않지만, 과도한 광고 또는 오인을 일으킬 수 있는 광고를 이용한 불공정경쟁행위에 대해서는 꾸준하게 경쟁법의 적용과 집행을 통하여 불공정경쟁행위에 대한 베트남 시장 내 인식이 점차 자리를 잡아가는 것으로 보인다.

베트남은 국제 무역체제로의 통합을 지향하면서, 동시에 사회주의 지향의 시장경제(socialist-oriented market economy)를 강조하고 있다.[101] 사회주의 체제에서 발전해 온 국가들이 가지는 공통적인 한계로서 아직 경쟁문화가 보편적으로 조성되어 있지 않다는 점과, 경쟁 당국의 독립성이 확보되지 못한 점 등으로 인하여 국영 기업에 대한 경쟁법의 공정한 집행의 한계가 있을 수 있는데, 대부분의 산업에서 지배적지위를 가진 사업자 중 국영기업의 비중이 높아, 2018년 경쟁법 개정 이후 베트남 경쟁 당국의 실효적인 경쟁법 집행이 지속적으로 이루어져야 할 것이다.

이와 함께 2018년 개정된 경쟁법에 규정되어 있는 국가경쟁위원회(NCC) 및 산하기관들이 아직 설치되어 있지 않기 때문에, 그 역할을 베트남 경쟁소비자국(VCCA)이 담당하고 있다. 향후 조직 정비 및 전문 인력의 확충이 이루어질 경우 사건처리절차의 개선 등에 보다 많은 관심을 가져야 할 것이다.[102]

100) 베트남은 2018년 경쟁법 개정을 통해 역외적용규정을 포함하였다. Luu, op. cit., 139.
101) Luu, op. cit., 134.
102) 공정거래위원회, 베트남의 경쟁법 · 제도 및 사건처리절차, 2021. 3., 29면.

참고문헌

공정거래위원회, 베트남의 경쟁법 · 제도 및 사건처리절차, 2021.3.

권오승 · 김대인 · 이상헌, 「베트남의 체제전환과 법」, 서울대학교 아시아연구총서 동남아연구시리즈1, 서울대학교 출판부 (2013).

이한우, "베트남의 국영기업 소유구조 변화와 정부-기업관계", 「동남아시아연구」 제23권 제2호, 2013.

임을출, "국제기구의 중국 · 베트남 시장경제법제개혁 지원사례: 북한 적용과 시사점". 「통일정책연구」 제21권 제2호, 2012.

장영신 · 강구상 · 나승권 · 김제국 · 최재필 · 김수련, "아세안 주요국의 경쟁법 비교분석: 디지털플랫폼 시장 M&A를 중심으로", 「세계지역전략연구 20-09」, 대외경제정책연구원, 2020.

한국공정거래조정원, 「베트남 공정거래 역량강화」, 대한무역투자진흥공사, 2018.

APEC, Economic Committee Report, *Use of Economic Evidence Experience from APEC Members and Implications to APEC Developing Economies and Viet Nam*, 2018.

Dowdle, Michael W., John Gillespie, and Imelda Maher. *Asian Capitalism and the Regulation of Competition: Towards a Regulatory Geography of Global Competition Law* (Cambridge University Press, 2013).

Fruitman, David, 'Vietnam' in Mark Williams (ed), *The Political Economy of Competition Law in Asia* (Edward Elgar, 2013), 119.

Furse, Mark, *Antitrust Law in China, Korea and Vietnam* (Oxford University Press, 2009).

Handbook on Competition Policy and Law in ASEAN for Businesses – 5th Edition Jakarta: ASEAN Secretariat, August 2020.

Hickin, John M.,Hannah C. L. Ha, Vietnam Competition Law – Key Changes in 2019, Mayer Brown.

Luu, Ly Huong, 'Vietnam's competition law adoption: from passive to active' in Steven Van Uytsel, Shuya Hayashi, and John O. Haley (eds.), *Research Handbook on Asian Competition Law* (Edward Elgar, 2020), 134.

OECD (2018). OECD Peer Revoes of Competition Law and Policy: Viet Nam.

OECD 용역보고서, 베트남 경쟁법에 관한 연구, 2011.

Thanh, Phan Cong,*Competition Law Enforcement of Viet Nam and the Necessity of a Transparent Regional Competition Policy (December 2015)*, ERIA Discussion Paper Series.

VCCA, Ministry of Industry and Trade, Annual Report 2019.

■ 베트남 법령 및 결정문

No.27/2004/QH11

No.23/2018/QH14

Decree 35/2020/ND－CP

Decree 75/2019/ND－CP

Decision No.2151/QD－TTg

Vietnam Competition Council, *Vụ việc Thỏa thuận hạn chế cạnh tranh*, http://www.hoidongcanhtranh.gov.vn/default.aspx?page=news&do=detail&id=99

Vietnam Competition Council, *Vụ việc Hạn chế cạnh tranh trong bảo hiểm học sinh của 12 doanh nghiệp tại Khánh Hoà* http://www.hoidongcanhtranh.gov.vn/default.aspx?page=news&do=detail&id=100

Vietnam Competition Council, *Thông cáo báo chí của Hội đồng Cạnh tranh về vụ việc vi phạm hạn chế cạnh tranh, lạm dụng vị thế thống lĩnh trên thị trường du lịch*, http://www.hoidongcanhtranh.gov.vn/default.aspx?page=news&do=detail&id=135

필리핀 경쟁법

김원준*

Ⅰ. 서 론

필리핀[1)]은 300여 년간 스페인의 지배를 받아 오다가 1898년에 독립하였으나 다시 40여 년을 미국의 지배하에 있다가 1946년에 다시 독립하였다. 이러한 역사적 배경에 따라 필리핀 법제는 전통적인 관습, 로마 시민법, 영미 관습법 및 이슬람법 등의 혼합으로 이루어져 있다. 이는 14세기에 필리핀에 이주한 말레이시아 회교도와 스페인 및 미국의 식민지배로 인한 것이다. 이러한 요소들은 가족관계, 재산권, 상속, 계약을 규율하는 민법과 범죄와 형벌을 규율하는 형법에 남아 있고, 관습법과 판례를 중시하는 영미법의 원칙은 헌법, 절차법, 기업법, 조세법, 보험법, 노동법, 은행법 등에서 명백히 드러나고 있다.[2)]

필리핀 경쟁법(The Philippine Competition Act 또는 Republic Act 10667, 이하 'PCA')은 24년간 의회에서 논의를 거쳐 2015년 7월에 통과되었다. 이전에는 경쟁정책과 법률이 필리핀 헌법, 개정된 형법, 소비자 및 가격법, 부문별 규정 등 약

---

* 김앤장 법률사무소 고문, 경제학 박사

** 이 글에서 논의하는 우리나라 공정거래법은 2021년 12월 30일부터 시행되는 전부개정법을 말한다.

1) 한국수출입은행, 2021 세계국가편람, 52-53면. 필리핀은 면적이 한반도의 1.4배인 3십만 ㎢이며 7천여 섬으로 구성되어 있다. 인구는 1.1억 명(2020년)으로서 1인당 GDP는 USD 3,373(2020년), 경제성장률은 6.0%(2019), -8.3%(2020년), 절대빈곤계층은 22%(2015년), 산업구조는 서비스업 61%, 제조업 30%, 농업 9%(2019년)의 비중, 2020.6월 기준으로 1,764개의 한국 기업이 필리핀에 대해 USD 45.9억을 투자하고 있다.

2) University of Melbourne, 'Southeast Asia Region Countries' Law' (Thailand) <https://unimelb.libguides.com/c.php?g=930183&p=6722017> accessed 9 August 2021.

30여 법령에 흩어져 있었고 대부분 반경쟁적 거래 관행에 대하여 구식의 조항과 제재수단을 규정하고 있었다.[3] 필리핀 경쟁법의 제정은 회원국별로 2015년까지 경쟁법을 제정하기로 한 "아세안 경제공동체(ASEAN Economic Community(AEC) 2007)청사진"을 실행한 것이라고 할 수 있다. Benigno S. Aquino III 정부는 집행명령을 통해 2011년에 법무부를 경쟁당국으로 지정하고 법무부 산하에 경쟁국(Office for Competition)을 설립하여 경쟁법 위반을 포함한 사건의 조사와 같은 책임과 의무를 부여하였다. 경쟁국은 독점화, 카르텔, 경쟁제한적 기업결합의 예방, 제한, 처벌을 위하여 법 위반자에 대한 기소, 경쟁법 및 정책의 집행을 수행하여 왔다.[4] 2014년에 발생한 마늘가격의 폭등에 대해 Aquino III 대통령은 조사를 지시하였고, 조사 결과 마늘 수입업자들이 카르텔을 형성하여 마늘가격의 인상을 주도하였음을 밝혔는데, 이 사건이 경쟁법의 제정에도 영향을 미쳤다.[5]

필리핀 경쟁법은 미국 독점금지법과 유럽연합 경쟁법의 내용을 상당히 참고한 것으로 보인다. 몇몇 필리핀 경쟁법학자들은 필리핀 경쟁법 도입과정에서 미국과 유럽연합 경쟁법을 참고한 내용이 수렴화(convergence) 보다는 융합 또는 결합(fusion)과 같은 형태라고 설명하기도 한다. 특히 필리핀 경쟁법 제14조의 경쟁제한적 합의의 금지와 관련하여 미국과 유럽경쟁법의 방식이 혼합된 형태를 보여주고 있다.[6] 현재 필리핀 경쟁법은 일관성, 명확성, 입법자의 경쟁법에 대한 이해 등의 부족으로 여러 가지 문제점이 드러나고 있으며, 법적 확실성, 예측가능성 그리고 집행의 문제와 관련하여 해결해야 할 이슈들에 대한 논의가 진행되고 있는 것으로 보인다.[7] 필리핀 경쟁법의 구조는 다음과 같다.

필리핀 경쟁법은 제1장 일반조항에서 정책선언, 적용범위, 용어의 정의 규정을 두고 있다. 제2장 필리핀 경쟁위원회(Philippine Competition Commission, 이하 '위

---

3) 필리핀 경쟁법 도입 이전의 파편화된 규제체제와 관련하여 [Mark Williams and Ruby Ann S. Jalit, 'The Philippines' in Mark Williams (ed), The Political Economy of Competition Law in Asia (Edward Elgar, 2013) 191] 참조.

4) Erlinda M. Medalla, 'Understanding the New Philippine Competition Act' (Philippine Institute for Development Studies, Discussion Paper Series No. 2017-14, April 2017) <https://pidswebs.pids.gov.ph/CDN/PUBLICATIONS/pidsdps1714.pdf> p. 2.

5) Wikipedia.org. History of the Philippine Competition Commission, July 26, 2021.

6) Alizedney M. Ditucalan, 'The Philippine competition law dilemma: US-EU fusion to tension?' in Steven Van Uytsel, Shuya Hayashi, John O. Haley (eds.), *Research Handbook on Asian Competition Law* (Edward Elgar, 2020), 233-280.

7) Ibid., 235.

원회')에서는 경쟁위원회, 위원회의 구성, 임기, 위원의 금지사항, 위원회 구성원에 대한 보수, 의사 정족수, 사무국, 권한 및 기능, 법무부 산하 경쟁국의 권한 및 기능을 규정하고 있다. 제3장 금지행위(prohibited acts)는 반경쟁적 합의, 지배적 지위의 남용을 규정하고 있다. 제4장 합병 및 인수(M&A)는 기업결합 심사, 신고의무, 신고의 효과, 금지되는 기업결합 및 적용예외, 입증부담, 기업결합 심사결정을 규정하고 있다. 제5장 사건처리는 관련시장, 지배력, 반경쟁적 합의 결정, 시장지배적 지위, 적용제외(forbearance)를 규정하고 있다. 제6장 과징금 및 제재는 행정규제, 형사제재를 규정하고 있다. 제7장 집행은 사실 확인, 예비조사, 관련부문 규제기관과의 관계, 조사 및 처분권한, 정보의 비밀, 리니언시 프로그램, 불가쟁의 답변(Nolo Contendere), 동의명령(Consent Order) 등 반대할 수 없는 조치(Non-Adversarial Remedies), 모독죄(Contempt), 항소, 강제집행영장(Writ of Execution), 생필품, 면책, 지방법원의 관할, 민사손해배상을 규정하고 있다. 제8장 기타조항은 처분시효, 법원의 잠정적 금지명령 및 가처분신청의 금지, 사업자단체, 의회의 경쟁감시위원회, 제9장 최종조항은 법령시행, 경과규정(transitional clause) 등으로 구성되어 있다.

본 고에서는 먼저 실체법적 내용에 대하여 경쟁정책의 선언과 적용범위 및 관련시장 등을 개관한 후, 반경쟁적 합의의 금지, 시장지배적 지위 남용, 기업결합의 규제 등에 대하여 자세히 살펴보고, 나아가 조직 및 절차 그리고 주요 사례들에 대하여 검토해 보고자 한다.

Ⅱ. 실체법적 내용

1. 개 관

(1) 정책의 선언(제2조)

필리핀 경쟁법은 "정책의 선언" 조항(제2조)을 통해 시장 경쟁의 효율성 증진, 경쟁조건 확보를 통한 주요 산업의 자유화 강화, 기업가정신 · 투자 · 기술발전을 위한 기회균등의 중요성을 선언하고 있다. 아울러 국민경제가 달성해야 할 기회 · 소득 · 부의 균등 배분에 관한 헌법 목적 등에 따라 경제적 효율성 및 공정하고 자유로운 경쟁의 촉진, 경제력 집중의 예방, 반경쟁적 합의 · 시장지배적 지위 남용・반경쟁적 기업결합에 대한 규제를 국가의 책무로 규정하고 있으며, 이는 경쟁법의 목적에 해당한다고 볼 수 있다.[8)]

즉, 상품 및 용역을 배분하는 메커니즘으로서 시장 경쟁의 효율성은 일반적으로 받아들여지고 있으며, 기존의 주요산업에 대한 자유화 조치는 경쟁조건을 보호하는 조치에 의해 강화할 필요가 있다는 점을 국가가 인정하고 있다. 국가는 모두에게 동동한 기회를 부여하는 것이 기업가정신을 촉진하고, 민간 투자를 증진하며, 기술발전 및 이전, 자원의 생산성을 향상시킨다는 점을 인정한다는 것이다. 방해받지 않는 시장 경쟁은 상품 및 용역에 대한 소비자의 선택을 통해 소비자 이익에 기여한다는 점을 강조하고 있다. 기회, 소득 및 부의 균등한 배분, 상품 및 용역의 지속적인 증가, 공익이 요구하는 독점의 규제 또는 금지, 경쟁을 제한하는 기업결합 또는 불공정 경쟁을 불허하는 헌법적 의무를 달성하기 위해 국가는 다음 사항을 수행해야 한다고 선언하고 있다.

(a) 경제적 효율성을 높이고 무역, 산업 및 모든 경제활동에서 자유롭고 공정한 경쟁을 촉진하며 정부가 시행할 국가 경쟁 정책을 수립한다.
(b) 부당하게 경쟁을 질식시키고 자유 시장의 규율을 제한하는 경제력 집중을 예방한다.
(c) 소비자 후생의 예방과 국내외 교역 및 경제발전을 위해 모든 형태의 반경쟁적 합의, 지배적 지위 남용 및 반경쟁적 기업결합을 규제한다.

(2) 적용범위(제3조, 제28조)

필리핀 경쟁법은 필리핀 내의 거래, 산업 및 상업에 관여하는 자연인이나 사업자에게 적용된다. 또한 필리핀 역외에서의 행위를 포함하여 필리핀의 거래, 산업, 상업에 직접적, 실질적, 합리적으로 예측 가능한 효과를 미치는 국제거래에도 적용 된다[9)]는 역외적용의 요건을 규정하고 있다.

이 법은 고용조건과 관련하여 단체협상만을 촉진하기 위해 이루어진 경우 노동자의 결합, 활동, 고용주와의 합의에는 적용되지 않는다는 규정에 따라 일정한 요건을 갖춘 노동 관련 사항에 대하여는 경쟁법의 적용을 제외한다.

법 제28조(forbearance)에서 위원회는 일정한 기간 동안 하나의 사업자 또는

8) Philippine Competition Law(R.A.10667), Section 2 Declaration of Policy.
9) Section 3. Scope and Application.

사업자의 그룹에 대하여 다음 요건을 갖춘 경우 전체 또는 일부, 모든 사건 또는 특정 사건에서 경쟁법의 적용을 하지 않을 수 있다는 적용 제외를 규정하고 있다[10]:

(a) 이 법의 정책 목표를 달성하기 위해 집행이 필요하지 않은 경우,
(b) 적용 제외(forbearance)를 추구하는 사업자 또는 사업자 그룹이 영업활동을 하는 시장이나 관련시장에서 경쟁을 방해하지 않는 경우,
(c) 관용은 공익과 소비자의 이익 및 후생과 일치하는 경우.

위원회는 적용 제외의 결정을 내리는 데 도움을 주기 위해 공청회를 개최하여야 하고 관련 사업자 또는 사업자 그룹에 대하여 적용 제외와 관련된 위원회의 명령은 공개되어야 한다. 위원회는 소비자의 장기적 이익을 보장하는 것이 적절하다고 판단하는 경우 적용 제외 결정에 조건을 부과할 수 있다. 적용제외 명령의 발행 근거가 유효하지 않은 경우 위원회는 그 명령을 철회할 수 있다.

(3) 관련 시장(제24조)

관련 시장의 획정은 상품 또는 용역시장에서 대체가능성에 영향을 미치고 시장의 경계를 긋는 지리적 영역에 영향을 미치는 다음 요소들을 고려하여 결정한다.[11]

(a) 기술적 가능성, 소비자가 대체품을 이용할 수 있는 정도 및 시간을 고려할 때 해당 상품 또는 용역을 국내 또는 해외 원산지의 상품 또는 용역으로 대체할 수 있는 가능성,
(b) 화물, 보험, 수입 관세 및 비관세 제한을 고려할 때 상품 또는 용역, 그 원자재, 그 부품 및 다른 곳으로부터 공급되는 대체품의 유통 비용, 거래 상대방이나 그들의 협회로부터 받는 제약, 시장에 공급하는 데 소요되는 시간,
(c) 다른 시장을 찾으려는 사용자 또는 소비자의 비용과 확률,
(d) 사용자 또는 소비자의 대체 공급재나 대체 공급자에 대한 접근을 어렵게

10) Section 28. Forbearance.
11) Section 24. Relevant Market.

하는 국가, 지역 또는 국제적 제한.

(4) 법인의 지배(제25조)

법인의 지배력을 결정할 때 위원회는 다음 사항을 고려할 수 있다.[12] 모회사가 계열회사를 통해 직·간접적으로 한 사업자에 대한 과반수의 의결권을 소유할 때, 그러한 의결권이 예외적인 상황에서 지배력을 구성하지 않는다는 것이 명백하지 않는 한 지배력이 추정된다. 지배력은 다른 사업자에 대한 의결권이 1/2 이하라도 다음의 경우 지배력이 존재한다.

(a) 투자자와의 합의에 따라 의결권의 1/2 이상의 권한이 있는 경우,
(b) 법령이나 합의에 따라 기업의 재무 및 운영 정책을 지시하거나 통제할 권한이 있는 경우,
(c) 이사회 또는 이에 상응하는 기관에 대한 구성원의 과반수를 임명하거나 해임할 수 있는 권한이 있는 경우,
(d) 이사회 또는 이에 상응하는 기관의 회의에서 과반수 투표 권한이 있는 경우,
(e) 사업자 자산의 전부 또는 상당 부분에 대한 소유권 또는 사용권이 있는 경우,
(f) 사업자의 결정에 결정적인 영향을 주는 권한 또는 계약이 있는 경우.

2. 반경쟁적 합의의 금지(제14조)

(1) 반경쟁적 합의의 요건

필리핀 경쟁법은 경쟁제한적 합의와 관련하여 세 가지 형태로 구분하여 규제하고 있다. 첫째, 가격담합 또는 입찰담합과 같은 경쟁사업자간 합의를 당연위법으로 구분하여 금지한다. 둘째, 합의의 목적(object)이나 효과(effect)가 경쟁을 실질적으로 제한하는(substantially lessening competition) 경쟁사업자간 합의를 규제한다. 셋째, 위의 두 형태의 합의에 포함되지 않는 유형으로서 합의의 목적이나 효과가 경쟁을 실질적으로 제한하는 합의를 규제하나 경쟁법 제14조 제c항에 따라 예외가 인정될 수 있다. 마지막 유형의 합의에는 수직적 합의도 포함된다.[13]

12) Section 25. Control of an Entity.
13) Ditucalan, op. cit., 239.

따라서 반경쟁적 합의에 대해 필리핀 경쟁법은 경쟁자간에 발생하는 가격, 거래 조건, 입찰에 대한 카르텔은 당연위법 원칙을 적용하고 경쟁자간 기타의 카르텔은 합리의 원칙을 적용한다.[14] 경쟁자간 합의를 금지하므로 원칙적으로 수평적 카르텔이 규제되고 있으나 세 번째 유형에 해당하는 경쟁제한의 목적이나 효과를 갖는 카르텔은 수직적 카르텔도 경쟁법의 적용 대상이 될 수 있다.

(2) 반경쟁적 합의의 유형

(a) 다음과 같은 경쟁사업자간 합의는 그 자체(per se)로서 금지된다.
 1) 가격, 거래 요소, 기타 거래 조건에 대한 경쟁 제한,
 2) 경매 또는 위장입찰, 입찰억제, 순환입찰, 시장할당, 기타 입찰조작관행을 포함하는 모든 형태의 입찰에서의 가격 고정

(b) 다음과 같이 경쟁을 실질적으로 방해, 제한, 감소시킬 목적 또는 효과를 지닌 경쟁사업자간 합의는 금지된다.
 1) 생산, 시장, 기술발전 또는 투자의 설정, 제한 또는 통제,
 2) 매매량, 지역, 재화 및 용역의 종류, 매매자, 기타 수단에 불구하고 시장의 분할 또는 공유

(c) (a) 및 (b)에 규정된 합의 이외에도 실질적으로 경쟁의 방해, 제한, 축소의 목적 또는 효과를 지닌 합의도 금지된다.

(3) 반경쟁적 합의 또는 행위에 대한 심사(제26조)

반경쟁적 합의 또는 행위인지 여부를 결정할 때 위원회는 다음 사항을 고려해야 한다.[15]

(a) 경쟁법 제24조(관련시장)에서 규정한 원칙에 따라 반경쟁적 합의 또는 행위의 영향을 받는 것으로 의심되는 관련 시장을 획정

(b) 관련 시장에서 경쟁에 대한 실제적 또는 잠재적으로 부정적 영향이 제기되는지 여부 및 그러한 영향이 실질적이며 반경쟁적 합의 또는 행위로 인하여 야기되는 실제 또는 잠재적 효율성을 능가하는지 여부를 판단

(c) 미래 시장 개발, 소비자들에게 상품이나 용역을 제공할 필요, 대규모 인프

---

14) Section 14. Anti-competitive agreements.

15) Section 26. Determination of Anti-Competitive Agreement or Conduct.

라 투자의 필요성, 법률 요건, 국제 경쟁에 대응하기 위한 필요성, 또한 관련 당사자의 과거 행위와 지배적인 시장 상황을 고려하면서 광범위하고 미래 지향적인 관점을 채택

(d) 경쟁을 예방하거나 실질적으로 제한하지 않도록 보장할 필요성과 경쟁 효율성, 생산성, 혁신 또는 국익 차원의 우선순위 영역이나 산업의 개발이 과도한 개입으로 인해 억제될 수 있는 위험을 비교 형량함

(e) 기업이 합리적인 사업적 목적으로 반경쟁적 합의에 관여했을 가능성이 더 높은지에 대하여 증거의 종합적 측면을 평가

(4) 반경쟁적 합의에 대한 예외

반경쟁적 합의에 대한 예외로서 소비자에게 이익이 되면서 경제활동에 도움이 되는 일정한 요건을 갖춘 카르텔을 허용하고 있다. 즉 소비자에게 공정한 몫을 허용하면서 생산이나 유통 개선, 또는 기술이나 경제발전의 촉진에 기여하는 자는 법위반으로 보지 않을 수 있다.[16]

(5) 자진신고자에 대한 감면제도(제35조)

위원회는 경쟁법 제14조 (a) 및 (b) 에 규정된 반경쟁적 합의의 참가자에게 조사 전 또는 조사 중 일정 요건을 충족하는 합의에 대하여 자발적인 정보의 공개와 교환하여 이러한 정보 공개가 없었다면 발생할 소송의 면제 또는 부과될 과징금 감면의 형태로 정보를 제공하는 사업자에 대한 리니언시 제도를 개발하여야 한다.[17]

소송 면제는 사실의 파악 또는 예비조사 전 다음의 조건이 충족되는 경우 불법적인 반경쟁적 행위를 보고한 사업자에게 부여된다.

(a) 자진신고를 한 시점에 위원회가 불법 행위에 대한 정보를 갖고 있지 않은 경우,

(b) 자진신고자가 불법 행위를 발견한 즉시 카르텔 참가를 종료하기 위한 즉각적이고 효과적인 조치를 취한 경우,

(c) 자진신고자가 불법 행위를 솔직하고 완전하게 보고하고 조사 전반에 걸쳐

---

16) Section 14 (c).

17) Section 35. Leniency Program.

충분하고, 완전하며 지속적으로 협조한 경우,

(d) 자진신고자가 다른 당사자에게 카르텔에 참여하도록 강요하지 않았으며, 카르텔의 주도자 또는 창시자가 아닌 경우.

사실의 파악 또는 예비 조사 후 위법 행위에 대한 정보를 위원회에 접수한 후에도 위원회는 위 (b) 및 (c) 그리고 다음 요건이 충족되면 리니언시를 부여한다.

1) 최초의 자진신고자인 경우,
2) 자진신고를 한 시점에서 위원회가 유죄의 가능성이 있는 사업자에 대한 증거를 가지고 있지 않은 경우,
3) 위원회가 리니언시를 부여하는 것이 타인에게 불공정하지 않을 것이라고 판단한 경우.

리니언시 제도는 당해 카르텔로 인하여 영향을 받는 당사자 및 제3의 소송이나 기소에 대한 면제, 증거 제출자에 대한 혜택으로서 과징금이나 제재의 면제, 포기 또는 단계적 감경을 포함한다. 조사 중 위원회에 정보, 문서 또는 데이터를 협력하거나 제공하는 사업자에게 어떠한 형태의 보복이나 차별도 금지되며 보복 또는 차별은 경쟁법에 따라 제재의 대상이 된다.

경쟁법 위반으로 조사를 받는 사업자의 사업이나 정직성을 손상시키는 허위, 왜곡 또는 악의적인 정보, 데이터, 문서를 위원회에 보고한 자는 기소 대상에서 제외되지 아니한다. 허위, 왜곡, 악의적 정보를 제공한 것으로 판명된 사업자는 불법으로 인정되어 부과되었을 과징금보다 적지 않은 과징금의 부과 대상이 된다.

법무부 경쟁국(DOJ－OFC)은 계류 중인 사건에 대해 예비조사를 진행하고 있을 경우 제35조(Leniency Program)에 따른 리니언시를 부여할 수 있다.

3. 시장지배적 지위 남용의 금지

(1) 시장지배적 지위의 판단 요소(제27조)

어떤 기업이 시장 지배적 지위를 가지고 있는지 여부를 결정할 때 위원회는 다음 사항을 고려한다.[18]

18) Section 27. Market Dominant Position.

(a) 관련시장에서 그 기업의 점유율 및 관련시장에서 가격을 일방적으로 고정할 수 있는지 또는 공급을 제한할 수 있는지 여부,
(b) 진입 장벽의 존재와 경쟁사업자로부터의 공급에 대한 예측가능성,
(c) 경쟁사업자의 존재와 힘(power),
(d) 경쟁사업자 또는 기타 주체가 원재료에 접근할 수 있는 가능성,
(e) 고객이 다른 상품이나 용역으로 전환할 수 있는 힘,
(f) 최근의 행위,
(g) 경쟁법의 규정에 의해 설정된 기타 기준.

(2) 시장지배적 지위의 추정(제27조)

관련 시장에서 시장점유율이 최소 50%가 되면 시장지배적 지위가 있는 것으로 추정된다. 위원회는 시장지배적 지위를 추정할 수 있는 관련 시장에서의 지배적 지위 또는 최소 점유율 수준에 대한 기준금액(thresholds)을 수시로 정하여 공표하여야 한다. 이를 정할 때 위원회는 관련시장의 구조, 통합의 정도, 최종 사용자에 대한 접근, 기술 및 재무 정보, 그리고 시장통제에 영향을 미치는 기타 요인을 고려하여야 한다.

이와 관련하여 우수한 기술 보유, 우수한 서비스 제공, 고품질 제품의 생산 또는 유통, 뛰어난 사업수완, 지적재산권의 사용으로 인하여 경쟁을 실질적으로 방해, 제한, 축소하지 않는 적법한 수단을 통한 시장점유율의 획득, 유지, 증가에 대해서는 지배적 지위 또는 최소 점유율 수준에 대한 기준금액을 정할 때 고려하지 않는다.

(3) 남용행위 유형(제15조)

시장지배적 지위를 남용하여 경쟁을 실질적으로 방해, 제한, 감소하는 사업자 또는 사업자들의 행위는 금지된다.[19]

(a) 관련시장에서 경쟁을 제한할 목적으로 상품 및 용역을 원가 이하로 판매. 다만 위원회는 그런 목적을 갖고 있는지와 형성된 가격이 동일하거나 비교가능한 동질의 상품을 판매하는 시장에서 경쟁자의 낮은 가격과 선의의

19) Section 15. Abuse of Dominant Position.

경쟁을 하는지를 평가한다.

(b) 진입장벽의 설치 또는 우수한 상품이나 공정, 사업수완, 법적 권리 또는 법률로 인하여 시장에서 성장하는 경우가 아닌 반경쟁적 방법으로 경쟁자가 시장에서 성장하는 것을 방해하는 행위,

(c) 거래의 성격상 또는 상관행상 거래와 무관한 의무를 수락하는 조건으로 거래하는 행위,

(d) 유사한 조건으로 거래를 하는 가운데 경쟁을 실질적으로 감소시키는 효과를 지니면서 고객 간 또는 동일한 상품의 판매자간에 불합리하게 차별하여 가격이나 거래조건을 설정하는 행위. 다만 다음의 가격차별화는 허용된다.

   1) 취약한 부문에 대한 사회적 가격 설정
   2) 판매 또는 인도함에 있어 차별화된 방법, 기술 조건 또는 물량으로 인하여 합리적 또는 개략적으로 발생하는 제조, 판매 또는 배송 비용의 차이를 반영하는 가격차별
   3) 가격차별화 또는 결제의 유리한 조건 등에 따른 판매 조건
   4) 변화하는 시장조건, 상품 또는 용역의 시장성이나 물량에 따른 가격 변동

(e) 상품 또는 용역의 거래가 어디서, 누구에게 또는 어떤 형태로 이루어지는지에 따라 가격 고정, 특혜 할인, 리베이트 등 임대 또는 판매 계약에 제한을 부과하거나 경쟁의 방해, 제한, 축소의 목적이나 효과가 있는 경쟁자와 거래하지 않을 조건을 부여하는 행위,

(f) 공급되는 주요 상품 또는 용역과 직접적인 관련이 없는 공급자로부터 특정 상품 또는 용역의 공급에 의존하도록 하는 행위,

(g) 소외된 농업 생산자, 어부, 소기업, 중소기업 및 기타 소외된 서비스 제공자 및 생산자의 상품이나 용역에 대하여 부당하게 낮은 구매 가격을 직간접적으로 부과하는 행위,

(h) 경쟁사, 고객, 공급업체 또는 소비자에 대해 부당한 구매 또는 판매 가격을 직간접적으로 부과하는 행위. 다만 우수한 제품 또는 생산 과정, 뛰어난 사업 수완, 또는 법적 권리나 법률 때문에 또는 그 덕분에 형성한 가격은 불공정 가격으로 보지 아니한다.

(i) 소비자 이익을 침해하는 생산, 시장 또는 기술 개발의 제한 행위. 다만 우

수한 제품 또는 생산과정, 뛰어난 사업수완, 또는 법적 권리나 법률 때문에 또는 그 덕분에 형성된 제한은 경쟁법 위반으로 보지 아니한다.

4. 기업결합의 규제

위원회는 기업결합을 심사할 권한이 있으며[20] 거래금액이 일정한 기준금액(thresholds)을 초과하는 경우 사전신고의무를 부과하고 있으며 심사를 통해 경쟁제한적 기업결합을 금지할 수 있다.

(1) 기업결합의 사전신고의무(제17조)

거래금액이 10억 페소(pesos)를 초과하는 기업결합의 당사자들은 소정의 양식에 따라 위원회가 정하는 정보를 포함하여 신고를 하여야 하며, 신고 후 30일까지 기업결합 계약을 체결해서는 아니 된다.[21]

위원회는 당해 기업결합이 신고 기준에 해당되는지 여부를 결정함에 있어 기준금액(thresholds)을 초과하는 시장점유율 증가분 등 기준을 공표해야 한다.

기업결합의 신고는 의무적, 사전적 성격을 지니고 있으며 신고의무를 위반하여 체결된 기업결합 계약은 무효로 하며 기업결합 당사자들에게 거래 금액의 1－5%의 과징금을 부과한다.

기업결합의 신고 후 30일이 만료되기 전에 위원회가 필요하다고 판단하는 경우 위원회는 추가 정보를 요청할 수 있다. 추가 정보의 요청을 접수한 날로부터 기업결합 계약체결은 추가적으로 60일간 중지된다. 기업결합의 심사는 신고일부터 90일을 초과하지 못한다.

상기 기간이 만료되고 어떠한 사유로도 위원회의 결정이 없는 경우 당해 기업결합은 승인된 것으로 간주되며 당사자는 당해 기업결합을 실행하거나 종결할 수 있다. 모든 신고사항, 위원회에 제출되거나 위원회에서 작성된 문서 및 정보는 당사자의 동의, 법률, 판결, 정부나 규제기관의 적법한 명령에 따라 공개해야 할 의무가 있는 경우를 제외하고는 비밀로 취급된다.

은행, 금융기관, 건물 및 대출협회, 신탁회사, 보험회사, 공공기관, 교육기관 및 기타 특별법이 적용되는 특수법인의 기업결합에 대한 경우, 위원회가 내린 긍

---

20) Section 16. Review of Mergers and Acquisition.
21) Section 17. Compulsory Notification.

정적 또는 이의 없다는 결정이 필리핀 상법 제79조에 따라 관련 정부기관의 긍정적 권고를 받아야 할 요건을 면제해 주는 것은 아니다. 당해 기업결합에 대해 경쟁과 관련한 임무를 가진 관련 정부기관의 긍정적 의견이 있으면 당해 기업결합은 경쟁법을 위반하지 않는다고 추정된다.

(2) 기업결합의 심사(제19조)

법 제20조는 관련시장 또는 위원회가 결정하는 상품 또는 용역시장에서 경쟁을 실질적으로 방해, 제한, 축소하는 기업결합 계약을 금지하고 있다.[22] 제17조에 따른 심사기간 내에 위원회가 당해 기업결합이 제20조의 금지에 해당되고 제21조의 예외요건을 충족하지 않는다고 결정하면 위원회는 다음 사항을 결정한다.[23]

(a) 계약 이행의 금지
(b) 위원회의 결정에 따라 당해 기업결합의 내용이 수정되지 않거나 수정될 때까지 계약 이행의 금지
(c) 당사자들이 위원회의 결정에 따라 당해 기업결합이 법적으로 효력을 발휘할 때까지 계약 이행의 금지

그리고 위원회는 다음 사항에 대한 규정을 수시로 제정하여 공표해야 한다.[24]

(a) 거래 가치에 대한 기준금액 및 제17조의 신고 요건에 따른 기준
(b) 기업결합의 신고를 위해 제출해야 하는 정보
(c) 신고 요건의 예외 또는 면제
(d) 신고 절차와 관련된 기타 규칙.

(3) 기업결합 금지의 예외(제21조)

법 제20조에 불구하고 다음의 어느 하나에 해당하면 기업결합 금지의 예외가 인정된다.[25]

---

22) Section 20. Prohibited. Mergers and Acquisition.
23) Section 18. Effect of Notification.
24) Section 19. Notification of Threshold.
25) Section 21. Exemptions from Prohibited. Mergers and Acquisitions.

(a) 집중이 당해 기업결합 계약으로 인한 경쟁제한 효과보다 큰 효율성 증대를 가져 오거나 가져올 가능성이 있는 경우, 또는
(b) 기업결합 계약의 일방 당사자가 실제적 또는 임박한 재무적 파산에 직면하고 있으며, 당해 기업결합 계약이 회생불가기업의 자산에 대한 공지의 여러 활용방법 중 가장 반경쟁적이지 않은 경우

제21조에 따른 입증책임은 기업결합에 대한 위원회의 금지로부터 예외를 인정받기 원하는 당사자에게 있다.[26] 제21조 (a)에 명시된 기업결합 금지의 예외를 주장하는 당사자는 그 기업결합 계약이 이행되지 않으면 상당한 효율성 향상이 실현되지 않는다는 것을 입증해야 한다.

Ⅲ. 조직 및 절차

1. 경쟁위원회

(1) 성격(제13조)

경쟁위원회는 국가의 경쟁정책 및 경쟁법의 목적을 수행하기 위해 설립된 독립적 준사법기관으로서 대통령실 산하에 설치되어 있다. 경쟁법의 시행으로 경쟁당국은 2016년 6월부터 법무부에서 경쟁위원회로 바뀌었으나 법무부 산하의 경쟁국은 경쟁법 제13조에 규정에 따라 제한적 권한과 기능을 갖고 있다. 즉 법무부 경쟁국은 예비조사만을 수행하며 경쟁법 및 경쟁관련법으로부터 발생하는 형사 소추를 담당한다.[27]

(2) 구성 및 임기(제6조)

경쟁위원회는 위원장 및 네 명의 위원으로 구성된다. 위원장과 위원들은 청렴성 및 독립성을 지닌 필리핀 시민권자로서 경제학, 법학, 재정학, 엔지니어링 중 어느 한 분야에서 전문성을 지니고 있어야 한다. 이들은 전문분야에서 10년 이상 근무한 경력이 있어야 하며 정규직이든 아니든 위원장 또는 위원직 후보가 되기

26) Section 22. Burden of Proof.
27) Section 13, Office for Competition(OFC), Powers and Functions.

직전에 선출직 후보가 아닌 자이어야 한다. 위원장은 장관급, 위원은 차관급으로 하고 대통령이 임명한다.[28]

위원장 및 위원의 임기는 7년이며 재임용은 금지된다. 위원회의 첫 번째 구성에 있어 위원장 및 두 명의 위원에 대한 임기는 7년이며 나머지 두 명의 위원에 대한 임기는 5년이다. 임기 만료 전에 궐위가 된 경우 후임자의 임기는 전임자의 잔여임기로 한다. 위원장 및 위원은 신분이 보장되며 법률의 규정에 따른 경우를 제외하고는 직무가 정지되거나 면직되지 아니한다.[29] 위원은 재임기간 동안 다른 직업을 가질 수 없다. 위원은 강의를 제외한 직무를 직・간접적으로 수행하거나 정부 소유 및 정부관리 기업을 포함한 정부 또는 산하기관이 부여하는 특권에 관한 계약에 관여해서는 아니 된다. 위원장 및 위원은 위원회를 떠난 직후 선출직에 입후보해서는 아니 되며 현직을 떠난 직후 2년간 위원회에 계류 중인 사안에 대해 개인적으로 변호인이나 에이전트로서 활동하여서는 아니 된다. 위원장, 위원, 사무처장의 배우자, 4촌 이내의 친인척은 위원회에 계류 중인 사안에 대해 변호인, 에이전트를 할 수 없으며 위원장, 위원, 사무처장이 현직에 있거나 위원회를 떠난 직후 2년간은 위원회와 직・간접적인 거래를 할 수 없다.[30]

위원회의 구성원과 직원의 보수는 보수표준법(Salary Standardization Act)의 적용을 받지 않으며 각자의 지위에 맞는 대가, 중요도 및 책임성을 고려하여 객관적인 기준에 따라 대통령의 승인을 얻어 결정한다.[31]

위원회의 의사정족수는 위원회 구성원 3인이며 그 3인의 찬성으로 위원회의 규칙, 처분, 명령, 결의, 기타 결정을 한다.[32] 위원회는 사무처장을 포함한 직원의 채용, 보수, 직위, 채용요건, 의무를 결정한다. 사무처장은 위원회가 임명하며 경제학, 무역학, 경영학, 재정학, 엔지니어링 분야에서 최소 10년의 관련 경험을 갖고 있어야 한다. 단순 기능직을 제외한 직원들은 경제학, 법학, 재정학, 무역학, 엔지니어링, 회계학, 경영학 전공분야에서 학사 학위 이상을 취득한 자이어야 한다.[33] 위원회는 필리핀 경쟁법령에 대한 본원적, 주된 집행 권한을 갖는다.

---

28) Section 6. Composition of the Commission.
29) Section 7. Term of Office.
30) Section 8. Prohibited and Disqualifications.
31) Section 9. Compensation and Other Emoluments for Members and Personnel of the Commission.
32) Section 10. Quorum.
33) Section 11. Staff.

(3) 권한 및 기능(제12조)

위원회는 다음의 권한 및 기능을 갖는다.[34)]

(a) 직권, 이해관계자의 확인된 신고, 관계기관의 이첩에 따른 경쟁법 위반을 포함한 사건에 대한 조사, 청문 및 결정,
(b) 기업결합 심사, 기업결합 신고 기준금액(thresholds) 결정, 신고 요건 및 절차 결정, 기업결합의 심사권한에 따라 관련시장에서 경쟁을 실질적으로 방해, 제한, 감소시키는 기업결합의 금지,
(c) 시장 행태를 이해하기 위해 이해관계자 및 유관기관과의 모니터링 및 협의,
(d) 적법한 통보 및 청문을 거쳐 어떤 사업자가 반경쟁적 합의 또는 시장지배적 지위를 남용했다는 실질적 증거가 발견된 경우 위반행위의 금지, 자산매각 요구, 경쟁법 하위규정에 따라 합리적 요소를 반영한 초과이익의 환수,
(e) 경쟁법령 미준수 또는 위반에 대해 행정적 절차 수행, 제재 부과, 벌금 부과와 함께 모욕에 대한 제재,
(f) 문서지참 증언소환영장(subpoena duces tecum) 및 법률증인 소환영장(subpoena ad testificandum) 발부,
(g) 관련 서적, 세금기록, 기타 서류의 삭제, 은닉, 무단변경(tampering), 인멸을 방지하기 위해 법원의 명령에 따라 조사관련 사안에 연관이 있는 관련 서적, 세금기록, 기타 서류가 있을 것이라고 합리적으로 의심이 가는 사업장 및 기타 사무소를 조사,
(h) 경쟁법령에 규정된 방식 및 조건에 따라 기업의 재조직 또는 매각을 위한 명령을 포함한 조정 또는 매각 명령의 발부.

2. 유관 기관

(1) 사업자단체(제48조)

품질 표준 및 안전 문제를 촉진하기 위해 조직된 사업자단체(Trade associations)의 존재 및 운영을 위법으로 보아서는 아니 된다. 다만 사업자단체가 경쟁법의 위반을 정당화하기 위해 어떠한 방식으로든 이용되어서는 아니 된다. 품질 표준,

34) Section 12. Powers and Functions.

효율성, 안전, 보안, 생산성, 경쟁력 및 업계와 관련된 기타 공통 관심사를 논의하거나 홍보하기 위한 포럼으로 협회를 사용하는 것은 불법이 아니지만, 이러한 행위는 반경쟁적 의도나 효과가 없이 이루어져야 한다.[35]

(2) 의회의 경쟁감독위원회(제49조)

경쟁법의 시행을 감독하기 위해 상원의 무역통상 위원장, 경제 위원장 및 금융위원장과 하원의 경제 위원장, 무역산업 위원장, 세출 위원장 그리고 상하원 의장으로부터 각각 지명되는 2명의 의원으로 구성되는 의회의 경쟁감독위원회(Congressional Oversight Committee on Competition)를 설치한다.[36] 상하원 의장으로부터 각각 지명되는 상하원 의원 2명 중 1명은 상하원의 소수당의 대표가 추천한다. 상원의 무역통상 위원장 및 하원의 경제 위원장이 경쟁감독위원회의 공동 의장을 맡는다. 상원의 경제위원장 및 하원의 무역산업 위원장이 경쟁감독위원회의 공동 부의장을 맡는다. 경쟁감독위원회의 사무처는 경쟁감독위원회를 구성하는 상하원 위원회의 기존 직원들로 편제된다.

(3) 관련부문 규제기관(제32조)

위원회는 모든 경쟁관련 이슈의 집행 및 규제에 대하여 본원적, 주요한 관할권을 가진다. 위원회는 어떤 이슈가 경쟁 및 비경쟁 문제인지에 대한 관할권을 가지나 위원회가 사건에 대한 결정을 하기 전에 관련부문 규제기관은 위원회와 협의를 하고 의견 및 권고를 제출할 수 있는 기회를 부여 받는다. 적절하다고 판단되면 위원회와 관련부문 규제기관은 경쟁을 촉진하고 소비자를 보호하며 관련부문에서의 시장지배적 사업자의 지배력 남용을 예방하기 위한 법령의 제정에 협력해야 한다.

3. 사건처리절차

(1) 심사절차(제31조)

위원회는 직권(motu proprio), 확인된 이해관계자의 신고, 규제기관의 이첩을 바탕으로 경쟁법의 집행을 위한 사실파악 또는 예비조사를 시작하고 수행하는 유

35) Section 48. Trade Associations.
36) Section 49. Congressional Oversight Committee.

일하고 배타적 권한을 가진 기관이다. 위원회는 사실 파악이나 예비조사 과정에서 작성된 진술, 문서를 심사한 후 사실파악이나 예비조사를 다음과 같은 방법으로 종료한다.[37)]

(a) 경쟁법의 위반 또는 침해가 발견되지 않은 경우 종결 명령에 대한 결정문 발급,
(b) 합리적 근거에 입각하여 본 조사(full administrative investigation)를 한다는 결정문 발급.

위원회는 정당한 통지 및 청문 후 제시된 사실과 증거에 근거하여 피심인에게 특정 행위 및 관련시장에서 소비자와 경쟁에 중대한 악영향을 미치는 계속적 행위를 일시적으로 중단하라는 명령을 할 수 있다. 증거가 정당한 경우 위원회는 경쟁법 및 관련 경쟁법의 위반에 대해 법무부의 예비조사 및 기소를 위하여 법무부에 형사고발을 할 수 있다. 이 경우 법무부는 형사절차법령에 따라 예비조사를 실시하여야 한다.

위원회는 모든 사건의 예비조사에 대하여 신고, 이첩, 직권에 의한 조사 착수일로부터 90일 이내에 완료하여야 한다. 법 제12조(권한과 기능)에 규정된 경우를 제외하고 어떤 법집행기관도 경쟁관련 사안에 대해여 사실파악, 조사를 하여서는 아니 된다.

(2) 조사, 명령 및 결의안을 집행할 권한(제40조)

위원회는 선서 집행 및 문서지참 증언소환영장(subpoena duces tecum) 발부, 증인 소환, 컨설턴트 또는 전문가 위탁을 통한 조사를 수행하여야 한다. 위원회는 경쟁법 조항을 위반했는지 여부를 결정하고 명령을 집행하며 결의안을 수행한다. 이러한 업무는 법정모독죄에 대한 처벌 및 과태료 부과 권한을 포함하여 현행법 및 절차에 따른 모든 가용한 수단을 동원한다.[38)] 위원회는 자신의 결정, 과징금 납부를 집행하기 위하여 강제집행영장(writ of execution)을 발부할 수 있다.[39)]

---

37) Section 31. Fact Finding; Preliminary Inquiry.
38) Section 33. Power to Investigate and Enforce Orders and Resolutions.
39) Section 40. Writ of Execution.

(3) 반대할 수 없는 조치(Nolo Contendere, 제36조)

반경쟁적 합의의 금지를 규정한 제14조 (a) 및 (b)에 따라 형사 소송에서 기소된 사업자는 기소에 대해 수용하지도 부인하지도 않지만 죄를 인정한 것처럼 처벌을 받는 것에는 동의하는 반대할 수 없는 조치(Nolo Contendere, NC)를 탄원할 수 있다. 이러한 탄원은 형사소송에 기인하는 민사소송 또는 기타 사유로 인한 소송에서 책임을 증명하는데 사용되어서는 아니 된다. 다만 반대할 수 없는 조치에 대한 탄원은 기소전까지만 가능하며 이후에는 당사자, 대중 및 대중에 미치는 영향을 평가한 후에만 이를 수락하는 법원의 허가를 얻어야 한다.[40]

(4) 동의명령(제37조)

위원회가 조사를 완료하기 전에 언제든지 피조사자는 경쟁법 또는 기타의 경쟁법 위반을 인정하지 않고 다음 사항이 포함된 서면의 동의명령 제안서를 위원회에 제시할 수 있다.[41]

(1) 경쟁법에 규정된 과징금의 범위 내에서 지급,
(2) 정규적인 준법 보고서 및 필수적인 준법 보고서,
(3) 피해를 입었을 수 있는 개인 당사자에 대한 손해 배상,
(4) 위원회가 경쟁법 및 기타의 경쟁법의 효과적 집행을 위해 적절하고 필요하다고 판단하는 기타 조건.

(5) 불복절차(제39조)

위원회의 결정에 대하여 법원 규칙에 따라 항소법원에 항소할 수 있다. 항소는 항소법원이 달리 지시하지 않는 한 위원회의 명령, 의결 또는 결정을 중지하지 않는다. 항소에서 위원회는 항소사건의 피고가 된다.

항소법원 및 대법원을 제외한 다른 법원은 위원회의 임무 또는 기능의 행사에 있어 위원회를 대상으로 하는 임시금지명령, 예비금지명령 또는 예비강제금지 명령을 내릴 수 없다. 이러한 금지명령은 사업자 또는 권리를 주장하는 사업자를 포함하는 개인 당사자가 제기한 모든 사건, 분쟁 또는 주장에 적용된다. 다만 헌법상의 이슈와 관련하여 임시중지명령을 하지 않는 것이 대중에게 심각한 부당성

40) Section 36. Nolo Contendere.
41) Section 37. Non－Adversarial Remedies, (c) Consent Order.

과 돌이킬 수 없는 피해를 초래할 정도로 극도로 위급한 때에는 이러한 금지명령을 적용하지 아니한다.

4. 제 재

경쟁법 위반에 대해 행정적, 형사적, 민사적 제재수단을 두고 있다. 경쟁법 위반에 대해 형사소송의 경우 위반 당사자, 당국 또는 그들의 대리인이 위반을 발견한 날부터, 행정 및 민사소송의 경우 소송원인이 발생한 때로부터 5년 이내에 제기되지 않으면 영구히 소송제기가 금지된다.[42]

(1) 행정적 제재(제29조)

1) 과징금

위원회는 제14조(반경쟁적 합의), 제15조(시장지배적 지위남용), 17조(기업결합의 의무신고), 제20조(반경쟁적 기업결합)의 위반에 대하여 정당한 통지 및 청문 후 위반 사업자에 대하여 다음과 같이 행정적 부과금(과징금)을 부과할 수 있다. 초범에 대해 최대 1억 페소의 과징금, 재범에 대해 1억 페소 이상 5억 페소이하의 과징금을 부과한다. 과징금 금액을 정할 때 위원회는 위반의 정도 및 위반기간을 모두 고려해야 한다.[43] 위원회는 제재금액이 설정된 때부터의 실질가치를 유지하기 위하여 과징금을 포함한 행정적 제재금액을 5년마다 증액하여야 한다.

2) 위원회의 명령을 따르지 않는 경우

위원회가 내린 심결, 명령 또는 결정을 이행하지 않거나 거부하는 사업자는 이를 이행할 때까지 위반행위마다 일당 5만 페소에서 2백만 페소의 이행강제금을 납부하여야 한다. 이러한 이행강제금은 해당 결정, 명령 또는 심결의 접수일부터 45일간 누적된다.

3) 부정확하거나 오해의 소지가 있는 정보 제공

위원회는 의도적으로 또는 과실로 부정확하거나 오해의 소지가 있는 서류, 신청서, 구속력 있는 심결 요청, 동의 제안서, 이의신청 등의 정보를 제공하는 자에

42) Section 46. Statute of Limitations.
43) Section 29. Administrative Penalties (a) Administrative Fines.

대하여 최대 100만 페소의 과징금을 부과할 수 있다.

(2) 형사적 제재

1) 징역 및 벌금(제30조)

제14조 (a) 및 (b) 조항에 위반하여 반경쟁적 합의를 한 사업자는 위반행위별로 모든 위반행위에 대하여 2년에서 7년까지의 징역과 5천만 페소에서 2억 5천만 페소의 벌금을 부과 받을 수 있다. 징역형은 책임 있는 간부 및 이사에게 부과된다. 관련된 사업자가 법인인 경우 징역형은 그 위반에 대해 알면서 고의적 책임이 있는 간부, 이사, 관리직 직원에게 부과한다.[44)]

2) 기본 필수품 및 주요 상품(제41조)

위반행위가 물가안정 관련법[45)]에서 규정하는 필수품 및 주요 상품의 거래나 이동과 관련된 경우, 위원회 또는 법원이 부과하는 제재금(fine)은 세 배로 한다.[46)]

(3) 민사적 손해배상청구(제45조)

경쟁법의 위반으로 직접적인 피해를 받은 자는 누구라도 위원회가 법 제31조에 의한 예비 조사를 완료한 후에 별도의 독립적인 민사소송을 제기할 수 있다.[47)]

Ⅳ. 주요 사례

1. 시장지배적 지위의 남용 사건

(1) 사건 개요

이 사건은 피심인 Urban Deca Homes Manila Condominium Corporation (“UDH Manila Condo Corp”) 및 8990 Holdings, Inc.(“8990 Holdings”)가 그들이 운영하는 9개 콘도미니엄에 제공되는 유선인터넷 서비스를 Fiber to Deca

44) Section 30. Criminal Penalties.

45) An Act providing protection to consumer by stabilizing the prices of basic necessities and prime commodities and by prescribing measures against undue price increases during emergency situations and like occasions(Republic Act No. 7581).

46) Section 41. Basic Necessities and Prime Commodities.

47) Section 45. Private Action.

Manila("FTDM")으로부터만 설치하여 사용하도록 한 시장지배적 지위남용에 대해 위원회와 조정(settlement)을 한 것이다. 이 사건은 위원회가 처리한 최초의 시장지배적 지위의 남용 사례이다.[48)]

1) 사건의 진행

9개 콘도미니엄의 거주자 및 세입자들은 FTDM의 서비스 속도가 느리고 비싸다는 이유 등과 다른 인터넷서비스공급자에게 서비스신청을 못하게 하고 있다는 내용의 다수의 신고를 위원회에 접수하였다. 이에 2019.3.27. 본 건의 심사관인 위원회의 집행국(Office of Enforcement)은 심사보고서(Statement of Objections)를 위원회에 상정하였다. 위원회는 2019.9.30. 조정안을 승인함으로써 이 사건을 종결하였다.

2) 당사자

심사관은 위원회의 각종 조사 및 기소관련 사항을 전담한다. 피심인은 UDH Manila Condo Corp 및 8990 Holdings이다. 8990 Holdings는 필리핀에서 저비용으로 대량의 주택개발에 종사하는 필리핀 국내 상장기업이며 다락방(loft)이 있는 단층의 단독주택 및 2층 타운하우스 등 다양한 주택을 제공한다. 8990 Holdings는 8990 Housing Development Corporation("8990 HDC") 등 다수의 자회사를 소유하고 있다. Euson Realty and Development Corporation("Euson Realty") 및 Tonda Holdings Corporation("Tonda Holdings")는 8990 HDC를 통한 8990 Holdings의 간접 자회사이다. Euson Realty 및 Tondo Holdings는 Manila에 위치한 콘도미니엄 사업인 Urban Deca Homes Manila("UDH Manila")의 개발사들이다.

또 다른 피심인 UDH Manila Condo Corp는 UDH Manila 사업에서 부지 및 공동구역을 소유하기 위해 설립된 국내 회사이다. UDH Manila Condo Corp는 UDH Manila 사업의 공동구역을 유지 및 관리하고 있다. UDH Manila Condo Corp의 설립자 및 신탁관리자들은 피심인 8990 Holdings 또는 그 계열회사의 전·현직 직원들이다.

---

48) PCC, Commission Decision No.01-E-001/2019.

(2) 사실관계

심사관은 심사보고서에서 피심인 UDH Manila Condo Corp 및 8990 Holdings는 FTDH 이외의 인터넷 서비스 제공 사업자((Internet Service Providers; "ISP")가 UDH Manila 사업의 거주자에게 유선 인터넷 서비스를 제공하지 못하게 함으로써 자산관리 서비스를 제공함에 있어 지배적 지위를 남용했다고 주장하였다. 이러한 지배적 지위남용의 결과, UDH Manila의 세입자와 거주자는 유선 인터넷 서비스를 제공받음에 있어 FTDH 이외의 다른 인터넷 서비스 제공사업자를 선택하거나 대안을 찾을 수 없게 되었고, 이로 인하여 품질 및 가격에 대해 불만을 제기한 것이라는 점을 지적하였다. 심사관은 피심인 8990 Holdings가 자회사들을 통하여 본 사건에 개입하였다는 점을 강조하였다. 즉 8990 Holdings의 자회사들인 Euson Realty 및 Tondo Holdings가 Itech－RaR Solutions와 UDH Manila 사업에서의 유선인터넷 서비스 제공에 대하여 계약 각서를 체결한 점을 감안할 때 8990 Holdings는 본 사건과 재무적 이해관계를 갖고 있다는 것이다.

이와 관련하여 심사관은 심사보고서를 통해 위원회가 두 피심인들이 경쟁법 제15조 (i)항[49]을 위반하였음을 확인하고 시정명령과 경쟁법 및 절차규정에 따른 합당한 과징금을 부과해 줄 것을 요청하였다.

(3) 위원회 결정

1) 분쟁조정

필리핀 사건처리 절차규칙[50]에 따르면 당사자들은 위원회가 합리적이며 적정하다고 판단할 경우 과징금의 감경이나 소추(charges)의 수정에 이르는 분쟁조정(settlement)[51]을 제안할 수 있다. 분쟁조정절차는 가능한 한 신속히 반경쟁적 행위를 다루고 기타 절차의 효율성을 기하기 위한 것이다.

---

49) Section 15. (i) 소비자 이익을 침해하는 생산, 시장 또는 기술 개발의 제한 행위. 다만 우수한 제품 또는 생산과정, 뛰어난 사업수완, 또는 법적 권리나 법률 때문에 또는 그 덕분에 형성된 제한은 경쟁법 위반으로 보지 아니한다.

50) Section 4.42. 2017 Rules of Procedure of the Philippine Competition Commission.

51) Settlement는 경쟁법 위반과 이에 따른 책임을 당사자가 인정하며 경쟁당국은 본조사를 거쳐 부과될 수 있는 시정조치나 과징금의 범위 내에서 제재를 부과한다. Commitment는 경쟁법 위반 및 이에 따른 책임을 인정하지 아니하나 경쟁제한의 폐해를 피하기 위해 당사자 및 경쟁당국 간에 체결하는 행태적 조치를 수반하는 일종의 공법상 계약이다.

2019.5.30. 피심인은 분쟁조정의 제안을 하였다. 2019.7.22. 심사관 및 피심인들은 수정된 공동의 분쟁조정안을 위원회에 제출했으며, 공동의 분쟁조정안에는 행위의 진술 및 인정, 행위의 중단, 과징금, 모니터링 및 보고 요건, 불이행 조항이 포함되었다. 피심인들은 자신들의 유선인터넷 공급 관련 계약이 인터넷서비스 제공자를 FTDH로 국한하게 되는 상황을 초래함으로써 반경쟁적 행위를 하게 된 점을 인정하고 향후 이행할 약속 · 조건을 제안하였다.

2) 위원회의 심의

피심인들이 본 건 행위사실에 대하여 반경쟁적 행위임을 인정하였으므로 위원회는 제안된 내용이 i) 반경쟁적 행위를 중단하고 재발을 막을 수 있을 것인지, ii) 경쟁을 회복시켜 줄 것인지, iii) 억제 효과가 있을 것인지를 심의하였다. 위원회는 심사관과 피심인이 공동 작성하여 수정된 공동조정안에 명시된 피심인들의 약속 및 조건이 본 사건의 9개 콘도미니엄 사업에서 발생한 피해를 처리하는데 충분하다고 판단하였다.

이에 위원회는 2019.9.30. i) 피심인들이 인정한 시장지배적 지위 남용행위를 즉각 시정할 것, ii) 과징금 27,113,392.70 페소를 본 결정일부터 30일 이내에 납부할 것, iii) 본 결정에 따른 승인된 조건을 이행할 것, iv) 본 결정에 따른 위원회의 모니터링 요구사항을 이행할 것을 조건으로 하는 분쟁조정 결정을 승인하였다.

2. 기업결합의 금지 사례

(1) 사건 개요

이 사건은 피심인 Universal Robina Corporation(“URC”)이 Central Azucarera Don Pedro. Inc.(“CADPI”) 및 Roxas Holdings, Inc.(“RHI”)의 자산을 인수하는 기업결합에 대해 위원회가 사전신고를 받고 심의의결을 한 후 불허 결정을 내린 사건이다.[52]

52) PCC, Commission Decision No.03M－021/2019.

1) 사건 진행 경과

2018.6.1. 심사관인 위원회의 기업결합국(Mergers and Acquisitions Office, "MAO")은 피심인 URC이 CADPI 및 RHI의 자산을 인수하는 내용의 기업결합 신고를 접수하였다. 인수할 자산은 Brgy에 위치한 제분 및 정유 공장의 지속적인 운영에 필요한 모든 건물, 기계 및 장비, 실험실 장비 및 운송 장비로 구성된다. 2018.10.30. 피심인은 신고된 거래가 Batangas, Cavite, Laguna 및 Quezon 등 4개 주의 사탕수수 서비스를 제공하기 위한 시장에서 피심인 URC의 유일한 경쟁자를 제거함으로써 경쟁을 상당히 감소시킬 것이라는 우려 사항(Statement of Concerns, SOC)을 발표하였다.

2019.1.21. 위원회는 피심인 URC가 제출한 우려 사항(SOC)의 해소 방안이 본 기업결합으로 인하여 발생하는 위해(harm)를 완전히 해소하거나 시정하기에 불충분하다는 판단 하에 이를 거부함에 따라 2단계 기업결합 심사가 시작되었다.

2) 당사자

심사관인 기업결합국은 일정한 요건에 해당하는 기업결합의 신고를 받아 심사를 하며 경쟁제한적인 기업결합에 대하여 위원회에 상정한다. 자산취득 당사자인 피심인 URC는 기업결합 신고대상회사로서 사업부, 자회사 및 계열사를 통해 브랜드 소비자 제품, 농산물 식품, 식품을 취급한다. 피심인 URC의 모기업인 JG Summit Holdings, Inc.("JG Summit")는 식품, 농산물, 상품, 부동산 및 호텔, 항공운수, 은행 등을 영위한다.

취득대상 자산의 소유자인 CADPI는 피심인의 상대회사로서 원당 및 정제당, 당밀 등의 제조 및 판매를 하는 필리핀 사업자이며 사탕수수의 제분 및 정제를 하는 시설을 소유하고 있다. CADPI의 지주회사인 RHI는 CADPI 지분의 100%를 보유한 상장기업으로서 설탕 및 관련 제품을 제조하는 기업에 투자를 하고 있다.

3) 거래구조

자산인수 내용은 상대회사 CADPI의 제분 및 정제에 사용되는 모든 자산 및 CADPI의 공장이 위치한 RHI가 소유한 부지이다. RHI 및 CADPI는 RHI 그룹의 재무구조 개선 및 부채 축소를 위해 자산을 매각한다는 것이다. 피심인 URC는 본 건 자산인수를 통해 제당 및 정제시설 확장, 고품질의 정제설탕 생산, 규모의 경제 및 시너지 극대화를 실현하려는 것이다.

관련 상품시장은 상품 또는 용역의 특성, 가격 및 용도에 따라 소비자 또는 고객이 교환할 수 있거나 대체할 수 있는 것으로 간주되는 모든 상품 또는 영역을 포함한다. 관련 지역시장은 해당 주체가 상품 및 영역의 공급과 수요에 관여하는 영역으로 구성되며, 경쟁조건이 충분히 균질하고 경쟁조건이 서로 다르기 때문에 주변 영역과 구별될 수 있다. 위원회는 관련시장을 획정할 경우 거래에서 발생할 가능성이 있는 합병 또는 인수 제안의 당사자가 제시한 입증된 효율성을 고려한다.

(2) 쟁점 및 RHI의 항변

심사관은 본건 기업결합이 Batangas, Cavite, Laguna, Quezon 지역을 대상으로 한 사탕수수 서비스 제공시장에서 경쟁을 방해, 제한, 축소할 것이라고 주장하였다. 그 이유로서 i) 본 거래는 합병을 통해 관련시장에서 URC의 유일한 경쟁자를 제거하여 독점화하는 점, ii) 본 거래로 URC의 시장력이 창설되며 URC는 농장주 및 제분업자 간 이익 배분비율 중 농장주의 몫을 일방적으로 축소하게 되는 점, iii) 관련시장 밖에서의 잠재적 대체가 URC의 시장력 행사를 제어할 정도로 크지 않은 점, iv) 시장진입 장벽이 높고 신규 진입의 가능성이 요원하다는 점을 지적하였다.

이에 대해 RHI는 i) 사탕수수 농장주 및 제분업자의 공존과 독립에 관한 법률 하에서 URC가 관련시장에서 시장력을 행사할 수 없는 점, ii) 남부 Luzon 지역의 농민들은 시장력을 갖고 있으며 관련시장 밖에서의 대체재는 충분히 경쟁압력이 되는 점, iii) 본건 거래로 인한 효율성이 실질적 경쟁제한성을 초과하는 점, iv) 심사관의 논리는 RHI 및 CADPI이 겪고 있는 재무적 어려움, 사탕수수의 공급부족에 비추어 보면 논리적이지 않은 점을 주장하였다.

(3) 위원회의 쟁점 심의

위원회는 관련시장의 구조, 관련 기업의 시장 지위, 관련시장 내부 또는 외부의 기업과의 실제 또는 잠재적 경쟁, 공급자에게 접근 가능한 대안, 법적 진입제한 등의 요소를 분석하여 당해 기업결합이 관련시장에서 경쟁을 실질적으로 방해, 제한 또는 감소시킬 가능성이 있는지에 대하여 평가하였다. 합병은 경쟁에 상당한 영향을 미치고 결과적으로 기업이 가격을 낮추고, 품질을 개선하고, 더 효율적이거나 혁신적이어야 한다는 점에 주안점을 두었다.

1) 관련시장

심사관은 관련 상품시장을 사탕수수 제분 서비스, 원당, 정제 또는 통행료 서비스, 정제 설탕 등으로 획정했고, RHI는 이에 대해 이의를 제기하지 않았다. 사탕수수 제분 서비스 제공과 관련하여 첫째, 기업결합의 양 당사자는 원당 생산을 위한 사탕수수 제분 서비스에 참여하고 있다. URC와 RHI는 각각 사탕수수 제분 공장 6개와 2개를 운영하고 있으며 이는 양 당사자 간에 중복되는 사업 라인이다. 둘째, 사탕수수 제분은 사탕수수 주스의 추출 및 가공, 원당 및 부산물의 생산에만 사용할 수 있는 서비스이다.

관련 지역시장은 수확한 사탕수수의 부패가능성, 운송 시간 및 비용, URC－Balayan 및 CADPI 시설에서 제공하는 고객 인터뷰 및 고객 목록, 위원회의 고객 증언을 바탕으로 Batangas, Laguna, Cavite, Quezon 주로 획정하였다. 위원회는 관련 지역시장을 획정하면서 원당 시장에서의 참여자 수, 기업결합 후 늘어나는 합산 지분, CADPI가 가격을 인상할 경우 고객들이 URC로 대체하지 못하도록 하는 대형 경쟁사들의 역할을 고려하였다.

2) 기업결합 이전의 경쟁상황

설탕산업은 필리핀에서 가장 오래되고 중요한 산업이다. 설탕산업을 육성하고 규제하는 정부 기관은 Sugar Regulatory Administration("SRA")이다. 사탕수수에서 설탕을 생산하는 과정 중 사탕수수 파종기("파종기")는 사탕수수 제분기 ("분쇄기")가 사탕수수 주스를 추출하고 가공하여 원당을 생산하는 공장으로 절단된 사탕수수를 배달한다. 제분 과정에서 생산된 원당은 제분업자와 농장주 간에 공유된다. 그런 다음 원당은 SRA에 등록된 창고에 저장되고, 제분소에서 제분업자와 농장주의 지분을 나타내는 협상 가능한 창고 영수증 또는 "quedans"를 발행한다. 이러한 케단은 설탕산업 사업자 또는 상인간에 거래되거나 판매될 수 있다.

농장주는 사탕수수를 공급하거나 공급할 제분기를 결정할 때 설탕 회수율, 제분용량 및 효율성, 사탕수수 운반방식, 제분 속도, 농장과의 거리 등 몇 가지 요소를 고려한다. 남부 루존에 위치한 농장주들을 그들의 시설에서 제분하도록 유인하기 위해 URC-Balayan 제분소와 CADPI 제분소는 공유계약, 설탕 회수율 및 인센티브의 세 가지 측면에서 경쟁해 왔다. 본 기업결합 이전의 경쟁상황은 농장주로부터 사탕수수를 충분히 그리고 더 많이 공급받기 위해 기업결합 당사자들이 치열한 경쟁을 하고 있었다.

i) 공유계약을 통해 제분 후 생산된 원당을 사탕수수 재배자인 농장주와 제분사 간에 나누거나 공유한다. 사탕수수 농장주 협회를 통해 농장주들과 사탕수수 공장은 원당과 부산물에 대한 공유계약을 협상하고 실행한다. 설탕생산에 대한 정보는 인터뷰, 현장방문, 공급망 조사 등의 도구를 사용하는 심사관의 시장조사를 통해 수집되고 확인되었다.

ii) 설탕회수율은 사탕수수에서 추출한 원당의 양을 대표하며 실제회수율(actual recovery rates)은 제분소의 효율성을 나타낸다. 관련시장에서는 회수율을 기준으로 경쟁하는데, 예컨대 농장주는 회수율이 높아 더 높은 수확량을 기록하는 공장으로 사탕수수를 공급한다는 증거를 심사관이 제시하였다.

iii) 농장주 인센티브는 트럭 운송 보조금과 같은 금전적 인센티브, 운반 서비스와 같은 비금전적 인센티브를 말한다. 인센티브의 유무는 사탕수수 농장주를 유치하려는 제분 공장의 전략에 크게 좌우되며 공유계약과 유사하게, 인센티브는 작물 시즌이 시작될 때 농장주와 제분소간에 협상을 거친다. 농장주에게 제공되는 인센티브 중 트럭 운송 보조금만 정기적으로 고정 요율로 제공되고 다른 인센티브의 가용성은 제분 시즌마다 다르다. 기업결합의 양 당사자 간의 경쟁은 농장주에게 확대된 인센티브를 개선하는 결과를 가져 왔다.

3) 기업결합 이후의 경쟁상황

심사관은 시장조사에 바탕을 두고 본건 기업결합으로 인하여 농장주의 몫, 설탕 회수율, 농장주에 대한 인센티브가 모두 일방적으로 감소한다는 위해이론(theories of harm)을 원용하였다. 위해이론에 따르면 수평적 기업결합은 협조(coordinated) 및 단독(unilateral) 효과를 발생시킨다. 이 기업결합으로 관련시장에서 활동하던 세 회사는 독점회사가 되므로 협조효과는 발생하지 않게 된다. 단독효과와 관련하여 URC가 독립적으로 시장지배력을 행사할 수 있는 능력이나 인센티브를 생성하거나 향상시킬 수 있기 때문에 단독효과를 발생시킬 수 있다.

경쟁시장을 독점화하는 기업결합은 상당히 반경쟁적인 단독효과를 초래할 위험이 있다.

위원회는 이 기업결합은 관련시장에서 활동하는 두 경쟁자인 CADPI와 URC-Balayan의 결합으로서 경쟁을 감소시킬 뿐만 아니라 관련시장에서 경쟁을 완전히 제거하는 것으로 해석된다고 판단하였다. 즉 URC는 기업결합 이후 지역시장에서 제분소의 유일한 소유주가 되어 아무런 제약 없이 자사의 이익을 위해 시장지배력을 강화할 수 있게 된다는 것이다. 위원회는 URC가 자사의 이익을 극대화하기 위해 기업결합 이후 농장주의 몫, 설탕 회수율 및 농장주의 인센티브를 일방적으로 감소시킬 수 있는 능력과 동기가 있는지에 대하여 검토하였다.

(가) 농장주 지분의 일방적 감소

심사관은 이 기업결합 이전에 CADPI 농장주들이 R.A.809(Sugar Act of 1952)에 규정된 70-30 배분율을 반영하지 못해 왔음을 밝혔다. 위원회는 설탕법은 서면계약이 없을 때에만 적용되며, 농장주 몫을 70%보다 낮게 할 수 있었다는 사실은 제분업자가 농장주 몫을 줄일 수 있는 능력이 있음을 보여 준다고 주장하였다. 이 능력은 본 기업결합 후 독점이 생성되면 더욱 강화될 것이다.

심사관은 GUPPI(Gross Upward Pricing Pressure Index) 테스트를 사용하여 제분업자의 몫을 늘리고 농장주의 몫을 줄이려는 제분업자의 인센티브를 정량화하였다. GUPPI 테스트는 피합병기업이 합병기업에게 전환되는 고객으로 인하여 잃게 되는 매출감소액을 고려함으로써 가격인상으로부터 얻게 되는 이익이 얼마나 되는지를 측정한다. 피합병기업의 가격인상이 합병 이전에 실현된 이익에 비해 수익성이 높을수록 합병 이후 가격을 조정할 유인이 커진다. 본 기업결합의 경우 가격인상은 제분업자의 몫의 증가를 의미하는 농장주 및 제분업자간 분배비율을 뜻한다. GUPPI가 10%를 초과하면 기업결합은 상당한 단독효과가 있는 것으로 예상된다. 이 테스트에서 가격을 나타내는 제분업자의 몫이 33~37% 증가하였고 농장주의 몫은 65~67% 감소하였다. 위원회는 합병심사를 통해 당사자들이 설탕 생산량 공유계약에서 농장주의 몫을 일방적으로 축소할 수 있는 능력과 유인을 갖고 있음을 확인하였다.

이에 대해 RHI는 다음과 같은 주장을 하였다. i) 설탕법, 농장주 및 제분업자간 공생과 상호의존적 관계로 인하여 제분업자의 일방적인 시장지배력 행사를 허용하지 않으며 실제로 농장주는 불공정한 공유비율을 거부할 수 있다. ii) 남부 Luzon의 농부들은 시장력을 갖고 있으며 시장 밖으로의 대체는 충분히 경쟁적 제약이 되며 농장주들은 설탕공장과의 계약을 수락하거나 거부할 수 있는 자유가 있어 협상력을 갖고 있다.

위원회는 RHI의 주장을 검토한 결과 i) 설탕법은 공유계약이 없는 경우에만 기본공유비율에 대해 규정하고 있고, ii) 설탕법은 제분업자가 설탕제분 서비스 제공을 전적으로 거부하는 경우에는 적용되지 않으므로 제분업자가 유리한 조건을 취하거나 농장주에게 불공정한 계약을 강요할 경우 농장주를 보호하지 못하며, iii) URC가 본 거래 후 유일한 제분업자가 되면 그에게 유리한 공유계약에 동의하지 않는 농장주의 공급을 거부할 수 있으며, 농장주들은 제당 공장과의 계약을 자유롭게 수락하거나 거부할 수 없게 되어 농장주는 대항수단이나 협상력이 없다는 점을 들어 RHI의 주장을 수용하지 않았다.

(나) 설탕회수율의 일방적 축소

심사관은 경쟁자가 없게 되면 인용된(quoted) 설탕 회수율이 제분업자에 의해 어떻게 계산되는지에 대한 투명성 부족을 감안할 때 URC가 더 이상 설탕회수율의 정확성과 경쟁력을 담보할 유인이 없으며 이는 제분업자에게 이롭다고 주장하였다.

위원회는 이 기업결합 이전에는 RHI가 회수율을 일방적으로 감소시킬 능력이 존재하나 농장주에게 더 나은 견적 회수율을 제공할 다른 경쟁자가 존재하므로 그러한 속도를 일방적으로 감소시킬 인센티브는 제한적이라고 지적한다. 본 기업결합 후 경쟁이 제거되면 일방적으로 회수율을 낮추는 인센티브는 강화될 것이며 이는 농장주들이 URC의 비율을 수용하도록 강요할 수 있게 된다는 것이다. 위원회는 기업결합 후 URC가 인용된 설탕 회수율을 일방적으로 감소시킬 수 있는 능력과 인센티브를 가지고 있다는 심사관의 주장을 수용하였다.

(다) 농장주에 대한 인센티브의 일방적 감소

심사관은 농장주들이 기업결합 전에는 두 경쟁자의 존재로 인하여 유리한 인센티브를 갖기 위한 협상력을 갖고 있었으나 기업결합 후에는 경쟁이 없어지게 된다고 주장하였다. 위원회는 기업결합 후 URC가 농장주에게 제공하는 인센티브를 일방적으로 줄이는 능력과 유인을 더 갖게 된다는 심사관의 주장에 동의하였다.

4) 진입 및 확장

위원회는 시장에의 진입이나 시장의 확장이 URC를 효과적으로 제약하는지 여부를 평가할 때 그러한 진입이나 확장이 가능한지(likely), 시기적절한지(timely), 성격, 규모, 범위가 충분한지를 고려하였다. 진입이나 확장 가능성이 거의 없다는 심사관의 입장에 대해 RHI가 반론을 제기하지 않았다. 제분소 부지 매입, 제분업에 대한 인허가, 장비 구입, 제분공장 건설 등에 3~5년이 소요되므로 진입이나 확장이 시기적절하게 이루어지지 않을 것으로 판단하였다. 충분성과 관련하여 위원회는 기존의 경쟁자인 URC－Balayan 및 CADPI의 사탕수수 공급이 각각의 제분능력에 미치지 못하고 있는 상황에서 신규진입자도 유사한 문제에 직면할 경우 URC와 효과적으로 규모의 경쟁을 하기 어렵게 된다고 판단하였다.

관련시장에서의 높은 진입장벽으로 인하여 신규 진입가능성을 보여 주는 증거가 거의 없다는 점, 농장주들이 소득대체활동, 대체작물, Batangas 지역 밖의 제분소로 이동하는 것이 기업결합 당사자들에게 영향을 충분히 줄 수 없다는 점을 주장한 심사관의 의견을 위원회는 수용하였다.

5) 효율성 검토

피심인의 상대회사인 RHI는 본 기업결합은 규모의 경제를 통해 비용 측면에서의 효율성을 촉진한다고 주장하였다. 피심인 URC가 상대회사인 CADPI 자산 및 토지를 인수함에 따라 RHI는 운영비용 및 생산 부족이 감소될 것으로 예상하였다. 규모의 경제 외에도 본 기업결합은 현재 사탕수수 공급부족으로 인한 URC 및 CADPI의 과소 제분생산문제를 해소하여 설탕생산의 효율을 증가시킬 것이라고 하였다. 본 기업결합으로 인하여 제당업자와 농장주간 긴밀한 협력과 파트너십을 되찾게 되어 남부 Luzon 지역의 설탕 산업, 농장주 및 제분업자에게 도움이 된다고 주장하였다.

이에 대해 위원회는 경쟁법 제21조(기업결합 금지의 예외) (a) 및 사건처리규칙 제10조에 따라 기업결합으로 인한 경쟁제한효과보다 효율성의 증가가 크다고 기업결합 당사자가 입증할 경우 위원회는 반경쟁적 기업결합을 승인할 수 있다고 하였다. 이 경우 효율성의 증가는 낮은 가격, 향상된 품질, 향상된 서비스 및 신제품을 포함하며 시장에서의 경쟁을 증가시키는 효율성을 고려할 수도 있다는 것이다. 효율성은 본질적으로 검증하기 어렵고 실현가능성도 낮을 수 있다. 위원회는 효율성 증대효과를 주장하는 기업결합 당사자가 예상되는 가격인하 또는 기타 혜택에 대한 상세하고 검증 가능한 입증을 해야 한다는 입장이다. 이에 더하여 효율성 증대는 실질적이고 시의적절하며 관련시장에서 소비자에게 이득이 되어야 한다는 것이다. 따라서 기업결합 당사자들은 i) 효율성 증대가 합병에 기인한 것이며 본 기업결합이나 반경쟁적 효과를 갖는 다른 수단이 없다면 효율성 증대는 발생하지 않았을 것이라는 점, ii) 본 기업결합으로 인하여 소비자 후생이 더 악화되지 않을 것이라는 점을 입증해야 한다는 것이다.

RHI는 이 기업결합이 가져올 것으로 예상되는 혜택에 대한 상세하고 검증 가능한 증거를 제시하지 않았으며 그동안 주장해 온 효율성이 합병에 특유한(merger specific) 것이라는 점을 보여 주지 못하였다. 이에 따라 위원회는 RHI의 효율성 주장이 입증되지 못했으며 근거도 없다고 판단했다.

(4) 위원회의 처분(Order)

전술한 내용을 고려하여 위원회는 본 기업결합이 관련 시장에서의 경쟁을 완전히 제거함으로써 URC가 시장력을 독자적으로 행사할 능력 또는 동기를 생성하거나 제고한다고 판단하였다. 이에 따라 본 기업결합은 Batangas, Laguna, Cavite 및 Quezon 지역의 설탕제분 서비스 제공시장에서 경쟁을 실질적으로 방해, 제한 또는 감소시킨다는 것이다. 기업결합 금지에 대한 예외의 요건을 갖추지도 못했으므로 본 기업결합은 경쟁법 제18조 (a)에 의하여 금지된다고 결정하였다.

V. 결 론

필리핀 경쟁법은 오랜 기간의 논의를 거쳐 2016년부터 시행되고 있다. 경쟁위원회는 대통령 소속의 독립적 준사법기관으로서 장관급 위원장과 4인의 상임위원으로 구성된 합의제 기관이다. 위원회를 보좌하는 사무처에는 2백여 명의 직원들이 경쟁법 및 정책을 담당하고 있다. 경쟁위원회는 법집행에 대한 강한 의지를 표명하고 신고 및 직권에 의한 조사를 해 오고 있으나 아직까지 심결 사례가 매우 적은 실정이며 세미나, 교육, 외국 경쟁당국 및 국제기구와의 협력에도 관심을 기울이고 있는 편이다.

필리핀 경쟁법은 반경쟁적 합의인 카르텔, 시장지배적 지위의 남용, 경쟁제한적 기업결합을 금지하고 있다. 카르텔은 가격고정, 입찰담합 등에 대해 당연위법 원칙, 기타의 카르텔에 대하여 합리의 원칙을 적용하고 있으며 리니언시 제도가 도입되어 있다. 카르텔과 관련하여 위원회는 쌀, 마늘, 에너지, 시멘트 등에 대한 예비조사 등을 진행해 왔으나 위법한 카르텔에 관한 입증을 보강하기 위해 본조사를 거쳐서 제재를 가한 사건은 아직 없는 실정이다. 시장지배적 지위의 남용행위는 관련 시장에서 경쟁을 실질적으로 제한할 경우 제재 대상이 된다. 기업결합에 대해 일정 규모 이상의 거래는 사전신고의무가 있으며 관련 시장에서의 경쟁제한성과 효율성을 비교형량하여 경쟁제한성이 큰 기업결합은 금지된다.

위원회의 주요 사례 중 시장지배적 지위의 남용행위에 대하여 위원회가 공개한 자료에서는 관련시장의 획정과 시장지배적 지위 및 남용 여부에 대한 법리적 또는 경제분석적 판단을 하지 않고 분쟁조정(settlement) 방식에 의해 사건을 종결한 것을 볼 수 있다. 카르텔 사건보다는 시장지배적지위의 남용 사건에서 더 정교한 분석이 필요하다는 점에서 향후 위원회가 입증자료를 충분히 확보하여 전문성을 바탕으로 심사해야 할 것으로 보인다. 기업결합 사례는 사전신고를 받아 위원회가 관련시장 획정, 경쟁제한성 및 효율성 검토를 하였고 이 과정에서 심사관과 피심인간에 상호 주장을 하고 공방을 벌인 끝에 위원회가 비교적 수준 높은 심의를 하여 신고된 기업결합에 대한 불허결정을 내린 것은 주목할 만하다.

시장에서의 경쟁을 촉진하고 자원의 최적배분을 통해 소비자 후생을 증진하는 것이 외국인 투자에 좋은 영향을 주는 등 필리핀의 경제 성장에도 기여할 것이라는 점을 경쟁위원회는 인식하고 있다. 이에 따라 경쟁위원회는 경쟁법 및 정책을 지속적으로 추진하려는 의지를 갖고 있으나 신생 경쟁당국으로서의 한계를 절감하고 있는 것으로 보인다. 그동안 필리핀은 빈곤으로부터의 탈출과 산업정책에 우선을 두고 국정을 운영하여 왔다. 필리핀은 일부 지배세력과 결탁한 경제력의 집중과 독과점적 시장구조, 경쟁법 집행의 중요성에 대한 정부 내외의 인식 부족이라는 사회경제적 환경 속에서 경쟁정책을 추진해야 하는 과제를 안고 있다. 또한 경쟁법의 집행 사례가 아직 많지 않고 디지털 경제에서 일상화된 포렌식 조사 등 현대화된 조사기법을 갖고 있지 못한 상태이다. 따라서 경쟁법 집행을 효과적으로 추진하기 위해서는 조사원들의 확충 및 체계적인 교육을 통한 역량 강화와 함께 경쟁주창 활동을 보다 활발히 전개할 필요가 있다. 이를 위해 경쟁위원회는 COVID-19로 인하여 조사여건이 어려운 점을 감안하여 법집행의 우선순위를 정하되, 국민생활과 직결된 사건의 처리에 역량을 집중함으로써 경쟁촉진 및 그 효과를 공유하고 궁극적으로 경쟁당국 및 경쟁법 집행에 대한 국민적 지지를 얻기 위해 노력할 필요가 있을 것이다.[53)]

---

53) KDI, 2020/21 KSP Policy Consultation Report; Philippines Bid-Rigging Intelligence Gathering and Detection Enforcement, p. 130.

참고문헌

한국수출입은행, 2021 세계국가편람, 필리핀 편, 2021.
https://keri.koreaexim.go.kr/site/program/board/basicboard/view?boardtypeid=200&menuid=007005002&boardid=63529

Alizedney M. Ditucalan, 'The Philippine competition law dilemma: US-EU fusion to tension?' in Steven Van Uytsel, Shuya Hayashi, John O. Haley (eds.), *Research Handbook on Asian Competition Law* (Edward Elgar, 2020).

Erlinda M. Medalla, 'Understanding the New Philippine Competition Act' (Philippine Institute for Development Studies, Discussion Paper Series No. 2017-14, April 2017) <https://pidswebs.pids.gov.ph/CDN/PUBLICATIONS/pidsdps1714.pdf>

KDI, 2020/21 KSP Policy Consultation Report; Philippines Bid-Rigging Intelligence Gathering and Detection Enforcement, 2021

Mark Williams and Ruby Ann S. Jalit, 'The Philippines' in Mark Williams (ed), The Political Economy of Competition Law in Asia (Edward Elgar, 2013).

University of Melbourne, 'Southeast Asia Region Countries' Law' (Thailand) <https://unimelb.libguides.com/c.php?g=930183&p=6722017> accessed 9 August 2021.

PCC, Commission Decision No.01-E-001/2019
https://www.phcc.gov.ph/commdecisionno-01e0012019-enforcement-vs-urbandecahomes-8990holdings-30sept2019/

PCC, Commission Decision No.03M-021/2019.
https://www.phcc.gov.ph/commission-decision-no-03-m-021-2019-in-the-matter-of-the-proposed-acquisition-by-universal-robina-corporation-urc-of-assets-of-central-azucarera-don-pedro-inc-cadpi-and-roxas-holdings-inc-rh/

Philippine Competition Law(R.A.10667)

https://www.phcc.gov.ph/philippine-competition-law-r-10667/
Wikipedia.org. History of the Philippine Competition Commission, July 26, 2021.
https://en.wikipedia.org/wiki/Philippine_Competition_Commission

라오스 경쟁법:
메콩경제권 국가의 경쟁법 도입과 전망

이준표*

Ⅰ. 서론: 라오스 경쟁법의 정치경제적 배경

라오스는 아세안(Association of Southeast Asian Nations: ASEAN)의 후발회원국이자 동남아시아 대륙부 메콩경제권(Greater Mekong Subregion: GMS)[1]에 속한 내륙 국가이다. 라오스는 인구 700만의 작은 경제규모를 가지고 있지만, 상대적으로 넓은 영토와 풍부한 천연자원 등의 장점을 활용하여 지속적인 경제성장을 이루고 있다. 그동안 연평균 6% 이상의 높은 경제성장률을 보이던 라오스 경제는 2019년 이래 자연재해와 코로나19 발생 및 세계적인 경기침체로 인해 성장세가 급격히 둔화되었으나, 2021년에는 경제 위축이 U자형 회복세로 반등하여 경제성장률이 4.5%에 이를 것으로 전망되고 있다.[2]

라오스는 1949년 프랑스로부터 독립한 이후, 사회주의체제를 유지하고 있으며, 라오인민혁명당(Lao People's Revolutionary Party: LPRP)이 의회와 정부를 모두 장악하고 있다. 정치적으로는 이웃 아세안 국가들과 비교하여 상대적으로 안정되어 있는 편이다. 라오스는 이웃 국가인 중국, 베트남의 선례를 따라, 경제적으로 시장경제를 도입한 대표적인 체제전환국이기도 하다. 라오스 현행 헌법은 모든 유

* 서울대학교 아시아연구소 동남아시아센터 객원연구원, 법학박사

1) 메콩경제권은 국제하천인 메콩강(Mekong River)을 공유하는 6개국(중국, 미얀마, 라오스, 태국, 캄보디아, 베트남)을 포함하는 소지역(Subregion)으로서, 1992년 아시아개발은행(Asian Development Bank: ADB)에 의해 명명된 이래, 지속적인 인프라 건설 및 개발 프로젝트가 실행되고 있다(Jim Glassman, *Bounding the Mekong: The Asian Development Bank, China, and Thailand* (University of Hawaii Press, 2010), 38.

2) ADB, *Asian Development Outlook 2020 Update* (2020.9), 25.

형의 기업이 시장경제 원칙에 따라 운영되며, 생산과 사업을 확대하기 위하여 경쟁하고 협력한다고 규정하면서, 동시에 국가에 의해 사회주의 방향으로 규제된다고 정하고 있다.[3)]

라오스는 1986년 경제개방 및 시장경제 도입을 내용으로 하는 신경제체제(New Economic Mechanism: NEM)를 채택하여 거시경제의 안정성, 사적 부문의 확대, 공적 부문의 재편이라는 3가지 주된 축을 중심으로 경제개혁을 도모하였다. 이 시기 국영기업의 민영화, 은행제도 및 세제 개혁, 외국인투자법 제정 등 다양한 조치가 취해졌다.[4)] 1995년 9월, 라오스 중앙은행은 자유화 프로그램의 일환으로 시장이 환율을 자율적으로 결정하되 시장이 불안정한 경우 정부가 일시적으로 개입하는 관리변동환율제를 도입하였다. 즉 대부분 제품에 대한 가격은 시장이 결정하되, 식량이나 연료 등 일부 전략적 제품에 대하여는 정부의 가격 감독을 유지하도록 하였다.[5)]

라오스의 개혁을 한 단계 성숙시킨 계기는 WTO(World Trade Organization) 가입이었다.[6)] 라오스는 2013년 WTO 가입을 전후하여 시장경제에 적합한 환경 조성을 목표로 제도개혁에 박차를 가하였다. 라오스는 시장개방의 역사가 짧고 사회 전반에 사회주의 관행이 존재했음에도 불구하고 1997년 WTO 가입을 신청한 이래로 외국인직접투자 유치와 WTO 회원 자격을 얻기 위한 법제정비 노력을 지속하였고, 라오스가 WTO 가입 과정에서 WTO 협정에 따라 제 · 개정한 법령은 90개 이상에 달한다.[7)] 이러한 라오스의 법제개혁 추진 노력은 외국인투자유치 확대로 이어졌다. 라오스가 주변 동남아시아 국가들에 비해 안정적으로 경제성장을 한 데에는 외국인 투자의 증가가 큰 몫을 한 것으로 평가받고 있다.[8)]

한편 2015년 아세안경제공동체(ASEAN Economic Community: AEC) 출범을 계

3) 라오스 헌법 제13조.
4) 이준표, 「메콩경제권 기업법제의 이해」, 한국학술정보(주), 2012, 61면.
5) Nokham RATTANAVONG, 'The Role of a Fair Competition Policy in view of the Lao PDR' <https://www.jftc.go.jp/eacpf/04/laos_p.pdf> 검색일: 2021.5.4.
6) 2012년 10월 26일 제네바에서 열린 WTO 일반이사회 특별회의에서 라오스의 WTO 가입이 15년간의 협상 끝에 최종 승인됨에 따라, 2013년 2월 라오스는 158번째 WTO 회원국이 되었다. 라오스는 아세안 10개국 중 마지막 WTO 회원국이다. 라오스의 WTO 가입 전반에 관한 보다 자세한 내용은, 이요한, "라오스 WTO 가입 과정과 주요 과제", 「동남아연구」 제23권 제3호 (2014) 301~340면을 참조할 것.
7) 이준표, "라오스의 법치주의와 투자법제 발전 동향", 「아주법학」 제11권 제4호 (2018), 162면.
8) 이요한, 「메콩강의 진주, 라오스」, 한울, 2013, 134면.

기로 라오스는 새로운 도약의 기회를 맞이하고 있다. 라오스는 세계 경제로의 통합을 꾀하며 기존의 '닫힌 내륙국가(Land-Locked state)'에서 주변국을 연결하는 '내륙 연계국가(Land-Linked state)'로의 이행을 국가비전으로 내세우며, 지속가능한 개발목표(Sustainable Development Goals: SDGs)를 달성하고 최빈국 지위를 벗어나기 위해 국제사회와 협력을 강화하고 있다.[9][10] 아세안 10개 회원국들은 아세안경제공동체(AEC)라는 단일한 공동시장의 설립과 경쟁정책 사이의 밀접한 연계성을 인정하고, 공동의 경제적 이익을 진작시키는 도구로서 지역적 차원의 공동의 경쟁정책을 채택하기로 합의한 바 있다.[11] 2010년 8월 24일, 제42차 아세안경제장관회의(ASEAN Economic Ministers Meeting)에서 채택된 '아세안 경쟁정책에 관한 지역 가이드라인(ASEAN Regional Guideline on Competition Policy)'은 아세안 국가들의 경쟁법 도입 및 정비에 있어 실제적인 도움을 주었다.[12]

이러한 흐름 속에서 라오스는 2015년 7월 14일 라오스 경쟁법(ກົດໝາຍ ວ່າດ້ວຍ ແຂ່ງຂັ ທາງທຸລະກິດ, Law on Business Competition No. 60/NA)을 채택하였다. 2015년 7월 14일 국회를 통과한 라오스 경쟁법은 2016년 11월 24일 관보에 게재되어, 2016년 12월 9일에 발효되었다. 그러나 라오스는 아직까지 경쟁법 시행령 등 하위법령이 제정되지 않아서 경쟁법 집행 사례가 없다. 이에 본 연구에서는 라오스 경쟁법의 실체법적 규정 및 절차법적 규정의 내용과 이에 대한 평가와 시사점을 중심으로 살펴보고자 한다. 우선, 제Ⅱ절에서 라오스 경쟁법의 입법배경 및 법의 목적과 적용범위, 구성 등을 개관한 후에, 제Ⅲ절에서 라오스 경쟁법의 실체법적 규정인 불공정경쟁, 경쟁제한적 합의, 시장지배적 지위 및 시장 독점의 남용, 경쟁제한적

---

9) 윤수진, 'COVID-19 재난과 라오스' (2020.12) <http://diverseasia.snu.ac.kr/?p=4965> 검색일: 2021.4.19.

10) 해안을 끼고 있는 다른 동남아 국가들이 남중국해에서 영토 분쟁으로 중국과 갈등을 겪는 사이 라오스는 중국의 일대일로(One Belt and One Road) 계획의 주요 거점국으로 떠올랐다. 라오스는 일대일로를 발판 삼아 동남아는 물론 세계시장으로 뻗어나가겠다는 전략을 세우고 있다.(아시아경제, '내륙국 한계 딛고 도약하는 라오스' (2017.7.17.) <https://www.asiae.co.kr/article/2017071711 402570506> 검색일: 2021.4.1. 다만, 인프라 투자에 대한 중국의존도가 높아 국가부도의 위험, 중국 자본의 지배력 강화 등이 우려되고 있다는 점에서 투자 다변화가 필요한 상황이다.(The Korea Times, 'China's Belt and Road Initiative and Laos' (2020.6.11.) <https://www.koreatimes.co.kr/www/opinion/2021/05/197_291038.html> 검색일: 2021.10.8.

11) Wan Khatina Nawawi, 'Regionalisation of Competition Law and Policy in ASEAN' in Burton Ong (ed), *The Regionalisation of Competition Law and Policy within the ASEAN Economic Community* (Cambridge University Press 2018) 34.

12) LUU Huong Ly, 'Regional Harmonization of Competition Law and Policy: An ASEAN Approach' (2012) 2 *Asian Journal of International Law*, 292.

결합에 대하여 살펴보고, 제IV절에서 라오스 경쟁법의 집행 기구 및 절차에 대하여 살펴본다. 마지막으로 제V절에서는 시사점을 도출하고 결론을 맺는다.

II. 라오스 경쟁법 개관

1. 입법 배경: 아세안의 시장통합과 경쟁법

라오스는 경쟁법을 제정하기 전 2004년에 거래경쟁령(Decree on Trade Competition No. 15/PMO)[13]을 채택한 바 있다. 라오스 거래경쟁령(2004)은 태국 거래경쟁법(Thai Trade Competition Act, 1999)을 기반으로 제정된 것으로 알려져 있으며,[14] 주된 목적은 경쟁위원회(Trade Competition Commission: TCC) 설립에 있었다. 라오스 거래경쟁령(2004)에 따르면, 경쟁위원회(TCC)는 산업통상부(Ministry of Industry and Commerce: MIC) 안에 상설사무국을 두고, 산업통상부(MIC) 장관이 경쟁위원회(TCC)의 의장으로서 경쟁위원회(TCC) 구성원에 대한 임명권을 가진다. 즉 라오스 거래경쟁령(2004)에서는 경쟁위원회(TCC)에 있어서 산업통상부(MIC)의 중심성이 강조되었다.[15] 또한 규제대상 거래 유형으로는 시장독점(제8조), 인수합병(제9조), 다른 사업자 배제(제10조), 불공정한 거래관행(제11조) 및 국제카르텔(제12조)을 정하고 있었다.

라오스 거래경쟁령(2004)의 실체법적인 범위는 매우 방대했다. 적용범위에 있어 국영기업이나 민간부문 사업체를 구분하지 않고 모든 부문의 사업활동에 동등하게 적용된다는 것을 명시하였다.[16] 물론 통신 및 금융 부문의 경우 별도의 규제기관이 있기 때문에 적용이 제외될 수 있었으나, 거래경쟁령(2004) 상으로는 원칙적으로 어떤 부문도 명시적으로 적용을 배제하지 않고 있었다. 또한 거래경쟁령(2004)을 위반한 공무원과 당국기관에 대한 처벌 규정도 포함하고 있었다.[17]

---

13) 라오스 거래경쟁령(2004)은 총 5장, 17개 조문으로 구성되었으며, 경쟁당국으로서의 경쟁위원회에 관한 내용과 함께 경쟁관련 실체법적·절차법적 규정들이 간단히 열거되어 있다. 라오스 정부는 이러한 거래경쟁령과 함께 산업정책을 위한 정부소유기업관리령과 중소기업발전령, 거래자유화를 위한 재화와 화폐의 유통촉진령과 재화가격결정령 등을 제정한 바 있다(이준표, 앞의 논문, 7면).

14) Robert Ian McEwin, 'Cambodia and Laos' in Katrina Groshinski and Caitlin Davies (eds.), *Competition Law in Asia Pacific: A Practical Guide* (Wolters Kluwer, 2015), 767, 769.

15) 라오스 거래경쟁령 제5조.

16) Steven Van Uytsel and Somsack Hongvichit, 'Competition Law in Laos: Evaluating its Potential for Effective Enforcement' in Steven Van Uytsel, Shuya Hayashi and John O. Haley (eds.), *Research Handbook on Asian Competition Law* (Edward Elgar, 2020), Ch.14.

그러나 라오스 거래경쟁령(2004)은 사회경제적 이유 또는 안보상의 이유로 위에서 언급한 모든 사업활동의 규제에 대한 적용면제가 가능하도록 하였다.[18] 만일 법을 위반하여 경쟁제한 행위를 한 경우, 경쟁위원회(TCC)는 위반자에게 그 위반행위를 시정하도록 요구하며, 또한 해당 위반행위가 시정될 때까지 사업활동을 무기한 중단하거나 위반행위로 인해 발생한 손해를 상대 사업자에게 배상하도록 명령할 수 있었다. 무기한 폐쇄의 경우, 해당 사업자는 추가 처벌을 받을 수 있지만, 라오스 거래경쟁령(2004)은 그것이 구체적으로 무엇을 의미하는지 명확하게 규정하지 않았다.[19]

라오스 거래경쟁령(2004)은 2004년 8월 1일에 공표되었으나, 이후 경쟁위원회(TCC) 설립을 위한 노력은 구체화되지 않았고, 세부 지침도 마련되지 않은 채, 사문화된 상태로 남아 있었다.[20] 당시 라오스 내에서 경쟁의 개념에 대한 이해 자체가 낮았고, 정부 등 공공부문뿐 아니라 기업, 소비자 및 학계에서 조차 경쟁문화에 대한 인식이 부족했다.[21] 그러나 WTO 가입(2013)을 전후하여 시장경제 체제에 적합한 법제개혁 작업이 활발하게 진행되었고, 그 일환으로서 대표적인 경제관련 법제 중 하나인 경쟁법을 도입할 준비 작업에 들어가게 되었다. 라오스 거래경쟁령(2004)의 전면 개정에 대한 논의는 2011년 6월 24일 제7차 국회 총회에서 승인되었다.[22] 이후 2011년 9월 12일 라오스 경쟁법 초안위원회가 구성되었고,[23] 초안위원회는 독일국제협력공사(Deutsche Gesellschaft für Internationale Zusammenarbeit: GIZ)로부터 재정지원을 받았다.[24] 이를 통해 태국과 베트남으로의 연구방문 기회도 가질 수 있었다.[25] 초안위원회는 베트남을 방문한 후 2013

17) 라오스 거래경쟁령 제15조.
18) 라오스 거래경쟁령 제13조.
19) 라오스 거래경쟁령 제14조.
20) McEwin, op. cit., 770.
21) Corinne Chew, 'Diversity of National Competition Laws in the ASEAN Region and the Resulting Challenges for the Businesses Operation in the Region' in Burton Ong (ed), *The Regionalisation of Competition Law and Policy within the ASEAN Economic Community* (Cambridge University Press 2018) 61; 이준표, "동남아 메콩경제권 국가들의 경쟁법 수렴에 관한 연구", 「강원법학」 제58권 (2019), 7면.
22) David Fruitman, 'Laos: The Lao PDR lays the foundation for its competition regime', 4 *Concurrences: Competition Law Review* 2 (2016).
23) Decision of the Ministry of Industry and Commerce No. 1740/MoIC on the appointment of the drafting committee of the competition law of Laos (12 September 2011).
24) Decision of the Ministry of Industry and Commerce No. 2092/MoIC on the appointment of the officers at local level (2 October 2012).

년 8월, 라오스 경쟁법 첫 초안을 발표했다.[26] 라오스 경쟁법 초안은 추후 수정 작업 등을 거쳐 2015년 7월 14일 국회를 통과하였고, 2016년 11월 24일 관보에 게재되어 동년 12월 6일에 발효되었다.

경쟁법 도입 및 정비를 포함한 일체의 경쟁법 체제 확립을 위한 라오스의 노력은 아세안경제공동체(AEC) 일원으로서의 지역적 의무와 함께 외국인 투자촉진 및 중소기업 육성이라는 국가 경제의 주요한 목표를 달성하는 것과도 맞물려 있다. 2030년까지 5조 달러(세계 4위) 규모의 단일시장 완성을 목표로 하고 있는 아세안경제공동체(AEC)는 2007년에 발표한 아세안경제공동체 청사진(AEC Blue-print)에서 경쟁력 있는 경제공동체 출범을 위하여 2015년까지 국가별 경쟁정책 수립 및 경쟁법 도입을 각 회원국에게 요구한 바 있다.[27] 또한 아세안경제공동체(AEC) 비전 2025에 따르면, 공동체 내의 경쟁력과 생산성 증진을 목적으로 효과적인 경쟁정책의 도입 및 지역적 차원에서 규제를 현실화하고 규제의 일관성을 높이는 것을 공동체의 주요 목표로 삼고 있다.[28] 아세안경제공동체(AEC) 출범을 준비하면서 라오스를 포함한 아세안 회원국들은 경쟁정책의 지역화가 개발도상국 사이에 지역적 시장통합을 유용하게 하고, 경제개발 목적을 진전시킬 수 있다는 인식을 명확히 갖게 되었다.[29]

경쟁법의 도입은 반경쟁 관행을 제한하는 WTO 경쟁정책과 일치하며 단일시장 내 행정적·규제적 장벽을 낮춤으로써 경쟁력을 증가시키고 경제성장을 촉진시키는 효과를 가져온다는 점에서 아세안경제공동체(AEC)에 있어 매우 중요한 요소라고 할 수 있다. 단일시장을 형성한다는 것은 시장 내에서의 경쟁을 전제로 한다. 아세안의 경쟁법 도입 및 정비 노력은 공정한 경쟁여건의 확립을 통해 상품, 서비스, 노동, 자본 등의 생산 요소의 자유로운 이동을 실현함으로써 단일시장의 효과를 극대화하려는 것이다. 아세안경제공동체(AEC)로의 통합은 아세안 지

25) Van Uytsel and Hongvicht, op. cit.

26) 라오스 경쟁법 초안의 내용을 살펴보면, 불공정경쟁 유형 등 베트남 경쟁법(2004)의 영향을 확인할 수 있다(McEwin, op. cit., 769, 770; 허선·정창욱, "베트남 경쟁법의 도입 현황과 향후 과제", 「KIEP 세계경제」 제5권 제11호 통권 제50호 (2002), 73, 74면).

27) ASEAN Secretariat, *ASEAN Economic Community Blueprint* (2008) 18.

28) Cassey Lee and Yoshifumi Fukunagac, 'ASEAN regional cooperation on competition policy' (2014) 35 *Journal of Asian Economics* 77－91.

29) Burton Ong, 'Competition Law and Policy in the ASEAN Region' in Burton Ong (ed), *The Regionalisation of Competition Law and Policy within the ASEAN Economic Community* (Cambridge University Press, 2018), 1.

역 내에서의 무역 및 투자 분야의 장벽을 낮추어 전 세계의 국가 내지 기업 및 투자자들이 아세안 지역에 진출하여 사업할 수 있도록 하기 위함이다. 즉 경쟁법은 아세안 시장에서 새로운 경쟁자가 들어와 자유롭게 경쟁할 수 있도록 개방하고, 경쟁을 제한하고 공정한 경쟁을 왜곡하는 행위를 하지 않도록 하는 제도적 관리 장치라고 할 수 있다.[30]

또한 사회주의 국가이면서 체제전환을 통해 시장경제를 도입한 라오스는 시장경제체제에 적합한 환경조성을 목적으로 법제도적 개혁 작업을 활발하게 진행 중인데, 이는 외국인투자유치 확대를 통한 국가경제발전을 이루려는 목표에 기반한 것이다. 그런데 투자촉진에 있어 중요한 요소가 바로 공정한 경쟁보장이다. 공정한 기업 경쟁문화 조성은 궁극적으로 해당 지역경제의 활성화를 가져오게 된다.[31] 라오스가 투자법상 주요 원칙으로서 공정한 경쟁을 내세우거나,[32] 경쟁법 도입 및 정비에 적극적인 태도를 취하는 것도 공정한 경쟁이 활발한 투자 촉진의 전제조건임을 인식하고 있기 때문이다.

한편 극소, 소 그리고 중간 규모의 기업들은 라오스 경제의 중추적인 역할을 담당하고 있는데, 이러한 기업들은 대기업에 비하여 생산 규모나 거래량이 상대적으로 열등한 위치에 있기 때문에, 대기업과 실질적인 경쟁을 기대하기 어렵다.[33] 현실적으로 라오스는 국경을 넘는 M&A 거래 및 기타 각종 기업 활동으로부터 발생하는 반경쟁적 구조나 행위에 매우 취약하다. 라오스는 경쟁법의 도입이 이러한 반경쟁적 행위로부터 국내 기업을 보호하고 공정한 경쟁문화를 만드는 출발점이 될 수 있음을 인식하고 있으며, 이는 경쟁법 도입 및 정비 작업을 통해 증명되고 있다. 아세안 차원에서도 경제공동체 구축의 주요 과제로 중소기업 육성을 추진하고 있다. 아세안이 경제공동체 구축에서 가장 중요한 사항이 바로 역

30) 이준표, 앞의 논문, 11~12면.
31) ASEAN Secretariat, *ASEAN Economic Community Blueprint 2025* (2015), 12~13.
32) 라오스 투자법 제5조.
33) 라오스 시장 내에서 활동하는 기업 유형에는 중소기업, 라오스 정부와 외국기업 간의 합작 투자, 라오스 민간기업과 외국기업 간의 합작 투자, 전통적인 국영기업 및 비공식 경제 내에서 운영되고 있는 미등록 기업들이 있다. 비공식 경제 내 미등록 기업 및 극소, 소기업은 라오스인에 의해 소유되고 있는 반면, 외국인과 정부는 중기업과 대기업 사이에서 강력하고 활동하고 있다. 라오스의 정치·경제적 특성과 역량의 한계로 인해, 실제 대기업과 중기업은 강력하게 통제되고 극소, 소기업 관리는 무질서한 편이다(Edo Andriesse, 'Laos: Frontier Capitalism' in Michael A. Witt and Gordon Redding (eds.), *The Oxford Handbook of Asian Business Systems* (Oxford University Press, 2014), 123, 134).

내 무역 및 투자 자유화인데, 이 과정에서 각국의 중소기업이 크게 영향을 받을 수 있기 때문이다.[34]

2. 법의 목적 및 적용범위

라오스 경쟁법 제1조는 목적규정으로서, 경쟁법의 목적들을 명시적으로 규정하고 있다. 이에 따르면, 라오스 경쟁법은 거래행위에서의 경쟁[35]을 관리하고 감독하기 위한 원칙, 규제, 조치 등을 정하고 있는 법으로서, 합법적이고, 공정하며, 투명하고, 유연하며, 동등한 경쟁 확립을 직접적인 목적으로 한다. 나아가 경제주체 즉, 국가, 사업자, 소비자의 권익을 보호하고, 불공정한 경쟁과 경쟁제한적 행위를 방지하여, 지역적 · 국제적 통합은 물론 국가의 사회 · 경제적 발전의 확장과 지속가능성에 기여하는 것을 궁극적인 목적으로 하고 있다.[36]

라오스의 경우, 국가경제의 발전이 경쟁법상 주요하면서도 궁극적인 목적임은 부인할 수 없다. 이는 라오스가 처한 경제 상황을 반영한 것이라고 생각한다. 한편, 법의 목적 중 하나로서 소비자보호에 관한 내용도 명시적으로 규정하고 있는데, 소비자보호가 단순히 경쟁법을 통해 시장에서의 경쟁질서가 유지됨으로써 얻어지는 반사적 효과라기보다는 공정하고 자유로운 경쟁의 촉진을 통해 지향해야 할 법의 목적이라는 점에서 의미가 있다.[37]

여기서 주목할 부분은 라오스 경쟁법상 지역적 · 국제적 통합을 법의 주요 목적 중 하나로 언급하고 있는 점이다. 이는 경쟁의 목적을 단순히 자국의 발전 수단이 아닌 지역공동체 및 국제사회의 일원으로서 투자촉진을 통한 아세안 경제통합에 기여하는데 두고 있으며, 라오스 정부가 그러한 의지가 분명히 있음을 보여주는 것이다.[38] 라오스 경쟁법은 국제협력과 관련하여, 국가는 효과적인 경쟁을 보장하고 라오스가 당사국으로 가입한 국제협약 및 국제조약을 준수하기 위해

---

34) 아세안 차원에서 '중소기업발전을 아세안 전략적 행동 2016－2025(ASEAN Strategic Action Plan for SME Development 2016－2925)'에 극소 및 중소기업(MSMEs) 정책에 관한 구체적인 계획을 강조하고 있다. 이러한 MSMEs 전략의 핵심은 1인 기업을 시작으로 매우 작은 규모의 비즈니스 단위인 극소, 소규모, 중간 및 중견기업이 아세안경제공동체의 주류 행위자가 될 수 있도록 관련된 법과 제도, 인프라, 사회 환경을 구축하는 것을 의미한다(이준표, 앞의 논문, 13면).

35) 경쟁은 사업 목표를 달성하기 위해 품질, 수량, 가격 등과 관련된 활동을 수행하는 동일한 유형의 사업자 간의 경쟁을 말한다(라오스 경쟁법 제2조).

36) 라오스 경쟁법 제1조.

37) 신현윤, 「경제법」(제7판), 법문사, 2018, 132면.

38) 이준표, 앞의 논문, 18면.

교훈, 정보, 과학기술, 기술, 교육을 교환하고 기술 역량을 향상시킴으로써 경쟁에서 대외, 지역 및 국제 협력을 자유롭게 촉진한다고 규정하고 있다.[39]

라오스 경쟁법은 경쟁에 대한 국가정책과 관련하여, 국가는 법령에 따라 동등하고 공정한 경쟁 조건 하에서 활동하기 위해 경쟁하는 모든 경제 주체의 권리를 인정하고 보호하며, 법에 따라 자유 경쟁을 용이하게 하고 경쟁을 방해하거나 장벽을 만들지 않도록 하며, 국가는 경쟁을 촉진하고 사회의 모든 부문이 공정경쟁 문화에 대한 인식 제고에 참여하도록 장려하여 불공정 경쟁과 경쟁 제한을 예방하고 대응하고, 공정 경쟁에 참여할 수 있는 중소기업(SME)의 역량을 강화하고 여건을 조성한다고 규정하고 있다.[40]

라오스 경쟁법상 목적규정에서 경쟁의 기본원칙으로 합법성, 공정성, 투명성을 제시하고 있는데, 경쟁법 제5조(경쟁의 원칙)에서도 확인된다.[41] 이는 법치주의와 밀접한 관련이 있는 요소들로서 라오스 정부가 경쟁촉진에 있어서 법치주의를 무엇보다 중요시하고 있음을 알 수 있다.[42] 그러나 라오스 경쟁법의 목적규정에서 명시된 경쟁에 관한 '유연성' 원칙은 특정 규제분야나 국영기업 등에 대한 법의 적용제외나 예외를 가능하게 하므로 법집행의 일관성을 저해할 여지가 있다고 판단된다.

한편 라오스 경쟁법은 라오스에 사업체를 두고 있는 내국 및 외국의 개인, 법인 및 단체에 적용된다. 즉 역외적용에 관한 조항은 별도로 마련되어 있지 않다. 경쟁법상 국영기업에 대한 명시적 언급은 없지만, 앞서 살펴본 경쟁에 대한 국가정책(제4조) 중 '자유 경쟁을 촉진하며 경쟁을 방해하거나 장벽을 만들지 않는다'는 내용 등을 고려할 때, 적용범위에 있어 국영기업이나 민간부문 사업체를 구분하지 않으며, 모든 부문의 사업활동에 동등하게 적용된다고 판단된다.[43] 다만 경쟁제한적 합의, 시장지배적지위 및 시장독점의 남용, 경쟁제한적 기업결합에 대해 일정한 요건을 구비한 경우 경쟁법의 적용을 제외한다는 규정을 라오스 경쟁법 제4장에 두고 있다.

---

39) 라오스 경쟁법 제7조.
40) 라오스 경쟁법 제4조.
41) 라오스 경쟁법 제5조(경쟁의 원칙)에서는 정책과 법 준수, 국가, 사업자, 소비자의 권익보장, 동등하고 투명하며 공정한 경쟁보장, 공정한 가격을 충족시키는 상품과 서비스의 생산, 판매 보장, 국제협약 준수 등을 경쟁의 기본원칙으로 제시하고 있다.
42) 이준표, 앞의 논문(주 8), 162면.
43) 라오스 경쟁법 제6조.

3. 법의 구성

현행 라오스 경쟁법은 총 9개 장, 95개 조문으로 구성되어 있다. 제1장은 총칙으로서 법의 목적, 관련 용어의 정의, 경쟁에 관한 국가정책방향, 경쟁의 원칙, 법의 적용범위, 국제협력 등에 관하여 규정하고 있다. 제2장은 불공정 경쟁, 제3장은 경쟁제한과 관련하여 그 정의와 거래 유형을 각각 제시하고 있는데, 특히 제3장에서는 경쟁제한적 합의(제1절), 시장지배적 지위 및 시장독점의 남용(제2절), 경쟁제한적 기업결합(제3절)에 관하여 규율하고 있으며, 각 유형별 법적용 제외사유(제4절)도 규정하고 있다. 제4장에서는 라오스 경쟁당국인 경쟁위원회에 대하여 인적구성 및 권리와 의무 등에 대하여 규정하고 있으며, 제5장에서는 금

표 1 라오스 경쟁법 구성

대구분	소구분	조문
제1장 총칙		제1조~제7조
제2장 불공정 경쟁		제8조~제17조
제3장 경쟁제한		제18조~제19조
	제1절 경쟁제한적 합의	제20조~제29조
	제2절 시장지배적 지위 및 시장독점의 남용	제30조~제36조
	제3절 경쟁제한적 기업결합	제37조~제44조
	제4절 법적용 제외사유	제45조~제47조
제4장 경쟁위원회		제48조~제54조
제5장 금지행위		제55조~제58조
제6장 경쟁위반의 처리	제1절 경쟁위반의 조사	제59조~제71조
	제2절 경쟁위반의 처리	제72조~제77조
제7장 경쟁행위의 관리 · 감독	제1절 경쟁행위의 관리	제78조~제82조
	제2절 경쟁행위의 감독	제83조~제85조
제8장 신고자 보상 및 위반자 조치		제86조~제93조
제9장 최종규정		제94조~제95조

지행위에 대하여 규정하면서 일반 금지사항[44] 및 사업자,[45] 라오스 경쟁위원회, 경쟁조사관 및 관계당국 공무원의 금지사항에 대하여 각각 규율하고 있다. 그 밖에 제6장은 경쟁위반의 처리, 제7장은 경쟁행위의 관리·감독, 제8장은 신고자 보상 및 위반자 조치 등 절차법적 규정들을 정하고 있다. 마지막으로 제9장은 최종규정으로 법 이행과 효력에 관한 내용을 담고 있다.

Ⅲ. 라오스 경쟁법상 실체법적 규정

라오스 경쟁법상 주요 실체법적 규정은 제2장의 불공정 경쟁과 제3장의 경쟁제한으로 구성된다. 제2장은 불공정경쟁의 정의와 유형 등에 대하여 각각 규율하고 있으며, 제3장은 경쟁제한의 유형으로서 경쟁제한적 합의, 시장지배적 지위 및 시장독점의 남용,[46] 경쟁제한적 기업결합에 대하여 각각 규율하고 있다. 즉, 라오스 경쟁법상 경쟁제한(Restraint of Competition)이란 위의 3가지 유형(경쟁제한적 합의, 시장지배적 지위 및 시장독점의 남용, 경쟁제한적 기업결합)을 통해 경쟁을 감소, 왜곡, 제한하기 위한 하나 이상의 기업 또는 기업집단의 사업활동[47]을 의미한다. 다음에서는 라오스 경쟁법상 금지되는 행위의 유형으로서 불공정경쟁, 경쟁제한적 합의, 시장지배적 지위 및 시장독점의 남용, 경쟁제한적 기업결합의 정의와 유형 및 적용제외 요건에 대하여 차례로 살펴보고자 한다.

1. 불공정 경쟁(unfair competition)

라오스 경쟁법 제2장(제8조~제17조)은 불공정경쟁(unfair competition)에 대하여 규율하고 있다. 세부 구성을 살펴보면, 제8조는 불공정경쟁의 정의, 제9조는 불공

44) 라오스 경쟁법 제55조는 일반 금지사항과 관련하여, 경쟁조사관이 의무를 수행함에 있어 폭력을 사용하거나 위협 내지 방해하는 행위, 경쟁 관련 법령 위반자를 돕거나 보호하는 행위, 중개인으로서 경쟁으로부터 이익을 얻기 위하여 뇌물을 주고 받는 행위, 법령을 위반하는 기타 행위를 금지한다고 규정하고 있다.

45) 라오스 경쟁법 제56조는 사업자의 금지사항과 관련하여, 불공정 경쟁을 목적으로 하는 모든 행위, 경쟁제한적 합의와 시장지배적 지위 및 시장독점의 남용 등 경쟁을 제한하는 모든 행위, 경쟁조사관을 속이는 행위, 법령을 위반하는 기타 행위를 금지한다고 규정하고 있다.

46) 라오스 경쟁법 제56조 2항은 시장지배적 지위 및 시장독점의 남용을 '경쟁제한'이라는 용어로 대체하여 사용하기도 한다.

47) 사업활동(Business operation)이란 생산, 무역 및 서비스에 관한 사업활동을 말한다(라오스 경쟁법 제3조 1호).

정경쟁의 유형에 관하여 규정하고 있다. 그리고 제10조부터 제17조까지는 제9조에 명시된 불공정경쟁의 유형에 대하여 구체적으로 다시 정의하고 있다. 라오스 경쟁법상 불공정경쟁이란, ① 오인행위, ② 영업비밀침해, ③ 사업활동 강요, ④ 다른 사업자에 대한 명예훼손, ⑤ 사업활동 방해 행위, ⑥ 허위 광고, ⑦ 불공정한 판촉 조장, ⑧ 사업자단체에 의한 차별 및 ⑨ 기타 관계 법령에 규정된 관행과 연관된 사업자나 사업단체의 거래 행위를 의미한다.[48] 라오스 경쟁법상 각 유형(①~⑨)의 정의를 살펴보면 다음과 같다.

'오인행위(misleading conduct)'란 상표, 브랜드, 지리적 표시, 포장, 라벨 및 기타 상품 또는 서비스의 요소에 대한 오해의 소지가 있는 정보를 소비자에게 제공하여 소비자가 신뢰할 수 있고 표준화되어 있거나 등록되어 있는 것으로 이해하게 만드는 고객유인 행위로서 위계에 의한 고객유인 유형에 해당한다.[49] '영업비밀침해(violating business secrets)'란, 다른 사업자의 이익에 편승할 목적으로, 무단으로 다른 사업자의 영업비밀을 열람・수집하는 행위, 무단으로 영업상 정보를 공개・사용하는 행위, 영업비밀 유지계약을 위반하는 행위, 영업비밀을 열람・수집하기 위하여 영업비밀 보유자와의 신뢰관계를 이용하는 행위를 말한다.[50] 사업활동 강요(coercing in business operations)란, 사업자가 자신의 이익을 위하여 직・간접적으로 사기, 명령 또는 위협을 통해 다른 사업자로 하여금 그들의 사업활동의 목적과 일치하지 않는 어떤 일을 하거나 또는 하지 않도록 강요하는 행위를 말한다.[51]

또한 다른 사업자에 대한 명예훼손(defaming other business operators)이란, 사업활동에 부정적 영향을 주는 거짓 정보를 직・간접적으로 공개・유포함으로써 다른 사업자를 훼방하는 행위를 말한다.[52] 사업활동 방해 행위(imposing obstacles to business operations)란, 금융, 원자재, 정보, 기술 접근과 같은 사업활동에 있어 다른 사업자에게 직간접적으로 어려움을 끼치는 행위를 말한다.[53] 허위 광고(false advertising)란, 상품과 서비스의 생산, 품질에 관한 부정확하거나 왜곡되거

48) 라오스 경쟁법 제8조, 제9조.
49) 라오스 경쟁법 제10조.
50) 라오스 경쟁법 제11조.
51) 라오스 경쟁법 제12조.
52) 라오스 경쟁법 제13조.
53) 라오스 경쟁법 제14조.

나 과장된 정보를 공개함으로써 다른 사업자와 소비자의 이익에 부정적인 영향을 미치는 행위를 말한다.[54)]

또한 불공정한 판촉 조장(promoting unfair sales promotion)이란, 기만적인 광고 또는 더 많은 상품과 서비스를 구매하도록 소비자를 설득하는 일체의 행위를 말한다. 예를 들어 약속된 경품을 제공하지 못하여 소비자에게 무료 상품이나 서비스를 제공하지만 이후 단계에서 지불을 요구하는 행위를 들 수 있다.[55)] 사업자단체에 의한 차별(discriminating through by associations)이란, 경쟁으로부터 이익을 얻기 위하여 사업자단체의 가입 또는 탈퇴를 부당하게 거부하거나 구성사업자에 대해 부당하게 대우하는 행위를 말한다.[56)] 여기서 사업자단체란 사업자단체와 구성사업자의 합법적인 권익을 보호하기 위해 비영리기관으로서 자발적으로 설립되고 운영되는 조직을 가리킨다.[57)]

위의 내용은 라오스 경쟁법상 금지되는 행위로서 불공정경쟁에 관하여 가장 먼저 별도의 장으로 규정하고 있다. 구체적인 불공정경쟁 유형에 있어서 우리나라의 공정거래법상 불공정거래행위의 금지규정, 부정경쟁방지법, 표시광고법 관련 내용들이 포괄적으로 혼재되어 있는데, 이는 베트남 경쟁법(2004)의 영향을 받은 것으로 보인다. 베트남 경쟁법(2004)도 제39조에서 제48조에 걸쳐 불공정행위의 유형과 각각의 정의에 대해 규정하면서, 오인행위, 영업비밀침해, 사업활동 강요, 다른 사업자에 대한 명예훼손, 사업활동 방해 행위, 허위 광고, 불공정한 판촉 조장, 사업자단체에 의한 차별, 위법한 다단계 판매 등 광범위한 불공정 경쟁 유형을 정하고 있는데, 위법한 다단계 판매 유형을 제외하고는 라오스 경쟁법상 불공정경쟁행위의 유형과 거의 일치한다. 베트남 경쟁법은 2018년 전면 개정되어 불공정행위의 유형을 축소하였다. 개발도상국의 입장에서 적극적인 경쟁법의 적용을 위해 불공정경쟁에 대한 규정을 도입한 것은 긍정적으로 평가할 수 있으나, 인접 국가의 유사규정과 비교하여 라오스의 내용은 지나치게 경쟁자를 보호하는 것에 초점이 맞추어져 있다는 비판도 있다.[58)]

54) 라오스 경쟁법 제15조.
55) 라오스 경쟁법 제16조.
56) 라오스 경쟁법 제17조.
57) 라오스 경쟁법 제3조 제9호.
58) Van Uytsel and Hongvicht, op. cit., 286.

2. 경쟁제한적 합의(Agreement aimed at Restraint of Competition)

라오스 경쟁법 제3장 제1절은 경쟁제한적 합의(Agreement aimed at Restraint of Competition)에 대하여 규율하고 있다. 경쟁제한적 합의란 경쟁을 감소, 왜곡 또는 제한하기 위한 사업자들 간의 합의로 정의된다.[59] 라오스 경쟁법은 경쟁제한적 합의로 추정되는 행위를 ① 상품 및 용역의 가격 협정, ② 시장점유율 설정 및 시장분할 협정 ③ 생산량 협정, ④ 상품 및 용역의 기술과 품질 개발제한 협정, ⑤ 상품 및 용역의 구매와 판매에 대한 조건 부과 협정, ⑥ 다른 사업자의 시장진입 금지 및 시장접근 방해 ⑦ 다른 사업자 배제, ⑧ 입찰담합, ⑨ 기타 관련 법령에서 규정하는 행위의 9가지로 유형화하고 있다.[60] 라오스 경쟁법은 제22조에서부터 제29조까지 경쟁제한적 합의의 유형(①~⑧)에 대하여 정의하고 있다.

먼저 '상품 및 용역의 가격 협정(Fixing the Price of Goods and Services)'이란, 상품 및 용역의 가격을 인상 또는 인하하기 위해 사업자들 간에 이루어지는 가격협정을 말하며, 이는 시장을 독점하기 위한 가격담합을 의미한다.[61] '시장점유율 고정 및 시장분할 협정(Fixing the Market Share and Allocating Market)'은 시장점유율을 고정하고 시장과 상품 및 용역의 공급을 분할함으로써 다른 사업자를 시장으로부터 배제시키고 또한 관련시장 내 상품 및 용역의 공급으로부터 다른 사업자를 막거나 방해하기 위하여 사업자들 간에 이루어지는 담합을 의미한다.[62] '생산량 협정(Fixing the Quantity of Production)'이란 사업자들이 제품을 비축해 놓거나, 제품의 가격을 인상하거나, 불공정하게 시장을 지배하려고 제품의 일정량만 생산하기로 사업자들 간 담합하는 것을 의미한다.[63]

또한 '상품 및 용역의 기술과 품질 개발제한 협정(Restraining the Development of Technology and Quality of Goods and Services)'은 상품 및 용역의 기술, 생산, 품질을 개발하는 것을 제한하기 위하여 사업자들 간 담합하는 것을 의미하는데, 이는 상품이나 용역의 생산 비용을 증가시키는 결과를 초래해야 한다.[64] '상품

59) 라오스 경쟁법 제20조.
60) 라오스 경쟁법 제21조.
61) 라오스 경쟁법 제22조.
62) 라오스 경쟁법 제23조.
63) 라오스 경쟁법 제24조.
64) 라오스 경쟁법 제25조.

및 용역의 구매와 판매에 대한 조건부과협정(Imposing Conditions on Purchasing and Selling of Goods and Services)'은 상품 및 용역의 품질, 지급조건을 다르게 결정하거나 동종의 상품 및 용역에 대해 다른 가격을 제시하거나 구매와 판매에 있어 보다 강화된 의무를 요구하거나 계약과 관련이 없는 요구를 받아들이도록 강요함으로써 상품 및 용역의 판매 내지 구매 계약을 체결할 때 다른 사업자에 대해 불공정한 조건을 부과하도록 하는 사업자 간 담합을 의미한다.[65]

한편 '다른 사업자의 시장진입 금지 및 시장접근 방해(Preventing Other Business Operators from Entering Market)'란 기존의 사업자들의 시장지배를 용이하게 하려고 직간접적 수단을 이용하여 다른 사업자의 시장진입을 제한, 방해 또는 금지하는 내용의 담합을 말한다.[66] '다른 사업자 배제(Driving Other Business Operators out of the Market)'는 직간접적 수단을 이용하여 시장으로부터 다른 사업자를 강제로 몰아내기 위해서 사업자들 간에 이루어지는 담합을 의미한다.[67] 마지막으로 '입찰담합(Bid Rigging)'은 낙찰을 위하여 사업자 간 또는 사업자와 관계 공무원간에 이루어지는 담합을 말한다.[68]

라오스 경쟁법은 경쟁제한적 합의의 유형을 정의하는데 있어서 입찰담합(제29조)을 제외하고는 모두 불법의 기준을 제시하고 있다. '상품 및 용역의 가격 설정에 관한 합의(제22조)'는 시장 독점으로 이어지는 경우에 불법이 되며, '생산량 설정에 관한 합의(제24조)'는 불공정하게 시장을 지배하는 경우에 불법이 된다. 또한 '다른 사업자의 시장진입 금지 및 시장접근 방해에 관한 합의(제27조)'의 경우에도 시장지배적 지위를 강화하는 경우에 불법이 되는데, '생산량 설정에 관한 합의(제24조)'에서 요구하는 불공정한 시장지배 기준보다는 완화된 개념으로 볼 수 있겠지만, 단순히 시장지배를 촉진하는 것과 불공정하게 시장을 지배하는 것 간의 차이는 분명하지 않다.

한편, '상품 및 용역의 구매와 판매에 대한 조건 부과에 관한 합의(제26조)'는 부과되는 조건이 불공정한 경우에 불법이 되며, '시장점유율 고정 및 시장 분할에 관한 합의(제23조)'에 있어서는 해당 행위의 효과가 다른 사업자를 시장에서 배제시키고 또한 관련시장 내 상품 및 용역의 공급으로부터 다른 사업자를 막거

65) 라오스 경쟁법 제26조.
66) 라오스 경쟁법 제27조.
67) 라오스 경쟁법 제28조.
68) 라오스 경쟁법 제29조.

나 방해하는 경우에 불법이 된다. 또한 '상품 및 용역의 기술과 품질 개발 제한에 관한 합의(제25조)'의 경우, 계약의 효과가 생산비용의 증가로 나타나야 하며, '다른 사업자의 배제에 관한 합의(제28조)'의 경우에는 가격이나 시장점유율 등의 설정 이외의 방식으로 다른 사업자들에 대한 배제 합의의 결과로서 다른 사업자가 시장에서 배제되어야 한다.[69]

라오스 경쟁법은 경쟁제한을 목적으로 하는 합의에 대해, 관련 합의가 기술발전을 촉진하거나 상품이나 용역의 질을 향상시키거나 중소기업의 경쟁력을 강화시킬 경우, 라오스 경쟁위원회(Lao Competition Commission: LCC)가 개별 사안에 따라 해당 합의를 경쟁법 적용에 대한 예외로 인정할 수 있다고 규정한다.[70]

위의 규정들을 평가해 보면, 라오스 경쟁법은 경쟁제한적 합의의 위법성 판단기준을 비교적 상세하게 기술하고 있는 특징을 가지고 있다. 이는 라오스가 경쟁법을 도입할 때, 기존 판례법이 존재하지 않은 상태에서 법적 확실성과 예측가능성을 제공하기 위한 방법으로 위의 규정들을 포함한 것으로 판단된다. 그러나 시장점유율 고정 및 시장분할 합의의 경쟁제한성의 문제는 실제 담합에 참여한 사업자들이 시장을 분할하여 가격을 마음대로 올리는 소비자착취가 주요한 문제라고 할 수 있는데, 라오스 경쟁법에서는 이를 경쟁자 배제의 측면을 중심으로 위법성 판단기준을 제시하고 있다는 점에서 향후 재고가 필요할 것으로 보인다.

3. 시장지배적 지위 및 시장독점의 남용(Abuse of Dominant Market Position and Market Monopoly)

라오스 경쟁법 제3장 제2절은 시장지배적 지위 및 시장독점의 남용에 대하여 규율하고 있다. 즉 라오스 경쟁법은 시장지배적 지위나 시장독점 자체를 금지하지 않고, 다만 그 지위를 남용하는 행위만 금지하고 있다. 라오스 경쟁법상 '시장지배적 지위(Dominant Market Position)'는 경쟁위원회가 정한 시장점유율을 초과하는 하나 이상의 기업 내지 기업집단의 사업활동으로 정의된다.[71][72] 여기서 '시장점유

69) 경쟁제한적 합의 유형은 예시적 규정으로서 향후 라오스 경쟁위원회(LCC)에 의해 보다 확장될 가능성이 있다(Van Uytsel and Hongvicht, op. cit.).
70) 라오스 경쟁법 제45조.
71) 라오스 경쟁법 제30조.
72) 라오스 경쟁법상 사업자(business operator)라는 용어가 일관되게 사용되는데, 제3장 제2절의 시장지배적 지위남용 및 시장독점에 관한 부분에서는 사업자(business operator)라는 용어 대신 기업(enterprise)이라는 용어가 사용되고 있다. 이와 관련하여 라오스경쟁법상 기업(enterprise)의 정의

율(market share)'은 시장지배 여부를 판단하는 지표로서, 관련시장(relevant market)[73]에서 사업자의 상품 및 용역의 매출액 비율을 의미하는데, 경쟁당국에서 구체적인 기준을 정하도록 권한을 부여하고 있다. 그러나 아직 라오스 경쟁위원회(LCC)는 시장점유율과 관련된 세부 지침을 발표하지 않고 있다.[74] 한편 '시장독점(Market monopoly)'은 단일 기업 내지 기업집단이 관련시장에서 상품 및 용역의 유일한 공급자로서 사업활동을 하는 것을 말한다.[75]

라오스 경쟁법은 시장지배적 지위 및 시장독점을 하나로 묶어서 ① 상품 및 용역의 판매와 구매 가격을 불공정하게 설정하는 행위, ② 생산비용 이하로 상품 및 용역을 판매하거나 낮은 품질의 상품을 판매하는 행위, ③ 소비자에게 상품 및 용역의 판매를 거절하는 행위, ④ 상품 및 용역 계약에 조건을 부과하는 행위, ⑤ 동종의 상품 및 용역을 판매하고 구매함에 있어 가격이나 조건을 다르게 부과하는 행위, ⑥ 기타 관련 법령에서 규정하는 관행을 금지되는 행위로서 유형화하고 있다.[76]

라오스 경쟁법은 제32조에서부터 제36조까지 시장지배적 지위의 남용행위 유형(①~⑤)에 대하여 각각 정의하고 있다. '상품 및 용역의 판매와 구매 가격을 불공정하게 설정하는 행위(Unfairly Fixing the Prices of Purchasing and Selling of Goods and Services)'란 시장지배적 지위나 시장 독점권을 가진 하나 이상의 기업 내지 기업집단이 다른 사업자에게 상품 및 용역을 특정 가격으로 판매하고 구매하도록 강요하거나, 소비자의 후생을 저해하는 소매가를 결정하는 행위를 말한다.[77] 이는 수평적·수직적 가격설정 모두를 포함하는 것으로서, 핵심은 가격설정이 시장지배적 지위나 시장에서의 독점적 지위를 가진 사업자에 의해 행해져야 한다는 점이다.

나 사업자(business operator) 용어와의 차이점 등에 대한 별도의 설명은 없다.

73) 시장(market)이란 구매자, 판매자 및 서비스 제공자가 직·간접적으로 상품 및 서비스를 사고 팔기 위해 접촉하고 합의하는 사업 행위의 장소적 범위를 말하며, 관련시장(relevant market)이란 관련 상품과 서비스 시장 및 그 지리적 시장을 의미한다. 여기서 '상품과 서비스 시장'은 상품과 서비스의 특성, 이용목적 및 가격 측면에서 대체될 수 있는 상품과 서비스의 구매 및 판매 범위를 말하며, '지리적 시장'은 상품과 서비스가 서로 교환되거나 대체될 수 있는 특정한 지리적 영역의 범위를 가리킨다(라오스 경쟁법 제3조 제2호, 제4호).

74) 라오스 경쟁법 제3조 제3호.

75) 라오스 경쟁법 제30조.

76) 라오스 경쟁법 제31조.

77) 라오스 경쟁법 제32조.

'생산비용 이하로 상품 및 용역을 판매하거나 낮은 품질의 상품을 판매하는 행위(Selling Goods and Services at below Production Costs and Selling Goods with poor Quality)'란, 시장을 지배하고 독점화하기 위하여 생산비용 이하로 상품 및 용역의 가격을 설정하고 낮은 품질의 상품을 판매하여 다른 경쟁 사업자들이 경쟁할 수 없도록 배제하는 하나 이상의 기업 또는 기업집단의 행위를 말한다.[78) 여기서 생산비용 이하로 상품 및 용역을 판매하는 행위는 약탈적 가격 설정 즉, 부당염매에 해당하는 내용이다. 라오스 경쟁법은 약탈가격 여부의 판단기준을 생산비용(production costs)으로 규정하고 있으며, 위 행위가 다른 경쟁 사업자들의 경쟁을 제한하는 결과를 초래할 때 비로소 위법성이 인정된다. 또한 약탈적 가격 설정뿐 아니라 낮은 품질(poor quality)의 상품을 판매하는 행위도 금지 유형으로 언급하고 있다.

그 밖에 '소비자에게 상품 및 용역의 판매를 거절하는 행위(Refusing to Sell Goods and Services to Customers)'는 하나 이상의 기업 또는 기업집단이 고객, 소비자 및 다른 사업자를 거절하거나 차별하는 행위로서, 이러한 행위가 법령에 위배되는 경우에 불법에 해당한다고 규정하고 있다. 다만 구체적인 법령이 무엇을 가리키는지는 명확하게 밝히지 않고 있다.[79) 또한 '상품 및 용역 계약에 조건을 부과하는 행위(Imposing the Conditions of Tied Selling－Buying of Goods and Services)'란 상품 및 용역의 구매와 판매 계약을 체결함에 있어 다른 사업자에게 일정한 조건을 부과하거나 계약에 규정되지 않은 다른 의무를 이행하도록 강제하는 하나 이상의 기업 또는 기업집단의 행위를 말한다.[80)]

마지막으로 '동종의 상품 및 용역을 판매하고 구매함에 있어 가격이나 조건을 다르게 부과하는 행위(Imposing the different Prices or Conditions of Purchasing and Selling the same Kind of Goods and Services)'란 하나 이상의 기업 또는 기업집단이 동일한 시장에서 동종의 상품 및 용역의 구매와 판매에 있어 다른 조건을 부과하여 사업 경쟁에서 불평등을 조성하는 행위를 말한다.[81)]

한편 라오스 경쟁법상 시장지배적 지위 및 시장독점의 남용행위에 있어서 당해 행위가 국가의 사회경제적 발전에 기여하는 국가 전략과 국방에 관한 것이라

78) 라오스 경쟁법 제33조.
79) 라오스 경쟁법 제34조.
80) 라오스 경쟁법 제35조.
81) 라오스 경쟁법 제36조.

면 일정한 정부의 행정 규제를 따르는 조건으로 개별 사안에 따라 경쟁법 적용에서 제외될 수 있다. 여기서 '정부의 행정 규제'라 함은, 상품 및 용역의 가격관리, 상품 및 용역의 양과 시장범위 관리, 상품 및 용역의 생산 계획 및 판매관리를 가리킨다.[82]

통상 남용행위는 '착취남용'과 '배제남용'으로 나누어 설명한다. 착취남용은 그 행위가 시장지배력의 행사로서 직접적으로 거래상대방이나 소비자의 이익을 침해하는 것이고, 배제남용은 시장에서 현재 또는 잠재적 경쟁사업자를 배제하거나 배제할 우려가 있는 행위를 함으로써 자유로운 경쟁을 제한하여 간접적으로 소비자의 이익을 침해하는 것이다.[83] 라오스의 경우, 착취남용과 배제남용을 모두 금지하고 있는데, 가격남용행위, 소비자이익 저해행위 등 상대적으로 착취적 남용행위에 규제의 중심축이 있는 것으로 보인다. 이는 사회주의 국가이면서 시장경제를 도입한 체제전환국가로서 경쟁법 집행의 준비 내지는 초기 단계에 있는 라오스의 상황을 반영한 입법이라고 판단된다.[84]

4. 경쟁제한적 기업결합(Combination aimed at Restraint of Competition)

라오스 경쟁법 제3장 제3절은 경쟁제한적 기업결합에 대하여 규율하고 있다. 라오스 경쟁법상 기업결합이란 합병,[85] 인수,[86] 사업양도, 합작투자[87]의 형태로 이루어지는 사업자 간 결합을 의미한다.[88] 경쟁제한적 기업결합(Combination aimed at Restraint of Competition)은 관련 시장에서 라오스 경쟁위원회가 정하는 시장점유율을 초과하거나 시장에 대한 접근 및 기술개발을 제한하거나 소비자, 다른 사업자 및 국가 사회경제 발전에 악영향을 미치는 결과를 가져오는 합병, 주식취득, 영업양도·양수, 합작투자를 가리킨다.[89] 전체적으로 경쟁제한적 기업결

---

82) 라오스 경쟁법 제46조.
83) 권오승·서정, 「독점규제법: 이론과 실무」, 제3판, 법문사, 2018, 145면.
84) OECD 경쟁정책본부, 「2011년 연구용역보고서－베트남 경쟁법에 관한 연구」, 2012, 51면.
85) 합병(Merger of enterprises)은 둘 이상의 기업이 합법적인 자산, 권리, 의무 및 이익을 모두 기존 기업 또는 신규 기업으로 이전하는 데 합의하는 행위를 말한다(라오스 경쟁법 제3조 6호).
86) 인수(Acquisition of enterprise)란 기업이 다른 기업의 자산의 일부 또는 전부를 소유하고 관리하는 것에 합의하는 행위를 말한다(라오스 경쟁법 제3조 7호).
87) 합작투자(Joint venture)는 합법적인 자산, 권리, 의무 및 이익을 결합하여 새로운 기업을 형성하는 데 합의하는 둘 이상의 기업의 파트너십 투자를 말한다.
88) 라오스 경쟁법 제37조.
89) 라오스 경쟁법 제38조.

합심사에서 실질적인 경쟁제한성 심사기준(substantially lessening of competition: SLC Test)을 바탕으로 한다고 볼 수 있다.[90] 즉 기업결합의 승인여부는 기업결합이 경쟁에 미치는 영향에 따라 결정되며, 무엇보다 시장점유율, 시장에 대한 접근, 기술개발 제한, 소비자, 다른 사업자 및 국가 사회경제 발전에 대한 영향 등은 경쟁제한적 기업결합 여부를 판단하는 기준이 된다. 그러나 구체적인 결합 심사 기준 및 절차에 대해서는 언급하지 않고 있다.

대기업들 간 기업결합 시에는 라오스 경쟁위원회에 기업결합신고 서류를 제출해야 한다. 반면 중소기업들의 기업결합에 대해서는 기업결합신고 서류 제출이 면제된다. 다만 기업결합을 실시한다는 내용을 라오스 경쟁위원회에 통지해야 한다.[91] 대기업과 중소기업을 구별하는 기준에 대하여는 2004년 발표된 총리령 제42호(Decree No. 42)를 참고할 수 있다. 이에 따르면, 소규모 기업은 연간 평균 직원 수가 19명을 초과하지 않거나 총 자산이 2억 5천만 킵(Kip)[92]을 초과하지 않거나 연간 매출이 4억 킵(Kip)을 초과하지 않는 기업을 의미하며, 중간 규모 기업은 연간 평균 직원 수가 99명을 초과하지 않거나 총 자산이 12억 5만 킵(Kip)을 초과하지 않거나 연간 매출이 10억 킵(Kip)을 초과하지 않는 기업을 가리킨다. 향후 라오스 경쟁위원회(LCC)는 기업결합심사를 위해 기업의 유형을 구분하는 문제를 명확하게 할 필요가 있다.[93]

구체적인 기업결합신고 서류에는 라오스 경쟁위원회(LCC)에 의해 제공되는 신고서 양식, 사업자등록증명서 사본, 감사기관에 의해 인증된 최근 2년간의 기업 재무보고서, 결합계약서 또는 협정서가 있다.[94] 라오스 경쟁위원회(LCC)는 사업자로부터 신고 서류가 제출된 날로부터 7일 이내에 해당 서류를 심사하고, 불비한 점이 있으면 추가서류 제출을 요구할 수 있다.[95] 라오스 경쟁위원회(LCC)는 충분하고 정확한 서류[96]를 수령한 날로부터 30일 이내에 해당 기업결합의 심사

---

90) Rachel Burgess, 'Commonalities and Differences across Competition Legislation in ASEAN and Areas Feasible for Regional Convergence' *A Study and Strategy Paper* (AEGC, 2020) 55 <https://www.phcc.gov.ph/study-on-commonalities-and-differences-across-competition-legislation-i n-asean/> 검색일: 2021.5.10.

91) 라오스 경쟁법 제39조.

92) 킵(Kip)은 라오스 화폐단위로서 K 또는 LAK으로 표시된다. 2021년 5월 4일 기준, 10,000킵(Kip)은 1.06달러 수준이다.

93) Van Uytsel and Hongvicht, op. cit.

94) 라오스 경쟁법 제40조.

95) 라오스 경쟁법 제41조.

결과를 해당 사업자에게 통지해야 한다. 라오스 경쟁위원회(LCC)가 해당 기업결합을 승인하지 않는 경우, 서면으로 그 이유를 해당 사업자에게 통지해야 한다. 또한 심사기간은 필요한 경우 산업통상부(MIC) 장관의 승인을 얻어 30일을 한도로 연장할 수 있다. 기업결합이 승인된 경우, 관련 기업들은 기업등록사무소에 통보하고 라오스 기업법(Law on Enterprise)에서 요구하는 후속 절차를 이행해야 한다.[97] 신고 서류에 불명확하거나 부정확한 내용이 있는 경우, 라오스 경쟁위원회는 추가 정보나 서류를 제공할 의무가 있는 관계 정부기관과 협력할 수 있다.[98] 신고 서류를 제출한 후에 신고 철회를 희망하는 사업자는 철회 결정을 라오스 경쟁위원회(LCC)에 통지해야 한다.[99]

한편 경쟁제한적 기업결합의 정당화사유는 첫째, 기업 도산이 경쟁제한적 결합의 원인이 되거나 둘째, 당해 기업결합이 과학기술의 발전 또는 수출증가에 기여하는 경우이다.[100] 특히, 기업결합이 기술의 발전 또는 수출증가에 기여하는 경우는 기업결합의 예외 사유 중 효율성 예외에 해당하는 것으로 보이는데, 다만 기업결합을 수출증가나 기술발전과 연계시키는 것은 독특한 기준이라고 할 수 있으며, 이는 베트남 경쟁법(2004)의 영향을 받은 것으로 판단된다. 베트남 경쟁법(2004) 제19조는 경제력 집중이 수출을 확장하거나 사회·경제적인 개발 또는 과학기술상의 진보에 기여하는 경우 기업결합의 정당화사유 중 하나로 인정하고 있다.[101]

Ⅳ. 경쟁법 집행의 기구와 절차

라오스경쟁법의 집행을 담당하는 핵심 기구에는 라오스 경쟁위원회(Lao Competition Commission: LCC), 사무국(Secretariat), 경쟁조사관(Competition Inspectors)이 있다. 또한 경쟁법 관련 법정책을 수립하고 경쟁 관련 법정책의 전파, 인식제고, 교육 등의 역할을 담당하는 경쟁행정당국(Competition Administration Authority: CAA)과 경쟁위원회와 경쟁행정당국 및 관련 공무원과 경쟁조사관

96) 라오스 경쟁법상 충분한 서류의 의미는 분명하지 않다.
97) 라오스 경쟁법 제42조.
98) 라오스 경쟁법 제43조.
99) 라오스 경쟁법 제44조.
100) 라오스 경쟁법 제47조.
101) OECD 경쟁정책본부, 앞의 책, 62면.

등을 감시·감독하는 역할을 담당하는 경쟁감찰당국(Competition Inspection Authority: CIA)이 있다. 다음에서는 경쟁법 관련 주요 기구에 해당하는 ① 라오스 경쟁위원회, ② 사무국과 경쟁조사관, ③ 경쟁행정당국, ④ 경쟁감찰당국에 대하여 차례로 검토하고, 경쟁위반 사건에 대한 사건처리절차 및 법위반행위에 대한 제재조치에 대하여 살펴보도록 한다.

1. 라오스 경쟁위원회

라오스 경쟁법의 집행을 담당하는 기구는 라오스 경쟁위원회(Lao Competition Commission: LCC)이다. 라오스 경쟁위원회(LCC)는 비상임위원회로서 정부의 자문 역할을 담당하고, 기술적 측면에서 독립적이며, 관계 기관 및 지방 당국과의 협력을 통해 관련 업무를 감독, 조사, 수행함에 있어 직접적인 책임을 진다.[102] 라오스 경쟁위원회(LCC)는 필요에 따라 지방 경쟁위원회(Provincial Competition Commission: PCC)를 설치할 수 있으며,[103] 효과적이고 효율적인 업무 수행을 위하여 산업통상부(MIC)의 연간 예산 계획에 따라 편성된 예산을 할당받는다.[104]

인적 구성과 관련하여, 라오스 경쟁위원회(LCC)는 위원장 1명, 부위원장 2명, 위원 8명으로 구성되며, 위원장은 산업통상부 차관이 맡고, 부위원장 및 위원은 각 부처 등의 대표자 및 라오스 경쟁위원회(LCC)의 사무국장이 맡는다. 라오스 경쟁법에 따르면, 재무부(Ministry of Finance) 대표, 기획투자부(Ministry of Planning and Investment) 대표가 부위원장이 되며, 농림부(Ministry of Agriculture and Forestry) 대표, 법무부(Ministry of Justice) 대표, 우정통신부(Ministry of Post and Telecommunications) 대표, 국가경제연구소(National Economic Research Institute) 대표, 증권금융연구소(Institute of Finance and Banking) 대표, 라오스 국립상공회의소(Lao National Chamber of Commerce and Industry) 대표, 라오스 변호사협회(Lao Bar Association) 대표, 라오스 경쟁위원회(LCC) 사무국장이 위원이 된다. 라오스 경쟁위원회(LCC)의 인적 구성원들은 산업통상부(MIC) 장관이 추천하여 총리에 의해 지명된다.[105] 라오스 경쟁위원회(LCC)의 인적 구성으로 볼 때, 다양한

102) 라오스 경쟁법 제48조.
103) 라오스 경쟁법 제49조.
104) 라오스 경쟁법 제54조.
105) 라오스 경쟁법 제49조.

이해관계로 인해 원활한 운영 및 효율적인 의사결정이 어려울 수 있다고 판단된다. 라오스 경쟁법의 효율적인 시행과 집행을 위하여, 무엇보다 먼저 경쟁법 집행의 주체인 라오스 경쟁위원회(LCC) 운영과 관련하여 경쟁법 관련 전문가를 적극 배치하고 세부 규칙과 기준을 조속히 마련하는 등 전문성과 투명성을 담보할 수 있는 장치 마련이 필요할 것이다.[106]

라오스 경쟁법은 라오스 경쟁위원회(LCC)의 권리와 의무를 9가지로 규정하고 있다. 구체적으로 살펴보면, 첫째, 사무국의 제안에 따라 경쟁 분야와 관련된 계획을 검토하고 승인한다. 둘째, 경쟁법을 보급·계발하고 연구·제안한다. 셋째, 기업결합을 심사한다. 넷째, 경쟁법 및 관련 규칙을 위반한 개인 또는 법인에 대해 행정처분을 부과한다. 다섯째, 다른 기관의 요청에 따라 법 위반자에 대한 명령 및 조사결정을 내리고 조치를 취한다. 여섯째, 적법절차에 따라 검찰청에 형사고발한다. 일곱째, 경쟁정책에 대하여 다른 국가 및 지역적, 국제적 차원의 기관들과 협력한다. 여덟째, 경쟁위원회의 활동 내용을 산업통상부(MIC) 장관에게 보고한다. 아홉째, 법령에 따라 기타 권리를 행사하고 의무를 이행한다.[107]

라오스 경쟁법 제57조는 라오스 경쟁위원회(LCC)의 금지 행위에 대하여 규정하고 있는데, 예를 들어 허가 없이 경쟁업무 관련 개인, 법인 및 단체의 기밀 정보를 공개하는 행위, 경쟁 관련 사업을 수행하는 개인, 법인, 단체의 지위를 유지하거나 자문역할을 하는 행위, 문서화 절차를 보류하고 지연시키며, 개인, 그룹, 가족, 친척의 이익을 목적으로 권한을 오용하는 행위, 불공정 경쟁 관련 허위 정보를 해당 사업자에게 제공하는 행위, 접수된 경쟁심의 관련 정보를 불공정하게 제공하고 이용하는 행위, 법령을 위반하는 기타 행위가 금지된다.[108]

2. 사무국과 경쟁조사관

라오스 경쟁위원회(LCC) 내에는 지원조직으로서 사무국(Secretariat)이 있다. 사무국은 라오스 산업통상부(MIC) 산하 부서에 해당하는 기관으로서 경쟁활동 관리에 있어 라오스 경쟁위원회(LCC)의 공식적인 자문역할을 한다.[109] 라오스

106) Van Uytsel and Hongvicht, op. cit.
107) 라오스 경쟁법 第50조.
108) 라오스 경쟁법 第57조.
109) 라오스 경쟁법 第51조.

경쟁법상 사무국과 관련하여 명시적으로 규정된 내용은 경쟁조사관(Competition Inspectors)에 관한 것인데, 경쟁조사관은 조사공무원으로서 라오스 경쟁위원회(LCC) 사무국의 감독 하에 있다. 그러나 경쟁조사관의 임면권은 사무국에게 있지 않고, 라오스 경쟁위원회(LCC) 위원장의 추천을 받아 산업통상부(MIC) 장관에 의해 행사된다.[110]

라오스 경쟁법은 경쟁조사관의 권리와 의무에 대하여 자세히 규율하고 있다. 경쟁조사관은 경쟁위반에 대한 신고 및 자진신고를 접수・기록하며, 경쟁위반에 대한 조사 및 예비정보를 수집하며, 경쟁위반과 관련된 증거물품을 압수하여 보관한다. 또한 경쟁조사관은 경쟁위반과 관련된 시설을 조사하고, 예비조사 결과 및 수집한 정보를 정리하여 라오스 경쟁위원회(LCC) 사무국에 보고한다.[111] 기타 자세한 라오스 경쟁위원회(LCC) 사무국의 조직과 활동 내용 및 경쟁조사관의 세부 자격요건에 대하여는 향후 제정될 하위 법령에서 정해진다고 규정하고 있다.[112]

한편 라오스 경쟁법 제58조는 경쟁조사관의 금지행위에 대하여 규정하고 있는데, 법령을 위반하여 불공정하고 불법적으로 의무를 이행하는 행위, 개인, 그룹, 가족, 친척의 이익을 목적으로 권한을 오용하는 행위, 문서를 위조하여 이용하며 기밀정보를 공개하고 경쟁관련 문서를 지연시키거나 파기하는 행위, 법령을 위반하는 기타 행위가 금지된다.[113]

3. 경쟁행정당국

라오스 경쟁법은 라오스 경쟁위원회(LCC) 사무국과 경쟁조사관 이외에 경쟁행정당국(Competition Administration Authority: CAA)에 관하여도 규정하고 있다. 라오스 정부는 중앙에서 일관되게 경쟁활동을 관리하기 위하여 산업통상 부문에 주요한 책임을 맡기고, 재무, 기획재정, 농림, 법무, 우정통신 및 관련 지방행정 부문과 협력하도록 하고 있다. 즉 라오스 경쟁활동의 관리는 산업통상부문이 중심이 된다. 라오스 경쟁법상 경쟁행정당국(CAA)은 산업통상부(MIC), 주・지방정부 단위의 산업통상 사무소, 지역 단위의 산업통상 사무소로 구성된다.[114]

---

110) 라오스 경쟁법 제52조.
111) 라오스 경쟁법 제53조.
112) 라오스 경쟁법 제52조.
113) 라오스 경쟁법 제58조. 본 조항은 경쟁조사관뿐 아니라 관계당국 공무원에게도 적용된다.
114) 라오스 경쟁법 제78조. 라오스는 17개의 주와 1개의 특별시(Vientiane Municipality)로 구성되어

라오스 경쟁법은 각각의 권한에 대하여 자세히 규정하고 있는데, 산업통상부(MIC)의 경우, 경쟁활동 관련 정책, 전략, 법률을 기안하여 정부에 제안하고, 해당 내용들이 효과적으로 시행될 수 있도록 구체적 지침이나 실행계획 등을 만들어 지원 및 감독하며, 이러한 내용들을 사회에 전파하고, 경쟁활동 관련 결정, 명령, 지시를 내리며, 경쟁 이슈와 관련된 기술 담당자의 지식 향상, 훈련, 교육 및 개선에 기여하고, 국제적, 지역적 차원에서의 협력하는 등의 권한을 가진다.[115]

주・지방정부 단위의 산업통상 사무소는 경쟁활동 관련 정책, 전략, 법령, 실행계획을 집행・시행하며, 경쟁활동 관련 정책, 법률, 전략, 실행계획을 전파하고, 경쟁활동 이행에 있어 경쟁조사관들과 함께 협력하고 이를 활성화하며, 검토를 위한 감독기구 보고를 위해 공공 및 기타 관련 부문으로부터 경쟁활동에 관한 권고 내지 보고를 받고, 맡겨진 경쟁활동과 관련된 다른 국가 및 지역적, 국제적 차원의 기관들과 협력하며, 정기적으로 감독기관에 경쟁활동 이행 결과를 보고한다.[116]

지역 단위의 산업통상 사무소는 경쟁활동 관련 계획, 결정, 명령, 지시를 이행하며, 지역 내에서의 경쟁활동에 대한 이해를 높이기 위하여 경쟁활동 관련 법령을 전파하고, 인식제고 및 교육을 위해 노력하며, 지역 내에서 효과적으로 경쟁활동의 이행을 지시, 감시, 격려하고, 검토를 위한 감독기구 보고를 위해 공공 및 기타 관련 부문으로부터 경쟁활동에 관한 권고 내지 보고를 받으며, 감독기관에 경쟁활동 이행 결과를 보고한다.[117]

산업통상부(MIC)는 경쟁정책 업무에 있어 주・지방정부 및 지역 단위의 산업통상 사무소의 지원을 받는다. 경쟁정책, 전략, 법률 기안은 산업통상부(MIC)의 고유의 권한이며, 이를 제외하고는 대부분의 권리와 의무를 하위 사무소와 공유한다. 주・지방정부 및 지역 단위의 산업통상 사무소와 관련된 권한 규정으로 보건대, 사무소의 업무는 경쟁관련 법률 및 정보를 전파하여 인식을 제고하고, 공공으로부터 경쟁활동과 관련된 권고를 받는데 중점을 두고 있다.[118]

있으며, 각 주별로 하부 행정기관으로서 시(나콘), 군(므앙), 촌(반)이 존재한다(외교부, 「라오스 개황」, 2019.11, 22면).

115) 라오스 경쟁법 제79조.
116) 라오스 경쟁법 제80조.
117) 라오스 경쟁법 제81조.
118) Van Uytsel and Hongvicht, op. cit.

4. 경쟁감찰당국

경쟁감찰당국(Competition Inspection Authority: CIA)은 내부감찰당국과 외부감찰당국으로 나뉘는데, 내부감찰당국은 앞서 살펴본 경쟁행정당국(CAA)을 가리키며, 외부감찰당국에는 국회, 국가 감찰청(State Inspection Authority), 국가 회계감사기구(State Audit Organization), 라오스 국가개발전선(Lao Front for National Development),[119] 대중조직, 언론인 등이 포함되며, 각각의 역할과 권리, 의무에 따라 경쟁활동의 이행을 감찰하는 권한을 가진다.[120]

감찰의 주요 내용은 경쟁활동 관련 정책, 전략, 법령의 이행, 라오스 경쟁위원회(LCC)와 경쟁행정당국(CAA)의 조직구조 및 이행, 경쟁조사관들 및 관련 공무원의 책임, 관행, 업무절차 등을 포함한다.[121] 경쟁감찰당국(CIA)이 라오스 경쟁위원회(LCC)뿐 아니라 경쟁행정당국(CAA)을 감찰할 수 있도록 규정하고 있는데, 경쟁행정당국(CAA)이 경쟁감찰당국(CIA)의 일부라는 점에서 잠재적인 이해충돌의 문제가 지적될 수 있다. 따라서 감찰은 주로 경쟁조사관들 및 관련 공무원의 책임, 관행, 업무절차에 초점이 맞추어질 것으로 판단된다.[122] 한편 경쟁감찰의 유형은 정기 감찰과 필요에 따른 부정기 감찰, 긴급감찰로 나뉘는데, 부정기 감찰의 경우에 최소 24시간 전에 감사 대상자에게 사전 통지를 해야 하며, 긴급 감찰의 경우에는 통지 의무가 없다.[123]

5. 사건처리절차

경쟁위반 심사란 라오스 경쟁법 및 관련 법령에 따라 경쟁위반을 막고 법 위반에 대하여 제재를 가하기 위하여 관련 사업자를 심사하는 것을 의미한다.[124] 이러한 심사의 근거는 신고, 자진신고, 추적조사에 있다.[125] 경쟁위반 사례를 발견하거나 알게 된 개인, 법인, 단체는 구두나 서면에 의해 라오스 경쟁위원회

119) 라오인민혁명당의 활동을 돕는 민족통일전선 조직으로서 평화, 독립, 사회주의 건설 완성을 위한 목적으로 1979년 창설되어, 사회주의적 민주주의 촉진, 당과 국가의 외교정책 수행 및 국방, 경제, 문화의 건설과 발전에 기여하고 있다(외교부, 앞의 책, 26면).
120) 라오스 경쟁법 제83조.
121) 라오스 경쟁법 제84조.
122) Van Uytsel and Hongvicht, op. cit.
123) 라오스 경쟁법 제85조.
124) 라오스 경쟁법 제59조.
125) 라오스 경쟁법 제60조.

(LCC) 사무국에 신고해야 한다. 만일 법 위반자가 자발적으로 라오스 경쟁위원회(LCC) 사무국에 경쟁위반 사실에 대하여 신고하는 경우에는, 사무국 담당자가 그 내용을 기록하고 라오스 경쟁위원회(LCC)에 보고하여야 한다.[126] 이 때 자진신고자에 대하여는 처벌을 감면해 주는 리니언시(Leniency) 제도가 적용된다.[127] 경쟁조사관이 경쟁위반 요소를 증명하는 단서 내지 증거를 인지한 경우, 예비적 정보를 수집하고 그 상황을 기록하여 라오스 경쟁위원회(LCC)에 보고해야 하는데, 이는 라오스 경쟁위원회(LCC)의 심사명령 발행의 근거가 된다.[128]

라오스 경쟁법상 심사절차는 ① 예비적 정보수집, ② 심사명령 발행, ③ 심문, ④ 자료나 문서의 압수수색, ⑤ 잠정조치 적용, ⑥ 심사 결과 요약 및 보고 등 총 6단계로 이루어진다.[129] 사건의 단서를 얻었을 경우, 경쟁조사관은 해당 사건에 대한 예비적 정보를 수집하여 라오스 경쟁위원회(LCC)에 보고한다.[130] 라오스 경쟁위원회(LCC)는 경쟁조사관으로부터 받은 보고를 근거로 하여 심사명령 발행 여부를 검토하게 된다.[131] 심사명령이 내려지면, 경쟁조사관은 법 위반자, 피의자 및 기타 관계자를 소환하여 심문할 수 있다. 다만, 모든 심문은 형사소송법 규정에 따라 기록되어야 한다.[132]

자료나 문서의 압수수색은 검찰청(Office of the Public Prosecutor)의 검사장이 발부한 영장에 근거하여 실시해야 한다. 다만 긴급한 경우에는 압수수색 실시 후 24시간 이내에 검찰청에 보고해도 무방하다. 수집한 증거물의 경우, 24시간 이내에 라오스 경쟁위원회(LCC) 및 검찰청에 보고되어야 한다.[133] 경쟁위반 심사 기간 중에 잠정조치(Interim Measures) 적용이 필요한 경우, 라오스 경쟁위원회(LCC)는 검찰청 또는 인민법원에 잠정조치 적용을 위한 소를 제기할 수 있다.[134]

불공정 경쟁과 관련된 심문의 경우, 심사명령이 내려진 후 90일 이내에, 경쟁제한과 관련된 심문의 경우, 150일 이내에 각각 심문을 종료해야 한다. 정해진 기간 내에 심문이 종료되지 않을 경우, 경쟁조사관은 라오스 경쟁위원회(LCC)에

126) 라오스 경쟁법 第61조.
127) 라오스 경쟁법 第62조.
128) 라오스 경쟁법 第63조.
129) 라오스 경쟁법 第64조.
130) 라오스 경쟁법 第65조.
131) 라오스 경쟁법 第66조.
132) 라오스 경쟁법 第67조.
133) 라오스 경쟁법 第68조.
134) 라오스 경쟁법 第69조.

게 불공정 경쟁과 관련된 심사의 경우 60일간, 경쟁제한과 관련된 심사의 경우 90일간의 심사기간 연장을 각각 요구할 수 있다.[135] 심문 종료 후 경쟁조사관은 수집한 정보와 증거 및 심문 결과를 라오스 경쟁위원회(LCC)에 보고해야 한다. 보고서에는 경쟁위반 사례 및 구체적인 위반 내용은 물론 사건처리방안에 대한 제안도 포함되어야 한다.[136]

6. 법위반행위에 대한 제재

라오스 경쟁위원회(LCC)는 경쟁법 위반 사건을 처리할 최종적인 책임이 있다. 최종 심결절차를 거쳐 ① 행정조치 명령, ② 추가조사 명령, ③ 형사고발 및 ④ 사건종결결정 명령을 내릴 수 있다.[137] 행정조치 명령과 관련하여, 라오스 경쟁위원회(LCC)는 법 위반자에 대해 위반의 중대성에 따라 지도(education), 경고, 징계조치, 과징금 등의 조치를 내릴 수 있으며,[138] 형사사건이 아니면서 위반의 정도가 경미하다고 추정되거나 첫 번째 위반에 해당하는 경우, 지도나 경고의 대상이 된다.[139] 비형사범죄, 경미한 위반, 부정직한 보고 등의 행위를 한 공무원에 대해서는 징계조치를 내릴 수 있는데, 구체적인 징계조치에는 견책, 감봉, 정직, 강등, 해임, 파면 등이 있다. 징계를 받은 자는 불법으로 취득한 모든 재산을 관련 단체에 반환하여야 한다.[140] 또한 형사 범죄로 간주되지 않는 법 위반자(개인, 법인, 단체)에 대하여는 과징금을 부과할 수 있는데,[141] 구체적인 과징금 산정방법은 별도로 정하는 규정을 따르도록 하고 있다.[142]

추가조사 명령은 법 위반 사실이 있다고 판단하기에 충분한 정보와 증거가 없을 때 경쟁조사관이 추가조사를 진행하도록 내려지는 명령이다. 추가조사 명령이 내려지면 경쟁조사관은 불공정 경쟁 사안의 경우 30일 이내, 경쟁제한 사안의 경우 60일 이내에 관련 조사를 마쳐야 한다.[143] 만일 경쟁위반 사실이 확실한 증거

135) 라오스 경쟁법 제71조.
136) 라오스 경쟁법 제70조.
137) 라오스 경쟁법 제72조.
138) 라오스 경쟁법 제73조, 제87조.
139) 라오스 경쟁법 제88조.
140) 라오스 경쟁법 제89조.
141) 라오스 경쟁법 제90조.
142) 라오스 경쟁법 제90조.
143) 라오스 경쟁법 제74조.

로서 범죄행위로 입증될 경우, 형사소송법에 따라 기소를 목적으로 모든 정보 및 증거물을 포함한 범죄사실을 종합하여 검찰청에 제출해야 한다.[144] 경쟁법을 위반한 개인은 라오스 형법 또는 기타 형사책임을 규정한 법률에 근거하여 처벌되며,[145] 이와 함께 법인등록의 중지나 철회 등의 추가 벌칙을 부과 받는다.[146]

라오스 경쟁위원회(LCC)는 경쟁위반을 증명할 증거가 없는 경우, 법 위반자의 자백과 배상합의 및 신고자 내지 피해자가 사건종결에 합의한 경우, 라오스 경쟁위원회(LCC)의 결정에 따라 법 위반자의 자백 및 배상에 대한 합의가 있는 경우에는 사건종결결정 명령을 내릴 수 있다. 사건종결결정 명령이 내려진 후, 라오스 경쟁위원회(LCC)는 이 결정을 피심인, 고소인, 신고인, 피해자 및 기타 관련 당사자에게 통지하여야 한다.[147] 한편 경쟁위반으로 인해 피해를 입은 자는 관계 법령에 따라 민사상 손해배상을 청구하기 위하여 법원에 소를 제기할 수 있다.[148]

Ⅴ. 결론: 라오스 경쟁법의 평가 및 향후 발전방향

라오스는 아세안경제공동체(AEC)의 일원으로서 공동체 차원에서의 경쟁법 도입 요구에 따라 2015년 라오스 경쟁법을 제정한 이래, 2018년 라오스 경쟁위원회(LCC)를 공식 설립하는 등 경쟁법 체제 확립을 위한 노력을 지속하고 있다. 그러나 아직 하위 법령이 충분히 마련되지 않았을 뿐 아니라, 낮은 수준의 경제 및 시장 환경으로 인하여 실제적인 법 집행까지는 많은 시간이 걸릴 것으로 보인다. 라오스 경쟁법은 이웃 국가이면서 동시에 같은 사회주의 국가이자 체제전환국인 베트남의 영향을 많이 받은 것으로 알려져 있는데, 향후 하위 법령 제정 및 세부 집행절차 등에 있어서도 베트남의 체계를 많이 참고할 것으로 전망된다. 또한 아세안경제공동체(AEC)가 발전함에 따라 라오스의 경쟁법 체계도 공동의 경제적 이익을 촉진시키는 도구로서 점차 높은 수준으로 개선되어 갈 것으로 기대된다. 향후 라오스 경쟁법 체제가 확립된다면, 라오스의 지속적인 성장과 발전은 물론,

---

144) 라오스 경쟁법 제75조.
145) 라오스 경쟁법 제92조.
146) 라오스 경쟁법 제93조.
147) 라오스 경쟁법 제76조.
148) 라오스 경쟁법 제77조, 제91조.

시장경제체제로의 전환을 촉진하고 완성하는데 많은 도움이 될 것이다.

라오스에서의 경쟁법 체제 확립을 위하여 필요한 몇 가지 과제 및 시사점에 대하여 살펴보면 다음과 같다.

첫째, 경쟁문화의 조성이 필요하다. 라오스처럼 경쟁법 집행을 시작하려는 국가에서는 무엇보다 경쟁풍토를 조성하는 것이 중요하다. 이를 위하여 경쟁에 대한 사회인식 제고 노력이 선행되어야 할 것이다. 라오스는 사회주의 시스템과 자본주의 시스템이 혼합되어 있어 경쟁법이 전면적으로 시행되기에는 아직 한계가 많다. 그럼에도 불구하고 라오스 경쟁법은 선진 경쟁법을 참고하여 핵심적인 내용들은 대부분 법률에 수용하고 있다. 따라서 경제발전 및 시장에서의 경쟁문화를 조성하고 이에 대한 사회적 인식을 제고하는 한편, 국민생활과 밀접한 분야를 중심으로 법집행을 실시함으로써 경쟁정책의 중요성을 확산할 필요가 있을 것이다. 이와 함께 경쟁법의 다양한 조항들의 내용을 판단할 수 있는 이론적 체계를 발전시켜 나가는 것도 동반되어야 할 것이다.

둘째, 경쟁당국의 독립성이 요구된다. 라오스 관료들의 부패의 위험성을 고려할 때, 경쟁당국의 중요한 목표가 경쟁질서 유지보다 정치·경제 엘리트 집단의 이익을 중시할 가능성을 배제할 수 없다. 현재 라오스 경쟁법상 라오스 경쟁위원회(LCC)의 기술적 독립성은 보장되어 있지만, 조직적인 측면에서 독립성이 확보되어 있지 않기 때문에 그 업무 수행에 있어 한계가 있을 수밖에 없다. 특정 이익이나 압력에 영향을 받지 않는 독립적인 기구로서의 경쟁위원회를 실질적으로 지원하는 독립적인 조직이 확보되어야 할 것이다.

셋째, 집행역량을 강화할 필요가 있다. 경쟁법은 법과 경제가 융합된 분야를 규제하기 때문에 독자적인 견지에서 전문적인 판단이 필요하다. 이는 집행역량 강화와 연결되는 문제이다. 라오스는 2018년에 라오스 경쟁위원회(LCC)를 설립하여 아직 법집행의 역량이 크게 부족한 것이 사실이다. 경쟁법 사건은 경쟁의 관점에서 당해 사안이 제3자 및 복잡한 시장구조와 행태에 어떠한 영향을 미치는지 분석해야 하기 때문에, 법적인 전문성과 함께 경제적 전문성이 중요하다. 즉 법률전문가와 경제전문가의 확보와 이들을 포함한 직원들에 대한 교육 및 훈련이 강화되어야 할 것이다.[149]

---

149) OECD 경쟁정책본부, 2011년 연구용역보고서-베트남 경쟁법에 관한 연구, 2012, 97면.

우리나라 공정거래위원회는 라오스를 상대로 공정거래법 및 경쟁정책, 법 집행 노하우 전수를 위한 자문을 실시한 바 있다. 라오스는 저개발국가의 지위에 놓여 있어 법제적 측면에서 효과적으로 대응할 수 있는 역량이 부족한 실정이다. 경쟁법 발전 단계 및 수요를 반영하여 프로그램을 설계 제공하는 맞춤형 기술지원 노력을 지속할 필요가 있다. 우리나라는 이른바 법제 한류 사업이라는 명목으로 다양한 분야에서 법제협력사업을 추진하고 있는데, 그동안 축적된 경쟁법제 및 집행 노하우를 기반으로 입법 중심의 법제지원에서부터 집행에 이르기까지의 통합적인 법제협력 전략을 모색할 필요가 있다.

마지막으로 근본적인 법치주의 개선 노력이 요구된다. 라오스는 경제적으로는 시장경제체제로 전환하였으나, 정치적으로는 여전히 사회주의를 채택하고 있는 국가이다. 이러한 라오스의 특수성을 고려할 때, 라오스 특유의 법치에 대한 이해 없이 단순한 관련 법규의 분석만으로는 라오스 법제도를 이해하는데 한계가 있다. 또한 라오스의 경우, 법제도에 대한 접근성이 떨어지며, 사법체계도 낙후되어 있는 등 법치주의에 있어 취약한 지역으로 분류된다. 특히 동남아 국가들의 고질적인 병폐로 지적되고 있는 행정 절차에 있어서 공무원의 부패 문제는 라오스에도 동일하게 나타나고 있다. 법 규정의 모호함은 다양한 해석의 여지를 낳게 만들고, 이는 관계기관 공무원에게 법적용에 있어 광범위한 재량권을 부여하는 결과를 가져올 수 있다.[150] 따라서 먼저 기본법을 중심으로 한 법체계 구축 및 세부 시행령 제정 등의 노력과 함께 국가적·지역적 차원에서의 법치주의 개선을 위한 근본적인 노력이 동반되어야 할 것이다.

150) UNCTAD, *Review of Recent Experiences in the Formulation and Implementation of Competition Law and Policy in Selected Developing Countries: Thailand, Lao, Kenya, Zambia, Zimbabwe* (2005), 46.

참고문헌

권오승 · 서정, 「독점규제법: 이론과 실무」, 제3판, 법문사, 2018.

신현윤, 「경제법」(제7판), 법문사, 2018.

외교부, 라오스 개황, 2019.11.

이요한, “라오스 WTO 가입 과정과 주요 과제”, 「동남아연구」 제23권 제3호 (2014), 301~340면.

_____, 「메콩강의 진주, 라오스」, 한울, 2013.

이준표, 「메콩경제권 기업법제의 이해」, 한국학술정보(주), 2012.

_____, “라오스의 법치주의와 투자법제 발전 동향”, 「아주법학」 제11권 제4호 (2018), 153~177면.

_____, “동남아 메콩경제권 국가들의 경쟁법 수렴에 관한 연구”, 「강원법학」 제58권 (2019), 1~32면.

허선 · 정창욱, “베트남 경쟁법의 도입 현황과 향후 과제”, 「KIEP 세계경제」 제5권 제11호 통권 제50호 (2002), 69~76면.

OECD 경쟁정책본부, 「2011년 연구용역보고서－베트남 경쟁법에 관한 연구」, 2012. 9.

ADB, *Asian Development Outlook 2020 Update* (2020.9).

Andriesse, Edo, ‘Laos: Frontier Capitalism’ in Michael A. Witt and Gordon Redding (eds.), *The Oxford Handbook of Asian Business Systems* (Oxford University Press, 2014), 123.

ASEAN Secretariat, *ASEAN Economic Community Blueprint 2025* (2015).

Burgess, Rachel, ‘Commonalities and Differences across Competition Legislation in ASEAN and Areas Feasible for Regional Convergence’ *A Study and Strategy Paper* (AEGC, 2020) 55.

Chew, Corinne, ‘Diversity of National Competition Laws in the ASEAN Region and the Resulting Challenges for the Businesses Operation in the Region’ in Burton Ong (ed), *The Regionalisation of Competition Law and Policy within the ASEAN Economic Community* (Cambridge University Press 2018) 61.

Fruitman, David, ‘Laos: The Lao PDR lays the foundation for its competition regime', 4 *Concurrences: Competition Law Review* 2 (2016).

Glassman, Jim, *Bounding the Mekong: The Asian Development Bank, China, and Thailand* (University of Hawaii Press, 2010).

LUU Huong Ly, 'Regional Harmonization of Competition Law and Policy: An ASEAN Approach' (2012) 2 *Asian Journal of International Law*, 292.

McEwin, Robert Ian, 'Cambodia and Laos' in Katrina Groshinski and Caitlin Davies (eds) *Competition Law in Asia Pacific: A Practical Guide* (Wolters Kluwer, 2015) 767.

Nawawi, Wan Khatina, 'Regionalisation of Competition Law and Policy in ASEAN' in Burton Ong (ed), *The Regionalisation of Competition Law and Policy within the ASEAN Economic Community* (Cambridge University Press, 2018) 34.

UNCTAD, *Review of Recent Experiences in the Formulation and Implementation of Competition Law and Policy in Selected Developing Countries: Thailand, Lao, Kenya, Zambia, Zimbabwe* (2005).

Van Uytsel, Steven and Somsack Hongvichit, 'Competition Law in Laos: Evaluating its Potential for Effective Enforcement' in Steven Van Uytsel, Shuya Hayashi and John O. Haley (eds.), *Research Handbook on Asian Competition Law* (Edward Elgar, 2020).

아시아경제, '내륙국 한계 딛고 도약하는 라오스' (2017.7.17.) <https://www.asiae.co.kr/article/2017071711402570506>

윤수진, 'COVID-19 재난과 라오스' (2020.12.) <http://diverseasia.snu.ac.kr/?p=4965>

The Korea Times, 'China's Belt and Road Initiative and Laos' (2020.6.11.) <https://www.koreatimes.co.kr/www/opinion/2021/05/197_291038.html>

Nokham RATTANAVONG, 'The Role of a Fair Competition Policy in view of the Lao PDR' <https://www.jftc.go.jp/eacpf/04/laos_p.pdf>

브루나이 경쟁법

최인선*

Ⅰ. 서론: 브루나이의 역사와 경쟁법 도입

브루나이 다루살람(Brunei Darussalam, 이하 '브루나이')은 동남아시아지역 보루네오섬의 서북 연안에 위치하고 있으며, 말레이시아 동부의 사라와크주에 의해 영토가 양분되어 있다. 브루나이 영토의 면적은 제주도의 약 3배, 경기도의 약 절반인 5,770㎢이며, 수도는 반다르스리브가완(Bandar Seri Begawan)이다. 인구는 2020년 기준 46.1만 명으로 말레이계 민족 66%, 중국계 민족 10%, 기타 민족 24% 등으로 구성되어 있고, 언어는 말레이어(공용어), 영어, 중국어 등을 사용한다. 브루나이의 국교는 이슬람교이며 기타 종교 선택의 자유도 인정되지만 포교는 금지되고 있다. 브루나이는 1984년 1월 1일 영국으로부터 독립한 이후 이슬람 절대세습 왕정제를 유지하고 있고, 국왕(Sultan)은 하싸날 볼키아(His Majesty Sultan Haji Hassanal Bolkiah)로 1968년 8월에 즉위한 이래 현재는 총리, 국방장관, 재무장관 그리고 외교장관을 겸임하고 있다. 정부조직은 총리실과 12부서로 구성되어 있고, 입법위원회는 33인의 의원으로 국왕이 임명하여 구성하나, 입법위원회는 법안 발의권은 없고 내각이 제출한 법안 및 예산안을 심사하는 역할을 수행한다.[1]

---

* 김앤장 법률사무소 변호사

1) 대한민국 외교부 국가 정보 참고 (URL: https://www.mofa.go.kr/www/nation/m_3458/view.do?seq=21&titleNm=%EA%B5%AD%EA%B0%80%EC%A0%95%EB%B3%B4(%EB%B8%8C%EB%A3%A8%EB%82%98%EC%9D%B4%EB%8B%A4%EB%A3%A8%EC%82%B4%EB%9E%8C 최종접속일: 2021.10.21.)

브루나이는 원유 · 천연가스 중심의 자원 부국으로, 2017년 기준 원유와 천연가스 산업이 브루나이 GDP의 약 54%를 차지하고 2019년 기준 주요 수출품목은 원유 · 천연가스가 포함된 광물성 연료의 비중이 약 90%를 차지할 정도로 자원 의존도가 매우 높아, 국제 에너지 시장의 가격 변동에 따라 경기에 영향을 크게 받아 왔다.[2] 이에 브루나이는 점차 자원 의존도를 낮추고 경제 · 산업의 다각화 모색을 위해 '브루나이 비전 2035'를 수립하여, 기존의 자원 위주의 산업을 기반으로 고부가가치 산업을 육성하고 적극적인 외국인투자 및 진출을 모색하기 위한 정책을 추진하고 있다.[3]

브루나이는 2015년 경쟁명령(Competition Order 2015)의 도입을 통해 경쟁법을 시행하였다. 2007년에 아세안(ASEAN) 소속 회원국 경쟁당국들의 협의체라고 할 수 있는 '아세안 경쟁정책 전문가 그룹(ASEAN Experts Group on Competition, 이하 'AEGC')'이 설립된 이후 AEGC는 아세안 내 경쟁법 도입의 확산과 경쟁정책 발전을 위한 경쟁정책 표준모델 제시와 가이드라인 제정 등의 노력을 해 왔는데, 그 결과 2010년에 말레이시아가 경쟁법을 도입하였고, 2015년에 필리핀, 미얀마와 함께 브루나이가 경쟁법을 도입하게 되었다. 이는 아세안경제공동체(ASEAN Economic Community)가 역내 경제통합을 위해 마련한 '아세안경제공동체 청사진(AEC Blueprint) 2015'와 동일한 맥락에서 추진되었다고 한다.[4]

경쟁명령 제3조 이하에서는 경쟁당국의 설립 · 운영 등에 관한 규정을 두고 있고, 이에 따라 2017년 1월 독립적인 준사법기관을 통해 경쟁법을 집행함으로써, 브루나이 시장의 경쟁을 유지 · 촉진하기 위한 목적으로 브루나이 다루살람 경쟁위원회(Competition Commission Brunei Darussalam, 이하 'CCBD')가 설립되었다. CCBD는 브루나이 시장의 경쟁을 제한하거나 왜곡하는 행위를 규제하는 권한은 물론, 법률적 · 경제적 · 정책적 측면에서의 연구개발을 촉진하고, 국가적 경쟁정

브루나이 대한민국대사관 정보 참고 (URL: https://overseas.mofa.go.kr/bn-ko/brd/m_2266/view.do?seq=577435&srchFr=&srchTo=&srchWord=&srchTp=&multi_itm_seq=0&itm_seq_1=0&itm_seq_2=0&company_cd=&company_nm=&page=1 최종접속일: 2021.10.21.)

2) 박나연, "한 · 브루나이 정상회담 의미와 신남방정책 협력과제", 「세계경제 포커스(World Economz Focus)」, 대외경제정책연구원(KIEP), 2019, 4~6면.

3) 박나연, 위 보고서, 10면; 황보열, "브루나이의 산업다각화 정책과 연구개발 노력", 「과학기술정책」, 제188호 (2012), 123~136면.

4) 장영신 · 강구상 · 나승권 · 김제국 · 최재필 · 김수련, 「아세안 주요국의 경쟁법 비교분석: 디지터플랫폼 시장 M&A를 중심으로」, 대외경제정책연구원(KIEP), 2021, 109면.

책과 관련이 있는 사안에 대하여 정부기관 또는 공공기관에 대한 자문을 제공하는 등 다양한 역할을 수행할 권한을 보유하고 있다.[5)]

2015년에 경쟁명령을 도입한 후 이를 실제로 집행할 때까지는 CCBD가 구체적인 집행을 하기 위하여 각종 준비가 필요했을 뿐만 아니라 사업자·이해관계자 등 시장에서 활동하는 수범자들에게도 법 집행에 대비할 수 있는 시간을 부여할 필요가 있었으므로 법 시행 시까지 일정한 유예기간을 두게 되었다. 이에 따라 우선 경쟁제한적 합의 관련 규제 및 그 집행에 관한 절차적 규정은 2020년 1월 1일부터 시행하였고, 시장지배적 지위 남용행위 및 경쟁제한적 기업결합행위 등에 관한 규제는 이후에 시행하는 단계적 집행을 계획하고 있다. 그 동안 CCBD는 경쟁법 집행을 위한 준비의 일환으로 2019년에 경쟁제한적 합의 가이드라인(Guidelines on Anti-competitive Agreements), 신고절차 가이드라인(Guidelines on Complaint Procedures), 자진신고 가이드라인(Guidelines on Leniency Application) 등을 제정하였고, 2020년에는 경쟁명령의 집행을 위한 세부 사항을 규정한 경쟁규칙(Competition Regulations)도 제정하였다. 다만 현재까지 CCBD가 공개한 경쟁명령의 실제 집행 사례는 없는 것으로 보인다.

브루나이 경쟁법은 아직 초기단계에 있지만 향후 지속적인 연구의 초석을 마련하기 위해 이 글에서는 브루나이 경쟁법의 실체적·절차적 규정을 개관해 보고자 한다.

Ⅱ. 브루나이 경쟁법의 개요

2015년 경쟁명령은 브루나이 시장에서 경쟁을 보호하고 촉진하기 위한 경쟁법의 기본 규정이다. 경쟁명령은 불공정하고 불건전한 사업활동을 금지하고 예방함으로써 경제적 효율성을 강화하고 소비자후생을 향상시키는 것을 목적으로 한다. 경쟁명령은 특히 세 가지 행위유형, 즉 경쟁제한적 합의, 시장지배적 지위남용행위 및 경쟁제한적 기업결합행위를 금지하고 있다. 경쟁명령은 기업들이 혁신적이고 효율적이며 생산적인 사업활동을 할 수 있는 유인을 제공하고, 이를 통해 친 기업·친 투자적 시장을 조성하여 브루나이 시장에 대한 외국인직접투자 가능성을 촉진

5) 경쟁명령 제3조 내지 제5조, Annual Report (1 January 2019~30 April 2020), Competition Commission Brunei Darussalam, 5면.

하는 것을 목표로 한다. 앞에서 본 것처럼 경쟁명령은 2020년 1월 경쟁제한적 합의의 금지 유형에 대한 규제를 시작으로 하여 단계적으로 시행될 예정이다.

표 1 브루나이 경쟁법 주요 규정

조항	주제	요약
제2장 별표 1 및 2	경쟁당국(CCBD)	CCBD는 경쟁명령의 집행을 위해 설립
제10조	적용 범위	경쟁명령에서 금지하는 행위들은 정부 및 법정 기관 및 별첨 3,4에서 열거하는 행위를 제외한 여러 부문에서 상업적·경제적 활동을 수행하는 개인, 단체 또는 법인에 적용
제11조	경쟁제한적 합의(카르텔)	브루나이에서 경쟁을 금지, 제한 또는 왜곡하는 목적이나 효과가 있는 모든 종류의 합의를 금지
제20조	일괄면제	경쟁명령의 제20조에 명시된 기준을 충족하는 특정 범주의 합의에 일괄면제(Block exemption) 적용 가능
제21조	시장지배적지위 남용행위	시장지배적 지위남용행위를 구성하는 특정 행위(약탈적 가격설정, 생산량 제한 또는 동등한 거래에 조건을 부과하는 행위 등) 금지
제23조	경쟁제한적 기업결합	경쟁을 실질적으로 감소시키는 결과를 초래하는 기업결합 금지
제35조－제38조	조사 권한	CCBD는 제11조, 제21조, 제23조 중 어느 하나의 위반이 있다고 볼 수 있는 합리적인 근거가 있는 경우 조사를 개시할 수 있음
제42조 제4항	과징금	브루나이에서 발생한 위반 연도의 연간 매출액의 10%까지 부과 가능(최대 3개 년도까지)
제44조	자진신고(리니언시)	사업자가 위반행위를 인정하고 다른 사업자들의 조사 또는 식별에 상당한 도움이 되거나 도움이 될 가능성이 있는 정보 또는 협조를 제공하는 경우 제재의 100%까지 감면 가능
제45조	Settlement	CCBD는 조사 중 위반행위 해소 방안에 관한 사업자의 제안을 수락하고 조사를 종결, 제재를 면제할 수 있음
제4장	조사방해 등	기록 등에 대한 접근 거부, 거짓 또는 오인 가능성 있는 정보, 증거 또는 서류 제공, 기록의 인멸, 은폐, 훼손 또는 변조, 권한 있는 공무원의 업무방해, 비밀유지의무 위반, 위협, 보복행위 등은 위법
제5장	경쟁항소법원	경쟁항소법원은 CCBD가 결정한 합의, 행위, 기업결합에 대한 불복사건을 심리함
제62조	시장 실태조사 권한	CCBD는 경쟁을 제한, 금지 및 왜곡하는 행위를 감시하기 위한 목적으로 시장 실태조사(market review)를 실시할 권한이 있음
제67조	민사소송	법 위반의 결과로 직접적으로 손해를 입은 자는 그 사업자에 대하여 민사소송을 통해 손해를 구제받을 권리를 가짐
별표 3	제11조 및 제21조에 대한 예외	경쟁제한적 합의 및 시장지배적지위 남용행위의 적용에서 제외되는 행위를 규정
별표 4	제23조에 대한 예외	경쟁명령의 적용에서 제외되는 기업결합 행위를 규정

CCBD가 요약하여 소개하고 있는 경쟁명령의 주요 규정 체계는 앞의 [표 1]과 같다.[6)]

Ⅲ. 경쟁법의 실체적 규정

1. 경쟁법의 목적 및 적용 범위

경쟁명령 제1조에서는 경쟁명령을 "브루나이 시장에서 경쟁의 보호 및 촉진, 경제적 효율성, 경제발전 및 소비자후생 촉진 및 CCBD의 기능과 권한 그리고 이와 관련된 사항들을 규정하기 위한 명령"으로 규정하면서 경쟁명령의 목적을 밝히고 있다.

경쟁명령은 정부 및 법정 기관 그리고 동 명령에서 예외로 규정하고 있는 일부 행위들을 제외하고는 브루나이 내의 여러 부문에서 상업적·경제적 활동을 수행하는 개인, 단체 또는 법인에게 적용된다. 또한 브루나이 역외에서 이루어진 행위에 대해서도 그것이 경쟁명령 제11조, 제21조 및 제23조 등에서 정하는 바와 같이 브루나이의 경쟁 질서를 침해한 경우에는 경쟁명령을 적용할 수 있음을 명시함으로써 역외적용의 근거를 마련하고 있다(제10조).

2. 경쟁제한적 합의 금지(제2장)

경쟁명령의 단계적 시행 과정의 첫 번째 집행으로 경쟁제한적 합의 관련 규제는 2020년 1월 1일부터 시행되었다. 경쟁명령 제11조가 규정하는 경쟁제한적 합의 금지 관련 사항은 다음과 같이 구성되어 있다.

(1) 경쟁제한적 합의의 요건 및 유형(제11조)

경쟁명령 제11조에 따라 브루나이 내에서 경쟁을 금지, 제한 또는 왜곡하는 목적이나 효과를 갖는 사업자들 간의 합의(agreements between undertakings), 사업자단체의 결정(decisions by associations of undertakings) 또는 동조적 행위(concerted practices)는 금지된다. 다만 일정한 경우에는 경쟁제한적 합의에 대한 적용이 제외되거나 면제된다.

---

6) http://www.ccbd.gov.bn/SitePages/competition-order-2015.aspx (최종접속일: 2021.10.21.).

브루나이 내에서 경쟁을 금지, 제한 또는 왜곡하는 목적이나 효과를 갖는 경쟁제한적 합의의 유형은 다음과 같다.

(a) 직접적 · 간접적으로 구매 또는 판매 가격 또는 다른 거래조건들을 고정하는 행위
(b) 생산, 시장, 기술개발 또는 투자의 제한 또는 통제
(c) 시장 또는 공급 분할
(d) 다른 거래당사자들과의 동등한 거래에 상이한 조건을 부과하여 경쟁적 불이익을 초래하는 행위
(e) 당사자에게 계약의 성격 또는 상업적 관행에 비추어 계약과 관련이 없는 추가 의무를 부과하여 계약을 체결하도록 하는 행위
(f) 입찰담합 행위

(2) 적용의 예외(제12조)

경쟁명령 제12조에서는 별표 3에서 열거하는 사항들에 대해서는 제11조의 예외를 인정하고 있다. 별표 3에서는 보편적 경제적 이익과 관련한 서비스, 법률요건의 준수를 위한 합의, 국제적 의무 준수와 충돌이 발생할 수 있는 경우, 공공의 정책, 경쟁과 관련된 다른 법률에 의해 규율되는 상품 및 용역, 일정 요건을 충족하는 수직적 계약, 생산 또는 배분을 촉진하거나 기술적 · 경제적 진보를 촉진하는 등 순수한 경제적 이익을 초래하는 합의, 기업결합의 실행을 위해 직접적으로 관련된 조항 등에 대하여 예외 인정이 가능하다고 규정하고 있다.

(3) 개별면제 및 일괄면제(제13조 내지 제20조)

경쟁명령 제13조 및 제15조에서는 제11조에 따른 금지행위에 관한 개별면제 및 일괄면제에 대해 규정하고 있다.

개별면제의 경우, 사업자는 제11조에 따라 금지될 수 있는 특정 합의에 대한 면제를 CCBD를 통하여 장관(Minister)에게 신청할 수 있다. 장관은 개별면제가 적용될 수 있는 합의에 해당하는 경우 CCBD의 권고와 함께 명령으로 개별면제를 승인할 수 있다. 개별면제는 생산 또는 유통의 개선, 기술 또는 경제적 진보의 촉진에 기여하는 합의에 적용된다. 그러나 합의가 사업자들에게 그러한 목적을 달성하기 위하여 필수적이지 않은 제한을 부과하는 경우, 당해 상품 또는 용

역의 상당한 부분에 있어서 경쟁을 제거할 가능성이 있는 경우에는 동 조항이 적용되지 않는다. 한편 제14조에서는 개별면제의 취소 또는 변경에 대해 규정하고 있는데, 개별면제를 승인한 이후에도 상황에 중대한 변화가 있거나, 사업자가 의무를 위반한 경우에는 장관은 명령을 통해 개별면제의 취소, 조건 또는 의무의 변경, 제거 또는 추가적 부과를 할 수 있다.

일괄면제의 경우, CCBD가 특정 범주에 속하는 합의가 제20조에서 규정하는 요건에 해당한다고 판단하는 경우, CCBD는 장관에게 특정한 분야를 지정하여 일괄면제를 명령할 것을 권고할 수 있다. 장관은 CCBD의 권고에 효력을 부여할 수 있는 일괄면제명령(Block exemption order)을 내릴 수 있으며, 일괄면제명령에 따라 지정된 범주에 속하는 합의는 제11조의 금지로부터 제외된다. 제20조에서는 일괄면제의 적용 기준과 관련하여, “제15조는 생산 또는 유통의 개선, 기술 또는 경제적 진보의 촉진에 기여하는 합의에 적용된다. 그러나 사업자들에게 그러한 목적을 달성하기 위하여 필수적이지 않은 제한을 부과하는 경우, 당해 상품 또는 용역의 상당한 부분에 있어서 경쟁을 제거할 가능성이 있는 경우에는 적용되지 않는다”고 규정하고 있다. 제16조에서는 위의 일괄면제명령에 일정한 조건이나 의무를 부과할 수 있도록 규정하고 있다.

(4) 자진신고 제도(제44조)

경쟁명령 제44조는 자진신고 제도를 규정하고 있다. 동 조항에서는 사업자가 제11조 위반행위에 관여하였음을 인정하고, CCBD가 다른 사업자의 위반행위를 조사하거나 적발하는데 상당한 도움이 되거나 될 수 있는 정보 또는 다른 형태의 협조를 제공한 경우에는 최대 100%까지 과징금을 감면할 수 있도록 규정하고 있다. 의심되는 위반행위에 대한 최초의 신고자인지, CCBD의 조사가 진행되는 단계에서 위반행위에 대한 인정이나 정보 제공 등이 이루어진 것인지, 그밖에 CCBD가 고려할 수 있는 기타 상황 등이 있는지에 따라 일정 비율로 금전적 제재를 감면할 수 있게 하고 있다.

CCBD는 2019년에 자진신고 관련 가이드라인을 제정하였고, 여기에서 경쟁제한적 합의에 관한 설명, 자진신고 제도의 취지 및 효과, 자진신고 신청서 양식과 신청 절차 등을 규정하고 있다.[7]

---

7) http://www.ccbd.gov.bn/Shared%20Documents/guidelines/Guidelines%20on%20Leniency.pdf

(5) 규정의 적용 및 가이드라인

경쟁제한적 합의의 금지에 관한 일반 원칙은 위 규정의 시행일 전후에 걸쳐 이루어진 모든 행위에 적용된다. 이에 따라 2019년 6월 1일 전에 체결된 경쟁제한적 합의의 경우에는 그 당사자들이 합의를 조정, 재협상 및 해지하여 경쟁명령을 준수할 수 있도록 2020년 1월 1일부터 2020년 6월 30일까지 법 적용과 관련한 유예기간이 부여된다. 경쟁명령 제11조에 위반되는 행위는 동 명령의 시행일 이후에는 그 효력이 없다.

한편, CCBD는 2019년에 경쟁제한적 합의에 관한 가이드라인을 제정하였고, 여기에서 브루나이 시장에서의 경쟁에 부정적인 영향을 미치는 사업자간 합의의 구체적인 사례 및 법률 준수에 대한 실질적인 권고사항을 반영하고 있다. 가이드라인은 경쟁명령 제11조의 적용 범위, 용어의 해석, 위반 사례의 예시와 적용 제외 대상, 위반행위의 결과, 리니언시 제도, 위반행위에 대한 신고 절차 등을 규정하고 있다.[8)]

3. 시장지배적지위 남용행위의 금지(제3장)

(1) 남용행위 금지 및 유형(제21조)

경쟁명령 제2조에서는 시장지배적 지위의 개념을 "하나 또는 그 이상의 사업자들이 브루나이 또는 그 외 지역에서 경쟁자들 또는 잠재적 경쟁자들로부터의 유효한 제약 없이, 시장에서의 가격이나 산출량 또는 거래조건들을 조정할 수 있는 상당한 지배력을 보유하고 있는 상황"으로 정의하고 있다. 경쟁명령 제21조에서는 브루나이 내의 어느 시장에서 하나 또는 그 이상의 사업자들이 시장지배적 지위를 남용하는 행위를 금지하고 있다. 남용행위 유형으로는 다음과 같은 행위를 규정하고 있다.

(a) 경쟁자에 대한 약탈적 행위
(b) 소비자의 이익을 저해하는 생산, 판매 또는 기술개발의 제한

(최종접속일: 2021.10.21.).

8) http://www.ccbd.gov.bn/Shared%20Documents/guidelines/Guidelines%20on%20Anti-Competitive%20Agreements.pdf (최종접속일: 2021.10.21.).

(c) 다른 거래당사자들과의 동등한 거래에 상이한 조건을 부과하여 경쟁적 불이익을 초래하는 행위
(d) 계약의 성격 또는 상업적 관행에 비추어 계약과 관련이 없는 추가적 의무를 당사자에게 부과하여 계약을 체결하도록 하는 행위

(2) 적용의 예외(제22조)

경쟁명령 제22조에서는 앞서 본 경쟁제한적 합의 금지에 관한 경쟁명령 제12조 관련 별표 3에서 열거하고 있는 사항들에 대하여 제21조의 적용에 대한 예외를 인정하도록 규정하고 있다.

4. 기업결합의 규제(제4장)

(1) 경쟁제한적 기업결합의 금지(제23조)

경쟁명령 제23조에서는 상품 또는 용역에 대한 브루나이 시장 내에서 경쟁의 실질적인 감소를 초래하거나 초래할 것으로 예상되는 기업결합을 금지하고 있다. 기업결합 유형으로는 다음을 규정하고 있다.

(a) 독립적이었던 둘 또는 그 이상의 사업자들의 합병
(b) 하나 또는 그 이상의 개인 또는 사업자들이 하나 또는 그 이상의 사업자들의 전부 또는 일부에 대한 직접 또는 간접적인 통제권을 취득하는 경우
(c) 하나의 사업자(첫 번째 사업자)가 다른 사업자(두 번째 사업자)의 자산(영업권 포함) 또는 자산의 상당부분을 인수한 결과, 두 번째 사업자의 사업 또는 인수 직전에 두 번째 사업자가 관여한 사업과 관련된 부문을 첫 번째 사업자가 대체하거나 실질적으로 대체하는 지위에 놓이는 경우

(2) 적용의 예외(제24조)

경쟁명령 제24조에서는 별표 4에서 열거하고 있는 사항들에 대해서 제23조의 적용을 제외하도록 규정하고 있다. 대표적으로 법률에 규정된 승인 요건에 따라 장관 또는 (CCBD가 아닌) 규제당국의 승인에 의해 이루어진 기업결합, 기업결합으로 인한 경제적 효율성이 그로 인한 관련시장에서의 경쟁의 실질적 감소를 상쇄할 정도가 되는 경우 등에는 제23조가 적용되지 않는다.

(3) 기업결합의 신고의무(제26조 및 제27조)

경쟁명령 제26조 및 제27조에서는 사업자들의 기업결합 신고의무를 규정하고 있다. 우선, 제26조에서는 당사자들이 예정된 기업결합이 제23조 위반에 해당할 것으로 판단되는 경우 CCBD에 해당 기업결합에 대한 심사를 청구할 수 있도록 규정하고 있다. CCBD는 예정된 기업결합이 제23조에 해당하는지 여부를 심사하게 되며, 기업결합에 따른 배제효과, 장관의 결정을 통한 면제, 확약(제31조)의 승인 여부를 고려하여 제23조 위반에 해당하지 않는 것으로 결정할 수 있다. 반면, CCBD는 예정된 기업결합이 제23조 위반에 해당된다고 결정하는 경우 신청 당사자에게 서면으로 통지하여야 하고, 당사자는 통지일로부터 14일 이내에 공익(public interest)에 대한 고려를 근거로 제23조에 대한 면제를 장관에게 신청할 수 있다. 이에 따른 장관의 결정은 최종적인 효력을 갖는다.

제27조에서는 당사자들이 이미 실행된 기업결합이 제23조 위반에 해당할 것으로 보이는 경우 CCBD에 대하여 해당 기업결합에 대한 심사를 청구할 수 있도록 규정하고 있다. CCBD는 기업결합이 제23조에 해당하는지 여부를 심사하게 되며, 기업결합에 따른 배제효과, 장관의 결정을 통한 면제, 확약의 승인 여부를 고려하여 제23조 위반에 해당하지 않는 것으로 결정할 수 있다. 반면, CCBD는 기업결합이 제23조 위반에 해당된다고 결정하는 경우 기업결합 신고 당사자, 또는 제26조에 따라 예정된 기업결합을 신청했던 당사자(CCBD 결정 전에 합병의 효력이 발생한 경우)나 그 당사자가 존재하지 않는 경우 합병된 법인에게 서면으로 통지하여야 한다. 통지를 받은 당사자 또는 합병된 법인은 통지일로부터 14일 이내에 공익(public interest)에 대한 고려를 근거로 제23조에 대한 면제를 장관에게 신청할 수 있다. 이에 따른 장관의 결정 역시 최종적인 효력을 갖는다.

(4) 임시조치(제28조)

제26조 및 제27조에 따라 신고된 예정된 기업결합 및 이미 실행된 기업결합이 제23조 위반에 해당하는 것으로 볼 만한 합리적인 근거가 있는 경우, CCBD는 신고된 기업결합에 대한 심사를 완료하지 않은 단계에서도, 기업결합 심사에 영향을 미칠 수 있는 행위를 금지하기 위한 목적, 또는 특정 개인 또는 일정 범위의 개인들에 대한 심각하고 회복할 수 없는 손해 방지, 공익 보호 등의 목적을

이유로 적절한 임시적 조치(interim measures)를 취할 수 있다. 이 때 CCBD는 임시적 조치를 하기 전에 당사자에게 서면으로 통지하고 당사자에게 설명의 기회를 제공해야 한다. 경쟁명령 제28조에서는 구체적인 임시조치의 유형에 대해서는 별도로 규정하고 있지 않다.

Ⅳ. 경쟁법의 절차적 규정

1. 브루나이 경쟁위원회의 구성(제3조 내지 제9조)

경쟁명령 제3조 내지 제9조에서는 CCBD의 구성, 기능, 권한, 위원의 구성 및 장관의 감독 권한 등에 관하여 규정하고 있다. CCBD는 국왕이 임명한 6명 이상 12명 이하의 위원장과 위원으로 구성된다. 경쟁명령은 브루나이 시장에서 전반적인 생산성, 혁신과 경쟁력 촉진 및 효율적인 시장 활동 강화, 경제 전반에 걸친 강력한 경쟁문화와 환경 촉진, 경쟁정책에 대한 자문, 경쟁명령의 경쟁촉진 기능과 경쟁의 가치에 관한 국민의 이해와 인식 제고 등 다양한 기능을 CCBD의 역할로 규정하고 있다. CCBD는 경쟁명령이 규정하는 위와 같은 기능 수행과 사업자에 대한 규제를 위해 경쟁명령에 규정된 권한을 행사할 수 있다. 2017년에 설립된 재정경제부의 경쟁소비자국은 CCBD의 사무국으로서 CCBD의 일상업무, 경쟁주창, 신고 접수, 반경쟁적 사건 조사 및 시장실태조사를 수행한다.[9)]

2. 조사 및 집행

(1) 조사권한(제35조 및 제36조)

경쟁명령 제35조에 근거하여 CCBD는 제11조, 제21조, 제23조 위반 가능성에 대한 합리적인 근거가 있는 경우에 조사를 개시할 수 있다. CCBD는 조사 권한이 있는 공무원을 지정할 수 있으며, 조사 권한이 있는 공무원은 경쟁명령에 따른 모든 조사 및 집행권한을 갖게 된다. CCBD 및 조사 권한이 있는 공무원은 제36조에 근거하여 서면을 통해 특정문서를 제출하도록 요구하거나, 조사와 관련이 있다고 판단되는 특정 정보를 제공하도록 요구할 수 있다.

---

9) http://www.ccbd.gov.bn/SitePages/overview.aspx#:~:text=The%20Competition%20and,conducting%20market%20reviews. (최종접속일: 2021.10.21.).

(2) 현장조사 및 영장을 통한 조사(제37조 및 제38조)

경쟁명령 제37조에서는 조사 권한이 있는 공무원 및 CCBD가 해당 공무원과 동행할 수 있는 권한을 부여한 자는 모든 장소에 출입할 수 있는 권한을 가진다고 규정하고 있다. 조사 권한이 있는 공무원은 최소 2영업일 이전에 서면을 통해 현장조사 예정 사실, 조사의 대상 및 목적, 경쟁명령 제4장에 따른 조사방해 관련 내용을 통지하여야 하며, 그렇지 않은 경우 조사 권한이 있는 공무원 등은 조사를 위해 건물에 진입할 수 없다. 다만, 제11조, 제21조, 제23조 위반 조사와 관련된 사업자가 점유하고 있는 장소라는 점에 대한 합리적인 근거가 있는 경우에는 위와 같은 절차 없이 진입할 수 있다.

제38조에서는 조사 권한이 있는 공무원은 법원에 영장 발부를 신청할 수 있도록 규정하고 있으며, 법원은 (a) CCBD 및 조사 권한이 있는 공무원이 제36조 또는 제37조에 근거하여 제출을 요구하였으나 제출되지 않은 문서 등이 당해 장소 내에 존재한다고 볼만한 합리적인 근거가 있는 경우, (b) CCBD 및 조사 권한이 있는 공무원이 제36조에 근거하여 제출을 요구한 문서 등이 당해 장소에 존재하고 그것이 은폐, 훼손, 변조 또는 파기될 가능성이 있다는 합리적 근거가 있는 경우, (c) 조사 권한이 있는 공무원 및 해당 공무원과 동행하는 자가 제37조에 근거하여 당해 장소에 진입하고자 하였으나 진입하지 못하였고 관련 문서 등이 당해 장소에 존재한다고 의심할 만한 합리적 근거가 있는 경우에는 영장을 발부할 수 있다고 규정하고 있다.

(3) 방어권의 행사(제39조)

경쟁명령 제39조에 따르면 조사 대상자는 자신에게 불리한 영향을 미칠 수 있다는 이유로 CCBD의 요청에 따른 문서나 정보 등의 제공을 거부할 수는 없고, 다만 그러한 주장은 (경쟁명령 제4장의 조사방해 관련 절차를 제외한) 다른 형사절차에서는 불리한 증거로 쓰일 수 없다.

한편, 법률대리인의 경우 법률대리인이 직접 생성하거나 자신에게 전달된 비밀유지특권의 대상이 되는 대화 내용, 문서 또는 자료들을 공개할 의무가 없다. 다만, 법률대리인이 그 구체적인 내용을 공개할 의무는 없더라도, 위와 같은 대화 등을 교환한 상대방의 이름과 주소를 아는 한도 내에서 제공할 의무가 있다.

(4) 위반행위의 결정(제41조)

경쟁명령 제41조에 근거하여 CCBD는 조사를 통해 확보한 진술, 문서, 자료 그리고 조사 권한이 있는 공무원의 보고서를 검토한 후에 제11조, 제21조, 제23조에 해당하는 행위들의 위반여부를 판단할 수 있다. CCBD는 경쟁명령의 위반 결정으로 인해 영향을 받게 되는 자에 대하여 서면으로 이를 통지하여야 하고, 그러한 통지를 받은 자는 CCBD에 대해 의견을 제시할 수 있다. CCBD는 의견을 청취한 후 제11조, 제21조, 제23조에 대한 최종 결정을 하게 된다. 기업결합의 경우 앞서 살펴본 바와 같이 면제 신청 절차를 거칠 수 있으며, 장관이 이를 최종 결정하게 된다.

3. 시정조치 및 과징금(제42조)

경쟁명령 제42조에 근거하여 CCBD는 제11조, 제21조, 제23조를 위반한 것으로 결정한 경우 법 위반으로 인한 부정적 효과를 시정, 완화, 제거할 수 있는 구체화된 조치를 부과하거나 요구할 수 있으며, 재발을 방지하기 위한 조치를 부과하거나 요구할 수 있다. 제11조에 위반하는 경쟁제한적 합의에 대해서는 그 합의를 수정하거나 종료할 것을, 제21조에 위반하는 시장지배적지위 남용행위에 대해서는 그 행위를 중단하거나 수정할 것을 명할 수 있고, 제23조에 위반하는 기업결합에 대하여는 기업결합 이전인 경우 그 실행을 금지하거나, 실행된 기업결합의 경우 그 상태를 해소하거나 CCBD가 적합하다고 인정하는 방향으로 거래구조를 수정할 것 등을 명할 수 있다.

CCBD는 또한 각 위반행위에 관하여 고의 및 과실이 있는 경우에는 과징금을 부과할 수 있다. 과징금은 위반행위 기간 동안 브루나이에서 발생한 연간 매출액의 최대 10%까지 부과될 수 있으며, 그 최대 상한 기간은 3년으로 규정하고 있다.

4. 사업자가 제안한 시정방안의 수락(제45조)

경쟁명령 제45조에서는 CCBD가 사업자가 스스로 제안한 시정방안을 검토하여 수락 여부를 결정할 수 있는 권한을 부여하고 있다. CCBD가 시정방안을 수락하는 경우 사업자의 경쟁명령 위반 사실을 인정하지 않고 조사를 종료하고, 별도의 제재를 부과하지 않는다.

5. 조사방해 행위(제4장)

경쟁명령 제53조 내지 제58조에서는 조사방해 행위에 준하는 위반행위 유형을 규정하고 있다. 기록 등에 대한 접근 거부, 거짓 또는 오인 가능성이 있는 정보 및 증거 또는 서류의 제공, 기록의 인멸, 은폐, 훼손 또는 변조, 권한 있는 공무원의 업무 방해, 조사사실 등에 관한 비밀유지의무 위반, CCBD에 대한 신고나 조사협조를 이유로 한 위협 또는 보복행위 등이 위법행위의 유형으로 규정되어 있다.

6. CCBD 결정에 대한 불복 – Competition Appeal Tribunal(제5장)

경쟁명령 제59조 내지 제61조에서는 CCBD 결정에 대한 불복 및 경쟁항소법원(Competition Appeal Tribunal 이하 'CAT')의 권한 등을 규정하고 있다. CAT는 장관이 수시로 지정하는 30명 이내의 구성원으로 구성되며, 사건 당사자들은 경쟁명령에서 금지하는 법 위반행위 관련 CCBD의 결정에 대하여 CAT에 불복할 수 있다. CAT에서는 CCBD의 결정을 확인하거나 취소할 수 있고, 과징금 부과의 취소 또는 금액 변경 등의 결정을 할 수 있으며, CAT의 결정은 CCBD의 결정과 동일한 효력을 갖는다. CAT에 대한 불복 절차가 진행된다는 사실은, 과징금의 부과 또는 액수와 관련한 불복의 경우를 제외하고는, CCBD가 내린 결정의 효력 자체에는 영향을 미치지 않는다.

7. 시장 실태조사(제62조)

경쟁명령 제62조에서는 CCBD가 시장 실태조사(market review)를 수행할 수 있는 권한을 규정하고 있다. CCBD의 자체적인 결정 또는 장관의 요청에 따라 CCBD는 시장에서의 어떠한 특성 및 그러한 특성들의 조합이 시장에서의 경쟁을 금지, 제한 또는 왜곡하는지 여부를 판단하기 위하여, 관련시장의 구조, 사업자들의 행태, 사업자들에 대한 소비자 또는 공급자들의 행태, 기타 관련 사항들에 대한 실태조사를 실시할 수 있다. CCBD는 실태조사의 결과 발견된 사항과 CCBD의 권고사항을 포함한 보고서를 발간하여 공개할 수 있다.

8. 사적 집행(제67조)

경쟁명령 제67조에서는 경쟁명령 제11조, 제21조, 제23조에서 금지하는 행위의 결과로 인해 직접적인 손해를 입은 자로 하여금 법원에 피해구제를 위한 민사 소송을 제기할 수 있는 권리를 부여하고 있다. 다만, 손해배상 소송은 CCBD 또는 CAT의 법 위반 결정이 이루어진 후에 제기할 수 있도록 규정되어 있고, CCBD 결정에 대한 불복에 따라 CAT의 검토가 이루어지는 기간 중에는 민사 소송을 제기할 수 없다.

9. 외국 경쟁당국과의 협력(제69조)

경쟁명령 제69조에서는 CCBD가 장관의 승인 하에 외국 경쟁당국과 약정을 통해 경쟁당국의 역할 수행에 필요한 정보를 상호 교환하고, 나아가 필요한 조력을 제공할 수 있도록 하는 근거도 마련하고 있다.

10. 경쟁규칙(Competition Regulations 2020)의 제정

위와 같이 기본적인 절차적 사항을 규정하는 2015년 경쟁명령과 별도로, CCBD는 2020년에 구체적인 집행 관련 경쟁규칙들(Competition Regulations)을 제정하였다. 경쟁규칙들은 구체적으로 4개 분야로 구분되는데, (i) 경쟁규칙(Competition Regulations)에서는 조사 관련 결정, 조사권한의 행사, 일괄면제, 조사 권한의 행사 등을 규정하고,[10] (ii) 경쟁(경과규정)규칙{Competition(Transitional Provisions) Regulations}에서는 당사자들이 경쟁규정 준수를 위한 유예기간의 연장이 필요한 경우의 절차를 다루며,[11] (iii) 경쟁(조사방해)규칙{Competition(Composition of Offenses) Regulations}은 경쟁명령 제53조 내지 제58조의 조사방해 행위에 관한 집행 기준과 절차를 규정하고,[12] (iv) 경쟁(불복)규칙{Competition(Appeals) Regulations}에서는 불복 절차의 개시 및 대응, 회의 운영, 사건 관리 및 일반

10) http://www.ccbd.gov.bn/Shared%20Documents/Regulations%202021/Competition%20Regulations,%202020.pdf (최종접속일: 2021.10.21.).

11) http://www.ccbd.gov.bn/Shared%20Documents/Regulations%202021/Competition%20(Transitional%20Provisions%20for%20section%2011%20Prohibition)%20Rg,.pdf (최종접속일: 2021.10.21.).

12) http://www.ccbd.gov.bn/Shared%20Documents/Regulations%202021/Competition%20(Composition%20of%20Offences)%20Rg,%202020.pdf (최종접속일: 2021.10.21.).

조항 등을 규정하고 있다.[13)]

V. 향후 집행 전망과 기대

이상에서 브루나이 경쟁법의 기본 체계와 내용을 간략하게 살펴보았다. 2015년 경쟁명령은 경쟁법 집행에 필요한 기본적인 실체적·절차적 기본 규정을 마련한 것으로 보이며, 특히 조사와 절차적 사항과 관련하여 많은 경쟁당국에서 논의되고 있는 방어권(변호인의 비밀유지 특권), 사업자의 자진시정, 시장조사 및 사적 집행 등 최근 논의사항들도 두루 포함하고자 한 것으로 보인다.

CCBD는 2017년 설립 이래 경쟁명령의 집행을 위한 준비 작업을 계속하고 있다. CCBD가 공개한 바에 따르면 2019년에는 신청서 양식 4건(신고서, 기업결합 신고서 등), 내부 매뉴얼 2건(신고사건 처리 절차, CCBD 회의), 가이드라인 4건(경쟁제한적 합의, 자진신고, 신고절차 등 관련) 등 총 10건의 절차 관련 문서를 제정하였고,[14)] 앞서 본 바와 같이 2020년에는 4가지의 경쟁규칙도 추가로 제정하였다. 다만, 보다 구체적인 법 집행을 위한 전제로서는 시정조치의 구체적인 내용과 범위, 과징금 부과 기준과 계산 방법, CAT에 대한 불복 절차 외에 법원을 통한 별도의 불복 수단의 행사가 가능한지 여부 등에 관한 추가적인 규정 마련과 정비도 이루어질 필요가 있어 보인다. 아직 시행되기 전인 시장지배적 지위 남용행위 금지 규정과 경쟁제한적 기업결합 금지 규정과 관련해서도, 시장지배력과 경쟁제한 효과 판단에 관한 구체적인 위법성 판단기준, 기업결합 신고 기준 등 구체적인 기준이 마련될 필요가 있을 것이다.

CCBD는 2020년에 경쟁제한적 합의 금지 규정이 시행된 이후, 특히 신중한 재정 지출활동과 공공조달을 강조하는 국정 과제에 부응하여 입찰담합 분야에 대한 감시와 조달 담당자에 대한 교육을 최우선으로 실시하고 있음을 밝힌 바 있다. 그와 동시에 역동적이고 지속가능한 경제라는 장기적인 경제 목표를 달성하기 위해서는 국가 비전에 부합하는 일관된 정책 집행이 이루어질 필요가 있다는 취지에서, 다양한 공공부문과 정책 결정권자에게 "경쟁"에 대한 고려를 정책결정

---

13) http://www.ccbd.gov.bn/Shared%20Documents/Regulations%202021/UPDATE%20Competition%20(Appeals)%20Regulations,%202020.pdf (최종접속일: 2021.10.21.).

14) Annual Report (1 January 2019 - 30 April 2020), Competition Commission Brunei Darussalam, 16면.

에 포함시킬 것을 권고하는 노력을 강화하였고, 향후에도 이러한 노력을 우선할 것이라는 점도 강조하고 있다. 실제로 많은 부처들이 새로운 정책을 수립하는 초기 단계에서 또는 오래된 규칙과 정책을 검토하는 과정에서 CCBD와 협력하고 있다. CCBD는 개발도상국에서 경쟁명령을 시행함에 있어서 직면할 수 있는 어려움을 인식하고, 사회 각 분야에서 경쟁법에 대한 인식과 이해를 제고하기 위한 개선의 노력과 인력 확충도 강조하고 있으며, 각 부처, 공공기관, 규제기관 등을 대상으로 국제 경쟁법과 정책전문가를 주축으로 한 맞춤형 교육 실시, 기업・사업자단체 및 현지 대학 등과의 협력 등을 활발히 전개하고 있는 것으로 보인다.[15)]

브루나이의 이슬람 절대세습 왕정제 체제와 오랜 기간 천연자원에 집중되어 온 산업구조를 고려할 때, 다양한 제조・서비스업이 발전하는 과정에서 많은 시행착오를 거쳐 정착되어야 하는 경쟁질서와 그에 대한 민관의 수준 높은 인식을 근시일 내에 기대하기는 어려울 것으로 보인다. 그러나 '브루나이 비전 2035'는 경제, 제도, 환경, 인프라 및 정보통신 기술 등 주요 전략분야를 선정하여 국가개발계획을 수립하고 있고, 특히 인프라, 토지사용, 환경 분야에 초점을 맞추어 주택, 도로, 상하수도 시설, 건설, 인프라 파이낸싱 활성화 정책을 발표하는 등 인프라 개발에 대한 수요는 커질 것으로 전망되므로,[16)] 제조・서비스업의 초기 발전 단계에서 문제될 수 있는 전통적인 경쟁법 영역의 쟁점들부터 충실하게 집행 및 연구 사례들을 쌓아 나갈 수 있을 것으로 기대된다. CCBD의 입찰담합 분야에 대한 관심도 같은 맥락에서 이해될 수 있다.

기본적인 규정의 정비는 물론 실제로 구체적인 법 집행 사례들이 나오기까지는 다소 시간이 소요될 것으로 보이나, CCBD가 표명하고 있는 의지만큼 의미있는 집행과 연구 사례들이 집적되어 나가기를 기대해 본다. 그 과정에서 한국 공정거래위원회를 비롯한 경쟁법 커뮤니티와의 다양한 교류・협력을 통해 한국의 선진적인 제도와 정책 및 모범사례들을 폭넓게 공유함으로써, 브루나이의 경쟁 정책과 법제도의 정착 및 발전에 기여할 수 있는 기회도 가질 수 있기를 기대한다.

15) Annual Report (1 January 2019~30 April 2020), Competition Commission Brunei Darussalam, 2~3면, 37면.
16) 박나연, 앞의 보고서, 11면.

참고문헌

박나연, “한 · 브루나이 정상회담 의미와 신남방정책 협력과제”, 「세계경제 포커스(World Economy Focus)」, 대외경제정책연구원(KIEP), 2019.

장영신 · 강구상 · 나승권 · 김제국 · 최재필 · 김수련, 「아세안 주요국의 경쟁법 비교분석: 디지털 플랫폼 시장 M&A를 중심으로」, 대외경제정책연구원(KIEP), 2021.

Annual Report (1 January 2019 - 30 April 2020), Competition Commission Brunei Darussalam,

대한민국 외교부 국가 정보 참고
(URL: https://www.mofa.go.kr/www/nation/m_3458/view.do?seq=21&titleNm=%EA%B5%AD%EA%B0%80%EC%A0%95%EB%B3%B4(%EB%B8%8C%EB%A3%A8%EB%82%98%EC%9D%B4%EB%8B%A4%EB%A3%A8%EC%82%B4%EB%9E%8C 최종접속일: 2021.10.21.)

브루나이 대한민국대사관 정보 참고
(URL: https://overseas.mofa.go.kr/bn-ko/brd/m_2266/view.do?seq=577435&srchFr=&srchTo=&srchWord=&srchTp=&multi_itm_seq=0&itm_seq_1=0&itm_seq_2=0&company_cd=&company_nm=&page=1 (최종접속일: 2021.10.21.)

http://www.ccbd.gov.bn/SitePages/competition-order-2015.aspx (최종접속일: 2021.10.21.).

http://www.ccbd.gov.bn/Shared%20Documents/guidelines/Guidelines%20on%20Leniency.pdf (최종접속일: 2021.10.21.).

http://www.ccbd.gov.bn/SitePages/overview.aspx#:~:text=The%20Competition%20and,conducting%20market%20reviews.(최종접속일: 2021.10.21.).

http://www.ccbd.gov.bn/Shared%20Documents/guidelines/Guidelines%20on%20Anti-Competitive%20Agreements.pdf (최종접속일: 2021.10.21.).

http://www.ccbd.gov.bn/Shared%20Documents/Regulations%202021/Competition%20Regulations,%202020.pdf (최종접속일: 2021.10.21.).

http://www.ccbd.gov.bn/Shared%20Documents/Regulations%202021/Competition%20(Transitional%20Provisions%20for%20section%2011%20Prohibition)%20Rg,.pdf (최종접속일: 2021.10.21.).

http://www.ccbd.gov.bn/Shared%20Documents/Regulations%202021/Competition%20(Composition%20of%20Offences)%20Rg,%202020.pdf (최종접속일: 2021.10.21.).
http://www.ccbd.gov.bn/Shared%20Documents/Regulations%202021/UPDATE%20Competition%20(Appeals)%20Regulations,%202020.pdf (최종접속일: 2021.10.21.).

제9장

미얀마 경쟁법

구 영 한*

Ⅰ. 서 론

미얀마는 넓은 국토와 풍부한 자원을 바탕으로 발전 잠재력이 매우 높은 국가임에도 불구하고, 장기간에 걸친 군부 독재 및 다양한 인종 구성에서 비롯되는 사회·정치적 혼란, 사회주의 채택에 따른 국제사회의 고립정책 등으로 인하여 발전에 상당한 어려움을 겪어 왔다. 무엇보다 1948년 영국 식민지배에서 독립된 이래 1962년까지 짧은 기간의 의회민주주의체제를 제외하면, 최근까지도 군부에 의한 독재정치가 지속되었다.[1] 2011년 공식적으로 군부가 퇴진하고 국민 총선거에 의한 민간정부가 출범하면서 잠시 정치 및 경제적 측면에서 급격한 개혁이 기대된 바 있었으나, 그 후에도 사실상 군부 독재체제가 지속되어 개혁의 수준은 기대에 미치지 못하였다. 그리고 2021년 초 군부가 2020년에 실시된 총선이 부정선거라고 문제 삼으며 다시 쿠데타를 일으킨 후에, 시민들의 저항운동에 대한 쿠데타 세력의 폭력적 진압이 계속되면서 미얀마는 지금도 매우 혼란스러운 정국에 휩싸여 있다.

한편, 경제적 측면에서 미얀마 군부정권은 1962년에서 1988년까지 일명 '버마식 사회주의'로 불리는 사회주의체제를 고수하였으나, 1970년대에 그나마 조금씩 회복세를 보이던 경제성장률이 1980년대에 들어서 크게 추락하고, 1980년대 중

---

* 변호사

1) 유재원·박성훈·한홍렬·강인수·송유철·이호생, 「ASEAN 후발 3개국(베트남, 미얀마, 캄보디아)의 사회경제 개발역량 제고에 관한 기초연구」, 대외경제정책연구원, 2010, 48면.

반 이후에는 마이너스 성장률을 기록하는 등 그 성과가 그다지 좋지 못한 것으로 평가된다.[2] 1988년 쿠데타로 집권한 신군부정권(1988~2011년)은 네윈 정권과의 차별화를 기하기 위해 사회주의를 폐기하고 자본주의 시장경제의 도입을 천명하였으나,[3] 중국, 베트남 등이 어느 정도 성공적으로 공존 체제를 갖추어 나가고 있는 것과는 달리, 미얀마의 경우 이러한 기대는 여전히 매우 요원한 것으로 보인다.

미얀마 또한 ASEAN(Association of Southeast Asian Nations)의 다른 회원국들과 함께 2008년 경제공동체 청사진(Blueprint 2008)을 통해 2015년까지 경쟁법 도입을 위해 노력하기로 합의하였다. 이에 따라 미얀마 경쟁법(The Competition Act, 이하 '경쟁법' 또는 '법'이라 한다)[4]이 2015년 2월 24일에 제정되어 2017년 2월 24일부터 시행되었고, 2018년 10월 31일에는 경쟁당국인 미얀마 경쟁위원회(Myanmar Competition Commission, 이하 'MmCC'라 한다)가 설립되었다.[5] 그러나 2021년 7월 현재 아직 MmCC 조직이 완전히 갖추어지지 않았고,[6] 경쟁법을 집행하기 위한 하위 법령 등의 제정도 미비한 상태이다.[7] 미얀마 경쟁법은 ASEAN 지침,[8] 베트남 경쟁법 및 태국 경쟁법을 참고한 것으로 보이며, 특히 미얀마 경쟁법상 불공정경쟁 관련 규율의 내용은 베트남 및 태국 경쟁법의 내용과 유사한 측면이 있다. 또한 ASEAN 지침은 유럽연합 경쟁법을 참고했으므로, 미얀마 경쟁법에는 유럽연합 경쟁법의 실체규정과 유사한 부분들이 많이 있다.[9]

앞서 살펴본 바와 같이 쿠데타를 비롯한 열악한 정치 및 사회적 상황이 지속되면서 미얀마 경쟁법이 실제 어느 정도로 기능을 하고 있는지는 의문이며, 미얀마 경쟁법의 집행 현황이나 사례 등에 관한 신뢰성 있는 자료나 정보에 접근하는 것 또한 매우 어려운 실정이다.[10] 이처럼 가용한 자료가 제한적인 관계로 본

---

2) 문기홍, "군부 권위주의 체제와 민주화: 미얀마의 민주화 과정과 민주주의 후퇴 현상을 중심으로", 「아시아 리뷰」, 제11권 제2호(2021), 225면.

3) 오윤아 · 장준영 · 최재현 · 우꼬레 · 강대창 · 김유미 · 박나리, 「미얀마 사회문화 · 정치와 발전잠재력」, 대외경제정책연구원, 2011, 43면.

4) Pyidaungsu Hluttaw Law No 9, 2015.

5) Notification 106/2018.

6) MmCC 홈페이지(https://mmcc.gov.mm)상 위원회 구성원들은 소개되어 있으나, 조직도는 아직 확정되지 않은 안(proposed chart)만이 게재되어 있다. 마지막 방문 2021년 10월 7일.

7) Steven Van Uytsel, 'A legal transplant made unnecessarily complex: the Myanmar Competition Law' in Steven Van Uytsel, Shuya Hayashi, and John O. Haley (eds.), *Research Handbook on Asian Competition Law* (Edward Elgar, 2020) 303~304.

8) ASEAN Regional Guidelines on Competition Policy.

9) Van Uytsel, op. cit., p. 307.

고에서는 미얀마 경쟁법의 규정을 중심으로 그 내용을 충실하게 소개하는 것을 목표로 하며, 국내외를 불문하고 미얀마 경쟁법과 관련된 선행 연구가 매우 드문 상황에서 독자들에게 조금이나마 도움이 될 수 있기를 바란다.

Ⅱ. 미얀마 경쟁법 개관[11]

2021년 12월 현재, 미얀마 경쟁법 체계는 법률인 경쟁법과 더불어 1개의 규칙(Competition Rules, 이하 '경쟁규칙'이라 한다)[12] 및 1개의 명령(Order)[13]으로 구성되어 있다.[14] 이들 규칙 및 명령은 경쟁법의 시행과 관련하여 상무부(Ministry of Commerce)에서 필요한 규칙(rules), 규정(regulations) 및 부칙(by-laws)을 발할 수 있고, MmCC에서 필요한 고시(notifications), 명령(orders), 지침(directives) 및 절차(procedures)를 발할 수 있다는 경쟁법 제56조에 근거하여 마련된 것으로서, 경쟁법의 내용을 보완하는 기능을 수행한다.

먼저 경쟁규칙은 경쟁법의 실체적인 내용보다는 조직 및 절차적인 측면에서의 보완을 담당하고 있으며, 구체적으로 MmCC의 구성(2장), 회의의 소집(3장), 위원회 사무소의 역할과 의무(4장), 조사위원회(5장), 실무단의 구성, 역할 및 의무(6장), 신고인, 피조사인 등 이해관계자들의 권리와 의무(7장), 신고 및 조사(8장), 조사(9장), 리니언시(10장), 행정처분 및 불복(11장), 고발(12장) 및 기타(13장)로 이루어져 있다.

한편 MmCC의 No.2/2020 명령(Order)은 우리나라의 표시·광고에 관한 법률과 유사하게 사업자의 광고 활동을 규율하는 내용을 담고 있다. 구체적으로, 사업자는 판매 촉진과 관련하여 (a) 사업을 위한 공공광고 기타 판매 촉진 방안을 시행함에 있어 정확하고, 설명 가능하거나 완전히 보증된 언어, 프레젠테이션, 표현, 로고 및 사실을 사용해야 하고, (b) 거짓, 허위, 오인가능성 있는, 기만적인 또는 기만적이라고 합리적으로 해석될 수 있는 언어, 프레젠테이션, 표현, 로고

---

10) 현재의 쿠데타 정국을 제외하고 보더라도, 정부의 심각한 부패 및 정보 통제로 인해 미얀마의 경제 지표, 각종 통계 등 자료는 일반적으로 신뢰성이 상당히 떨어진다는 평가가 있다. 유재원·박성훈·한홍렬·강인수·송유철·이호생, 앞의 책, 49면 등.

11) 관련 규정은 모두 MmCC 홈페이지(http://mmcc.gov.mm)에서 확인되는 영문본을 기준으로 하였다.

12) Ministry of Commerce Notification No. 50/2017, 2017년 10월 9일 제정.

13) Myanmar Competition Commission Order No.2/2020, 2020년 3월 25일.

14) 출처: MmCC 홈페이지(https://mmcc.gov.mm/service/legislation/). 마지막 방문 2021년 10월 7일.

표 1 경쟁법의 구성

Chapter / 장	Section
Title, Enforcement and Definition / 명칭, 시행일 및 정의	제1조~제2조
Objective / 목적	제3조
Basic Principles / 기본원칙	제4조
Formation of the Commission / 위원회의 설치	제5조~제7조
Powers and Duties of the Commission / 위원회의 권한과 의무	제8조~제10조
Formation of the Investigation Committee and Functions and Duties thereof / 조사위원회의 설치 및 그 직무	제11조~제12조
Act of Restraint on Competition / 경쟁 제한 행위	제13조~제14조
Monopolization on Market in Competition / 경쟁에서의 시장 독점	제15조~제16조
Unfair Competition / 불공정경쟁	제17조~제29조
Collaboration among Business / 기업결합	제30조~제33조
Taking Administrative Action and Appeal / 행정처분 및 불복	제34조~제38조
Offences and Penalties / 위반 및 벌칙	제39조~제44조

및 사실의 사용은 금지되며, (c) 다른 사업자의 사업활동에 해를 끼치거나, 불리하게 하거나 또는 방해할 수 있는 언어, 프레젠테이션, 표현, 로고 및 사실의 사용은 금지되고, (d) 다른 사업자와 유사하거나 모방적일 수 있는 언어, 프레젠테이션, 표현, 로고 및 사실의 사용도 금지된다. 또한, (e) 기관으로부터의 추천 또는 인증을 받은 사실을 공표하고자 하는 사업자는 관련 기관이 제공한 정확하고 강력한 증거를 보유하거나 제출해야 한다.

미얀마 경쟁법 체계의 근간을 이루고 있는 경쟁법은 총 13개 장(Chapter) 56개 조항(Section)로 구성되어 있으며, 각 장의 구성은 [표 1]과 같다.

이하에서는 실체법적 규정과 절차법적 규정을 나누어서 경쟁법의 구체적인 내용을 살펴본다.

Ⅲ. 실체적 규제

1. 경쟁법의 목적(제3조) 및 경쟁의 기본원칙(제4조)

미얀마 경쟁법에서는 경쟁법의 목적조항을 명시적으로 두고 있다(제3조)[15]. 동법 제3조에 따르면, 경쟁법은 (a) 개인 또는 단체가 경제 활동의 공정한 경쟁을 저해할 의도로 독점이나 물가 조작을 통해 공익을 손상시키는 행위를 저지르는 것을 방지하여 국가 경제의 발전을 보호하는 것, (b) 국내외 거래 및 경제 발전 과정에서 불공정한 시장 경쟁에 대한 통제의 근거 마련, (c) 시장지배력의 남용 방지에 대한 근거 마련, 그리고 (d) 사업자들 간 경쟁제한 합의 및 조치에 대한 통제의 근거 마련을 그 목적으로 한다.[16]

한편 위 목적조항과 별개로, 경쟁법 제4조는 경쟁의 기본원칙을 규정하고 있다. 이는 제3조와 더불어 경쟁법이 보호하고자 하는 가치를 천명하는 한편, 경쟁법을 구성하는 개별 조문을 해석함에 있어서 큰 방향의 해석지침을 제공하는 역할을 수행할 것으로 보인다. 제4조에 따르면, 경쟁의 기본원칙은 (a) 시장에 자유롭고 공정한 경쟁 환경을 조성하여 각 행정구역 내에 경제적으로 발전된 지역사회의 구현을 보장하는 것, (b) 공정한 시장 경쟁을 장려하여 사업의 균형 있는 발전과 권리의 평등을 보장하는 것, (c) 물가 조작과 같이 공익을 저해하는 활동 방지를 위한 근거를 마련하는 것, (d) 각 사업 분야에서 자유롭고 공정한 경쟁의 도모를 보장하는 것, (e) 국가・지역 상호간의 상품, 서비스, 투자, 숙련 노동자 및 자본의 흐름이 자유로운 경제 사회의 도모 및 경쟁 체계하의 협력을 보장하는 것, (f) 시장에서의 경쟁 정책에 따른 정책을 실행하는 것, 그리고 (g) 발명가, 투자자 및 생산자의 지식재산권 보호를 통한 혁신 역량을 독려하는 것이다.

2. 적용 범위

경쟁법에 포함된 실체적 규정은 대부분 '사업자(Business)'를 법문상 수범자로 하고 있으며, 이는 '사업 또는 서비스 사업을 수행하는 사람(person who carries

15) 이하 경쟁법의 조문을 인용하는 경우 법명은 생략한다.
16) 이하 경쟁법 조문의 내용(국역본은 법제처의 세계법령정보센터(http://world.moleg.go.kr)에 2021년 6월 14일 게재된 번역을 참고하여 작성되었다. 마지막 방문 2021년 7월 5일.

out any business or service business)'을 의미하고, 사업 또는 서비스 사업을 영위하는 단체(organization)도 포함된다는 점이 명시되어 있다(제2조 (j)).[17] 그러나 경쟁법상 역외적용에 관한 조항은 별도로 마련되어 있지 않다.

3. 개별적 금지 행위

경쟁법에서는 금지되는 행위 유형을 크게 (i) 경쟁제한행위(Act of Restraint on Competition, 제7장), (ii) 시장 독점(Monopolization on Market in Competition, 제8장), (iii) 불공정경쟁(Unfair Competition, 제9장) 및 (iv) 기업결합(Collaboration among Business, 제10장)으로 나누어 규율하고 있다. 이 중 기업결합에 관한 제10장을 제외하면, 금지되는 사업자의 행위는 크게 아래의 세 유형으로 나누어 볼 수 있다.

먼저, (i) 경쟁제한행위(Act of Restraint on Competition)는 시장에서 사업들 간의 경쟁을 감소시키거나 방해하는 행위를 말하며, 개인 또는 단체가 시장지배적 지위 및 독점의 남용을 시도하는 행위도 포함한다(제1조 (g)).[18]

다음으로, (ii) 시장 독점(Monopolization on Market in Competition)의 의미에 대해서는 경쟁법에서 구체적으로 정의하고 있지 않으며, 더 나아가 독점(monopolization), 시장 지배(market dominance), 시장지배적 지위(dominant market position) 등의 표현에 대해서도 별도의 정의 규정이나 판단기준을 두고 있지 않다. 이는 추후 경쟁당국의 가이드라인이나 법 집행의 사례 등을 통해 구체화가 필요할 것으로 보인다.

마지막으로 (iii) 불공정경쟁(Unfair Competition)은 사업을 영위하는 과정에서 국가의 이익 또는 다른 사업이나 소비자의 정당한 권리 및 이익에 해를 끼치거나 그러할 가능성이 있는 경쟁 행위(competitive practice)를 말한다(제1조 (h)).[19]

---

17) 한편 경쟁법에서는 사업(business)과 사업자(businessman)를 별도로 정의하면서도[(제2조 (i), (j))] 정작 각 규정에서는 양자를 명확히 구분하여 사용하고 있지 않다.

18) g) Act of Restraint on Competition means the act which reduces or hinders the competition among businesses in the market. In this expression, agreements of restraint on competition, taking chance on the abuse of the dominant market position and monopolization by any individual or group are also included.

19) h) Unfair Competition means competitive practices by businesses during the business process which cause or may cause damage to the interests of the State or the legitimate rights and interests of other businesses or of consumers.

다만 이러한 분류에도 불구하고, 각 장에서 규정하는 행위 유형들이 서로 명확히 구분되지 않고, 법문만 놓고 보았을 때 서로 중첩될 가능성이 있는 행위 유형들도 존재한다. 하나의 행위가 여러 유형에 동시에 해당할 경우 어떤 조항을 우선 적용하는지, 중첩 적용이 가능한지 등에 대하여도 경쟁법상 별도의 규정이나 가이드라인이 전혀 마련되어 있지 않을 뿐 아니라, '경쟁제한 행위를 초래하는(which cause act of restraint on competition)', '시장의 독점을 초래하는(which cause monopolization on market)'등의 추상적 구성요건의 판단기준 또한 모호한 관계로 수범자의 입장에서 예측가능성이 떨어지고, 법을 집행하는 과정에서도 상당한 혼란이 있을 것으로 예상된다.

(1) 경쟁제한행위(Act of Restraint on Competition) (제7장, 제13조~제14조)

경쟁제한행위를 초래하는 (a) 구매가격이나 판매가격 등 가격을 직접 또는 간접적으로 고정하는 행위, (b) 시장에서의 경쟁제한에 관하여 합의하는 행위, (c) 특정 시장에서의 지배적지위 남용행위, (d) 개인이나 단체를 통하여 시장에 제한을 가하는 행위, (e) 시장이나 자원 공급을 제한하고 방해하는 행위, (f) 생산, 시장 취득, 기술, 기술 및 투자의 발전을 제한하거나 통제하는 행위 및 (g) 입찰 또는 경매에서의 담합 행위는 금지된다(제13조).

법문상 시장 독점 및 불공정경쟁에 관한 금지규정이 수범자를 '사업자(businessman)'로 명시하고 있는 반면, 경쟁제한행위에 관한 제13조에서는 수범자를 '누구든지(person)'로 규정하고 있다는 점에서 구별되나, 규제의 내용을 고려할 때 실질적인 수범자는 마찬가지로 '사업자'가 될 것으로 보인다.[20]

한편 제13조에 의해 금지되는 행위에는 단독행위와 공동행위가 혼재되어 있다. (c), (d), (e) 및 (f)항의 경우 단독행위로, (b) 및 (g)항의 경우 공동행위로 분류할 수 있을 것이다. 한편, (a)항에서 규정하는 가격고정(price fixing)의 경우 우리나라를 비롯한 다른 국가들에서는 공동행위로 규율되는 것이 일반적이나, 미얀마의 경우 다른 사업자와의 합의를 요건으로 하고 있지 않기 때문에 법문상 단독의 가격고정행위도 경쟁제한성이 인정된다면 동조 위반이 될 수 있다. 다만

20) 미얀마 경쟁법은 사업자의 정의와 달리, '누구든지(person)'에 대한 정의를 설명하지 않고 있다. 다만, 사업자의 범위와 달리 사업활동을 하지 않는 일반인도 광범위하게 포함하는 것으로 보인다. Van Uytsel, op. cit., p. 313.

합의를 전제하지 않은 단독의 가격고정행위가 어떠한 경우에 경쟁제한성이 인정될 수 있을지는 의문이다.

공동행위(cartel)의 경우, (b)항에서 포괄적으로 '시장에서의 경쟁제한에 관한 합의'가 금지된다고 규정하고 있을 뿐이어서, 구체적인 행위 유형이 전혀 제시되고 있지 않음은 물론이고 합의의 상대방 또한 특정되지 않는다. 가격 고정, 시장분할 등 다른 국가에서 당연위법(per se illegal)으로 판단되는 행위 유형들은 당연히 본 조항의 적용대상이 될 수 있을 것으로 보이나,[21] 이에 더하여 구체적으로 어떠한 행위까지 본 조항에 의하여 금지되는 합의에 포함되는지에 관하여 수범자의 입장에서 상당한 혼란이 초래될 것으로 보인다.[22] 또한, 경쟁제한성이 추정되는 경우 또는 안전지대 등에 관하여도 아무런 기준이 제시되어 있지 않다. 합의의 상대방도 제한하고 있지 않기 때문에, 경쟁사업자들 간의 수평적 합의 뿐 아니라 재판매가격유지행위 등 수직적 합의까지도 이론상 본 조항에 의하여 금지될 가능성이 있다.

이와 관련하여 제14조에서는, 소비자 부담을 완화하기 위한 의도로 이루어진 경쟁제한합의로서 일정한 내용을 포함하는 합의에 대해서는 MmCC가 일정 기간을 정하여 예외(exempt)를 인정할 수 있다고 규정하고 있다. 구체적으로, MmCC는 소비자 부담을 완화하기 위한 의도로 이루어진 경쟁제한합의로서 (a) 사업의 경쟁력 향상을 위한 사업 조직 및 유형의 개편, (b) 상품 및 용역의 품질 향상을 위한 기술 및 기술수준의 향상, (c) 여러 상품에 대한 기술 표준과 품질 수준의 통일성 있는 발전 확보, (d) 가격이나 가격 관련 사실과 무관한 사업 수행, 상품유통 및 지불에 관한 통일성 확보, (e) 중소기업의 경쟁력 강화, (f) 미얀마 사업체의 국제시장 경쟁력 강화를 포함하는 합의에 대하여, 특정 기간을 정하여 예외를 인정할 수 있다(제14조).

예외인정의 범위는 특정되어 있지 않으나, 규정의 구조와 소비자 부담의 완화를 의도한 경쟁제한적 합의를 요건으로 하고 있음을 고려할 때 경쟁법 적용의 제외보다는 제13조의 예외라고 해석하는 것이 합리적이라고 생각된다.[23] 예외로

21) 다만 입찰담합에 관하여는 별도의 규정이 마련되어 있으나((g)항), 본 조항((b)항)을 통해서도 규율 가능할 것으로 보인다.

22) 법 제13조에서 당연위법으로 규율하는 내용이 수평적 합의 및 수직적 합의와 단일행위(unilateral conduct)까지 폭넓게 포함하는 것으로 이해하는 견해도 있다. 다만, 경쟁제한적 합의가 법 제14조의 조건을 충족하는 경우, 예외가 인정될 수 있다. Van Uytsel, op. cit., p. 316.

인정되기 위한 절차에 관하여는 별도의 규정이 마련되어 있지 않으나, 법문상 예외를 인정하기 위한 실체적 요건을 갖추었다고 하여 바로 예외가 인정되는 것은 아니고, 신청 등을 거쳐 MmCC의 예외 결정이 있어야 비로소 해당 기간 동안 예외 인정을 받을 수 있게 된다.[24] 한편 예외 요건의 하나로 '미얀마 사업체의 국제시장 경쟁력 강화'를 규정하고 있는 것은((f)항), 미얀마의 개발도상국으로서의 특성이 반영된 것으로 생각된다.

한편, 시장지배적 지위 남용행위에 관하여도 담합과 마찬가지로 '관련시장에서의 지배적 지위를 남용하는 행위'를 추상적으로 금지 대상으로 삼고 있고, 구체적 행위의 유형을 전혀 열거하거나 예시로 들고 있지 않다(제13조 (c)). 따라서 법문상으로는 시장지배적 지위와 경쟁제한성이 인정된다면 모든 유형의 행위를 규제 대상으로 삼는 것이 가능한 바, 추후 하위법령이나 가이드라인, 법 집행의 사례 등을 통해 많은 구체화가 필요할 것으로 생각된다.

(2) 시장 독점(Monopolization on Market in Competition) (제8장, 제15조~제16조)

시장의 독점을 초래하는 (a) 상품의 구매가격이나 판매가격 또는 서비스 요금을 통제하는 행위, (b) 가격통제를 목적으로, 서비스나 생산을 제한하거나 상품의 구매와 판매 기회를 제약하거나 다른 사업자를 대상으로 직접 또는 간접적으로 의무조건을 지정하는 행위, (c) 합당한 이유 없이 서비스, 생산, 구매, 유통, 양도나 수입 등을 중단・축소・제한 또는 수요에 따라 품질을 낮추기 위하여 상품을 파괴 또는 손상하는 행위, (d) 다른 사업자의 진입을 막고 시장점유율을 지배하기 위하여 상품이나 서비스의 거래가 이루어지는 장소를 통제 또는 제한하는 행위, (e) 공정하지 않은 방법으로 타인의 사업수행을 저해하는 행위는 금지된다(제15조).

문언상 제15조의 수범자는 '사업자'로서 독점적 지위나 시장지배적 지위에 있을 것이 명시적으로 요구되지 않지만, 각 행위가 시장의 독점을 초래할 것을 구성요건으로 규정하고 있다는 점을 고려할 때 현실적으로 어느 정도 시장지배력을 보유한 사업자가 적용 대상이 될 것으로 생각된다.

23) 다만 적용 제외의 범위는 경쟁제한적 단독행위가 아닌 경쟁제한적 합의를 의미한다. Van Uytsel, op. cit., p. 314.

24) 우리나라 공정거래법의 공동행위 인가 제도와 유사하다.

한편 앞서 살펴본 바와 같이 제13조에서는 이미 '관련시장에서의 지배적 지위를 남용하는 행위'를 포괄적으로 금지하고 있어서((c)항) 구체적 행위 유형을 불문하고 시장지배적 지위를 남용하는 행위는 본 조항에 모두 포섭될 가능성이 있는데, 제15조에서는 사업활동 방해[((b), (c)항)], 구속조건부 거래((d)항) 등 다른 나라에서 일반적으로 시장지배적 지위 남용행위로 규율하는 행위 유형까지 규정하고 있어, 양 규정의 관계가 문제된다. 추후 법 적용의 사례 등을 통해 많은 구체화가 필요할 것으로 보인다.

한편, 사업자는 다른 사업의 상황 또는 신규 사업의 착수에 영향을 미치기 위하여 MmCC의 허가를 받아 (i) 다른 사업의 생산자, 유통업자 또는 제공자와 협력 또는 (ii) 다른 사업 소유의 재산이나 주식을 전부 또는 일부 매입할 수 있다(제16조). 그러나 본 조항이 구체적으로 어떠한 경우나 행위를 염두에 두고 마련된 것인지는 분명하지 않다.

(3) 불공정경쟁(Unfair Competition) (제9장, 제17조~제29조)

제9장은 '불공정경쟁'이라는 표제 하에 상당히 광범위한 행위 유형을 한꺼번에 규율하고 있어서, 우리나라의 경우 공정거래법 뿐 아니라 부정경쟁방지 및 영업비밀보호에 관한 법률(이하 '부정경쟁방지법'이라 한다), 표시·광고의 공정화에 관한 법률(이하 '표시광고법'이라 한다) 등 다른 법률로 규율되는 사항들까지도 포함하고 있는 것으로 보인다. 한편 앞서 살펴본 다른 장들에서 구체적 행위 유형을 세부적으로 열거하거나 예시하지 않고 추상적이고 광범위한 문언으로 금지행위를 규정하고 있는 것과는 달리, 제9장에서는 비교적 세부적인 규정들을 두고 있다. 위 규정은 소비자, 경쟁자, 시장의 보호를 목적으로 한다.[25)]

1) 불공정경쟁 행위 개관

제17조에서는 '불공정경쟁 행위'에 해당할 수 있는 행위 유형을 규정하고 있으며, 이어 제18조 이하에서 각 유형별 행위에 관한 상세한 금지 조문을 두고 있다.

---

25) Van Uytsel, op. cit., 319.

표 2 경쟁법 제17조

[Art. 17]		관련 조문
17	이 법의 불공정경쟁에 해당하는 행위는 다음 각 항을 포함한다:	
	(a) 소비자를 속이는 행위;	제18조
	(b) 사업 비밀의 유출;	제19조
	(c) 사업자 간 강요 행위;	제20조
	(d) 다른 사업에 대한 명예 훼손;	제21조
	(e) 다른 사업 활동의 방해;	제22조
	(f) 불공정경쟁을 목적으로 하는 광고 및 판촉 활동;	제23조 제24조
	(g) 사업자 간 차별;	제25조
	(h) 생산 비용 또는 시장의 운임 및 보험료 포함가격(CIF) 보다 낮은 가격으로 상품 판매;	제26조
	(i) 다른 사업과의 계약 당사자가 계약을 위반하도록 유인하거나 종용하는 등, 사업상 영향력의 남용;	제27조
	(h) MmCC가 필요에 따라 소비자 이익을 위하여 지정하는 불공정경쟁행위.	–

한편 이처럼 비교적 상세한 규정에도 불구하고 여전히 '불공정경쟁'이 의미하는 바가 무엇인지는 모호한 측면이 있다.

앞서 살펴본 바와 같이 제2조에서는 불공정경쟁을 '사업을 영위하는 과정에서 국가의 이익 또는 다른 사업이나 소비자의 정당한 권리 및 이익에 해를 끼치거나 그러할 가능성이 있는 경쟁 행위'((h)항)라고 정의하고 있다. 이 중 국가의 이익에 미치는 영향 때문에 불공정경쟁이 성립할 수 있다는 점은 다른 나라의 입법례에 비추어 볼 때 생소한데, 이에 더하여 제17조에서 MmCC가 필요에 따라 불공정경쟁행위를 추가로 지정하는 것도 가능하다는 점과 미얀마의 정치 상황까지 함께 고려하면, 하위 법령 등을 통해 충분히 구체화되지 않는 한 어떠한 행위가 허용 또는 금지되는지가 상당히 모호하여, 사업자들에게 사업상 부담 및 제약으로 작용할 것으로 보인다.

한편 다른 나라에서는 일반적으로 시장지배적 지위남용행위로 다루어지는 부당염매[26]((h)항)나, 우리나라에서는 부정경쟁방지법으로 규율되는 사업비밀 유출

((b)항), 다른 사업에 대한 명예 훼손((d)항) 또는 표시광고법으로 규율되는 광고 및 판촉 활동((f)항) 등까지 불공정경쟁행위로 규정하고 있는데, 앞서 다른 조항들과 마찬가지로 다른 법률 및 조항과의 관계, 구체적 범위 등에 관한 많은 구체화가 요구된다.

2) 개별 금지행위

제18조 이하에서는, 제17조에서 규정하는 '불공정경쟁 행위'의 각 행위 유형별로 보다 상세한 금지 규정이 등장한다.

(가) 제18조: 소비자를 속이는 행위(제17조 (a))

허위 정보를 사용하여 경쟁하기 위한 의도로 소비자를 속이는 행위는 금지된다. 구체적으로, 제18조에서는 사업자가 소비자를 속이는 (a) 법적으로 등록된 상품명, 사업 구호, 상표, 포장, 지리적 표시 및 그 밖의 요소에 대한 허위 정보를 사용하여 경쟁하려는 의도에 따른 행위 및 (b) 위와 같은 정보를 사용하여 상품 및 용역을 생산하는 사업을 수행하는 행위를 하여서는 안 된다고 규정하고 있다. 이는 우리나라의 위계에 의한 부당고객유인과 유사하나, 문언상 행위 자체보다는 의도가 강조되어 있어서, 실제로 법을 집행하는 과정에서 행위자의 주관적 요건을 입증하는 것이 중요한 쟁점이 될 것으로 보인다.

(나) 제19조: 사업 비밀의 유출(제17조 (b))

우리나라에서는 부정경쟁방지법을 통해 규율되는 영업비밀 유출행위를 별도의 명시적인 금지행위로 규율하고 있다. 사업자가 다른 사업의 비밀공개와 관련하여, (a) 사업비밀을 비롯하여 그러한 비밀과 관련된 정보의 접근 및 수집시 사업비밀의 법적 소유자가 보호하는 보안조치를 침해하는 행위, (b) 해당 사업의 법적 소유자의 허가 없이 사업비밀에 대한 정보를 사용하거나 유출하는 행위, (c) 비밀유지의무가 있는 자를 속이거나 사업비밀 및 그러한 비밀과 관련된 정보의 접근·수집·수집·유출시 그러한 자의 신뢰를 남용하는 행위, (d) 법률에 따라 체계적으로 행동하는 타인이 소유하는 사업의 비밀과 상품 유통 과정을 유출하는 행위, (e) 국영단체가 행사하는 보안조치를 침해하여 경제 정보를 유출하는 행위

---

26) 미얀마 경쟁법에서도 제13조 (c)항에서 시장지배적 지위남용행위를 포괄적으로 금지하고 있으므로 부당염매를 시장지배적 지위남용행위로 의율하는 것도 가능할 것으로 보인다.

및 (f) (e)항의 정보를 사용하여 사업활동을 영위하거나 사업허가를 신청하거나 상품을 유통하는 행위는 금지된다(제19조).

특히 국영단체가 행사하는 보안조치를 침해하여 경제정보를 유출하는 행위((e)항) 및 해당 정보를 사용하여 사업활동을 영위하는 등의 행위((f)항)를 경쟁법을 통해 규율하는 것은 상당히 이례적인데, 이는 국익에 미치는 영향만으로도 불공정경쟁행위가 성립할 수 있다는 입장[27]과 상통하는 것이라고 생각된다.[28]

(다) 제20조: 사업자 간 강요 행위(제17조 (c))

소비자 또는 다른 사업의 협력자에게 다른 사업자와의 거래 중단 등을 강요하는 행위는 금지된다(제20조). 우리나라 공정거래법과 비교하면 구속조건부거래 또는 사업활동 방해와 유사한 취지로 볼 수 있으나, '강요'라는 행위 자체에 초점을 두고 있는 점과 강요의 대상을 다른 사업자 뿐 아니라 소비자로까지 확대하고 있다는 점에서 차이를 보인다.

(라) 제21조: 다른 사업에 대한 명예 훼손(제17조 (d)) / 제22조: 다른 사업 활동의 방해(제17조 (e))

사업자는 다른 사업의 명예, 재무 상황 또는 사업 활동을 해치기 위하여 직접 또는 간접적으로 허위 정보를 퍼뜨려서는 아니 되며(제21조), 직접 또는 간접적으로 다른 사업을 방해하거나 교란해서는 아니 된다.

(마) 제23조/제24조: 불공정경쟁을 목적으로 하는 광고 및 판촉 활동(제17조 (f))

제23조 및 제24조에서는 각각 광고행위(advertising acts) 및 판촉활동(sale promotion)을 규율하고 있다. 먼저, 사업자는 불공정경쟁을 목적으로, (a) 사업의 상품이나 용역을 동종의 다른 사업과 직접적으로 비교하는 행위, (b) 다른 상품의 광고를 모방하여 소비자를 속이는 행위, (c) (i) 가격, 수량, 품질, 용도, 디자인, 종류, 포장, 제조일자, 내구성, 원산지, 제조업자, 제조장소, 가공업자 또는 가공장소, (ii) 사용·서비스·보증 기한 등에 관하여 소비자에게 허위 또는 잘못된 정보를 퍼뜨리는 행위 및 (d) 기타 법률에 의하여 금지되는 광고행위를 하여서는

27) 앞서 살펴본 바와 같이, 경쟁법 제2조에서는 '국가의 이익에 해를 미치거나 그러할 가능성이 있는 행위'를 '불공정경쟁'에 해당하는 것으로 규정하고 있어, 문언상 국익에 미치는 영향만으로도 불공정경쟁이 성립할 가능성이 있다.

28) 한편, 경쟁법은 전반적으로 의도나 목적 등 주관적 요건을 구성요건으로 폭넓게 활용하고 있는데, 본 조항의 경우 그러한 주관적 요건에 관하여도 전혀 언급이 없다.

아니 된다. (c)항의 경우, 허위 정보 유포를 통해 다른 사업에 대한 명예를 훼손하는 행위를 금지하고 있는 제21조와 중첩되는 측면이 있다.

제24조에서는 판촉활동을 규율하고 있으며, 구체적으로 사업자는 불공정경쟁을 초래하는 (a) 기만적인 의도로 판촉 활동을 추진하는 행위, (b) 같은 홍보 선전에서 소비자 간에 차별을 두는 행위 및 (c) 기타 법률에 의해 금지되는 홍보방법을 사용하는 행위를 하여서는 아니 된다. 그 중에서도 특히 (b)항에서 소비자들 간의 차별을 금지하고 있는 것은 이례적이다.

(바) 제25조: 사업자 간 차별(제17조 (g))

제25조에서는 사업자 간 차별을 초래하는 행위를 금지하고 있는데, 그 중에서도 특히 사업자단체를 매개로 한 차별행위를 금지하고 있다. 구체적으로 사업자는, 차별을 초래하는, (a) 명시하는 자격요건을 갖추었음에도 불구하고 단체로의 가입이나 사업철수 등의 허가를 거절함으로써 경쟁에 방해를 초래하는 행위 및 (b)구체적 사유 없이 사업자단체에 속한 사업의 목적 및 활동을 제한하는 행위를 하여서는 아니 된다.

(사) 제26조: 부당염매(제17조 (h))

사업자는 다른 사업의 경쟁력 감소를 위하여 상품의 생산 비용 또는 수입상품의 경우에는 운임 및 보험료 포함가격(CIF)보다 낮은 가격으로 상품을 시장에서 경쟁적으로 판매하여서는 아니 된다(제26조). 원가보다 낮은 가격으로 상품을 판매하는 행위 외에 '다른 사업의 경쟁력 감소를 위하여'라는 목적적 요건이 추가로 규정되어 있다.

한편 다른 나라에서는 일반적으로 부당염매를 시장지배적 지위남용행위의 한 유형으로 규율하고 있고, 미얀마 경쟁법에서도 시장지배적 지위 남용행위가 제13조 (c)항을 통해 포괄적으로 금지되고 있으므로 위 조항을 통해서도 부당염매를 규율하는 것이 가능할 것으로 보인다. 그럼에도 불구하고 제26조 및 제27조에서 다시 부당염매를 규율하고 있는바, 각 조문의 관계나 적용 방식 등에 관하여는 아무런 설명이 없어서 향후 보다 많은 구체화가 필요할 것으로 보인다. 다만, 법 제26조와 제27조는 불공정경쟁조항 중에서 경쟁제한적 효과를 요구하는 규율의 내용이라고 평가할 수 있다.[29]

---

29) Van Uytsel, op. cit., p. 319.

(아) 제27조: 사업상 영향력 남용(제17조 (i))

사업자는, 시장에서의 영향력을 남용하여, (a) 경쟁자의 시장 철수를 초래하기 위하여 생산 비용 또는 운임 및 보험료 포함가격(CIF)보다 낮은 가격으로 상품을 판매하거나 서비스를 제공하는 행위, (b) 시장 가격에 비하여 비합리적인 가격으로 상품이나 서비스를 매매하거나 소매업자를 대상으로 판매 가격을 고정함으로써 소비자에게 부정적 영향을 초래하는 행위, (c) 상품의 생산·유통 및 서비스 제공을 통제하는 행위, 시장을 제한하는 행위, 과학기술의 발전을 방해하는 행위 및 소비자에게 부정적 영향을 초래하는 행위, (d) 불공정경쟁을 초래하기 위하여 같은 시장에서 통일성 없는 상거래 약관을 두는 행위, (e) 상품 및 서비스에 대한 계약을 체결하면서 다른 사업체에 대하여 불공정 약관을 두는 행위 또는 이러한 계약과 직접 관련이 없는 의무사항을 수락하도록 강박하는 행위, (f) 불공정한 방법으로 새로운 경쟁자의 시장 진입을 막는 행위 및 (g) 새로운 경쟁자의 시장진입을 막기 위하여 자신이 소유하거나 사용하는 주요 기반시설이나 희소 자원의 사용을 거절하거나 차별적으로 허용하는 행위를 하여서는 아니 된다(제27조).

제27조에서는 사업자가 시장에서의 영향력을 남용하는 행위를 금지하고 있는데, 여기에서 '시장에서의 영향력'의 개념이나 판단기준에 관하여는 아무런 설명이 없고, 나아가 이것이 '시장지배력'과 어떻게 다른지에 대해서도 추후 많은 검토와 구체화가 필요할 것으로 보인다.

제27조 (a)항에서는 앞서 제26조에서 살펴본 것과 유사하게 부당염매를 다시 한번 금지하고 있는데, 양자는 목적적 요건을 각각 '다른 사업의 경쟁력 감소'와 '경쟁자의 시장 철수를 초래'로 달리 규정하고 있고, 제27조 (a)항에서는 시장에서의 영향력 남용을 추가적 요건으로 규정하고 있다는 점에서 차이가 있다.

(자) 제28조 / 제29조

사업자가 다른 사업체와 계약을 체결한 자 또는 사업체를 상대로 계약 기간의 종료 이전에 해당 계약을 위반하도록 설득하거나 유인하는 행위는 금지된다(제28조).

또한, 사업자는 불공정한 방법을 통하여 상품을 시장으로 수입하여 해당 상품을 시장가격보다 낮은 가격으로 판매하여서는 아니된다(제29조).

(4) 기업결합(Collaboration among Business) (제10장, 제30조~제33조)

제10장에서는 기업결합의 범위 및 금지되는 기업결합에 관한 규정들을 두고 있으나, 기업결합 신고와 관련한 신고요건, 절차 등에 관하여는 구체적인 규정을 두고 있지 않다. 금지되거나 신고가 필요한 기업결합에 관한 구체적 기준 등에 관하여는 MmCC가 결정할 권한을 보유한다(제8조 (f)항).

경쟁법상 '기업결합'에는 (i) 사업의 합병, (ii) 사업의 통합, (ii) 다른 사업체의 매입 또는 취득, (iv) 합작투자 및 (v) 그밖에 MmCC에서 정하는 기업결합이 포함된다(제30조).

기업결합이 (i) 일정 기간 동안 급격한 시장지배의 증가를 의도하는 경우, 또는 (ii) 단독 또는 소수의 사업체로 구성된 시장을 형성하기 위한 경쟁의 감소를 의도하는 경우 해당 기업결합은 금지된다(제31조). 또한 당사회사들의 시장점유율의 합계가 MmCC가 정하는 시장점유율을 초과하는 기업결합의 실행은 금지되는데(제32조), 문언상으로는 위 시장점유율을 초과하는 경우 기업결합이 아예 금지되는 것인지, 아니면 신고 등 절차를 거친 후에야 실행이 가능하다는 것인지가 다소 모호하나, 제31조와의 관계를 고려할 때 제32조는 기업결합 신고를 염두에 둔 것으로 보는 것이 합리적인 해석으로 보인다.

한편 제31조에 따라 금지되는 기업결합이라 하더라도, 아래와 같은 사정이 인정되는 경우에는 예외적으로 허용될 수 있다(제33조).

(a) 기업결합 이후에도 여전히 다른 법률에서 정하는 중소기업체 규모에 해당하는 경우
(b) 당사회사 중 하나 이상이 도산 위기에 처한 경우
(c) 기업결합이 수출진흥에 영향을 미치거나, 기술발전을 지원하거나, 혁신적 사업(entrepreneurial business)을 창출하는 경우

Ⅳ. 집행기관 및 절차

1. 기 구

(1) MmCC의 설치(제4장)

정부는 MmCC를 설치하고, 그 위원장은 연방정부 인사 중 적합한 사람으로 하며, 위원은 9명 이상 홀수의 위원으로 구성하며 위원의 임기는 3년이다(경쟁규칙 제9조). 위원의 연임은 금지되나 역량 및 기타 요건을 갖춘 경우 연장이 가능하다(경쟁규칙 제10조). 위원은 상무부, 검찰청, 내무부, 교통통신부, 산업부, 경제학자, 법률전문가, 상공회의소연합에서 추천된 자들로 구성한다(경쟁규칙 제4조). 2021년 10월 기준 위원은 11명으로서 위원장은 상무부장관이며 검찰청 등 정부부처 위원들은 주로 현직 부국장들이 겸임하고 있다. 정부는 MmCC를 구성할 때 위원 중에서 부위원장과 사무국을 정하고 의무를 부여하여야 하며, MmCC의 조직을 필요에 따라 개편할 수 있다(제5조). 사무국은 사무처장, 사무처장보, 부국장으로 구성되며 부국장 산하에 법무과, 경쟁주장 및 시장감시과, 국제관계과, 조사 및 집행과가 설치되어 있고 사무국 직원으로 정원 55명이 제안되어 있는 상황이다.[30)]

MmCC의 위원 중 공직자가 아닌 사람은 해당 부처에서 지급하는 급여, 수당 및 소득을 받을 수 있으며(제6조), MmCC는 국가의 경제정책에 따른 직무를 독립적으로 처리하고 수행할 수 있다(제7조).

(2) MmCC의 권한과 의무(제5장)

MmCC는 다음과 같은 권한 및 의무를 갖는다(제8조).

(a) 국제・지역기구 또는 국가들과 경쟁에 관련된 사항에 대한 협력 및 조정;
(b) 필요한 경우, 국익에 필수적인 사업과 중소 사업체에 대한 경쟁법의 적용의 면제;
(c) 필요한 경우, 특정 직무를 수행할 위원회 및 실무단 설치;
(d) 위원회 및 실무단이 제출하는 사항에 대한 의사 결정;

30) 출처: MmCC 홈페이지(http://mmcc.gov.mm/organizational-structure), 마지막 방문 2021년 10월 7일.

(e) 사업자 간 협력 또는 경쟁제한에 대한 허가를 위한 신청 양식, 절차 및 조건 규정;
(f) 한 사업자가 다른 사업자의 전체 또는 부분 소유권을 지배, 매수, 취득 또는 합병하여 경쟁에 부정적 영향을 초래할 수 있는 사업자의 시장점유율, 공급, 자본의 양, 주식의 수, 소유자산의 규모 규정;
(g) MmCC가 독점으로 추정하는 사업자의 시장점유율, 공급, 자본의 양, 주식의 수, 소유자산의 규모 확정 및 규정;
(h) 사업자 또는 사업자단체 소유의 시장 점유율이 시장경쟁에 부정적 영향을 초래할 수 있는 것으로 정한 규모를 초과하거나 MmCC가 그와 같이 초과한 것으로 추정하는 사업자 또는 사업자단체에 시장점유율 규모 축소 지시;
(i) MmCC가 독점의 가능성이 있는 것으로 추정하는 사업자의 시장점유율 및 판촉활동에 대한 제한을 고지하여 금지;
(j) 이 법에서 규정하는 금지 사항을 위반한 것으로 MmCC가 의심하는 때 또는 구체적 근거를 바탕으로 한 고발이 접수된 경우 조사 의무의 부과;
(k) 사업자에게 경쟁과 관련된 필수 증빙 및 자료 제출 요구;
(l) 경쟁과 관련된 필수 조사를 위한 관련자 호출 및 신문;
(m) 경쟁과 관련된 자료, 설명, 권고 또는 의견 제공에 필요한 전문가 초청 및 토론;
(n) 필수 증거 및 자산을 법규에 따라 사건별 조사를 위한 증거로서 압류, 허가 명령의 전달, 압류 증거나 자산 반환의 거부, 또는 허가의 취소;
(o) 조사위원회가 제출한 조사보고서의 검토 및 필요한 경우 고발 지시;
(p) 공범자가 범죄에 가담한 사실을 법정에서 명백히 증언하는 때에는, 공범자의 조건부 사면 추진;
(q) 경쟁과 관련된 사안에 대해 해당 부처를 통해 정부에 권고안 제출;
(r) 기타 정부에서 별도로 지정하는 경쟁 관련 업무 수행.

MmCC는 업무 성취도 및 진행 상황에 대한 보고서를 각 분기마다 정부에 제출해야 하며(제9조), 특이 상황이 발생하는 경우에는 업무 보고서를 긴급하게 제출해야 한다(제10조).

(3) 조사위원회의 설치 및 직무(제6장)

MmCC는 5 내지 9인의 위원으로 구성된 조사위원회(Investigation Committee)를 설치하고, 단원 중 적합한 자를 위원장(Chairman)으로 지정한다. 조사위원회의 위원은 경제, 법률, 상업 분야 및 그 밖의 개별 분야에 전문 경력과 지식이 있는 자로 하여야 하며, 조사 대상인 사업에 직접 또는 간접적으로 관련 있는 자여서는 아니된다(제11조).

조사위원회는 아래와 같은 직무를 수행한다(제12조).

(a) 필수 증빙, 문서, 재무 증빙 및 구체적 사유서를 요구하고 심사하며, 조사의 사항에 필요한 증인을 소환하여 신문;
(b) (a)항에 포함된 사항을 수행함에 있어, MmCC를 통해 관계 기관 및 단체의 지시에 따라 행동;
(c) 조사 대상인 사업자나 개인 또는 그 밖에 그와 관련이 있는 자의 건물, 토지 및 사업장을, 법률에 따라, 출입하고 조사하며 수색;
(d) 조사 결과를 포함하여 이 법에 따라 필요한 조치를 가능하게 하기 위한 보고서를 MmCC에 제출;
(e) 필요에 따라 실무단(working groups)[31]을 설치하고 그 직무를 지정;
(f) 실무단의 조사 결과에 대한 보고서 접수 및 검토.

2. 처분 및 불복절차(제11장)

위원회(Committee)[32]는 경쟁법에 따라 발하는 명령, 지시 및 절차를 위반하는 사업자에 대하여 다음과 같은 처분을 내릴 수 있다(제34조).

(a) 경고;
(b) 과징금 부과;
(c) 관계 부처와 협업하여 사업 활동을 영구 또는 일시 폐쇄.

조사위원회는 회의를 개최하여 행정처분 여부를 결정하고, 해당 회의에는 피

31) 위원단이 경쟁 관련 직무를 수행하기 위하여 설치하는 조직(제2조 (q)).
32) 조사위원회(Investigation Committee)을 비롯하여, MmCC가 그 직무를 수행하기 위하여 설치하는 조직(제2조 (p)). 경쟁규칙의 내용을 살펴보면 일반적으로 조사위원회가 될 것으로 보이나, 문언에 충실하게 '조사위원회'과 '위원회'를 구분하여 서술하였다.

심인이 참석하여 의견을 진술할 수 있다(경쟁규칙 제81조). 행정처분은 조사위원회가 결정을 한 날로부터 효력이 발생한다(경쟁규칙 제82조).

조사위원회의 명령이나 결정에 불복하는 자는 해당 명령 또는 결정을 받은 날부터 60일 이내에 MmCC로 이의를 제기할 수 있다(제35조). 이의제기가 있는 경우, MmCC는 조사위원회의 결정을 확정, 수정 또는 취소할 수 있으며, 이러한 MmCC의 결정은 최종적(final)이며 확정적(conclusive)이다(제36조).

경쟁법에 따른 행정처분은 형사소송 또는 민사소송의 제기를 금지하지 아니한다(제38조).

3. 벌 칙(제12장)

경쟁법 위반에 따른 벌칙은 [표 3]과 같다.

경쟁법에 따른 기소(prosecution)는 MmCC의 사전 승인(prior sanction)이 필요

표 3 경쟁법 위반행위에 대한 벌칙

위반 내용	벌칙	관련 조문
제13조의 금지사항 위반	3년 이하의 징역 또는 15,000,000짜트 이하의 벌금 (징역과 벌금 병과 가능)	제39조
제23조, 제24조 또는 제29조의 금지사항 위반	3년 이하의 징역 또는 15,000,000짜트 이하의 벌금 (징역과 벌금 병과 가능)	제40조
제15조, 제19조, 제22조, 제26조, 제27조, 제31조 또는 제32조의 금지사항 위반	2년 이하의 징역 또는 10,000,000 짜트 이하의 벌금 (징역과 벌금 병과 가능)	제41조
제18조, 제20조, 제21조, 제25조 또는 제28조의 금지사항 위반	1년 이하의 징역 또는 5,000,000 짜트 이하의 벌금 (징역과 벌금 병과 가능)	제42조
경쟁법에 따른 증빙, 문서, 재무 증빙의 제출 또는 조사를 위한 증인 신문 출석 등에 대한 조사위원회의 요청에 명확한 사유 없이 응하지 아니하는 경우	3개월 이하의 징역 또는 100,000 짜트 이하의 벌금	제43조

하다(제47조).[33] 구체적으로, 조사위원회는 조사결과 보고서를 MmCC에 제출하고(경쟁규칙 제70조), MmCC는 이를 검토하여 고발(prosecution) 여부를 결정한다(경쟁규칙 제70조). 고발결정이 내려지면, MmCC는 조사위원회의 위원 중 1인을 고발인(plaintiff)으로 지정하여 경찰에 사건을 신고(complain)하도록 지시하고(경쟁규칙 제91조), 위 지정된 조사위원회의 위원은 사건 기록 등을 첨부하여 사건을 신고한다(경쟁규칙 제92조). 조사위원회의 조사 내용(findings)은 명확한 증거(concrete evidence)로 추정된다(경쟁규칙 제93조).

Ⅴ. 결 론

이상 미얀마 경쟁법을 비롯하여 현재 미얀마에서 제정되어 시행 중인 관련 법령 및 규정의 내용을 중심으로 살펴보았다. 법의 규정만 놓고 보면 그 내용이나 취지가 모호한 부분이 다수 존재하여 하위 법령이나 법 집행의 사례 등을 통해 많은 부분이 구체화되어야 할 것으로 생각되나, 법이 시행된 지 약 4년이 경과하도록 이러한 보완이 제대로 이루어지지 않고 있어서 추후 발전 상황을 계속해서 주시할 필요가 있다.

미얀마는 넓은 국토와 많은 인구, 풍부한 자원이라는 천혜의 환경을 갖추고 있음에도 불구하고 정치적 상황 및 사회 갈등으로 경제 발전에 많은 어려움을 겪어 왔다. 아시아의 마지막 미개척지로도 불리는 미얀마가 발전 잠재력을 일깨우고 경제 성장을 이루어내기 위해서는 무엇보다 합리적이고 안정적인 경제 체제의 수립 및 이행이 중요하다. 특히 오랫동안 뿌리 깊게 자리 잡은 '버마식 사회주의'에서 벗어나 시장경제체제로 이행하기 위해서는 단순한 선언 및 정책 마련의 수준을 넘어서는 정부의 강력한 의지와 추진력이 요구되나, 신군부정권이 1988년 자본주의 시장경제의 도입을 선언한 때로부터 이미 30년이 넘는 시간이 경과하였음에도 불구하고 아직까지 제대로 변화된 체제가 자리 잡지 못하고 있는 것은 매우 안타까운 점이다. 하루빨리 미얀마의 정치적 갈등 상황이 종식되고, 미얀마가 경쟁법 및 경쟁 정책을 바탕으로 건강하고 안정적인 경제개방 및 발전을 이루어나갈 수 있게 되기를 기대한다.

---

33) 경쟁법 전반적으로 (영문 기준) prosecution이라는 용어를 기소 및 고발의 의미로 혼용하고 있으나, 경쟁법 및 경쟁규칙의 전체적 내용을 고려할 때 본 조항은 필요적 고발주의를 의미하는 것으로 이해된다.

참고문헌

문기홍, “군부 권위주의 체제와 민주화: 미얀마의 민주화 과정과 민주주의 후퇴 현상을 중심으로”, 「아시아 리뷰」, 제11권 제2호(2021).

오윤아 · 장준영 · 최재현 · 우꼬레 · 강대창 · 김유미 · 박나리, 「미얀마 사회문화 · 정치와 발전잠재력」, 2011.

유재원 · 박성훈 · 한홍렬 · 강인수 · 송유철 · 이호생, 「ASEAN 후발 3개국(베트남, 미얀마, 캄보디아)의 사회경제 개발역량 제고에 관한 기초연구」, 대외경제정책연구원, 2010.

Van Uytsel, Steven, ‘A legal transplant made unnecessarily complex: the Myanmar Competition Law’ in Steven Van Uytsel, Shuya Hayashi, John O. Haley (eds.), *Research Handbook on Asian Competition Law* (Edward Elgar, 2020), 303−320.

MmCC 홈페이지(http://mmcc.gov.mm), 마지막 방문 2021년 10월 7일.

캄보디아 경쟁법:

2021년 제정 경쟁법을 중심으로

조혜신*

Ⅰ. 서 론

경쟁법 도입은 캄보디아가 ASEAN과 WTO에 가입할 당시에 가입의 조건이었다. 캄보디아는 2018년에 경쟁법 초안을 마련한 이후, 오랜 논의 끝에 2021년 9월에 드디어 입법되어 10월부터 시행하고 있다.[1] 캄보디아는 동남아시아 여러 국가들 중에서도 1990년대 중반 이후 시장개방과 법제도 정비에 상당히 적극적인 편이었는데, 이를 고려하면 경쟁법의 제정이 지연된 것은 다소 의아하기도 하다. 특히 최근에는 전 세계 모든 국가와 마찬가지로 캄보디아 역시 COVID-19로 인한 위기에 대응하는 과정에서 관련 절차가 순조롭게 이루어지기 어려운 불가피한 사정에 처해 있었다.

경쟁법의 마지막 초안으로 알려진 것은 2018년의 버전 5.7인데, 이 초안의 입안과정에는 호주 경쟁당국(Australia Competition and Consumer Commission: ACCC)이 관여하였다. 상무부는 법무부 및 관련 부처와 협의를 진행해 오면서, 2021년 2월에는 제4장 및 제6장의 조사절차 및 제재에 관하여 법무부와의 협의를 완료하였다. 당초 초안은 2021년 3월 총리가 주재하는 각료회의에 상정될 예정이었으나 COVID-19 확산으로 일정이 연기된 바 있다. 2021년 9월에 드디어 국회가 경쟁법 초안을 승인하였고 2021년 10월에 국왕의 서명으로 발효되었다.[2]

* 한동대학교 법학부 부교수, 법학박사

1) https://www.dfdl.com/resources/legal-and-tax-updates/cambodias-competition-law-enacted-by-national-assembly-and-senate/

이하에서는 그간의 경쟁법 제정의 배경 및 과정을 개관하고, 2021년 10월부터 시행되고 있는 경쟁법의 내용을 살펴본 후에 캄보디아 경쟁법의 제정의 의의와 전망을 제시하고자 한다.

Ⅱ. 캄보디아 경쟁법 제정 배경 및 과정[3)]

캄보디아에서 최초로 제정된 경쟁 관련법은 2002년 2월 '상표, 상호 및 불공정 경쟁에 관한 법률'과 2006년 7월 '상표법 시행에 관한 하위 법령'이다. 그 중에서도 특히 상표법 제7장(부당경쟁행위) 제22조 "산업·상업·용역의 정당한 관행에 반하는 모든 경쟁행위는 불공정경쟁행위로 본다"가 의미를 갖는다. 또한 동법 제23조에서는 일반적으로 기만적 마케팅이나 오인의 소지가 있는 표현과 같이 불공정거래행위로 분류되는 행위의 유형을 규정하고 있다. 하지만 제1조에서 규정하고 있는 동법의 목적은 '상표 및 상호의 생성, 사용에 대한 불공정경쟁행위를 방지'하는 것이기 때문에, 이를 본격적인 경쟁법제라고 보기는 어려울 것이다.

오히려 캄보디아 경쟁법의 본격적인 발전은 캄보디아의 세계무역기구(WTO) 및 아세안경제공동체 가입에 따른 의무로부터 시작되었다고 할 수 있다. 캄보디아는 WTO 가입시에 2006년까지 경쟁법을 제정하기로 약속하였고, 이를 바탕으로 유럽연합과 유엔무역개발회의(UNCTAD)가 필수 경쟁법 발전에 대한 국제적 지원을 제공하였다. 국제 전문가들은 경쟁법에 대해 교육하고 캄보디아의 경쟁 문제를 파악하기 위해 다양한 연구를 수행하고 정부의 담당자 및 기타 이해관계자를 만났다.

특히 2001~2002년 한국의 경쟁법 전문가는 경쟁법의 초안을 작성하는데 있어서 캄보디아를 적극 지원했다. 이 초안에서는 상무부 장관(Minister of

---

2) 경쟁법 도입은 ASEAN 차원에서 적극적으로 추진되고 있는 의제 중 하나이다. ASEAN 정상들은 2007년 'ASEAN Economic Community'에 합의하였는데, 이 공동체는 글로벌 경제에 완전히 통합된 매우 경쟁적인 지역을 조성하는 것을 지향하고 있다. 이에 따라 ASEAN Experts Group on Competition(AEGD)은 2015년 'The Guidelines on Competition Policy'를 마련하였다. 2021년 12월 1~2일 제9차 ASEAN Competition Conference(ACC)가 베트남 하노이에서 'Safeguarding Competition – A Post Pandemic Response of ASEAN Competition Authorities (경쟁 보호 장치 – 아세안 경쟁 당국의 포스트 코로나 대응)'를 주제로 베트남 하노이에서 개최될 예정이다.

3) 이하의 내용은 David Fruitman and Meng Songkeang, "The journey to the Cambodian competition law" in Steven Van Uytsel, et al. (eds.), *Research Handbook on Asian Competition Law* (Edward Elgar, 2020)에서 발췌·요약한 것이다.

Commerce)을 위원장으로, 상무부차관(Secretary of State of Commerce)을 부위원장으로, 기타 법, 경제, 무역, 행정 등에 정통한 인사로 구성된 경쟁위원회를 설립할 것을 제안했다. 또한 경쟁법 집행을 위해 내각 및 상무부의 국내 무역 부서에 사무국을 설립할 것을 제안했다. 실체법으로는 담합, 시장지배적 지위의 남용, 기업결합 규제가 포함되어 있었으며, 지적 재산권에 대해서만 적용면제를 규정하였다.

이밖에도 2003년 아세안 회원국들이 설립에 합의한 아세안 공동체의 세 가지 구성요소 중 하나인 아세안경제공동체(AEC)는 효과적인 자극이 되었다. 당초 AEC는 2020년까지 설립될 예정이었으나, 2007년 아세안 회원국들의 합의를 통하여 2015년으로 설립시한이 앞당겨졌다. 2007년에 채택된 AEC 청사진 제41조는 아세안 회원국들에게 경쟁법과 관련하여 다음의 지침을 제시하고 있다. 첫째, 2015년까지 모든 아세안 회원국이 경쟁정책을 도입할 수 있도록 노력한다. 둘째, 경쟁정책을 논의하고 조정·협의하는 포럼 역할을 할 수 있도록 경쟁정책을 담당하는 당국 또는 기관의 네트워크를 구축한다. 셋째, 경쟁정책을 개발하는 아세안 회원국을 위한 역량 강화 프로그램/활동을 장려한다. 넷째, 2010년까지 국가 경험과 국제 모범 사례를 기반으로 경쟁정책에 대한 지침을 개발하여 공정한 경쟁 환경을 조성한다.

이상의 배경을 바탕으로 2005년 캄보디아 상무부는 다양한 정부 부처 대표들이 참여하는 '경쟁법 및 정책에 관한 실무그룹'을 설립하였다. UNCTAD의 지원으로 2006년에 경쟁법 초안이 작성되었으며 이는 영문으로도 배포되었다. 경쟁법 개념에 대한 캄보디아의 인식이 제한적이었기 때문에, 이 법안에는 전문 용어가 쓰이지 않았으며, 설명을 위한 주석이 포함되어 있었다. 이 법안은 경제력 집중, 시장지배력 남용 및 다양한 형태의 조직적 행동과 같은 실질적인 경쟁 문제를 다루었다. 그러나 이 법안에 대해서는, 시장지배력의 판단기준 등 제시된 경쟁 체제의 중요한 측면에 대한 충분한 지침이 제공되지 않은 점, 통신, 운송, 보험, 은행, 농업 등 캄보디아 경제의 주요 부문이 명시적으로 포함되지 않은 점, 모든 상거래에 대한 송장 의무화 등 경쟁 이외의 일반적인 상거래 이슈들이 포함되어 있다는 점에서 비판이 제기되었다.

캄보디아 왕립 정부는 2006년 법안을 바탕으로 공개 협의 절차를 개시하였고, 경쟁법을 제정하겠다는 의사를 공식적으로 발표하였다. 하지만 2010년이 되기까지 정부의 후속 조치가 없었으며, 결국 왕립 정부는 경쟁법 제정이 연기될 것이라고 공식적으로 밝혔다. 2009년부터 아시아개발은행(ADB)은 기존의 경쟁법 초안에서 벗어나 '새로운 관점'을 취하고자 기술지원을 하였다. 드디어 2013년 말부터 2014년 초까지 경쟁법 초안 버전 4.8이 공개 논평을 위해 이해 관계자들에게 공개되었다. 버전 4.8에는 기업결합 통제 및 지배력 남용을 비롯하여, 조사, 분쟁해결 및 의사결정 절차와 같은 쟁점을 다루는 세부 조항이 포함되었다.

2015년 1월 상무부는 프놈펜에서 경쟁법에 관한 세미나를 개최하였다. 상무부는 버전 4.8을 바탕으로 수정된 초안을 버전 5.3이라고 밝혔다. 버전 5.3이 공개적으로 배포된 것 같지는 않으나, 상무부 관계자는 이 버전이 그간에 진행된 협의절차에서 뿐 아니라 '경쟁정책 및 경쟁법에 관한 아세안 지침'에서 많은 영향을 받았다고 하였다. 결국 왕립 정부는 버전 5.5를 발표하였고, 이 초안에 대해 두 번의 협의와 한 번의 공청회를 실시하였다. 2018년에는 호주경쟁당국(ACCC)의 지원으로 캄보디아 경쟁법 초안 버전 5.7이 발표되었으며, 이는 캄보디아 입법절차에 따라 각료회의에 제출되었다. 위와 같은 긴 논의 및 준비 과정을 거쳐, 드디어 2021년 9월에 경쟁법이 제정된 것이다.

Ⅲ. 캄보디아 경쟁법 개관

캄보디아 경쟁법의 내용을 살펴보면,[4] 제1장 총칙, 제2장 경쟁당국, 제3장 금지행위(Unlawful activities which prevent, restrict or distort competition), 제4장 신고 및 조사절차, 제5장 임시조치 및 경쟁위원회(CCC)의 시정조치, 제6장 제재, 제7장 부칙 등 41개 조항으로 이루어져 있다. 이하에서 각 장의 내용을 살펴보도록 하겠다.

1. 총 칙(제1장)

(1) 목적(제1조)

동법은 경쟁을 방해·제한 혹은 왜곡하는 모든 행위를 규율하고, 공정하고 정

4) 이하 캄보디아 경쟁법의 내용은 아래의 홈페이지를 통하여 다운로드 받은 비공식 번역본(unofficial translation by CCF)을 바탕으로 검토하였다. https://www.loc.gov/item/global-legal-monitor/2021-10-28/cambodia-countrys-first-antitrust-law-enacted/

직한 사업관계 장려, 경제적 효율성 제고, 신사업 촉진 뿐만 아니라, 소비자들이 높은 품질, 낮은 가격, 다양하고 다목적의 상품과 서비스에 접근하도록 하기 위하여, 캄보디아 경쟁위원회의 권한을 설정하고 확정한다.

(2) 적용범위(제2조)

동법은 캄보디아 시장에서 경쟁을(significantly) 상당히 방해·제한 혹은 왜곡하는 사업활동을 하는 모든 자(Persons, 이하 '사업자'라 함)와 사업활동을 위한 모든 행위에 적용되며 그 행위가 캄보디아 영토 내에서 혹은 영토 외에서 이루어졌는지를 불문한다. 즉, 국외에서 이루어지는 행위에 대해서도 캄보디아 국내 시장에 영향을 미치는 경우 경쟁법을 적용할 수 있다는 역외적용조항을 명확히 규정하고 있다.

(3) 정의(제3조)

제3조에서는 동법의 주요 개념들에 대해 정의하고 있다.

1. '경쟁'은 시장에서 사업자가 더 많은 고객, 시장점유율, 그리고 시장지배력을 얻기 위하여 하는 모든 행위를 의미한다.
2. '합의'는 서면, 구두 혹은 묵시적인지 여부를 불문하고, 사업자간 모든 형태의 계약, 약정 혹은 양해를 의미하며, 다음의 목적 혹은 효과를 갖는 직접적 혹은 간접적 조정(coordination)을 포함한다.
   a. 시장에서 하나 혹은 그 이상의 사업자의 행위에 영향을 줌
   b. 어떤 사업자가 시장에서 하기로 했거나 하고자 하는 행위를 공개함
3. '기업결합'은 어느 사업자가 다른 사업자로부터 지배권, 의결권, 지분 혹은 자산을 취득하거나, 공동지배를 위하여 서로 독립적이었던 둘 이상의 사업자가 결합하는 것을 의미한다.
4. '이익충돌(conflict of interest)'은 다른 자의 의무이행에 영향을 줄 수 있는, 금전적, 정치적, 가족 혹은 개인적 이익을 의미한다.
5. '지배적 지위'는 어느 사업자가 단독으로 혹은 다른 사업자와 함께, 상당히(significantly) 다른 경쟁자로부터의 효과적인 제약 없이, 어느 시장에서 행동할 수 있는 힘을 가진 상태를 말한다.
6. '필수설비'란 복제가 불가능하고, 그것에 접근하지 않고는 경쟁자들이 합리적

으로 상품 혹은 서비스를 공급할 수 없는 기반시설 혹은 자원을 의미한다.

7. '수평적 합의'란 동일한 생산 혹은 유통단계에서 사업하거나 혹은 사업할 가능성이 있는 사업자간 합의를 말한다.
8. '수직적 합의'란 서로 다른 생산 혹은 유통단계에서 사업하거나 혹은 사업할 가능성이 있는 사업자간 합의를 말한다.
9. '시장'이란 모든 경쟁하는 상품 또는 서비스를 위한 시장을 말한다.
10. '사업자(Persons)'란 영리성, 등록 여부를 불문하고, 사업활동을 하는 자연인 혹은 법인을 의미한다.
11. '신고인(Informant)'은 동법 위반행위에 대하여, 그것이 이미 일어났는지, 현재 이루어지고 있는지, 혹은 향후 이루어질 것인지를 불문하고, CCC에 정보를 제공하고자 하는 사업자를 의미한다.
12. '경쟁자'란 어떤 시장에서 다른 사업자와 경쟁하고 있거나 경쟁하게 될 가능성이 있는 모든 사업자를 말한다.
13. '상당한 방해, 제한 혹은 왜곡'이란 경제분석 혹은 기타 분석을 통하여 CCC가 판단하는 상품 혹은 서비스 경쟁에 영향을 미치는 범위 혹은 정도를 의미한다.
14. '사업'이란 다음의 활동을 수행하는 것을 의미한다.
    a. 판매하거나 구입한 상품 혹은 서비스 관련 활동, 혹은 구입했거나 지배권을 취득한 부동산 관련 활동
    b. 조직적이거나 특정한 방법에 따라 이루어진 활동
    c. 위와 같은 활동을 수행한 사업자가 주로, 부수적으로 혹은 일시적으로, 영리 목적으로 수행하는 활동
15. '규제기관(competent regulator)'이란 경쟁과 관련하여 기능과 역할을 갖는 모든 부처 혹은 기관을 말한다.

2. 경쟁 당국 (Competent Institution)(제2장)

캄보디아 경쟁법 제2장에서는 우리나라의 공정거래위원회에 해당하는 경쟁법 집행 전담기구인 경쟁위원회(CCC)와 사무국에 관한 내용을 규정하고 있다. 이하에서는 경쟁위원회의 주요 내용과 구성에 대해 살펴보겠다.

(1) 캄보디아 경쟁위원회(제4조)

캄보디아 경쟁위원회(The Competition Commission of Cambodia: CCC)는 관련 부처 및 기관과의 협력 하에 상무부 장관이 설치하고 주관하며, 그 집행기구로서 사무국(The Directorate General)을 둔다. CCC의 조직, 기능 및 구성은 하위법령에서 정하도록 하고 있다.

(2) CCC의 구성(제5조)

CCC는 상무부 장관이 위원장이 되고, 부위원장 및 관련 부처 및 기관을 대표하는 위원으로 구성한다. 위원회는 임기 5년의 위원으로 구성되며, 전직 판사 1인, 법률전문가 2인, 경제전문가 2인으로 한다.

(3) CCC의 기능과 의무(제6조)

CCC의 주요 기능과 의무는 다음과 같다. ① 경쟁 정책 및 계획의 수립, ② 경쟁 입법 및 규정에 대한 자문, ③ 경쟁 입법, 규정 혹은 협약에 대한 정부 자문, ④ 정부에 대해 경쟁에 영향을 주는 모든 국내 및 국제 입법, 규제, 혹은 합의에 대한 개정 요구, ⑤ 과징금의 산정 기준 및 절차 마련, ⑥ CCC 위원의 이익충돌 관련 기준 수립, ⑦ 기업결합 기준 및 절차 마련, ⑧ 개별 예외의 기준 및 절차 마련, ⑨ 일괄 예외의 기준 및 절차 마련, ⑩ 리니언시 정책 관련 기준 및 절차 마련, ⑪ 경쟁 관련 부처, 정부기관, 규제당국, 외국 정부 및 국제기관과의 협력, ⑫ 신고 접수, ⑬ 경쟁 관련 CCC의 권한 하에 있는 규칙 및 규정의 마련.

3. 금지행위(제3장)

캄보디아 경쟁법에서 금지하는 행위에는 크게 세 가지가 있는데, 경쟁제한적 합의, 시장지배적 지위 남용, 경쟁제한적 기업결합이 이에 해당된다. 각각의 내용에 대해 구체적으로 살펴보겠다.

(1) 경쟁제한적 합의(제1절)

캄보디아 경쟁법에서는 경쟁제한적 합의를 수평적 합의와 수직적 합의로 나누어 각각 금지하고 있다. 우리 공정거래법 제40조에서는 수평적 공동행위와 수직적 공동행위를 나누지 않고, 일반적인 경쟁제한적 합의의 유형을 열거하는 방식을 취하고 있다는 점에서 다르다. 캄보디아 경쟁법 제7조 및 제8조에서는 수평적 합의와 수직적 합의로 나누고 이에 해당하는 금지 유형을 열거하고 있다.

1) 수평적 합의(제7조)

사업자는 다음의 방법을 통하여 경쟁에 직접적 혹은 간접적으로 영향을 미치는 수평적 합의를 체결하거나 이행하여서는 안 된다. 여기에는 ⓐ 상품·용역의 가격을 고정, 조정 혹은 유지, ⓑ 다음에 대한 방해, 제한 혹은 제약, ㉠ 판매를 위한 상품·용역의 수량, ㉡ 판매를 위한 상품·용역의 종류, ㉢ 새로운 상품·용역의 개발, ⓒ 경쟁자간 지역 할당, ⓓ 경쟁자간 구매자 할당, ⓔ 입찰에 있어서 한 입찰참가자 우대 행위가 있다.

2) 수직적 합의(제8조)

사업자는 구매자에게 직접적 혹은 간접적으로 판매자가 정한 최저가격으로 구입한 상품·용역을 재판매하도록 요구하거나, 판매자가 정한 판매조건을 수용하도록 요구하는 수직적 합의를 체결하거나 이행하여서는 안 된다.

사업자는 다음의 방법으로 경쟁을 상당히 방해, 제한 혹은 왜곡하는 목적 혹은 효과를 갖거나 가질 수 있는 수직적 합의를 체결하거나 이행하여서는 안 된다. ⓐ 구매자에게 구입한 상품·용역을 일정한 지역 내에서 재판매하도록 요구, ⓑ 구매자에게 구입한 상품·용역을 오로지 일정한 구매자 혹은 구매자 그룹에게 재판매하도록 요구, ⓒ 구매자에게 특정한 상품·용역 수요의 전부 혹은 대부분을 오로지 판매자로부터 구입하도록 요구, ⓓ 판매자에게 상품·용역을 다른 구매자에게 판매하지 못하도록 요구, ⓔ 구매자에게 구매를 원하는 상품·용역 이외에 구매와 무관한 상품·용역을 구입하도록 요구하는 행위를 하여서는 안 된다.

(2) 시장지배적 지위 남용(제2절)

제2절 제9조 및 제10조에서는 시장지배적 사업자의 금지행위를 나열하고, 이러한 행위가 정당화될 수 있는 사유를 규정하고 있다. 하지만 동법 제3조 제6호에서 어느 사업자가, 단독으로 혹은 다른 사업자와 함께, 다른 경쟁자로부터의

효과적인 제약 없이, 어느 시장에서 영향력 있게(significantly) 행동할 수 있는 힘을 가진 상태를 '지배적 지위'로 정의하는 것 이외에 구체적인 판단기준에 대해서는 정하고 있지 않다.

제10조에서와 같이 시장지배적 사업자의 행위가 정당화되는 사유를 법률에서 명시적으로 정하고 있는 입법례는 매우 드문데, 그 사유가 다소 포괄적이고 불명확하여 정당화 사유로서 제대로 기능할 수 있을지, 혹시 금지규제의 틀을 훼손하지는 않을지 우려되는 측면이 있다. 이하에서 상세히 살펴본다.

1) 시장지배적 지위에 있는 사업자의 금지행위(제9조)

다음의 행위가 시장에서 지배적 지위에 있는 사업자 혹은 사업자들에 의해 행해지고, 그러한 행위가 시장에서의 경쟁을 상당하게 방해, 제한 혹은 왜곡하는 목적 혹은 효과를 갖는 경우에는 금지된다. ⓐ 공급자 혹은 구매자에게 경쟁자와 거래하지 않도록 요구하거나 유인하는 행위, ⓑ 경쟁자에 대한 상품·용역 공급 거절, ⓒ 계약 목적과 무관한 별개의 상품·용역 구입을 조건으로 상품·용역 판매, ⓓ 생산비용 이하로 상품·용역 판매, ⓔ 경쟁자 혹은 잠재적 경쟁자에게 필수설비에 대한 접근 거절의 행위는 금지된다.

2) 시장지배적 사업자 행위에 대한 합리적 이유(제10조)

제9조에도 불구하고, CCC가 그 사업자 혹은 사업자들이 다음에 해당한다고 판단하는 경우에 시장지배적 지위에 있는 사업자 혹은 사업자들은 합법적으로 제9조 소정의 행위를 할 수 있다. ⓐ 그 사업자 혹은 사업자들이 사업 목적을 위하여 합법적으로 행동할 합리적 이유를 입증한(establish) 경우, ⓑ 그러한 행위가 시장에서의 경쟁을 상당히 방해, 제한 혹은 왜곡하지 않은 경우가 이에 해당한다.

(3) 기업결합(제3절)

캄보디아 경쟁법에서는 기업결합에 관한 단 한 개의 조항을 두고 있으며, 구체적인 내용은 하위법령에서 정하도록 하고 있다. 또한 기업결합의 경쟁제한성을 판단하기 위한 기준은 따로 마련하지 않고, 모든 형태의 경쟁제한적 기업결합을 제한한다고 함으로써 포괄적이고 광범위하게 기업결합을 제한하고 있는 점이 특징적이라 하겠다.

동법 제11조에 따르면, 시장에서의 경쟁을 상당히 방해, 제한 혹은 왜곡하는 효과를 갖거나 가질 수 있는 모든 기업결합은 금지된다. 기업결합은 그것이 경쟁에 미치는 효과에 대해 CCC의 조사, 감독 및 판단을 받아야 한다. 기업결합의 판단기준과 절차는 하위법령에서 정하도록 되어 있다.

(4) 수평적 합의, 수직적 합의, 시장지배적 지위 남용 및 기업결합에 대한 예외(제4절)

캄보디아 경쟁법 제4절에서는 경쟁제한적 합의, 시장지배적 지위 남용, 기업결합에 대한 적용제외와 예외를 규정하고 있다.

1) 적용제외(제12조)

동법 제7조, 제8조, 제9조 혹은 제11조에 따른 모든 합의 혹은 행위는, 그 합의 혹은 행위가 다음에 해당하는 경우에는 동법이 적용되지 않는다.

ⓐ 상당하고 입증 가능한(identifiable) 기술적, 경제적 혹은 사회적 이익이 발생할 것, ⓑ 해당 합의 혹은 행위가 없이는 그러한 이익이 존재하지 않을 것, ⓒ 그러한 이익이 경쟁을 방해, 제한 혹은 왜곡하는 경쟁제한적 효과를 현저하게 상회하는 경우, ⓓ 그것이 상품 혹은 서비스의 어느 중요한 측면에서 경쟁을 제거하지 않을 경우

2) CCC에 의한 개별예외(제13조)

어떤 합의 혹은 행위가 동법 제7조, 제8조, 제9조 혹은 제11조를 위반할 가능성이 있다고 보는 모든 사업자는 합의 혹은 행위에 앞서 CCC에게 예외를 신청할 수 있다. CCC는 그 합의 혹은 행위가 동법 제7조, 제8조, 제9조 혹은 제11조에 위반하지 않는다고 판단할 경우 예외를 인정할 수 있다. 제17조에 따라서 예외를 신청하는 모든 사업자는 제12조의 요건에 해당함을 입증할 증거를 CCC에 제출하여야 한다. CCC는 그 합의 혹은 행위가 제12조의 요건에 해당할 경우 예외를 인정한다. 예외 인정시 CCC는 예외 인정의 기한을 결정하여야 한다. 예외 신청 관련 기준과 절차는 CCC에서 정한다.

3) CCC에 의한 일괄예외(제14조)

특정한 상품 혹은 용역에 관련된 일정한 유형의(certain categories of) 합의 혹

은 행위가 제12조 소정의 요건에 해당한다고 판단하는 경우, CCC는 그러한 합의 혹은 행위에 대해서 일괄예외를 인정할 수 있다. 일괄예외를 인정할 때, CCC는 예외 인정의 기한을 결정한다. 일정한 유형의 합의 혹은 행위에 대한 일괄예외의 신청 기준 및 절차는 CCC가 정한다.

(5) 자진신고(제5절)

카르텔은 사업자들 간에 은밀하게 이뤄지는 경우가 많아서 관계당국이 이를 적발하고 제재하기가 쉽지 않아서 내부자의 협조가 필요하다. 이에 대해 내부자의 협조를 유인하고 카르텔 규제의 실효성을 제고하기 위해서는 자진신고자에 대한 감면제도가 매우 유용하다.[5] 캄보디아 경쟁법에서도 카르텔을 자진신고하고 조사에 협조한 자에 대하여 제재 감면 등의 혜택을 부여하는 제도를 도입하고 있다. 우리 공정거래법상 자진신고제도와 비교해 보면, 자진신고자의 지위, 감면 혜택의 제한 혹은 취소, 정보 누설 금지 등 상세한 내용들이 포함되어 있지 않다. 위반행위에 대한 상당한 증거 제공이라는 요건만 규정하고 있어서 이 제도가 효과적으로 운영되기 위해서는 구체적인 내용을 법률 혹은 하위법령에서 상세하게 정할 필요가 있을 것이다. 또한 체계상 자진신고 감면제도가 카르텔 금지에 해당하는 제3장 제1절 '경쟁제한적 합의'가 아닌 별도의 절에 편제되어 있는 점도 눈에 띄는 부분이다.

동법 제15조에 따르면, 수평적 합의에 참여하거나 조력한 사업자가 위법한 수평적 합의와 관련하여 증거 혹은 중요한 정보를 제공하는 경우 CCC의 결정에 따라서 금전적 제재로부터 면제될 수 있다. 이러한 CCC의 결정에 대해 이의가 제기되더라도 면제 결정은 적용된다.

4. 신고 및 조사절차(제4장)

캄보디아 경쟁법 제4장에서는 경쟁법 위반행위에 대한 신고와 CCC의 조사절차를 규정하고 있다.

(1) 신고기관, 조사 및 결정(제16조)

CCC는 ⓐ 직권, ⓑ 사업자의 신고 접수, ⓒ 규제당국으로부터의 신고 접수의

5) 권오승 · 서정, 「독점규제법: 이론과 실무」(제4판), 법문사, 2020, 357면.

방법을 통하여 동법의 위반과 관련하여 신고 접수, 조사, 결정할 권한을 가진다.

(2) 조사관의 임명(제17조)

조사관은 동법의 모든 위반행위에 대한 조사, 수색, 증거수집, 심문을 위하여 상무부령에 의하여 사무국장에 의해 임명된다.

(3) 조사관의 지위(제18조)

사법경찰관으로서의 지위를 갖는 조사관은 형사소송법 규정에 따라 동법에 규정된 법위반행위를 조사한다.

(4) 조사관의 권한(제19조 및 제20조)

조사관은 형사소송법 규정에 따라 수색, 증거수집, 관련자 소환, 기타 절차 집행을 할 권한을 갖는다. 또한 조사관은 동법에서 정하는 법위반자를 공동으로 제압하기 위하여 지방 당국, 군대 혹은 기타 권한 당국의 협력을 구할 권한을 갖는다. 조사관은 외국 경쟁당국의 협조 요청에 따라 수색을 위해 검사에 대한 보고 및 협의가 필요한 경우 이외에는, 오전 6시 이전 및 오후 6시 이후에 수색하여서는 안 된다.

조사관은 증인의 진술이 수사에 필요하다고 생각하는 경우 모든 증인에게 질문할 수 있다. 증인이 정당한 이유 없이 진술을 거부하고, 그러한 거부가 조사에 부정적인 영향을 미칠 가능성이 있는 경우, 조사관은 검사에게 요청하여 해당 증인을 소환하여 수사관 앞에서 진술하게 하여야 한다.

(5) 신고자의 보호(제21조)

정당한(legitimate) 신고자는 다음에 대한 권리를 가진다. ⓐ 동법 제27조에 따른 개인정보보호, ⓑ 직장 내 차별로부터의 보호, ⓒ (필요한 경우) 개인적 안전, ⓓ CCC에 대한 비밀 정보의 제공 혹은 공개와 관련된 경우 민사적, 형사적 혹은 직업상 제재로부터의 면제를 받는다. 만일, 신고자가 제공한 정보를 통해 법 위반행위가 발견되지 않은 경우라 하더라도 정당한 신고자는 위 보호를 받을 권리를 가진다. 신고자가 거짓 정보를 제공하거나 법 위반행위에 관여한 경우에는 CCC가 달리 판단하지 않는 한, 위 보호를 받지 못한다.

(6) 비밀 정보(제22조 및 제23조)

비밀 정보는 사업자의 영업, 신고자 혹은 조사 중인 사업자의 신원에 관한 정보, 조사 중 수집된 정보, 그리고 CCC가 결정한 기타 정보를 의미한다.

사업자의 영업에 관한 비밀 정보는 다음과 같은 정보가 공개되었을 때 사업자의 영업에 심각한 손해를 야기할 수 있는 정보를 의미한다. ⓐ 사업자에 관한 기술적 혹은 재무적 정보, ⓑ 비용 산정 방법, ⓒ 생산 공정에 관한 비밀, ⓓ 공급원, ⓔ 생산 및 판매 수량, ⓕ 시장점유율, ⓖ 구매자 및 유통업자 목록, ⓗ 마케팅 계획, ⓘ 비용, 가격 혹은 판매 전략 관련 기타 정보; 혹은 ⓙ 타법에 따른 사업자의 사업에 관한 비밀 정보를 의미한다.

신고자의 신원에 관한 정보는 다음과 같다. ⓐ 신고자의 이름, 주소, 출생지, 사회망서비스계정, ⓑ 신고자의 배우자, 부, 모, 자녀 혹은 형제의 이름, 주소, 출생지, 사회망서비스계정, ⓒ 신고자의 사진 혹은 음성, ⓓ 신고자의 배우자, 부, 모, 자녀, 혹은 형제의 사진을 의미한다.

비밀 정보를 공개 혹은 유출하는 행위는 제23조에 따른 예외를 제외하고 금지된다. 제23조에 따르면, 조사 중 조사관은 다음의 경우에 비밀 정보를 공개할 수 있다. ⓐ 조사관이 동법에 따른 의무 혹은 업무를 수행하는데 필요한 경우, ⓑ 타법에 따라 허용되는 경우, ⓒ 다른 국내 혹은 외국 정부 기관이 그 의무 혹은 업무를 수행하는데 필요한 경우, ⓓ 사업자의 방어권을 행사하는데 필요한 경우에는 공개할 수 있다.

(7) 임시조치 청구(제24조)

조사관은 조사 중 필요한 경우 CCC에게 다음과 같은 임시조치를 청구할 수 있다. 즉, ⓐ 동법 제7조, 제8조, 제9조, 혹은 제11조 위반의 혐의가 있는 모든 합의에 대하여, 그 이행의 중지 및/혹은 탈퇴, ⓑ 동법 제7조, 제8조, 제9조, 혹은 제11조 위반의 혐의가 있는 행위에 대한 관여 중지, ⓒ 일정한 행위의 이행 혹은 금지에 대한 임시조치를 구할 수 있다.

(8) 자진시정 (negotiated settlements)(제25조)

CCC는 조사관이 요청하는 자진시정 방안을 승인할 수 있으며, 이 결정은 공개되어야 한다.

5. 임시조치 및 CCC의 시정조치(제5장)

(1) CCC의 권한(제26조)

CCC는 임시조치 및/혹은 결정, 행정적 제재 및/혹은 과징금을 부과할 권한을 갖는다.

(2) 임시조치(제27조)

다음의 경우에 CCC는 임시조치를 결정할 수 있다.

① 조사관의 요청에 따라 제7조, 제8조, 제9조, 혹은 제11조 위반으로 판단할 만한 합리적 이유가 있는 경우, 그리고 CCC가 다음의 목적을 위하여 임시조치가 내려질 긴급한 필요가 있다고 판단하는 경우. ⓐ 다른 사업자에 대한 심각하고 회복 불가능한 경제적 혹은 기타 손해의 발생을 방지, ⓑ 긴급 상황에서 공익의 보호를 위한 임시조치를 결정할 수 있다.

② 제1호에 따른 CCC의 임시조치는 사업자에 대해 다음과 같이 내려질 수 있는 바, ⓐ 동법 제7조, 제8조, 제9조, 혹은 제11조 위반의 혐의가 있는 모든 합의에 대하여, 그 이행의 중지 및/혹은 탈퇴, ⓑ 일정한 행위의 이행 혹은 금지, 대금납부 요구의 금지(shall not require the payment of money)이다.

③ CCC는 언제든지 제1호에 따른 임시조치를 합리적 이유에 의하여 철회할 수 있다.

④ 제1호에 따른 임시조치는 다음의 경우에 실효된다. ⓐ 제3호에 따라 철회된 경우, ⓑ CCC가 시정조치를 내린 경우, 혹은 ⓒ 임시조치가 결정된 날 혹은 합리적 이유에 의해 재결정된 날로부터 1년 후 실효된다.

(3) 시정조치(제28조)

조사 종결 후 CCC는 다음의 요건에 따라, 동법 위반 관련 사업자에 대하여 시정조치를 내릴 수 있다.

① 시정조치는 그 대상인 사업자에게 내려져야 하며 공개되어야 한다.

② 시정조치는 다음의 사항을 특정하여야 한다. 즉, ⓐ 사업자가 시정조치에 따라 부과되는 의무를 이행하여야 할 기한, ⓑ 시정조치 실효일을 특정한다.

그리고 시정조치에는 다음의 사항이 특정되어야 한다. 즉, ① 위반한 법 조항, ② 피심인의 성명 및 주소 및/혹은 피심인의 법률대리인, ③ 동법 제35조에 따른 과징금 납부 기한 및 세부 사항, ④ 동법 제37조에 따라 부과되는 제재에 관한 세부 사항, ⑤ CCC가 시정조치를 내린 이유를 명시하여야 한다. 그리고 CCC는 위법행위의 효과를 회복하기 위해 필요한 조치를 명하는 시정조치를 내릴 수 있다.

(4) 불복(제30조 및 제31조)

CCC가 내린 임시조치 혹은 시정조치에 대해서 그 결정을 통지받을 날로부터 15일 이내에 CCC에 이의를 제기할 수 있다. CCC는 합리적인 이유가 있을 때 그 이의를 고려하지 않기로 결정할 수 있다. 이 경우 사업자는 거절의 통지를 받은 날로부터 30일 이내에 관할 법원에 제소할 수 있다.

CCC의 임시조치 및/혹은 결정에 대해서 그 통지를 받은 날로부터 30일 이내에 관할 법원에 제소할 수 있다.

(5) 임시조치와 시정조치의 집행(제32조 및 제33조)

① 임시조치는 그 불복 여부와 상관없이 즉시 효력을 가진다.

② 시정조치는 다음 날로부터 효력을 가진다. ⓐ 불복기간 도과일, 혹은 ⓑ 최종심의 기각일로부터 효력을 발한다.

CCC는 임시조치 혹은 시정조치를 집행하기 위하여 법원에 협력을 요청할 수 있다.

6. 제재(제6장)

캄보디아 경쟁법 제6장에서는 제34조부터 제39조에 걸쳐 제재에 관한 사항을 규정하고 있다. 먼저 제34조에서는 동법상 제재에 서면경고, 중지, 영업 등록·면허·허가 취소 혹은 철회, 과징금, 벌금 및 징역이 있다고 규정하고 있다. 제35조에 따르면 제7조, 제8조, 제9조, 혹은 제11조를 위반한 자에게는 서면 경고와 위반행위 년도 총 매출액의 3~10%의 과징금이 3년까지 부과된다. 그리고 제37조에서는 가능한 시정조치의 종류를 다음과 같이 규정하고 있다. ① 위법행위의 중지, ②일정한 자산 혹은 영업 일부의 양도, ③ 지식재산권의 라이선스 혹은 이전, ④ 다른 사업자에게 야기된 금전적 손해에 대한 보상, ⑤ 경쟁을 회복하기 위한 구체적 조치, ⑥ 위법행위로 인한 피해자의 특정이 가능한 경우 피해자에게 취득한 이익의 반환, ⑦ 위법행위로 인한 피해자의 특정이 불가능하거나 경제적으로 개별 피해자에게 반환되기 어려운 경우, 피해를 입은 자들의 이익을 대표하는 사회단체에게 반환하고, 남은 이익은 캄보디아 국고에 반환, ⑧ CCC의 시정조치를 이행하고 있음을 보고할 의무, ⑨ 사무국에 대해 효과적 시정조치를 위해 조언하고 시정조치의 준수를 보고한 전문가의 인건비 납부 등의 시정조치가 있다.

특히 제38조에서는 동법 제7조에서 금지하는 수평적 합의에 참가한 자연인에 대해서 1개월 내지 2년의 징역형과 5백만 리엘 내지 1억 리엘의 벌금형에 처한다고 규정하고 있다. 또한 법인에게는 1억 리엘 내지 20억 리엘의 벌금에 처하도록 하고 있다.

시정조치는 법에 위반되는 상태를 법률에 합치하는 상태로 회복하는 행정처분을 뜻하며, 우리 공정거래법의 경우 시정조치에는 위반행위 중지 명령, 주식처분 명령, 계약조항 삭제명령, 시정명령을 받은 사실의 공표명령 등이 있다.[6] 캄보디아의 경쟁법에서는 이러한 시정조치의 권한을 CCC가 가지고 있다고 규정하고 있고, 그 주요 유형에는 과징금 부과, 시정명령, 위반행위 중지 명령, 위반행위로 인해 발생한 금전적 손해에 대한 배상 등이 있다. 이 중 법 위반행위로 인해 발생한 금전적 손해에 대한 배상은 행정적 제재라 보기 어렵고, 민사상 불법행위로 인한 손해배상청구권으로 보아야 할 것이다. 이러한 점에서 캄보디아 경쟁법에서는 제재의 행정적 성격과 민사적 성격이 엄밀하게 구별되지 않고 있다고 할 수 있다.

과징금과 관련해서는 과징금 부과기준에 대한 명확한 기준은 아직 마련되지 않고 있는 것으로 보인다. 위반행위의 내용과 정도, 기간 및 횟수, 위반행위로 얻은 이익의 규모, 위반사업자의 고의·과실 등에 따른 가중 혹은 감경의 근거가 대략적으로라도 마련될 필요가 있는 것으로 보인다.

---

6) 권오승·서정, 위의 책, 745면.

Ⅳ. 결론: 캄보디아 경쟁법 초안에 대한 평가

1990년대 중반 이후 대외적 개방을 통한 경제성장을 추진해 온 캄보디아는 개방형 시장경제를 위한 법제 정비에도 매우 적극적인 편이었다고 평가된다. 하지만 경쟁법 제정에 있어서만큼은 그만큼의 적극성을 띠지 않았던 것으로 보이고, 이는 경쟁법 제정의 동인이 다분히 외부에서 비롯된 사정과 무관하지 않아 보인다.[7] 그리고 그 외부적 동인은 주로 ASEAN의 경쟁정책이었다고 할 수 있다. 이러한 점에서 향후 캄보디아가 경쟁법을 집행해 나가는데 있어서, 그보다 앞서 경쟁법 집행의 경험을 쌓아가고 있는 ASEAN 이웃 국가들이 지속적으로 상당한 영향을 미칠 가능성을 예상해 볼 수 있다. 또한 이 점은 캄보디아의 경쟁법 발전의 전망을 밝게 만드는 요소가 될 것이라 생각한다. 이하에서는 캄보디아 경쟁법에서 드러나는 방향성과 특징을 살펴보고 이를 평가해 보고자 한다.

전반적으로 보았을 때 캄보디아 경쟁법에서는 경쟁제한적 합의(카르텔), 시장지배적 지위남용, 경쟁제한적 기업결합 등 주요 금지규제로 이루어진 실체법적 측면보다는 캄보디아 경쟁위원회, 즉 CCC를 핵심으로 하는 조직법적 측면과 CCC의 권한과 법집행에 관한 절차법적 측면이 훨씬 강조되고 있는 것으로 보인다. 특히 법률의 구성상 목적, 적용범위, 주요 개념의 정의 등이 포함된 제1장에 바로 뒤이어, 제2장에서 캄보디아 경쟁위원회에 관한 상세한 규정들을 두고 있는 점이 두드러진다. 아무래도 제정법의 성격상 조직과 절차의 측면에서 경쟁법의 추진체계를 안정적으로 설계하는 것이 중요하다는 점이 분명히 인식되고 있는 것으로 짐작된다.

다만, 제3장에서 정하고 있는 실체법적 금지규정들은 좀 더 명확성과 구체성을 높일 필요가 있어 보이고, 하위법령을 통한 보완이 반드시 필요해 보인다. 물론 본격적인 법 집행을 해 나가면서 점진적으로 해결될 수 있는 문제이기는 하나, 자칫 실체적 규정상의 모호함과 체계상 모순으로 인해 법 집행 자체가 어려워지는 문제가 있지는 않을지 우려된다. 예컨대, 제9조의 시장지배적 지위에 있는 사업자의 금지행위를 적용하는데 있어서, 어떠한 사업자가 시장지배적 지위에 있는지 여부는 제3조 제6호 '지배적 지위'의 정의에 따라 판단하여야 하는데, '다

7) Fruitman & Songkheang, op. cit., p. 321.

른 경쟁자로부터의 효과적인 제약 없이 어느 시장에서 상당하게(significantly) 행동할 수 있는 힘을 가진 상태'라는 정의만으로는 명확한 판단기준을 도출하기가 어려울 것이다. 적어도 법령 수준에서 시장지배적 사업자의 추정기준을 규정함으로써, 수범자들이 이 개념을 직관적으로 파악할 수 있게 할 필요가 있으리라 생각된다. 또한 제9조에서 시장지배적 지위에 있는 사업자의 경쟁에 대한 방해, 제한 혹은 왜곡 행위를 금지한 다음, 제10조에서 그러한 사업자의 행위가 시장에서의 경쟁을 방해, 제한 혹은 왜곡하지 않는 경우에는 허용한다는 규정하고 있는데, 여기에는 명백한 모순이 보인다. 이 점은 바로잡을 필요가 있을 것이다.

다음으로 제4장 신고 및 조사절차는 캄보디아 경쟁법의 가장 특징적인 부분이라 할 수 있는데, 특히 CCC의 조사관이 사법경찰권이라는 매우 강력한 권한을 갖는 점이 그러하다. 경쟁법 제정을 위한 논의 단계에서 상무부와 법무부가 상당히 오랜 기간 협의 및 조정 과정을 거친 것도 이러한 집행체계 때문이었던 것으로 짐작된다. CCC 조사관이 사법경찰권을 갖도록 하는 집행체계에는 장단점이 있을 것인데, 상당히 강력한 권한 행사를 통해 경쟁법이 조속히 규범력을 획득하는데 도움이 되는 측면이 있는 반면, 실체법적 해석과 적용이 안착되지 않은 상태에서 자칫 권력기관의 권한 남용 여지를 넓혀주는 측면도 있지 않을까 우려된다. 게다가 이러한 권한 행사가 사법부에 의해 효과적으로 견제될 것을 크게 기대할 수 없는 상황이라는 점을 고려한다면 이와 같은 우려는 더욱 심각해진다.

마지막으로 위와 같은 집행체계의 특징에 더하여 제재수단의 포괄성에 주목하지 않을 수 없는데, 제37조에 따르면 그 성격이 행정적인지 민사적인지 혹은 형사적인지를 명확하게 파악하기 어려운 다양한 제재수단들이 망라되어 있다. 이처럼 다양하고 포괄적인 제재수단은 CCC의 법집행에 있어서 상당히 효과적인 측면이 있는 반면, 법체계 전반의 안정적이고 체계적인 발전에는 부정적인 측면이 있어 보인다.

캄보디아의 경쟁법 제정은 1990년대 중반부터 본격화된 자유롭고 개방적인 시장경제체계 구축을 위한 노력이 보다 법체계적 완결성을 갖추고 내실을 기하는데 있어서 큰 의미를 갖는다. 경제질서의 기본법이라 할 수 있는 경쟁법을 갖춤으로써 명실상부 자유롭고 공정한 경쟁에 기반한 시장경제시스템을 완성해 나갈 수 있으리라 기대해 볼 수 있을 것이다. 비록 WTO 및 ASEAN의 가입, 그리고 ASEAN 공동체 차원의 경쟁정책 촉진이라는 외부적 요인에 의해 추동된 측면이 있으나, 여러 가지 대내외적 사정으로 지체된 입법과정 가운데에서 정부 내에서 경쟁법 제정의 의의와 필요성이 확산되고 공유되는 의의도 있었으리라 생각한다. 물론 향후 법률에 대한 체계적 검토와 각각의 법문에 대한 세밀한 검토, 그리고 집행 권한의 적정성과 절차적 타당성에 대한 논의가 지속적으로 이루어져야 할 것이고, 무엇보다도 경쟁당국의 공무원을 비롯하여 경쟁법에 전문성을 갖춘 변호사, 학자 등과 같은 전문가들의 양성을 통한 집행역량이 제고될 수 있도록 외부의 조력이 반드시 필요해 보인다.

참고문헌

권오승・서정, 「독점규제법: 이론과 실무」(제4판), 법문사, 2020.

David Fruitman and Meng Songkeang, "The journey to the Cambodian competition law" in: Steven Van Uytsel, et al. (eds.), *Research Handbook on Asian Competition Law*, Edward Elgar, 2020.

제3편

인도 경쟁법

인도 경쟁법:
주요내용과 최근 변화

정 혜 련*

Ⅰ. 서 론

경쟁법(Competition Law)은 자본주의 시장경제에 있어서 건전하고 공정한 경쟁상태를 유지하기 위하여 사업자의 독점적·협조적인 반경쟁쟁행위와, 불공정한 거래행위를 규율함으로써 시장의 경쟁을 촉진하고 유지하기 위한 법령의 총칭이다.[1] 경쟁법은 시장경제의 운영에 기본이 되는 법률로서 전 세계적으로 130개가 넘는 나라가 이를 도입하고 있다.[2] 1890년에 미국의 셔먼법(Sherman Act)이 제정된 이후 현재까지 많은 국가에서 경쟁법 또는 독점금지법(Antitrust Law)을 제정하여 시행하고 있으며, 각국은 자국의 경제발전, 경제여건 그리고 시장경제와 경쟁문화의 성숙도에 따라 다양한 형태의 경쟁법을 도입하고 있으며 자국만의 특유한 경쟁정책을 발전시켜 가고 있다.[3] 특히 최근에는 많은 개발도상국에서도 경쟁법이 제정되어 시행되고 있는데[4] 인도 또한 이러한 나라들 중 하나이다. 1969

---

* 경찰대학 법학과 조교수, 법학박사(S.J.D, 상법/경제법)

1) 권오승, 「경제법」, 법문사, 2009, 56면.

2) Richard Whish and David Bailey, Competition Law, 9th ed., Oxford University Press, 2018, p.1. 경제법의 주요 실체규정은 다음과 같다.
   1. 카르텔과 같이, 사업자간의 자유 거래와 경쟁을 제한하는 계약이나 관행은 금지된다.
   2. 시장지배적 사업자의 권한남용행위 또는 그러한 지배적 지위를 유지하고자 하는 반경쟁적 관행(끼워팔기, 거래 거절 등)은 금지된다.
   3. 대기업의 기업 결합을 감시하며, 경쟁적 과정을 위협하는 것으로 간주되는 주식 거래는 금지된다.

3) Yo Sop Choi, 'The Choice of Competition Law and the Development of Enforcement in Asia: A Road Map Towards Convergence', 2014, 22(1) Asia Pacific Law Review, p. 131, 138.

4) Maher M. Dabbah, "International and Comparative Competition Law", Cambridge University

년 경제력 집중의 문제해결을 시도하는 경제정책의 일환으로 최초의 경제법인 '독점 및 제한적 거래행위에 관한 법률(The Monopolies and Restrictive Trade Practice Act, 이하 'MRTPA')'을 제정 한 후, 2002년 인도의 자유화 시대에 맞는 인도경쟁법(The Competition Act, 2002)을 새롭게 제정하였다.

한편 2018년 2월 8일, 인도 경쟁위원회(CCI)는 "구글이 시장 지배적 지위를 남용해 편향된 검색결과를 제공했다."는 이유로 구글에 대해 불공정거래 혐의를 적용하여 13억 5천860만 루피(한화 약 230억7천만 원)의 과징금을 부과하였고, 2020년 2월에는 그간 있었던 집행력, 기준의 모호함, 법의 허점 등을 보완하기 위한 내용 등을 담은 인도경쟁법(Competition Act 2002)의 개정안이 나왔다.

따라서 이 글에서는 인도경쟁법의 주요내용 및 최근동향과 판례를 소개하고, 최신 개정안의 내용을 살펴보고자 한다.

Ⅱ. 인도경쟁법의 발전 및 개요

1. 인도 경쟁법의 제정 및 발전

제2차 세계대전 이후 독립한 인도는 시장경제를 근간으로 하면서, 사회주의적 요소도 많이 가미한 혼합경제적인 성격이 농후한 경제 질서를 채택하였다. 이러한 기초 위에서 경제 발전에 관한 기본 방향이 수립되었으며, 이는 특히 1956년부터 1961년까지 시작된 제2차 경제개발 계획에서 제시된 마할라노비스 모델을 통하여 구체화되었다. 이 모델의 초기 운영은 성공적인 것으로 평가되었지만, 지나치게 폐쇄적이고 보호적인 운영방식의 한계가 드러났고, 이를 보완하는 의미에서 1969년부터 시작된 제4차 5개년 계획부터는 보다 개방적인 운영방식으로의 변화가 있었다.[5] 후술할 MRTPA 역시 이러한 상황변화에 대응하는 시도로서 이해할 수가 있다.

독립 후 처음 30년 동안 인도는 통제와 인허가라는 특징을 가진 계획된 경제 개발의 길을 따랐으며, 그 결과 시장은 경쟁제한적 구조로 변화하였다. 반면, 1969년에 제정된 독점 및 거래관행법(MRTPA)은 독점의 폐단 해결과 보호주의

Press, New York, 2010, p. 1.

5) 전영균, 「인도 경제 발전 60년」, 2006, 26면.

경제정책으로 인한 경제력 집중의 해결에 초점을 두었다.[6)]

인도 경제는 1991년에 자유화되었으며, 이로 인해 통제 철폐와 경제의 개방과 같은 금융경제정책의 커다란 변화가 일어나기 시작했다. 이러한 전환으로 인도 시장은 내외부의 경쟁에 대응할 준비를 갖추어야 했다. 인허가 및 통제 체제의 산물인 MRTPA는 이후 자유화 시대에는 무용지물이 되었다. 새로운 경제질서가 채택된 후, 독점 억제에서 경쟁 촉진으로의 전환이 절실해졌다. 이에 따라, 경쟁에 악영향을 미치는 관행을 방지하고, 시장의 경쟁을 촉진하고 지속하며, 소비자의 이익을 보호하는 동시에 인도 시장의 다른 참여자들에 의해 수행되는 거래의 자유를 보장하기 위해 2002년에 제정된 경쟁법[7)]이 2007년에 개정되었고, 2009년에 그 개정법이 발효되어, 2017년 3월까지 868건이 넘는 경쟁법 위반 사안을 심의하였다.[8)]

한편, MRTPA는 경쟁법의 제정에 따라 대체되었다. 경쟁법으로 대체된 가장 큰 이유는 규제완화, 세계화의 진전에 따라, 종래의 MRTPA로는 충분히 대응할 수 없는 상황이 발생하였고, 인도에서의 새로운 경쟁의 문제를 규율할 필요가 있었기 때문이다.[9)] 따라서 MRTPA는 현재 인도경쟁법의 모태가 되었으며, 이후 인도경쟁법은 구법의 내용을 대체적으로 유지하면서 유럽연합 경쟁법과 영국 경쟁법의 주요 실체법 규정과 구조의 형태를 받아들인 것으로 보인다.[10)]

인도의 경쟁당국은 중소기업 및 소비자들이 거대기업의 횡포로부터 최대한 보호받을 수 있도록 노력하고 있으며, 그 결과 거대 기업들의 카르텔, 시장지배적 지위남용, 부당한 기업결합 등 경쟁을 제한하는 모든 행위에 대하여 적극적인 규제조치를 취하고 있다. 최근 각국의 경쟁당국은 경쟁법 집행을 강화하고 있는 추세이며,[11)] 특히 한·인도 CEPA 출범으로 인도 경쟁당국의 한국기업을 포함한 인도 내 기업들에 대한 규제를 강화할 것으로 예상된다.

---

6) UK Essays, "MRTP Act: Rise Fall and Need for Change: Eco Legal Analysis", November 2013.
7) The Competition Act, 2002.
8) D.K. Sikiri, "Competition law enforcement in India: issues and challenges", Journal of Antitrust Enforcement, 2017, 5, pp. 163~165.
9) S.V.S. Raghavan, "Report of High Level Committee on Competition Law and Policy", 2000, p.53.
10) 최요섭·이황, "인도 경쟁법의 최근 발전에 관한 연구", 한국경쟁법학회, 2011, 16면.
11) 정완, "EU경쟁법의 규제와 대응", EU Brief Vol.2, 2010, p.38.

2. 인도 경쟁법(Competition Act 2002, 2007년 개정)과 주요내용

앞서 살펴보았듯, 1969년에 제정되고 1970년에 시행된 MRTPA는 경제력 집중 문제의 해결을 시도하는 경제정책의 일환이었기 때문에, 현재와 같은 의미에서 시장 경쟁과 관련된 문제를 직접 다루는 것은 아니었다.[12] MRTPA는 제정 이후 총 6번의 개정이 이루어지면서 불공정한 거래행위에 대한 규제 도입[13], 경제력의 집중 방지에 관한 규정과 독점 규제에 관한 규정 삭제[14] 등의 중요한 변화가 있었으나, 인도 정부는 보다 근본적으로 인도의 상황에 맞는 경쟁정책의 입법을 위하여 1999년 '경쟁정책과 경쟁법 위원회'를 구성하였다. 위원회는 국제적인 경쟁규범과의 조화의 필요성, 경쟁법의 체계적 정비의 요구 등의 문제를 제기하면서 새로운 경쟁법이 기존의 MRTPA를 대체할 것, 민영화 및 각종 규제의 철폐를 통하여 경제 성장을 도모할 것, 정부 기업을 포함한 모든 민간 기업과 산업분야에 적용될 것 등의 주요한 입법 방향을 제시하였다. MRTPA는 결국 이러한 과정을 거쳐 2002년 제정된 경쟁법에 의하여 대체되었다.[15]

이러한 과정을 거쳐 제정된 경쟁법은 규제기관의 조직과 권한을 대폭 확대하였고, 실체법적 측면에서도 지배적 지위의 남용, 공동행위, 기업결합 등의 대표적인 경쟁제한행위를 중심으로 체계적인 개편을 단행하였다.[16] 특히, 경쟁법은 경제적으로 유리한 위치에 있는 기업이 관련 시장에서 경쟁에 반하는 방법으로 이익을 얻고 이에 따라 소비자에게 불이익을 주는 것을 금지하는 것을 주요 목적으로 하였다. 또한, 경쟁법은 기업의 시장지배적 지위 남용에 대한 제재를 중심으로 경쟁에 반하는 공동행위와 기업결합과 같은 요인들을 규제하는 역할을 담당하고 있다. 이를 통하여 경쟁법은 궁극적으로는 인도 시장의 유효경쟁을 달성하여 경제적 효율성을 증진하는 것을 목적으로 한다.

경쟁법의 도입으로 인도 중앙정부는 2003년 10월 14일부터 발효된 인도의회법을 통하여 경쟁관련 정책을 전담하는, 기업부(Ministry of Corporate Affairs) 산하에 '인도경쟁위원회(Competition Commission of India, 이하 'CCI'[17])를 설립하였

12) 세계법제정보, "인도 경쟁법", 세계법제정보센터, 2021.
13) 1984년 개정 시.
14) 1991년 개정 시.
15) 전영균, 앞의 책, 46면.
16) 홍명수, "인도 경쟁법의 개괄", 2007, 108면.
17) Competition Commission of India.

다.[18] 이는 경쟁법 제7조 제1항에 의하여 설치된 기관으로, 인도 시장에서 경쟁에 악영향을 미치는 관행을 금지하고, 경쟁을 촉진 및 유지하며, 소비자의 이익을 보호하고, 다른 참가자에 의한 거래 자유를 확보하는 역할을 한다. CCI의 위원은 위원장 및 2명 내지 6명의 위원으로 구성되며, 중앙정부에 의해 임명된다.[19] CCI는 경쟁법의 원활한 실시를 위하여 반경쟁적 행위에 대한 조사 권한 및 일정한 행위를 명할 권한 등을 가지고 있으며, 이러한 권한의 실효성을 담보하기 위한 제재 권한 역시 가지고 있다.[20] 이외에도 CCI 절차를 운용할 권한,[21] 경쟁법을 보완하는 규칙을 제정할 권한,[22] 경쟁법에 관한 지식보급 활동을 실시할 권한[23] 등을 가짐으로써 인도 시장의 경쟁을 보장하고 있다.[24]

이상의 내용을 종합하면, 인도경쟁법은 크게 다음 3가지 행위를 규율한다고 할 수 있다.

① 경쟁 제한적 합의 (anti－competitive agreements)
② 시장지배적 지위 남용 (abuse of a dominant position)
③ 기업결합 (combination)

위의 실체규정의 내용을 아래에서 자세히 논의하도록 한다.

Ⅲ. 경쟁제한적 공동행위의 제한

1. 공동행위의 의의 및 관련규정(경쟁법 제3조)

인도 경쟁법은 반경쟁적 공동행위를 '사업자가 다른 사업자와 공동으로 경쟁을 제한하는 합의'로 규정한다. 이것이 성립하려면 합의의 존재와 행위의 반경쟁성, 혹은 경쟁에 반하는 효과가 있다는 것을 입증하여야 한다.[25]

---

18) 정완, "인도의 경쟁법과 경쟁정책", 한국법정책학회, 2010, 65면.
19) "Organogram | Competition Commission of India". www.cci.gov.in. Retrieved 19 November 2015.
20) "About CCI | Competition Commission of India". www.cci.gov.in. Retrieved 19 November 2015.
21) 경쟁법 제36조 제1항.
22) 경쟁법 제64조.
23) 경쟁법 제49조 제3항.
24) D.K. Sikri, 앞의 책, 169면.

합의는 수평적 합의와 수직적 합의로 나뉜다. 수평적 합의는 일반적으로 동일하거나 유사한 시장에서 종사하는 사업자 간에 직,간접적으로 가격을 결정하거나, 생산, 공급, 시장, 기술발달, 투자, 서비스의 제공을 제한하거나, 시장을 분할하거나, 고객의 수를 제한하거나, 입찰담합을 하는 협정(카르텔 등)을 의미한다. 수직적 합의는 제조나 유통망으로 연결된 상하 인접시장(도소매계약 등)에서 경쟁관계에 있지 않는 개인 혹은 사업자 간의 끼워팔기, 배타적 공급약정, 배타적 유통약정, 거래거절, 재판매가격유지 등에 관한 합의를 의미한다. 수평적 합의의 위법성은 '당연위법의 법칙'에 의해, 수직적 합의의 위법성은 '합리성의 원칙'에 의해 판단[26]한다. 당연위법의 원칙에서는 합의의 성질 자체로부터 당해 합의의 위법성, 불합리성이 추정되는 데 반하여, 합리성의 원칙에서는 합의의 성질 자체로부터 곧바로 위법, 불합리로 추정되는 것은 아니며, 당해 합의가 경쟁을 촉진하는 것인가 혹은 억제하는 것인가의 판단을 필요로 한다.

담합 혹은 카르텔은 수평적 합의로서, 그 규제는 경쟁 정책의 매우 중요한 부분을 차지한다.[27] 담합의 목적은 유효경쟁이 이루어지는 상황에서의 가격 수준보다 높은 가격으로 인상되는 것이어야 하며, 그 결과 소비자와 시장경제에 피해를 입히는 경우여야 한다. 담합은 결국 둘 이상의 사업자가 하나 또는 그 이상의 시장 내에서 가격·생산·공급의 제한, 시장점유율·시장의 분할, 입찰의 담합 등을 통해 상품의 가격 상승, 상품 품질의 저하, 소비자의 선택권 제한을 불러일으키는 행위로 설명할 수 있다.[28]

2. 경쟁제한적 공동행위의 요건 및 수평적·수직적 합의의 규제

공동행위가 성립하기 위해서는 둘 이상의 사업자 간에 의사의 합치가 있어야 한다. 인도 경쟁법 제2조 b항은 '합의'를 독자적으로 사업을 영위하는 둘 이상의 사업자가 상호 간 '인식'을 통해 의사를 합치하는 것으로 규정한다. 이 때, 의사의 합치는 계약, 협정, 결의와 같은 협의의 방법뿐 아니라, 기타 다양한 방법을 통한 광의의 방법으로도 가능하다. 결국 인식의 범위는 정보 교환에서부터 가격

25) 최요섭·이황, 앞의 논문, 289면.
26) 공정거래위원회, 「인도의 경쟁법·제도 및 사건처리절차」, 2020, 10면.
27) 정완, "독점규제법상 카르텔규제에 관한 고찰", 2007, 52면.
28) 최요섭·이황, 앞의 논문, 291면.

이나 기타 공급 조건에 대해서 공조하는 것을 표현하는 것까지 포함할 수 있다.

인도 경쟁법 제3조는 1항에서 상품 및 용역 공급에 있어서 인도 시장에 경쟁에 반하는 효과를 발생하는 합의에 대한 원칙적인 금지를, 2항에서는 1항을 위반한 합의는 그 자체로 무효임을, 3항은 수평적 합의에 대한 규제를, 4항은 수직적 합의를, 5항은 적용 제외에 대하여 규정[29]한다.

제3조 1항은 인도경쟁위원회가 담합과 관련된 조사에 있어서 인도 경쟁법 제19조를 근거로 심사할 때, 특정 사업자 혹은 사업자단체가 경쟁에 부정적인 영향을 미치거나 미칠 수 있는 상품의 생산, 공급, 유통, 저장, 획득, 통제에 관한 합의를 조사하여 판단한다. 이는 경쟁에 반하는 효과를 발생시키는 합의에 대한 일반적인 제재를 의미한다. 특히, '경쟁에 반하는 효과'는 합의를 통해 그 효과가 경쟁을 제한 혹은 왜곡하는 것을 의미한다.[30]

제3조 2항은 경쟁법을 위반하는 합의는 그 자체로 효력이 없다고 규정하고 있으며, 제3조 3항과 4항은 규제될 수 있는 특정한 반경쟁적 합의에 대하여 설명하고 있다. 제3조 3항은 유사한 시장 혹은 경쟁관계에 있는 시장에서 직간접적으로 가격을 결정하거나 생산, 공급, 시장, 기술개발, 투자, 용역제공과 같은 행위를 제한하거나, 시장을 분할하고 고객의 수를 제한하거나, 입찰담합을 하는 수평적 합의를 금지하고 있다.

한편 제3조 4항에서는 끼워팔기, 배타적 공급약정, 배타적 유통약정, 거래거절, 재판매가격 유지와 같은 수직적 합의를 금지한다. 제3조 3항과 4항에 포함되지 않는 합의는 1항에 의하여 규제될 수 있고, 이때의 합의는 넓은 의미로 해석된다.[31]

3. 합리의 법칙과 당연위법의 논의

(1) 인도에서의 논의 경과

공동행위의 위법성을 판단하는 법적 기준으로 당연위법과 합리의 법칙이 있다. 경성카르텔의 경우 당연위법은 경쟁제한성 여부를 고려하지 않고 위법성을 판단하는 것이고, 합리의 법칙은 경쟁제한성의 유무를 개별 사건마다 심사하여

29) 최요섭 · 이황, 위의 논문, 315면.
30) 정완, 앞의 논문, 60면.
31) D.K. Sikiri, op. cit., 2017, p.163.

위법성을 판단한다. 그러나 인도 경쟁법이 당연위법과 합리의 법칙을 채택하고 있는지에 대해서는 입법이나 판례에서 아직은 분명하게 드러나지 않고 있다.[32)]

(2) 1977년 Telco 사건

1977년, 인도 대법원은 Tata Engineering and Locomotive Co. Ltd v. Registrar of Restrictive Trade Agreement(이하 'Telco') 사건에서 합리의 법칙을 인정한 바 있다. 이는 구 MRTPA 제33조에 의하여 판단된 것이었고, 제한적 거래행위를 규제하였던 구 MRTPA 제2조의 b항 해석에 대한 판결이었다. 이 판결은 특정한 지역에서만 버스와 트럭을 판매한다는 Telco의 지역분할계약이 제한적 거래행위금지규정을 위반했는지에 대한 것으로, 사업자가 인도경쟁당국에 대한 불복으로 인도 대법원에 상고하여 내려진 것이었다. Telco와 대리점은 계약서에 Telco의 차량만을 판매할 수 있는 지역을 설정하였고, Telco가 아닌 다른 경쟁사가 생산한 차량의 판매를 금지하는 것과 해당 상품에 대한 최저재판매가격을 설정하는 것이 계약의 주된 내용이었다.[33)]

인도 당국의 조사가 시작되자, Telco는 재판매가격제한과 같은 위반 행위를 중지하였으므로 조사를 종결하도록 위원회에 요청하였다. 또한 Telco는 인도 내 많은 지역에서 차량의 불공정한 유통을 피하기 위하여 지역 분할이 필요했다고 주장하였다. Telco는 자사 상품을 선호하는 소비자에 대한 정보를 획득하지 못한 관계로, 시장에 진입하기 위해서는 좋은 품질의 구매 후 서비스 혹은 A/S를 제공할 수 있는 대리점을 찾을 수밖에 없었으며, 이들과 지속적인 관계를 유지하기 위하여 배타적인 거래 계약을 맺는 것이 인도 내 차량 시장에서 일반적으로 이루어지는 사업 활동이라고 주장했다. Telco는 이러한 행위가 경쟁을 제한하는 행위가 아님을 주장하였다. 그러나 인도경쟁당국은 인도 시장에서 상업적으로 이용 가능한 트럭과 버스를 생산하는 제조업체는 Telco를 비롯한 4개의 업체뿐이며, 배타적 거래를 통해 인도 내 여러 지역에서 차량 판매를 통한 공정한 유통을 보장한다는 증거가 없으므로 당해 행위는 거래제한행위라고 판단했다.[34)]

---

32) Aditya Bhattacharjea, Oindrila De, "Anti-cartel enforcement in India", 2017, p. 166.
33) https://indiacorplaw.in/2019/07/competition-law-issues-indian-telecom-sector-analysis-recent-developments.html. indiacorplaw. 2019.
34) https://www.khaitanco.com/sites/default/files/2021-01/KCAT%20Newsletter%20-%20January%20Edition.pdf. KCAT newsletter. 2021.

이러한 당국의 판단에 대해 대법원은 '거래제한행위'를 정의하는 데 필요한 요건들을 심사했다. 대법원은 거래제한행위를 판단함에 있어서 당해 거래행위가 제한적인지 여부는 합리의 법칙에 따라 결정해야 하며, 지역이나 가격의 제한에 관한 행위 그 자체가 당연위법으로 판단되지는 않는다고 결정하였다. 또한 그러한 행위가 경쟁을 증진시키는지 여부를 판단할 때 필요한 요건들을 심사해야 한다고 설명했다. 대법원은 Telco 차량에 대한 수요가 상당한 반면 인도 내에서의 상업 차량 공급이 수요에 한참 못 미치며, 높은 수준의 A/S 서비스를 제공할 필요성과 위 계약을 통해 Telco가 인도 시장에서 전국적으로 소비자의 요구를 충족시켜줄 수 있을 것이라는 사실을 고려하여, 대도시로의 판매 집중을 막기 위한 Telco의 사업 활동이 소비자의 입장에서는 적절했다고 판단했다. 대법원은 공급이 수요를 충족시키지 못하는 때에는 경쟁을 제한하는 지역제한행위는 Telco에게 크게 이점이 없다고 판시했다. 또한 사건에서의 거래지역제한이 인도 시장 내의 모든 지역에 대한 상업차량의 유통을 보장했고, 특히 Telco가 판매상을 선택할 당시 제한을 두지 않았다는 점을 고려했다. 이는 전국적으로 공급이 수요를 충족시키지 못하는 당시 인도의 특수한 시장상황을 합리의 원칙에 따라 구체적으로 고려한 결과라고 볼 수 있다.[35)]

4. 공동행위 자진신고

(1) 자진신고규정의 의의

자진신고규정은 은밀한 합의를 통해 다양한 방법으로 이루어져서 적발이 쉽지 않은 담합의 효과적인 적발을 위해 전 세계의 많은 경쟁당국이 운영하고 있다. 인도 경쟁법의 자진신고규정은 기본적으로 공동행위 사실을 자진신고한 사업자에게 벌금을 감경 또는 면제하도록 보장한다. 인도 경쟁법 제46조에 따르면, 담합행위에 가담했던 생산자, 판매자, 유통자, 거래자, 공급자가 해당 담합행위에 관하여 구체적, 실질적으로, 중요한 정보를 제공할 경우, 혹은 해당 담합 정보가 필요하다고 간주되는 경우에 자진신고자에게 기존에 부과될 과징금보다 감경된 과징금을 부과할 수 있다.

35) https://uk.practicallaw.thomsonreuters.com/Cosi/SignOn?redirectTo=%2f7-572-8011%3ftransitionType%3dDefault%26contextData%3d(sc.Default)%26firstPage%3dtrue. UK practitional law. 2018.

(2) 자진신고 감면규정 및 내용

인도경쟁위원회는 경쟁법 집행을 위한 법률안을 제안할 권한을 가지고 있으며, 이 규정을 근거로 하여 자진신고제의 효과적 집행을 위해 '인도경쟁위원회 규정 2009(이하 '자진신고 감면규정')'을 2009년 8월에 도입[36]하였다. 이를 통해 인도경쟁위원회는 자진신고자에 대한 감면 처분을 내릴 수 있는 구체적 법적 기준을 확립하였다. 이 규정은 담합 참가자에게 법 위반 시 받을 과징금보다 감경된 처벌을 받을 수 있도록 허용하는 체계적 구조를 마련하고 있다. 인도 경쟁법은 자진신고제도와 관련하여 세 가지 주요 내용[37]을 규정하고 있다.

첫째는 자진신고제도로 감면 혜택을 받기 위해 충족시켜야 하는 일련의 요건[38]들이다. 자진신고자는 위원회에 의한 조사가 최종 보고되기 전에 정보를 제공해야 하며, 위원회에서 따로 지시하지 않는 한 정보제공 이후에는 담합행위에 가담을 중지해야 한다. 또한, 인도 경쟁법 제3조 3항 위반에 관해서 조사에 필요한 중요한 정보를 제공해야 하며, 위원회가 요구할 경우 모든 관련된 정보, 자료, 증거를 제출해야 한다. 위원회의 처분과 조사의 전 과정에 지속적으로 협조해야 하며, 담합의 형성에 관한 어떠한 서류도 폐기, 조작, 파괴해서는 안 된다.

둘째는 감면을 받기 위한 과정이다. 면책 대상 혹은 감경, 면제를 부과하는 과정에서 자진신고자는 해당 정보나 증거를 정해진 기한 내에 구두, 이메일, 팩스로 지정된 경쟁당국 부서에 신고해야 한다. 위원회는 신고자의 면책우선권을 확정해야 하고, 관련 당국은 그 내용을 신고자에게 전달한다. 그러나 자진신고자의 증거조사에 대한 지속적인 협조가 이루어지지 않는다면, 위원회는 신고자가 소견을 제시할 수 있는 기회를 부여하고, 사안에 따라서 자진신고자의 감면 혜택을 철회할 수 있다.

셋째는 담합 관련 정보 제공으로 경감 가능한 과징금의 액수이다. 이는 경쟁법 제27조 b항에 명시된 제재의 내용에 근거하여 판단할 수 있다. 자진신고자가 제출한 증거에 기반을 두고 위원회가 담합의 존재 사실을 충분히 증명할 수 있을 만큼의 중요한 진술을 처음으로 제공하였을 경우, 과징금 전액의 면제가 가능

36) 송영철, 「인도 외국인직접투자의 구조적 변화와 시사점: M&A를 중심으로」, 2017, 55면.
37) 송영철, 위의 책, 57면.
38) 송영철, 위의 책, 60면.

하다. 자진신고자의 신고 전에 당해 담합에 대한 조사가 진행되고 있는 경우라도 위원회나 당국이 담합을 증명할 수 있는 충분한 증거를 가지고 있지 못한 때에는 전액 면제가 가능하다. 첫 번째 이후의 자진신고자가 담합의 존재 증명에 있어서 추가 정보를 제공하여 증거를 확증 가능하도록 조사에 기여할 경우, 개별적으로 일정량의 감경 혜택을 받을 수 있다.

5. 조사 및 법위반에 대한 제재

인도경쟁위원회는 담합 형성을 용이하게 하는 시장집중도, 높은 시장진입장벽, 상품의 동일성, 생산비용, 상품에 대한 소비자의 높은 의존도, 담합의 전례 등을 고려한다. 위원회는 이러한 내용들을 바탕으로 위반 혐의가 있는 사안에 대하여 직권으로 담합 조사를 개시할 수 있다.[39]

위원회는 담합으로 보기에 충분한 사건에 대해 집행총국에 관련 사건의 조사와 보고서 제출을 명령할 수 있다. 위원회는 또한 담합에 대해 조사하고, 심결에 따라 담합 구성원들에게 과징금을 부과할 수 있는 권한이 있으며, 경쟁법 제27조에 근거하여 담합 행위의 중지, 합의의 수정과 같은 시정명령을 내릴 수 있다.

Ⅳ. 시장지배적 지위의 남용 금지

1. 개 요

2017년에 개정된 인도경쟁법은 인도의 경제발전과 동시에 반경쟁적 행위를 금지하고 시장에서의 경쟁을 증진 및 유지하며 소비자의 이익을 보호하는 것과 인도 시장에서 자유로운 거래의 보호를 목적으로 하고 있다고 기술하고 있다.[40] 2002년 개정 당시의 목적에서 알 수 있듯이 경쟁의 과정을 보호하는 것이 현 인도경쟁법의 주요한 목적이라 할 것이다. 이와 같은 경쟁과정의 보호를 위해서 법 제4조는 시장지배적 지위의 사업자를 규제하는 내용을 다루고 있다.

우리나라 공정거래위원회를 포함한 여러 경쟁당국은 경쟁법 규정을 통해 시장지배력의 남용에 관한 규제를 하고 있는데, 인도경쟁당국도 예외는 아니다. 인도

39) 정완, 앞의 논문, 15면.
40) 최요섭·이황, 앞의 논문, 299면.

경쟁법에서 '시장지배력'이란 용어는 사업자가 시장지배적 지위를 가지고 독자적으로 행할 수 있는 능력으로 정의되고 있다. 완전경쟁시장에서 사업자는 상품의 가격결정과 같은 부분에서 시장을 통제할 수 없다. 그러나 인도경쟁당국은 완전경쟁시장은 현실적으로 이루어지기 어렵고 경제적인 이상향과 같은 것으로 인식하고, 여러 가지 요소들을 고려하여 사업자가 시장지배적 지위에 있는지를 판단한다. 인도경쟁법은 시장지배적 지위를 인도에서의 관련시장에서 사업자가 아래와 같은 사항들에 대해 발휘하는 '힘의 지위'라고 정의하고 있다. 이는 관련시장에서 시장지배력을 독자적으로 발휘하거나 사업자가 의도하는 대로 관련시장에서 소비자 또는 경쟁자에게 영향을 미치는 행위가 가능한 경우가 이에 속한다고 할 것이다.[41]

위원회는 관련사업자의 시장지배적 지위를 판단하고 결정할 수 있는 관련 요소들에 대해 심사하고 설명할 수 있는 권한이 있다. 유럽경쟁법과 마찬가지로 시장지배적 지위 그 자체를 규제하는 것이 인도경쟁법의 목적은 아니지만, 그 지위의 남용은 규제하여야 할 대상으로 규정하고 있다. 시장지배적 지위의 남용이란 사업자 또는 사업자단체가 관련시장에서 착취 혹은 배제의 방식으로 시장지배적 지위를 사용하는 것을 의미한다. 따라서 인도경쟁법은 시장지배적 지위의 남용에 해당하는 구체적 행위에 대해서 규정하고 있다.[42]

2. 시장지배적 지위의 요건

인도경쟁법에서 정의하고 있는 시장지배적 지위는 시장에서의 힘 혹은 영향력, 인도에서 상품 및 지역 관련시장에서 해당 지위를 통해 이익을 발생시켰을 때, 그리고 그러한 위치가 독립적으로 영향력을 발휘하여 시장경쟁의 영향을 받지 아니하고 일방적으로 거래조건이나 가격을 부과할 수 있는 경우를 말한다.[43]

다른 경쟁당국과 마찬가지로 인도에서 시장지배적 지위의 추정을 위해서 관련시장획정이 우선적으로 고려되는 주요한 판단요소이다. 인도경쟁당국은 주로 관련 상품시장 및 관련지역시장을 획정하는데, 특히 수요대체에 대한 심사로 시장을 정의한다. 이는 서로 대체가 가능한 가장 작은 단위의 상품 및 용역을 SSNI

41) Aditya Bhattacharjea, Oindrila De, "Anti-cartel enforcement in India", 2017, p. 166.
42) 심영섭, "중국 반독점법 시행의 의의", 2008, 57면.
43) 최요섭 · 이황, 앞의 논문, 300면.

P[44] 테스트를 통해서 획정하는 것이다. 이와 관련된 경쟁법 규정으로는 제2조 (r)항에서 (s)항까지의 조항으로 관련시장 획정심사에 대한 정의를 다루고 있다.[45]

시장획정 이후 인도경쟁위원회는 시장지배적 지위를 결정하는 여러 가지 요소들을 심사하여 관련시장에서의 시장지배적 지위를 판단하게 된다. 인도경쟁당국은 전통적으로 개별사업자나 사업자단체의 시장점유율을 근거로 시장지배적 지위를 판단하여 왔다. 그러나 시장점유율 외에도 시장에서는 수많은 근거가 사업자나 사업자단체의 시장에 대한 영향력을 결정짓는 중요한 요소로 작용하고 있으므로, 인도경쟁위원회는 아래와 같은 다양한 요소들은 심사하여 최종적으로 당해 사업자의 시장지배적 지위를 판단하게 된다.[46]

3. 금지되는 남용행위(법 제4조)

인도경쟁법상 시장지배적 지위의 남용규제에 대한 규정을 살펴보면, 크게 두 개의 규정으로 이루어져있다. 동법 제4조 (1)항은 시장지배적 지위의 남용을 금지하고, 동조 (2)항은 시장지배적 지위남용에 대한 정의를 기술하고 있다. 특히 법 제4조는 불공정한 혹은 차별적 거래조건이나 가격의 설정을 포함하여 부당염매와 상품과 용역의 제한 그리고 상품과 용역과 관련하여 기술적·과학적 발전의 제한 및 시장접근 거절, 마지막으로 계약과 관계없는 의무의 부과와 같은 반경쟁적 행위를 금지하고 있다. 그러나 동조 (2)항에서 기술하고 있는 불공정, 차별적 거래조건 혹은 가격설정과 염매에 대해서 상황에 따라 위 거래행위가 경쟁의 조건에 부합할 경우 합리의 법칙에 의해 판단할 수 있다.

경쟁법 제4조 (2)항은 시장지배적 지위의 사업자나 사업자그룹의 지위남용행위를 규제하고 있다. 착취적·배제적 행위와 관련하여 유럽경쟁법에 명시된 남용과 마찬가지로 크게 두 가지 범주, 즉 착취남용과 배제남용으로 구분될 수 있다. 그 외에 세부적인 반경쟁적 시장지배적지위의 남용에 해당하는 행위는 아래와 같다. 부당염매 혹은 약탈적 가격설정은 정당한 이유 없이 비용 혹은 원가 이하의

44) Small but significant non-transitory increase in price.
45) T. Ramappa, *Competition Law in India*, 2nd edn, Oxford University Press, New Delhi, 2009, pp. 140~141.
46) Bhattacharjea, op. cit., p. 168.

가격으로 상품을 판매하거나 서비스를 제공하는 것으로, 이러한 행위를 통해 관련 상품의 생산과 서비스의 제공의 내용이 결정되며 경쟁사업자를 제거하거나 혹은 시장에서의 경쟁을 감소시키는 결과를 발생시키게 된다(법 제4조 (2)(b)항).

특히, 필수설비 이론 및 원칙(EFD)[47]은 관련시장에서 새로운 사업자의 시장진입장벽을 설정하는 것으로서 공정한 경쟁을 제한하는 주요 요소로 판단되고 있다. 관련시장의 지배적 사업자가 시장 접근에 필요한 설비를 통제하거나, 단기간에 합리적 가격으로 쉬운 재생산이 불가하거나 다른 상품이나 서비스로의 교환이 불가하도록 만들 때, 사업자는 정당한 이유 없이 합리적 가격에서 경쟁 사업자와 관련 필수요소를 공유하는 것을 거절할 수 있는데, 이를 필수설비의 남용이라고 한다.[48] 위와 같은 조건들의 충족과 관련하여, 경쟁위원회는 경쟁법 제4조 (2)항 (c)[49]에 의해 시장지배적 지위의 사업자가 하위시장의 경쟁자와 함께 필수설비를 공유해야 한다는 시정명령을 내릴 수 있다.

지적재산권과 시장지배적 지위의 지위남용과 관련하여 기본적으로 인도경쟁법은 지적재산권의 합리적 사용을 허용하고 있으며 이에 따라 반경쟁적 공동행위규제 조항인 경쟁법 제3조의 적용에 대한 예외를 인정하고 있다. 일반적으로 지적재산권의 설정은 지적재산권자에게 기술개발과 관련하여 기술혁신을 가능케 하는 인센티브를 제공하고자 하므로 지적재산권을 영위할 수 있는 독점적이고 배타적인 권리를 부여한다. 따라서 인도경쟁법에 따르면 이와 같은 지적재산권의 합리적인 사용은 합의와 관련된 제3조의 적용이 면제된다. 그러나 지적재산권 소유자에 의한 시장지배적 지위 남용의 경우에는 이와 같은 예외규정을 따로 두지 않고 있다.

4. 법 위반에 대한 제재

경쟁법 제19조 (4)항은 어떠한 사업자도 시장에서의 지배적 지위를 남용할 수 없다고 명시하고 있다. 시장지배적 지위의 남용은 시장지배적 지위에 있다고 판단되는 사업자가 단독 또는 집단적으로 실시한 구체화된 행위의 종류에 따라 판단될 수 있으며, 이와 같은 행위들은 인도경쟁법에 의해 금지된다.

47) Essential Facilities Doctrine.
48) http://awa2013.concurrences.com/business-articles-awards/article/
49) 지배적 사업자에 의한 관련시장에서의 진입장벽 관련 조항 참조.

위원회는 시장지배적 지위를 판단하기 위하여 다음의 사항들을 고려해야 한다. 즉, 사업자의 시장점유율, 사업자의 규모 및 자원, 경쟁사업자의 규모 및 중요성, 경쟁사업자에 대한 상업적 우위를 포함한 사업자의 경제력, 사업자의 수직결합 또는 판매 내지 서비스망, 사업자에 대한 소비자의 의존도, 법령의 결과 또는 공기업 내지 공적 부문의 사업 기타의 존재로 인한 독점 내지 지배적 지위, 규제로 인한 진입장벽, 재정적 위험부담, 진입에 따르는 높은 비용, 마케팅 상 진입장벽, 기술적 진입장벽, 규모의 경제, 소비자를 위한 대체제의 높은 비용 등을 포함한 진입장벽, 대응하는 수요측면에서의 영향력, 시장 구조 및 규모, 사회적 책임 및 사회적 비용, 경쟁에 부정적인 효과를 갖거나 가질 수 있는 지배적 지위를 향유하는 사업자에 의한 경제발전에의 기여 등의 관련되는 이익, 기타 위원회가 관련되는 것으로 조사의 필요성이 있다고 본 사항 등이 고려요소가 된다.[50]

시장지배적 지위의 남용과 관련하여 특이한 점은 규제조치에서 찾을 수 있다. 위원회는 지배적지위의 남용과 관련하여 조사를 마친 후에 당해 행위의 중단, 과징금의 부과, 지배적지위의 남용으로 인하여 피해를 입은 당사자에 대한 보상 등을 명할 수 있다(제27조 (a)에서 (c)항). 경쟁법은 여기에 머물지 않고 지배적 지위를 향유하고 있는 기업분할명령을 중앙정부에 요청할 수 있는 권한이 있다(동조 (f)항). 이러한 요청에 대하서 중앙정부는 서면에 의한 명령으로 당해 기업이 지배적 지위를 남용하지 않을 것을 보장하기 위해 지배적 지위를 향유하는 기업의 분할명령을 내릴 수 있다(동법 제28조 (1)항).[51]

이 경우에 분할 조치에는 당해 기업에게 일방적인 피해를 주지 않는 범위 내에서 자산, 권리, 책임 등의 이전 또는 양도, 책임 등의 부과를 배제하거나 축소하는 계약의 조정, 지분, 주식 또는 증권의 발행, 할당, 포기 또는 소각, 당해 기업의 지배적 지위로 인하여 손실을 입은 자에 대한 보상의 지불, 기업의 구조조정 또는 기업의 사업을 규율하는 정관 등의 개정 등의 전부 또는 일부를 규정할 수 있고, 가능한 범위 내에서 기업에 영향을 미칠 수 있는 조치의 내용은 당해 기업에 의하여 변경될 수 있으며, 그 밖에 기타 기업의 분산에 필요한 조치를 취할 수 있다.[52]

---

50) Bhattacharjea, op. cit., p.169.
51) Ramappa, op. cit., p.54.
52) 홍명수, 앞의 논문, 193~194면.

인도경쟁법 제19조는 인도경쟁위원회에 경쟁법과 관련된 조사 및 심의를 할 수 있는 권한을 부여하고 있으며, 위 규정에 의거한 집행을 통해 위원회는 사업자의 시장지배적 지위남용의 위반 혐의에 대해서 조사할 수 있다. 특히 법 제19조 (4)항은 시장지배적 지위의 남용 혐의가 있는 행위들을 조사할 때 위원회가 고려해야 할 사항들에 대한 구체적인 내용을 기술하고 있다. 이러한 사항들로서는 앞에서 기술한 바와 같이 사업자의 시장점유율을 포함하여 시장의 규모와 자기자본 및 당해 시장에서의 경쟁 사업자의 규모가 있다. 이와 더불어 소비자의 상품 의존도, 시장진입장벽과 기타 관련 지역시장과 상품시장에서의 비용 등에 대한 것을 고려하여 판단한다.[53]

반경쟁적 공동행위의 제재와 집행에 관련한 법 제19조의 근거와 같이 시장지배적 지위규제는 같은 방법으로 집행될 수 있다.[54] 따라서 위원회는 시장지배적 지위의 남용으로 보기에 충분한 개별 사례에 대해 집행총국의 국장에게 관련조사의 실시와 보고서 제출을 명령할 수 있으며, 증인 출석 및 소환, 진술조사, 자료의 강제 발표 등을 요구할 수 있고 선서진술을 명할 수 있다.[55]

V. 기업결합 규제

경쟁법 제6조에 따라 관련 시장에서의 경쟁에 상당한 악영향을 미치거나 미칠 우려가 있는 기업결합(combination)을 규제한다.[56]

1. 지배(control)의 의미

① 특정한 당사자가 다른 기업의 지배권, 주식, 의결권 또는 자산을 취득하는 경우로, 취득기업과 피취득기업의 자산 또는 매출이 일정 기준을 충족하는 경우,

② 특정인(A)이 그 기업(C)과 경쟁 관계에 있는 기업(B)에 대한 지배권을 획득하고 있는 경우로서, 이미 취득한 기업(B)과 피취득기업(C)의 자산 또는 매출이 일정 기준을 충족하는 경우,

53) Bhattacharjea, op. cit., p.191.
54) 최요섭 · 이황, 앞의 논문, 302~303면.
55) Regulation No.2 of 2009 dated May 21, 2009.
56) "Section 6(a) of Competition Act 2002", Indian Kanoon.
https://www.cci.gov.in/sites/default/files/cci_pdf/competitionact2012.pdf

③ 흡수합병/신설합병의 경우

일방 사업자(또는 기업집단)가 공동 또는 단독으로 상대방 사업자(또는 기업집단)의 경영을 지배하는 것을 의미한다.[57] 과거 경쟁위원회는 '지배관계의 형성' 여부를 경영 전반 및 전략적 결정에서의 '결정적인 영향력(decisive influence)'을 보유하고 있는지 여부를 기준으로 판단하였으나, 최근 심결례[58]에서는 '지배관계의 형성' 정도를 3단계[중요한 영향력(material influence), 사실상의 지배(de facto control), 법률상의 지배(controlling interest, de jure control)]로 나누고 '중요한 영향력'을 미치는 경우에도 지배관계를 형성하는 것으로 인정된다.

2. 기업결합의 신고

(1) 신고 대상

기업결합이 아래의 신고기준 중 하나를 충족하는 경우, 해당 기업결합의 당사회사는 기업결합을 완료하기 전에 의무적으로 경쟁위원회에 기업결합 사실을 신고하여야 한다.

1) 개별기업의 신고 대상 기준

결합 후 회사의 인도 내 자산총액(제안된 합병일이 속하는 회계연도의 직전 회계연도의 장부가액으로 결정하고, 자산가치에는 브랜드 가치, 영업권, 저작권, 특허권 등을 모두 포함)이 200억 루피를 초과하거나 인도 내 합산 매출액이 600억 루피를 초과하는 경우

결합 후 회사가 (i) 인도 내에서 보유하고 있는 자산의 총액이 100억 루피 이상이고, 전 세계 자산의 합이 10억 달러를 초과하거나 (ii) 인도 내 매출액이 300억 루피 이상이면서 전 세계 합산 매출액이 30억 달러를 초과하는 경우

2) 기업집단의 신고 대상 기준

결합 후 취득기업이 속할 기업집단의 인도 내 자산총액이 800억 루피를 초과

---

57) Explanation(a) of "Section 5(a) of Competition Act 2002". Indian Kanoon.
(a) "control" includes controlling the affairs or management by−
(i) one or more enterprises, either jointly or singly, over another enterprise or group;
(ii) one or more groups, either jointly or singly, over another group or enterprise;

58) Telenor(C−2012/10/87), Ultra Tech Cement(C−2015/02/246).

하거나 합산 매출액이 2,400억 루피를 초과하는 경우

결합 후 (i) 취득기업이 속한 기업집단의 인도 내 보유자산 총액이 100억 루피 이상이고, 전 세계 자산총액이 40억 달러를 초과하거나, (ii) 취득기업이 속한 기업집단의 인도 내 합산 매출액이 300억 루피 이상이면서 전 세계 합산 매출액이 120억 달러 초과인 경우

(2) 신고 의무자

인수의 경우 취득기업이, 합병의 경우 개별 결합당사회사가 공동으로 신고의무를 부담한다.

기업결합 규칙 부칙(Schedule) 2에 규정된 Form Ⅰ(일반적인 경우) 또는 Form Ⅱ(결합당사회사가 경쟁 관계로 총 15% 이상의 시장점유율 보유 시 또는 수직적 거래관계로 총 25% 이상의 시장점유율을 보유하는 경우 권장) 서식을 제출하고, 수수료를 (Form Ⅰ: 200만 루피, Form Ⅱ: 650만 루피) 납부한다.

(3) 신고 시기

1) 인수의 경우

구속력 있는 거래 문서 또는 지배권·주식·의결권·자산의 취득에 관한 합의 문서가 효력을 발생한 때부터 기업결합 신고가 가능하다.

2) 합병의 경우

결합 당사회사의 이사회 승인이 있었던 때부터 기업결합 신고가 가능하다.

3) 경쟁위원회의 승인

결합 당사회사는 경쟁위원회의 승인 전까지 기업결합을 완료하여서는 안 된다. 경쟁위원회는 Ethihad Airways / Jet Airways 사건[59] 등에서 경쟁위원회의 승인을 얻기 전에 기업결합 거래의 일부분을 완료한 것에 대하여 1,000만 루피의 과징금을 부과하였다.

59) Ethihad Airways / Jet Airways (C-2013/05/122).

(4) 신고의무 위반 제재

신고대상 기업결합을 신고하지 않은 경우, 경쟁위원회는 기업결합 후 자산 또는 매출액의 1% 중 큰 금액을 초과하지 않는 범위에서 과징금을 부과할 수 있다.[60] 신고 시 허위 정보를 기재하거나 특정 내용을 누락하여 제출한 경우, 50만 루피 초과, 1,000만 루피 이하의 과징금이 부과된다.

(5) 사전협의제도(pre-filing consultation)

결합당사회사는 경쟁당국에 기업결합 신고서를 제출하기 전, 향후 기업결합 심사 과정에서 추가적인 요청이 예상되는 정보 등을 확인하기 위하여 경쟁위원회 직원과 협의할 수 있다. 사전협의는 신고서 제출 예정일로부터 10일 전까지 관련 서류(신고서 초안, 기업결합 세부사항, 관련시장 정보 및 기타 세부사항)를 첨부하여 신청하여야 한다. 그리고 사전협의는 비공식적이고, 협의 결과는 경쟁위원회를 구속하지 않으며, 엄격하게 비밀이 보호된다.

(6) 신고의무 면제

기업결합 규칙의 부칙 1에 규정된 기업결합에 해당하는 경우에는 관련 시장에서의 경쟁에 상당한 악영향을 미치거나 미칠 우려가 있다고 보이지 않으므로 신고의무를 면제한다. 만일 대부계약이나 투자계약에 의하여 공적 금융기관·외국기관투자자·은행·벤처 캐피탈 펀드가 행한 주식 인수, 융자 또는 기타 인수는 신고의무를 면제한다. 다만, 당해 인수 등으로부터 7일 이내에 거래행위의 구체적인 내용을 기업결합 규칙 부칙 2에 규정된 Form Ⅲ에 작성하여 증빙자료와 함께 경쟁위원회에 제출하여야 한다.[61]

---

60) "Section 43A of Competition Act 2002". Indian Kanoon.
[43A. If any person or enterprise who fails to give notice to the Commission under sub-section(2) of section 6, the Commission shall impose on such person or enterprise a penalty which may extend to one percent, of the total turnover or the assets, whichever is higher, of such a combination.]

61) "Section 6 (4),(5) of Competition Act 2002". Indian Kanoon.
(4) The provisions of this section shall not apply to share subscription or financing facility or any acquisition, by a public financial institution, foreign institutional investor, bank or venture capital fund, pursuant to any covenant of a loan agreement or investment agreement.
(5) The public financial institution, foreign institutional investor, bank or venture capital fund, referred to in sub-section (4), shall, within seven days from the date of the

기업부(MCA) 고시('17.3.29.)에 따라 인도 내 기업결합 대상기업의 자산가치가 35억 루피를 초과하지 않거나, 피취득기업의 연간 매출액이 100억 루피를 초과하지 않는 경우 기업결합 신고의무를 면제(적용기한: '22.3.27.까지)한다.

이 외에 경쟁법 제54조에 따라 중앙정부는 고시를 통해 특정 기업에 대한 기업결합 신고 의무 면제를 별도로 규정할 수 있다.[62)]

(7) 간이심사(Green Channel) 제도[63)]

단순 투자 목적 혹은 인수자의 일반적인 비즈니스 과정에서 이루어지는 것으로 지배권 획득이나 기타 특별주주권이 부여되지 않는 경우 지분이 25% 미만인 소액 인수 / 당해 거래로 취득기업(또는 집단)이 피취득기업의 지배권을 획득하지 않아야 한다는 조건 하에, 이미 25% 이상의 피취득기업 지분을 보유한 취득기업(또는 집단)이 추가적으로 피취득기업 지분을 50% 이내로 취득하는 경우 / 동일한 기업집단 내 기업 간 인수·합병 등의 경우 간이심사를 거친다.

인도 내 사업 편의성 개선을 위해 결합당사회사가 제공하는 상품 또는 용역 간에 수평적 / 수직적 / 보완적 관계가 없는 경우 결합당사회사가 간이 양식인 <Form Ⅰ>을 경쟁위원회에 제출하는 것으로 당해 기업결합에 대한 승인이 간주된다('19.8월 도입, 기업결합 규칙<Schedule Ⅲ>).

단, 그러한 경우라도 경쟁위원회가 사후에 당해 기업결합이 부칙 Ⅲ의 범위에 포함되지 않는다고 판단하는 경우, 결합당사회사의 의견을 청취한 후 기업결합 승인을 무효화할 수 있다.

3. 기업결합 심사

(1) 심사절차 및 기간[64)]

안건 심사의 경우, 경쟁위원회가 기업결합 신고서 수령 후, 원칙적으로는 근무

---

acquisition, file, in the form as may be specified by regulations, with the Commission the details of the acquisition including the details of control, the circumstances for exercise of such control and the consequences of default arising out of such loan agreement or investment agreement, as the case may be.

62) "Section 54 of Competition Act 2002". Indian Kanoon.

63) https://www.mondaq.com/india/antitrust-eu-competition-/866490/a-look-at-the-cci-green-channel39route

64) "Section 29 of Competition Act 2002". Indian Kanoon.

일 기준 30일 이내(단, 제3자 의견 청취가 필요하며 기업의 수정안 제출 등의 사유로 심사기간 15일(근무일 기준) 추가 연장 가능)에 경쟁에 상당한 악영향을 미치거나 미칠 우려가 있는지를 심사한다. 이 때 경쟁위원회가 기업에 자료제출 등을 요구하는 경우, 자료제출에 소요되는 기간 동안은 심사기간 산입에서 제외한다.

당해 기업결합이 관련 시장에서 경쟁을 제한할 우려가 있다고 판단되는 경우 기업에 소명통지서[65](SCN)를 발부하고, 기업은 30일 이내에 경쟁위원회의 경쟁제한 우려에 대하여 소명하거나 이를 자발적으로 해소하기 위한 행태적·구조적 조치 등을 제시한다.

심사 후 경쟁제한의 우려가 없다고 판단하는 경우 기업결합을 승인하고, (SCN에 대한 기업의 답변에도 불구하고) 경쟁제한의 우려가 있다고 판단하면 심층심사를 시작한다.

(2) 조건부 승인

심층심사가 시작되면 결합당사회사는 주요 일간지, 결합당사회사 홈페이지, 경쟁위원회 홈페이지에 기업결합의 상세내용을 공표하여야 하고, 경쟁위원회는 이를 통해 해당 기업결합으로 영향을 받을 가능성이 있는 기관·개인의 의견을 취합해야 한다.

경쟁위원회는 결합당사회사 및 관련 당사자들로부터의 의견 및 정보를 취합하여 기업결합 신고일로부터 최대 210일(근무일 기준) 이내에 경쟁에 상당한 악영향을 미치거나 미칠 우려가 있는지 여부를 판단·결정하고, 그 결과를 통지하여야 한다.[66]

(3) 심사결과의 처리[67]

경쟁위원회는 심사결과 당해 기업결합이 경쟁에 상당한 악영향을 미치지 않거나 미칠 우려가 없다고 판단하는 경우 이를 승인한다. 만일 기업결합이 경쟁에

---

65) Show Cause Notice.

66) "Section 31-11 of Competition Act 2002". Indian Kanoon.
If the Commission does not, on the expiry of a period of 54[two hundred and ten days from the date of notice given to the Commission under sub-section (2) of section 6], pass an order or issue direction in accordance with the provisions of sub-section (1) or sub-section (2) or subsection (7), the combination shall be deemed to have been approved by the Commission.

67) "Section 31 of Competition Act 2002". Indian Kanoon.

상당한 악영향을 미치거나 미칠 우려가 있다고 판단되나 적절한 조치로 부정적인 영향을 배제할 수 있는 경우, 경쟁위원회는 기업결합 당사회사에 구조적·행태적 시정방안을 포함한 수정안을 제안할 수 있다.

기업결합 당사회사는 위원회가 지정한 기간 내에 이러한 시정방안을 수행하거나 30일 이내에 경쟁위원회에 수정안을 제출할 수 있고 경쟁위원회는 심사결과 당해 기업결합이 경쟁에 상당한 악영향을 미치거나 미칠 우려가 있고, 이를 구조적·행태적 조치에 의하여 제거할 수 없는 경우, 해당 기업결합을 금지할 수 있다.

한편, 경쟁위원회가 내린 결정에 대하여 불복하고자 하는 자는 결정 사본을 수령한 날로부터 60일 이내에 항소법원(National Company Law Appellate Tribunal)에 제소할 수 있고, 항소법원의 결정에 대하여는 대법원에 상고할 수 있다.[68)]

---

68) "Section 53A, 53B, 53T of Competition Act 2002". Indian Kanoon.
53A. (1) The National Company Law Appellate Tribunal constituted under section 410 of the companies Act, 2013 shall, on and from the commencement of Part XIV of Chapter VI of the Finance Act, 2017, be the Appellate Tribunal for the purpose of this Act and the said appellate Tribunal shall - (a) to hear and dispose of appeals against any direction issued or decision made or order passed by the Commission under sub-sections (2) and (6) of section 26, section 27, section 28, section 31, section 32, section 33, section 38, section 39, section 43, section 43A, section 44, section 45 or section 46 of the Act;
(b) to adjudicate on claim for compensation that may arise from the findings of the Commission or the orders of the Appellate Tribunal in an appeal against any finding of the Commission or under section 42A or under sub- section(2) of section 53Q of this Act, and pass orders for the recovery of compensation under section 53N of this Act.
53B. (1) The Central Government or the State Government or a local authority or enterprise or any person, aggrieved by any direction, decision or order referred to in clause (a) of section 53A may prefer an appeal to the Appellate Tribunal (2) Every appeal under sub-section (1) shall be filed within a period of sixty days from the date on which a copy of the direction or decision or order made by the Commission is received by the Central Government or the State Government or a local authority or enterprise or any person referred to in that sub-section and it shall be in such form and be accompanied by such fee as may be prescribed: Provided that the Appellate Tribunal may entertain an appeal after the expiry of the said period of sixty days if it is satisfied that there was sufficient cause for not filing it within that period. (3) On receipt of an appeal under sub-section (1), the Appellate Tribunal may, after giving the parties to the appeal, an opportunity of being heard, pass such orders thereon as it thinks fit, confirming, modifying or setting aside the direction, decision or order appealed against. (4) The Appellate Tribunal shall send a copy of every order made by it to the Commission and the parties to the appeal. (5) The appeal filed before the Appellate Tribunal under sub-section (1) shall be dealt with by it as expeditiously as possible and endeavour shall be made by it to dispose of the appeal within six months from the date of receipt of the appeal.

Ⅵ. 인도경쟁위원회의 최근 동향과 판례

1. 인도 내 합리의 법칙과 당연위법의 논의

경쟁법 사건의 판단 방법으로는 합리의 법칙(Rule of Reason)과 당연위법(Per Se Illegal)이 존재한다. 이는 미국 경쟁법에서 유래한 것으로, 유럽 경쟁법에서는 이를 인정하지 않는다. 이와 관련하여 인도 경쟁법은 어떠한 방법을 택하는지가 문제가 된다.

(1) 미국 내 논의

미국 내 반경쟁 행위는 셔먼법(Sherman Act)에 의해 규율된다. 합리의 법칙(Rule of Reason)은 행위가 셔먼법 위반에 해당하는지 여부를 결정하는 기준으로, 1911년 *Standard Oil Co. v. United States*[69] 판결에서 처음 제시되었다. 대법원의 에드워드 화이트(Edward White) 판사는 셔먼법 사건은 합리에 의해서만 결정될 수 있다고 하며 합리의 법칙의 개념을 제안하였다. *United States v. Trans-Missouri Freight Association*[70] 판결에서 화이트 판사는 다시 한 번 합리의 법칙을 주장하며 그 이유로 법률에서 규정하는 "'거래의 제한'은 불합리하게 거래를 제한하는 계약들만을 포함하며, 따라서 합리적인 계약에 대해서는 어느 정도 거래를 제한하더라도 법률에서의 거래의 제한에 해당하지 않는다"[71]는 점을 들었다. 미국 대법원은 나아가 *United States v. Trenton Potteries, Co.*[72]에서 거래를 제한하는 행위는 일반적으로 합리의 원칙을 적용하여 판단하지만, 가격 담합과 같은 특정 종류의 행위는 자동적으로 불합리한 것으로 추정된다고 판시하였

Appeal to Supreme Court.

53T. The Central Government or any State Government or the Commission or any statutory authority or any local authority or any enterprise or any person aggrieved by any decision or order of the Appellate Tribunal may file an appeal to the Supreme Court within sixty days from the date of communication of the decision or order of the Appellate Tribunal to them; Provided that the Supreme court may, if it is satisfied that the applicant was prevented by sufficient cause from filing the appeal within the said period, allow it to be filed after the expiry of the said period of sixty days.

69) 221 U.S. 502 (1911).
70) 166 U.S. 290 (1897).
71) *Id.* at 346.
72) 273 U.S. 392 (1927).

다.[73)]

합리의 원칙은 개별 사건에 대하여 문제가 되는 행위를 종합적으로 검토하여 셔먼법에서 규율하는 불합리한 거래의 제한 행위에 해당하는지 판단한다. 이 때, 제한 행위가 불합리한지 여부를 판단하는 기준은 사건의 상황과 적용 법에 따라 달라지며, 판례의 발전에 따라서도 변화해왔다. 현재에 이르러서 일반적으로 적용되는 합리의 원칙은 거래제한 행위가 상당한 경쟁제한적 효과를 가져오거나, 경쟁제한적 효과를 발생시킬 의도였을 경우 불합리한 거래제한 행위로 판단한다. 그러나 기술 혁신을 촉진하거나 촉진할 의도였다면 합리적이라고 판단될 가능성이 존재한다.[74)] 합리의 원칙은 입증 책임에 관한 방법론이기도 하다. 합리의 원칙에 따른 분석을 실행할 경우, 가장 먼저 불합리한 거래제한 행위를 주장하는 측(주로 연방거래위원회(FTC)가 된다)이 행위의 경쟁제한적 효과를 입증해야 한다. 이후 고발당한 측은 해당 행위의 경쟁촉진적 효과를 입증해야 한다. 피고가 입증에 성공한다면, 입증 책임은 다시 원고 측으로 돌아간다. 원고는 해당 행위가 피고가 주장하는 경쟁촉진적 효과의 달성을 위해 필수적이지 않았다는 것을 입증해야 한다. 마지막 단계에서는 법원이 행위의 경쟁촉진적 효과와 경쟁제한적 효과를 비교하여 결정을 내린다. 만약 중간 단계에서 원고 혹은 피고가 입증에 실패한다면, 분석은 다음 단계로 나아가지 않고 사건은 종결된다.[75)]

당연위법의 원칙(Per se Rules)은 합리의 원칙과 달리 각각의 행위에 대한 개별적인 분석을 실시하지 않고, 그 행위가 특정 거래제한 행위의 종류에 해당된다는 사실 자체만으로 위법으로 판단한다. 이는 특정 거래제한 행위는 항상 불합리한 거래제한 행위에 해당하기 때문에 분석과정을 거치지 않는 것이 더 효율적이라는 점에서 착안한 방법이다. 이러한 원칙은 특정 행위의 금지에 대하여 강력한 메시지를 전달하고, 법 집행에 확실성과 예측가능성을 부여한다. 당연위법의 원칙은 하나의 일반적인 특성으로 정리될 수 없고, 개별 행위들에 대하여 정의될 수 밖에 없다. 가장 대표적으로 당연위법에 해당하는 거래제한 행위로는 가격 담

---

73) *Id.* at 396.

74) See, State Oil Co. v. Khan, 522 U.S. 3, 10 (1997). see also, Christopher S. Kelly, Leegin Creative Leather Products, Inc. v. Psks, Inc.: The Final Blow to the Use of Per Se Rules in Judging Vertical Restraints – Why the Court Got It Wrong, 28 N. Ill. U. L. Rev. 593, 647 (2008).

75) Michael A. Carrier, "The Four-Step Rule of Reason", Antitrust, American Bar Association, Vol. 33. No. 2, Spring 2019.

합이 있다. 미국 법원은 점차 당연위법의 원칙의 적용을 줄이고, 합리의 원칙을 더 광범위하게 적용하고 있다.[76]

(2) 인도에서의 논의

인도 경쟁법은 거래제한 행위의 불합리성 판단에 대한 기준을 명시하지 않고 있다. 이로 인해 경쟁법을 집행하는 과정에서 합리성의 원칙과 당연위법의 원칙 중 무엇을 적용해야 하는지에 대한 논의가 있다.

인도 경쟁법 제3조 제1항은 조항에서 금지하는 경쟁제한적 합의에 대하여 "인도 내 경쟁에 대한 상당한 부정적 효과를 일으키거나 일으킬 가능성이 높은"[77] 행위로 표현하여 합의를 평가할 때 합리의 원칙을 적용함이 분명해 보인다. 그러나 동 조항 제3항의 경우 수평적 합의를 금지하며 이에 대해 "경쟁에 대한 상당한 부정적 효과를 일으키는 것으로 추정된다"[78]라고 표현하고 있다. 이에 대하여 추정(presume)한다는 표현이 당연위법의 원칙을 의미하는 것이라는 주장이 제기된다. 그러나 이와 관련하여 인도 법원은 2011년 제3조 제3항이 당연위법의 원칙을 포함하고 있는 것은 맞지만, 이는 동법 제19조 제3항에 의하여 의미를 잃는다고 판시하였다.[79] 제19조 제3항에서는 위원회가 제3조에 따라 특정 합의가 경쟁제한적 효과를 가지는지를 판단할 때에는 그 행위가 시장 진입장벽을 만드는지, 경쟁자들을 시장에서 배제하는지, 시장진입을 방해해 경쟁을 저해하는지, 소비자의 이익을 침해하는지 등을 고려해야 한다고 규정하고 있다. 도이치방크 사건에서 재판부는 나아가 법률 제3조 제3항에 따라 경쟁제한적 행위가 추정될 수는 있지만, 이 추정은 이후 번복될 수 있다고 하였다. 이러한 가능성은 인도 법원의 입장을 대상자가 행위의 경쟁촉진적 효과를 주장할 기회도 주지 않는 당연위법의 원칙과 구별한다.

경쟁법 제4조에서 규율하는 시장지배적 지위 남용행위의 경우, 합리의 원칙과 당연위법의 원칙이 혼재되어 적용되고 있다. 전통적으로 시장지배적 지위 남용의 경우 법률이 당연위법의 원칙으로 판단하도록 규정하는 것으로 해석되었다.[80] 그

76) 기존 당연위법의 원칙 적용을 배제하고 합리의 원칙을 광범위하게 적용하는 경향을 잘 보여주는 판례로는 다음이 있다. United States v. Microsoft Corp., 253 F.3d 34 (D.C. Cir. 2001).

77) "causes or is likely to cause an appreciable adverse effect on competition within india."

78) "shall be presumed to have an appreciable adverse effect on competition."

79) *Neeraj Malhotra v Deustche Post Bank Home Fund Limited (Deustche Bank) and others*, (2011) 106 SCL 62 (CCI)

러나 최근 경쟁위원회는 시장지배적 지위 남용행위에 대하여 행위의 영향에 집중하는 접근방식을 적용하였다. 즉, 남용 행위가 시장에 경쟁제한적 효과를 불러일으키거나, 소비자들에게 피해를 주었을 경우에 불합리한 거래제한 행위에 해당한다고 판단하는 것이다. 특히 경쟁위원회는 배제남용 행위(exclusionary abuse)에 대해서 합리의 원칙을 적용해왔다. 경쟁위원회는 천연가스를 가공 및 유통하는 인도 국영회사인 GAIL의 시장지배적 지위 남용행위에 대하여 제기된 소에서 산업과 제품의 특성을 고려하면 GAIL의 행위에 대한 '충분한 정당화'가 존재한다고 결정하였다.[81] 또한, 이 사건에서 인수 또는 지불 계약(Take or Pay liability)과 관련한 지위 남용 의혹에 대하여 경쟁위원회는 해당 행위의 효과에 기반한 증거가 검증되어야 한다고 판시하였다. 이러한 경쟁위원회의 경향은 새로운 형태의 시장과 거래행위에서 남용을 규제하기 위한 의지의 발현으로도 보인다.[82][83]

결론적으로, 인도 경쟁법 체제에서 경쟁제한적 합의와 관련하여 특정 행위가 추정되는 경우, 이는 당연위법의 원칙이 적용되는 것이 아니라 단지 입증 책임이 피고에게 넘어갈 뿐이다. 경쟁위원회는 당연위법의 원칙을 가격담합과 같은 극히 제한적인 경우에만 적용하고 있다. 또한, 시장지배적 지위의 남용과 관련하여, 과거 경쟁위원회는 당연위법의 원칙을 적용해왔으나, 최근 합리의 원칙을 적극적으로 채택하고 있다. 전반적으로 인도 경쟁위원회는 미국과 마찬가지로 당연위법의 원칙을 배제하고, 합리의 원칙을 폭넓게 적용하는 방향으로 나아가고 있다.

2. 자진 신고자 감면 제도

자진 신고자 감면 제도(Leniency, 이하 '리니언시')는 경쟁제한적 담합행위를 한 기업들에게 자진신고를 유도하기 위해 도입된 제도다. 담합행위를 먼저 자진신고한 1순위 기업에 과징금 등의 제재를 면제 또는 대폭 감면해 줌으로써 증거 확

80) Competition Commission of India, In Re: Surinder Singh Barmi And The Board of Control for Cricket in India, Case No. 61 of 2010.

81) Competition Commission of India, Case Nos. 16–20 & 45 of 2016, 02, 59, 62 & 63 of 2017.

82) Cyril Shroff, Avaantika Kakkar, Cyril Amarchand Mangaldas, India: Abuse of Dominance, Global Competition Review, The Asia–Pacific Antitrust Review 2019, 2019. 3. 19.

83) 그러나 경쟁위원회는 착취남용 행위(Exploitative Abuse)에 대해서는 여전히 당연위법의 법칙을 채택하고 있는 듯하다. 경쟁위원회는 착취남용 행위가 소비자에게 가해진 사건을 다룰 때에는 '그러한 행위의 존재 자체'만으로도 경쟁법의 시장지배적 지위 남용에 해당할 수 있다고 판시한 바 있다. *Indian National Shipowners' Association v Oil and Natural Gas Corporation Ltd*, case No 1 of 2018.

보가 어려운 담합조사의 효율성을 높이기 위해 도입되었다. 미국에서 1978년 처음 시행한 기업면제제도(corporate leniency policy)는 유럽연합(1996년), 일본(2006년) 등 2012년 현재 세계 40여 개국에서 시행하고 있다. 우리나라의 경우 1997년 리니언시를 처음 도입하였다.

인도경쟁법에서 또한 리니언시를 도입하고 있고[84][85] 2009년 규칙 개정으로 인도 경쟁위원회에 권한이 생김에 따라 리니언시가 본격적으로 활용되어 최근 관련 판례들이 나오기 시작하였다.

(1) 법적 근거 및 요건

1) 법적 근거

인도의 리니언시 제도는 경쟁법 제46조와 리니언시 규정(Competition Commission of India Regulations 2009)에 근거한다.

2) 감면 요건

카르텔에 참가한 기업 혹은 개인이 다음 모든 요건을 충족하는 경우, 과징금을 감면할 수 있다.

① 카르텔에 참가한 기업 혹은 개인이 카르텔 참여를 중단하였을 것(CCI가 별도로 지시한 경우는 제외)

② CCI에 카르텔과 관련된 주요 사실[86]을 알리고, 관련된 모든 정보, 서류 및 증거를 제출할 것

③ 모든 조사와 절차가 완료될 때까지 CCI에게 지속적으로 성실, 신속하게 충분히 협조할 것

---

84) 인도경쟁법 §46.
경쟁위원회는 제3조에 위반하여 카르텔에 속한 생산자, 판매자, 유통업자, 무역업자 혹은 서비스 제공자가 해당 법률 위반과 관련한 완전하고 진실한 자료제공을 하였고, 그 자료가 핵심적인 경우, 정보제공자에게 이 법률 혹은 규칙에 의해 부과되는 처벌보다 합당하다고 판단되는 정도로 감경된 처벌을 부과할 수 있다.

85) 인도 경쟁위원회 (감경 처벌) 규칙, 2009, §5(1). (감경 처벌 인용을 위한 절차)
감경 처벌의 신청자나 그 대리인은 감경 처벌의 인용을 위해서 스케쥴에 명시된 모든 정보를 포함하는 신청을 하거나, 카르텔의 존재와 관련된 정보와 증거의 제공을 담당하는 당국에게 구두, 전자메일이나 팩스를 통해 연락해야 한다. 담당 당국은 그 후(근무일 기준 5일 내로) 위원회에 안건을 상정해야 한다.

86) CCI가 카르텔의 개략적인 내용을 알 수 있기에 충분한 정도의 내용 혹은 법 위반 사실을 밝히는데 도움을 주는 내용이면 족하다.

④ 카르텔의 관련 증거를 은폐, 파기, 조작 또는 제거하지 않을 것
⑤ CCI에 의해 부과된 다른 제한이나 조건을 준수할 것, 이 다섯 가지의 요건을 모두 충족하는 경우, 과징금을 감면할 수 있다.

3) 감면 비율

과징금 감면 비율은 다음과 같다.
① 1순위 신청자에 대하여는 과징금의 100% 이하 감경
② 2순위 신청자에 대하여는 과징금의 50% 이하 감경
③ 순위 이하 신청자에 대해서는 과징금의 30% 이하 감경

4) 기타 고려사항

과징금 감면 비율은 다음을 고려하여 판단한다.[87)]
① CCI가 리니언시 신청자가 신청서를 제출한 단계(조사 개시 전 또는 후 등)
② CCI가 이미 보유하고 있는 증거인지 여부
③ 제출된 증거의 가치
④ 위반행위의 사실과 정황 등을 고려하여 판단한다.

(2) 배터리 시장에서의 담합 사건[88)]

1) 개 요

2018년 4월 19일 인도 경쟁위원회가 탄소－아연 건전지 시장에서의 카르텔 형성 행위를 적발하고 과징금을 부과하는 명령을 내렸다. 이 사건은 인도 경쟁위원회의 리니언시 도입 후 성공적 선례가 되었다는 점에서 의미가 있다.

2) 배 경

2016년 9월 7일과 9월 22일, 일본의 파나소닉 주식회사(Panasonic Corporation, Japan, 이하 '파나소닉')와 파나소닉 에너지 인디아 주식회사(Panasonic Energy India Co. Limited)와 같은 그 자회사들, 그리고 임직원들은 인도 경쟁법 제46조[89)]

87) 공정거래위원회, 「인도의 경쟁법 제도 및 사건처리절차」, 2020, 7면.
88) Competition Commission of India, In Re: Anti－competitive conduct in the Dry－Cell Batteries Market in India, Suo Motu Case No. 03 of 2017.
89) 각주 확인 필요. 각주 54 및 55를 참고한 경우, 관련 문헌을 직접 작성해야 함.

에 따라 리니언시를 신청하였다. 신청과 함께 제출한 자료들은 인도 탄소-아연 건전지 시장의 지분 대부분을 차지하는 에버레디 사업(Eveready Industries India Ltd, 이하 '에버레디')과 인도 내셔널(Indo National Limited, 이하 '니포(Nippo)'), 그리고 신고자인 파나소닉[90]이 경쟁법 제3조 1항과 3항을 위반하며 카르텔을 형성하여 건전지 가격을 통제하였음을 보여주었다. 카르텔은 2013년에 건전지의 가격을 올려 이익을 증가시키기 위해 형성되었다. 기업들의 운영진들은 정기적으로 만나 가격 인상에 대해 합의하였으며, 가격 전쟁을 피하기 위해 공격적으로 자사 유통 협력업체들을 통해 판매를 독려하지 않기로 합의하였다. 파나소닉의 제보를 받은 경쟁위원회는 2016년 6월 22일 사무총장에게 수사를 지시하였다.

3) 조사 결과

사무총장은 2016년 8월 23일 기업들에 대한 기습적인 압수수색을 벌였다. 그 후 에버레디와 니포는 각각 2016년 8월 26일과 10월 13일 감경처벌을 신청하였다. 경쟁위원회의 수사 결과, 기업들의 경영진들은 정기적으로 사적 모임이나, 인도 건전지 제조업자 연합(AIDCM)의 이름으로 열린 모임에서 언제 가격을 조정할지 합의했음이 드러났다. 기업들은 에버레디가 선제적으로 가격인상을 발표하고, 니포와 파나소닉이 이에 따른 가격인상을 발표하여 외부적으로는 시장 선두주자의 가격을 따라가는 모습을 보였다. 일례로, 2013년에는 고위 경영진들이 4월 10일 만나 '에코노미' 분류의 건전지의 최대소매가격[91]을 인상하기로 결정하였다. 4월 12일 에버레디는 최대소매가격 인상을 발표하였으며, 니포와 파나소닉은 5월 이후 동시에 최대소매가격을 인상하였다. 경쟁위원회는 2013년 9월 20일과 2014년 2월 25일에도 유사한 방식으로 가격을 인상하였음을 확인하였다.

기업들은 또한 전 유통과정에서 가격경쟁을 피하기 위하여 가격 관찰과 통제를 모두 배제하기로 합의하였다. 유통과정에서의 경쟁은 제조업자들 간의 가격 조정 합의를 무효하게 만들 수 있기 때문이었다. 이에 더하여 제조업자들은 시장에서 가격 인상에 어려움을 겪으면, 여러 수단을 통하여 장해를 제거하였다. 그

90) 이 3개 회사는 인도 전체 건전지 시장의 약 97%를 차지하고 있었다.

91) 인도의 최대소매가격(Maximum Retail Price, MRP)은 한국의 소비자권장가격과 유사하지만, 판매자들이 그 가격 이상의 가격을 소비자들에게 부과할 수 없도록 법률이 의무적으로 규정하고 있다는 점에서 다르다. 최대소매가격은 법정계량규칙(Legal Metrology Rules - Pre Packed Commodities, 2011)에서 규율되고 있다. 또한 2006 소비자재법(Consumer Good Act, 2006)은 명확하게 소비자에게 '제품의 포장지에 명시된 최대소매가격' 이상의 가격을 부과하는 것을 금지하고 있다.

들은 마진율, 도매가격 등의 정보들을 공유하였으며, 공급을 조절하여 건전지의 가격을 높였다. 기업들은 지리적 위치와 건전지의 종류에 따라 시장을 서로에게 할당하기까지 하였다.

4) 명령 결과

세 건전지 제조업자 모두 리니언시를 신청 하였으므로, 카르텔 형성 여부는 문제가 되지 않았다. 핵심 안건은 각 기업의 제보가 사건 수사에 '상당한 기여(significant value addition)'을 하였는지, 그리고 이에 따라 각 기업이 얼마나 과징금이 감경되는지에 관한 것이었다.

파나소닉이 제공한 정보는 수사의 단서가 되었고, 경쟁위원회가 실시한, 혐의 입증에 결정적인 역할을 한 기습 압수수색을 실시한 계기가 되었다. 따라서 경쟁위원회는 파나소닉의 정보 제공이 수사에 중대한 기여를 하였음을 인정하고, 과징금을 전액 면제해주었다. 이와는 달리 경쟁위원회는 파나소닉이 제공한 자료가 그 자체로 경쟁법 제3조 3항의 위반행위를 입증하기에 충분했으며, 이에 따라 에버레디와 니포의 정보제공행위는 중대한 기여를 하지 못했다고 판단하였다. 에버레디의 경우, 제공한 자료는 당시 경쟁위원회가 이미 확보한 것들이었지만, 에버레디가 제공한 증언은 증거를 뒷받침해주었음을 고려하여 과징금을 30% 감면하였다. 니포의 경우, 지속적이고 효율적인 협조를 한 점을 고려하여 과징금을 20% 감면하였다.

경쟁위원회는 감경요소와 가중요소들을 모두 고려하여 과징금을 결정하였다. 가중요소로는 카르텔이 6년 이상 지속된 점, 제조업자들의 담합 행위가 건전지 가격을 상승시킨 점이 고려되었다. 감경요소로는 적은 인당 수요, 투입 원가의 증가, 상품의 낮은 가치, 상품 판매에서의 적은 마진, 저렴한 수입품과의 경쟁이 고려되었다. 이에 따라 경쟁위원회는 각 회사 이익의 1.25배를 과징금으로 결정하여, 에버레디에 24억 5천만 인도 루피, 니포에 5억 2천 인도 루피가량의 과징금을 부과하였다. 인도 건전지 제조업자 연합에게도 18만 인도 루피가량의 과징금이 부과되었다.[92]

---

92) "India: CCI Penalizes Battery Manufacturers' Admitted Cartel - Decides Its Second Leniency Case", Mondaq, Vaish Associates Advocates, 2019. 1. 10. https://www.mondaq.com/india/cartels-monopolies/769318/cci-penalizes-battery-manufact urers39-admitted-cartel%E2%80%94decides-its-second-leniency-case.

5) 의 의

이 사건은 인도 경쟁위원회가 생긴 이후 리니언시 신청에 대한 두 번째 결정이며, 첫 번째 과징금 완전 면제 결정이라는 점에서 의의가 있다. 본 사건의 영향으로 이 결정 이후 감경 처벌 신청과 이에 대한 경쟁위원회의 결정이 증가하였다.[93] 또한 동 사건은 협조 정도에 따른 과징금 감면의 기준을 제시하여 그동안 명확한 기준이 존재하지 않았던 리니언시 사건에 대한 선례를 제공하였다는 점에서도 의미가 있다. 이 사건에서 처음으로 구체적으로 드러난 조사에 대한 상당한 기여라는 기준은 이후 판례들에 중요하게 작용한다. 이러한 확실성은 조사에 협조하고자 하는 기업들에게 감경 처벌에 대한 확신을 주고, 리니언시 신청의 시점과 수단에 대한 정보를 준다. 특히, 카르텔 사건에서의 과징금 산정 기준이 실제 사건에 적용되는 사례가 되고, 담합 과정에서의 사업자단체(trade association)의 역할도 보여주었다.

(3) 인도 조향 장치 카르텔 사건[94]

1) 개 요

이 사건은 일본의 NSK와 JTEKT와 그들의 자회사인 RNSS(Rane NSK Steering Systems Ltd.)와 JSAI(JTEKT Sona Automotive India Limited)가 EPS Systems 시장에서 '반경쟁적 행위'로 고소되고, 리니언시 제도의 적용을 받은 사례이다.

2) 사건 배경

스티어링 시스템은 차량이 원하는 코스를 따라갈 수 있도록 해주는 구성 요소, 링크 등의 집합체다. 스티어링 시스템의 주된 목적은 차량 운전자가 차량을 안내하는 것이고, 이러한 스티어링 시스템에는 수동(manual) 및 파워(power) 두

---

93) 이 사건 이후 2020년 6월까지 경쟁위원회는 공식적으로 6건의 감경 처벌 신청에 대한 결정을 발표하였다. 그러나 전문가들은 경쟁위원회는 다양한 분야에서 훨씬 많은 감경 처벌 신청을 처리한 것으로 보인다. "The Curious Case of Leniency Under The Competition Act, 2002 in India", Arjun Nihal Singh, L&L Partners, 2019. 6. 17.
https://www.mondaq.com/india/cartels-monopolies/816022/the-curious-case-of-leniency-under-the-competition-act-2002-in-india.

94) Competition Commission of India, Suo Motu Case No. 07(01) of 2014 In Re: Cartelisation in the supply of Electric Power Steering Systems(EPS Systems).

가지 유형이 있다.

NSK와 JTEKT는 EPS 시스템 시장에서 상위 5개 기업에 속한다. 위원회는 NSK와 JTEKT가 각각 RNSS와 JSAI라는 인도 자회사를 통해 EPS 시스템을 제조 및 판매하고 있기 때문에 다양한 자동차 원천 장비 제조업체에 대한 EPS 시스템 공급과 관련하여 2005년부터 2011년 7월 25일까지 NSK와 JTEKT 간의 카르텔 의혹에 대해 조사했다.

조사 결과, 2014년 4개 자동차 제조업체들이 다양한 지역에 위치한 자회사에 EPS 시스템 공급을 위해 인도에서 2005년부터 2011년까지 회의 및 전화 통화를 통해 접촉하였다는 사실이 발견되었다. 이들은 가격을 조정하고, 지리적 지역, 차량, 플랫폼, 제품의 유형 등을 기반으로 시장을 할당하여 입찰 과정을 조정하기 위해 접촉한 것이었다. NSK와 JTEKT 모두 그러한 카르텔의 존재를 인정했다. 따라서 증거에 기초하여 당사자들이 인도경쟁법 제3조 3항[95]의 규정을 위반했음이 명백하게 밝혀졌다.

3) 명령 결과

인도 경쟁위원회는 NSK와 JTEKT, 그리고 그들의 인도 자회사 RNSS와 JSAI, 는 카르텔에 관여함에 따라 제3조를 위배하였다는 판결을 내렸다. 이들 기관은 직접 또는 간접적으로 가격을 결정하고, 시장을 배분하고, 입찰을 조정하고, 자동차 OEM 업체의 입찰 과정을 조작하는 방법으로 제3조의 규정을 위반하였다.

NSK와 JTEKT는 위약금 감면을 위해 법 제46조에 따른 신청서를 LPR에 제출하였다. 결과적으로 리니언시 결정에 따라 NSK와 그 자회사는 약 115만 미 달러

95) 인도경쟁법 §3(반경쟁적 공동행위)(1).
카르텔을 포함한 기업이나 개인 또는 개인 간의 기업이나 협회, 개인과 개인 간의 또는 기업 또는 관행 간에 체결된 계약 또는 카르텔을 포함한 개인 또는 개인 협회가 동일하거나 유사한 상품 거래 또는 서비스 제공에 관여하는 다음과 같은 의사 결정은 경쟁에 현저한 악영향이 있는 것으로 간주된다(Any agreement entered into between enterprises or associations of enterprises or persons or associations of persons or between any person and enterprise or practice carried on, or decision taken by, any association of enterprises or association of persons, including cartels, engaged in identical or similar trade of goods or provision of services, which— shall be presumed to have an appreciable adverse effect on competition)
a) 직접 또는 간접적으로 구매 또는 판매 가격을 결정
b) 생산, 공급, 시장, 기술 개발을 제한하거나 통제
c) 시장의 지리적 영역, 상품 또는 서비스의 유형, 시장 또는 기타 유사한 방법으로 고객 수를 할당하는 방법으로 서비스의 생산 또는 제공 시장 또는 소스를 공유
d) 직접 또는 간접적으로 입찰 조작 또는 담합 입찰을 초래

의 과징금을 면제받았으며 JTEKT와 그 자회사는 2순위 신청자로 과징금의 50%를 감면받아 약 16만 미달러의 과징금이 부과되었다.

4) 의 의

이는 제조업체(OEM)에 대한 전기 파워 스티어링의 공급과 관련된 최초의 카르텔 사건이며 인도에서 통과된 10번째 리니언시 사례이다. 또 전 세계적으로 리니언시 제도에서 두 번째 선처자에게는 큰 혜택이 없고 인도경쟁위원회에서도 두 번째 선처자에게 50% 전액 감면을 해준 사례가 거의 없다는 점을 고려했을 때[96] 두 번째 선처자인 JTEKT에 과징금을 50% 감면해주었다는 것은 앞으로 경쟁위원회의 태도를 짐작할 수 있게 하는 부분이다.[97] 결과적으로 이 사건은 인도의 선처체제가 활성화되고 있음을 보여준다.

3. 디지털 플랫폼에 대한 논의

(1) 구글의 거래상 지위 남용[98]

1) 사건 배경

Case No. 07 of 2012에 따르면, 구글이 검색 및 홍보 기능을 이용한 핵심 사업을 진행하는데, 차별적인 태도를 가짐으로써 광고주들과 소비자들에게 피해를

---

96) "CCI exercises leniency in electric power steering cartel," India business law journal, 2019. 9. 19. https://law.asia/cci-electric-power-steering-cartel/.

97) Uberoi added that the CCI by granting the maximum available reduction in penalties to both NSK and JTEKT had reiterated its commitment towards promoting the leniency regime for detecting cartels.
"The CCI, in line with the global antitrust jurisprudence, reiterated the key factors, such as continuous and vital information provided by the leniency applicants, as critical determinants for the degree of reduction in penalty by the CCI. This order provides a fillip to the leniency regime and demonstrates that the CCI will grant the maximum possible reduction in penalty to an eligible applicant as long as criteria set out in the Competition Act and Lesser Penalty Regulations have been met."

98) Case No.07 of 2012. (The CCI upon finding a prima facie case on consideration of the allegations, directed the Director General, CCI ("DG") to cause an investigation into the matter under Section 26(1) of the Act. Subsequently, the DG after investigating the allegations, filed the Investigation Report on 27.03.2015 and 14.07.2015 respectively ("DG report"), in which the DG recommended the following violations of Section 4(2) (a)(i), Section 4(2)(b)(ii), Section 4(2)(c) and Section 4(2)(e) of the Act.) 위 사건에서 인도경쟁위원회는 일응추정법리에 따라 사건에 적용 구글에게 과징금을 부과했다.

입혔다. 즉, 구글이 검색결과 등, 자기들에게만 유리한 활동영역을 제공한 것이다.

구글의 검색결과 페이지에는 인기도와 정확성에 관계없이 구글 소유의 사이트가 가장 위에 올라오게 된다. 예를 들어 누군가 구글에서 노래 이름을 검색할 때, 구글 비디오나 유튜브 등 구글이 소유한 것들에 대한 링크를 받게 된다. 구글의 검색결과 페이지에는 인기도와 정확성에 관계없이 구글 소유의 사이트가 가장 위에 올라오게 된다.

구글은 검색 편향, 검색 조작, 경쟁 검색엔진 접근 거부, 경쟁 검색엔진에 대한 콘텐츠 라이선스 거부, 진입 장벽 조성 등으로 이어지는 관행을 통해 온라인 검색 시장에서 지배적 지위를 남용하고 있다고 주장했다. 또한 구글이 온라인 검색 광고 시장에서 불공정하고 차별적인 조건을 고객에게 부과하는 등의 행위를 일삼았다는 의혹도 제기되었다.

2009~2014년에 비해 구글의 시장 점유율이 꾸준히 높은 것으로 나타났고, 야후, 마이크로소프트, 빙과 같은 다른 경쟁사들의 존재와 새로운 경쟁자들의 시장 진출에도 불구하고 구글의 현저한 시장점유율은 유지되었다.

2) 결 과

결론적으로, 국장은 구글이 “인도의 온라인 종합 웹 검색 서비스”, “인도의 온라인 검색 광고”에서 지배적인 위치를 남용했다고 결론 내렸다. 구글이 불공정하고 차별적인 방법으로 검색과 검색광고의 핵심 사업을 운영하여 출판사, 광고주, 그리고 소비자들에게 피해를 끼친다는 것은 내부적인 주장이었다. 구글이 자사 서비스만 과도하게 추천하면서 다른 경쟁자들에게 직접적인 피해를 줄 뿐 아니라, 다른 웹사이트 소유자들에게도 직접적인 피해를 준다는 내용의 주장을 포함하였다.

구글의 행위가 위법한지 판단하기 위해 온라인 검색광고와, 오프라인 광고를 비교하였는데, 이를 위해 국장은 소비자가 온라인과 오프라인 광고가 서로 대체될 수 있다고 여기는지 조사했다. 먼저 인터넷을 매개체로 하는 온라인 광고는 인터넷 도달 범위에 크게 의존하고, 많은 사람들이 인터넷에 접속하지 못한다는 것을 감안하면 온라인 광고는 신문, 라디오 등으로 대체되지 않는다. 또한 온라인 광고는 광고주가 실제 사용자 수에 기초하여 광고 효과를 정확하게 모니터링 할 수 있는 반면, 오프라인 광고의 경우 광고주는 실제 뷰가 아닌 예상 조회 수에 의존해야 한다. 국장은 온라인과 오프라인 광고의 특성이 다르기 때문에 서로 대체 가능한 것은 아니며, 따라서 동일한 관련 시장의 일부가 아니라는 점에 주목했다.

CCI(인도경쟁위원회)는 구글이 "시장 지배적 지위를 남용해 편향된 검색 결과를 제공했다"면서 13억5천860만 루피(230억7천만 원)의 과징금을 부과했다. CCI는 구글이 2013~2015년 3년간 인도에서 얻은 연평균 매출의 5%에 해당하는 금액을 과징금으로 책정했으며 60일 이내에 납부할 것을 명령했다. 하지만 CCI는 구글의 광고는 인도 법령에 위반되지 않는다고 결정했다.

(2) Whats App의 개인정보 수집[99]

1) 사건 배경

최근 왓츠앱 주식회사('왓츠앱')가 왓츠앱 사용자를 위한 개인정보 보호정책과 서비스 약관을 업데이트했다는 보도가 각종 매체리포트에 나왔다. 내부적으로는 새 정책이 왓츠앱 계정 정보를 보유하기 위해 이용자의 약관 동의를 의무화하고, 페이스북 주식회사('페이스북') 및 자회사들과 개인 맞춤형 사용자 정보를 공유하는 방법을 제공하는 것으로 알려졌다. 왓츠앱 유저들은 특정 이용 약관에 동의해야 했다.

2021. 1. 19.에 개최된 본 회의에서 미디어 보고서와 왓츠앱 사용자 및 시장에 미칠 수 있는 영향을 고려하여 위원회는 이 문제에 대해 매우 신중한 태도를 취하기로 했다. 왓츠앱 측에서는 2021년 업데이트가 2016년 업데이트에 따라 사용자가 동의한 데이터의 사용, 수집 및 공유를 더욱 자세히 설명함으로써 더 큰 투명성을 제공하는 데 초점을 맞추고 있다.

위원회는 왓츠앱과 페이스북의 지배적 지위를 남용했다는 이유로 법 제4조의 규정을 근거로 이를 검토했다.

2) 쟁 점

CCI는 왓츠앱의 새로운 개인 정보 보호 정책에 대한 수색을 명령했고, 이것이 완전히 2002년 경쟁법을 위반하고 있다는 사실을 밝혀냈다. CCI는 왓츠앱이 경

99) Competition Commission of India, Suo Moto Case No.07 of 2021.

쟁법 제4조의 규정을 위반했는지 여부를 평가하기 위해 공적에 관한 문제를 검토했다. CCI는 왓츠앱이 페이스북을 통해 데이터 공유를 수행하는 도전적인 행위는 명백히 소비자에게 객관적인 손해를 끼치고, 행위의 정당한 이유를 찾을 수 없다고 보았다. 이러한 행위는 경쟁법 제4조 제2항 제2호의 규정을 위반하여 왓츠앱 전자통신 앱 이용자에게 불공정한 약관을 부과하는 행위임이 명백하다고 본 것이다.

2021년 3월 24일, 인도 경쟁 위원회는 조사 관련자를 경쟁법 제26조 제1항에 따라 이 문제에 포함시키도록 국장(DG)에게 지시하였다. 위원회는 공동으로 이 명령을 받은 날로부터 60일 간격으로 조사를 끝내고 조사 보고서를 제출하도록 지시하였다.

3) 델리 고등법원

델리 고등법원은 현재 페이스북과 왓츠앱에서 CCI의 메신저 앱의 개인정보 보호정책에 대한 검사 명령에 이의를 제기하며 명령을 보류하고 있으며, 이 문제는 다시 심리될 예정이다.

Navin Chawla 대법관으로 구성된 단일 재판관은 양측 변호인단이 의견진술을 마친 뒤 명령을 유보했다. 법원은 CCI에게 새로운 개인 정보 보호 정책에 대한 테스트를 지시함으로써 통과된 명령에 이의를 제기하는 탄원서를 모두 심리하고 있었으며, 60일 이내에 검사가 종료되어야 했다.

페이스북과 왓츠앱은 왓츠앱의 개인정보 보호정책 문제가 대법원에서 다루어지고 있는 만큼, CCI가 수사를 지시하고 개입할 필요가 없다고 주장했다.

4) 결　론

데이터는 맞춤형 서비스용, 내부조사용, 타깃광고용 등 어떤 방식으로 쓰이든지 기업에게 주목할 만한 중요성을 지녀 경쟁 우위를 갖게 되었다. CCI가 왓츠앱의 개인 정보 보호 정책에 대한 suo motto을 인정하는 것은 이러한 사실의 한 예이다. CCI의 기대와 마찬가지로 사용자 데이터가 진입을 방해하고 소비자의 경쟁이나 이익에 영향을 미치는 방식으로 남용된다는 것을 받아들이는 개입주의 접근법을 채택할 수 있다. CCI는 지배력 남용이 적발될 경우 경쟁법에 따라 광범위한 권한을 가지며, 적합하다고 판단되는 경우 그러한 명령이나 요청을 통과시킬 수 있다.

(3) MMT 사건[100]

1) 개 요

이 사건은 트리보가 MMT가 인도 내 호텔 예약을 위해 관련 시장에서 지배적인 지위를 남용했다고 고소한 사건이다.

2) 사건 배경

제보사는 2015년 5월 설립된 기업 'Treebo'이라는 호텔 브랜드로, 인도 내 저가호텔에 프랜차이즈 서비스를 제공하는 사업을 하고 있다. MMT는 MMT 그룹(MakeMyTrip Group)의 일부로 인도에서 여행 및 관광 관련 서비스를 제공하는 사업에 종사하는 온라인 여행사(OTA)이다. 한편 OYO는 고객들에게 숙소를 제공하고 있으며, 'OYO'라는 브랜드로 저가 호텔에 프랜차이즈 서비스를 제공하는 시장이다.

앞서 트리보는 2015년 7월부터 저가호텔을 MMT 플랫폼에 상장하고 있었다. 2016년 MMT는 트리보가 자사 호텔을 MMT 플랫폼에 독점 상장하는 대가로 트리보에 상당한 투자를 할 것을 제안했다. 트리보에 따르면 이러한 MMT의 제안은 협박으로 바뀌었고 이를 거절하였다고 한다. MMT 상장의 중지로 큰 타격을 입은 트리보는 또 다른 기회를 요청하며 MMT에 접근했다. 이에 2017년 MMT와 배타성 협약(exclusivity agreement) 및 체인협정(chain agreement)을 체결하는 조건 하에 플랫폼에 트리보를 다시 등재하기로 결정하였는데, 이러한 계약들마저 OYO와 OYO의 경쟁사를 플랫폼에서 제거하기로 합의함에 따라 2018년에 일방적으로 종료되었다. 문제가 된 조항은 아래와 같다.

> 체인 협정 2.3조(가격 패리티 제한): MMT는 트리보가 MMT 및 기타 OTA에 의한 가격 요금과 관련하여 가격 패리티를 유지해야 한다.
>
> 배타성 계약 2.1항 및 2.2항(상장 제한): 트리보는 범주 A에 따라 분류된 호텔을 MMT의 플랫폼에 나열하는 것이 허용되지 않는다. 범주 B 도시와 관련하여, 해당 제한은 30일 동안이었다.

---

100) Competition Commission of India, Case No. 01 of 2020.

트리보는 또 OYO가 해당 시장에서 89%의 시장점유율을 차지하고 시장지배력이 상당해 관련 시장에서 우위를 점하고 있으며, 중개자 역할을 하는 MMT와의 제휴로 OYO는 수직적으로 통합된 기업으로 간주될 수 있다고 주장한다. 그러한 시장에서 네트워크 효과의 존재로 인해, 시장에 새로 진입하는 기업들에게 진입장벽을 조성하였다.

앞서 언급한 사실에 근거해 트리보는 OYO와 MMT 사이에 체결된 배타성 계약의 직접적인 결과로써 MMT가 트리보와 일방적으로 계약을 해지하고 MMT에서 호텔 예약을 선호하는 온라인 고객의 상당수에 대한 트리보 시장 접근을 거부함으로써 인도경쟁법 제4조 제2항[101]의 규정을 위반했다고 주장했다. 지배적 지위 남용 혐의 외에도, Treebo와 MMT가 수직적 관계를 형성하고 있기 때문에 따라 인도경쟁법 제3조[102]를 위반했다고 주장했다.

또한, 트리보는 OYO가 직접적인 경쟁자인 트리보에 대한 시장 접근을 거부하기 위해 지배적인 OTA인 MMT와 반경쟁 수직적 협정을 체결함으로써 관련 시장에서 지배적인 위치를 악용하였고 Treebo는 MMT, OYO의 거래가 '거래 거부'에 해당하는 제한조건을 부과하여 마찬가지로 제3조를 위반한다고 주장하였다.

---

101) 인도경쟁법 §4(2).
기업이나 집단이 다음의 행위를 하는 경우 제1항의 시장지배적 지위의 남용이 있다고 한다. (There shall be an abuse of dominant position 2 [under sub-section (1), if an enterprise or a group]
1) 직·간접적으로 불공평하거나 차별적으로 다음의 대상을 부과하는 경우
a) 재화나 서비스의 구매나 판매 조건
b) 재화나 서비스의 구매나 판매 가격

102) 인도경쟁법 §3(4).
다음을 포함한 상품 또는 서비스의 생산, 공급, 유통, 저장, 판매 또는 거래와 관련하여, 서로 다른 시장에서의 생산 체인의 단계 또는 수준에 있는 기업 또는 사람 간의 계약은 이러한 합의가 인도 경쟁에 현저한 악영향을 미치거나 초래할 가능성이 있는 경우 제1항의 위반에 해당하는 합의이다. (Any agreement amongst enterprises or persons at different stages or levels of the production chain in different markets, in respect of production, supply, distribution, storage, sale or price of, or trade in goods or provision of services, including-shall be an agreement in contravention of sub-section (1) if such agreement causes or is likely to cause an appreciable adverse effect on competition in India)
a) 묶인 계약
b) 독점 공급 계약
c) 배타적 유통 계약
d) 거래 거부
e) 재판매 가격 유지,

3) 조사 결과

아직 판결은 나오지 않았으나 전술한 내용에 기초하여, 인도 경쟁위원회는 DG(Director general)에게 트리보가 제기한 혐의 중 MMT에 대한 세 가지 혐의[103]를 조사하여 통합 조사 보고서를 제출하도록 지시하였다. 또한 MMT와 OYO가 시장에 수직적 약정을 체결하는 경우가 인정된다면 법 제3조 당연위법에 해당한다고 하였다.

4) 의 의

이 사건은 2014년부터 논란이 되었던 온라인 플랫폼(특히 약탈적 가격 책정에 관한 논란) 관련한 판례로서 아직까지 CCI의 입장이 정해지지 않은 가운데 많은 이슈가 되었다. CCI는 OYO의 혐의는 조사하라는 결정 없이 MMT의 가격 패리티, 호텔들에 대한 차별적인 서비스료, 허위 정보 제시, 약탈적 가격 설정, MMT와 OYO의 수직적 관계에 따른 OYO에 대한 편향적인 상장을 조사하라고 하였으나 불공정한 서비스료에 대한 조사는 배제하였다.

대부분의 기존 시장이 데이터 시장으로 패러다임을 전환하고 있는 상황에서 인도의 경쟁법심의위원회는 기존 제3조4항 조항(abuse of dominant position)의 적용범위를 확대해야 한다고 권고하였다. 현재 온라인 플랫폼에 대한 반경쟁적 행위가 이론적으로 반경쟁적 영향을 미칠 것으로 볼 수 없으나 경쟁을 해치거나 선택을 제한하는 특정 상황에 따라 구별요건을 마련할 필요가 있다.[104] 이 사건은 이러한 논란들에 대한 인도 경쟁위원회의 입장을 명확히 하는 판례가 될 것으로 생각된다.

---

103) 위원회는 제보자가 주로 세 가지 문제에 대해 불만을 제기하고 있다고 본다. 첫째, 트리보와 그 파트너 호텔이 MMT와 OYO 사이의 상업적 합의에 따라 갑작스러운 해지를 통해 MMT의 플랫폼 상장에서 제외되고, 둘째, 체인 계약을 통해 지배적인 업체로서 MMT가 '가격 패리티 제한'을 부과하여 treebo 파트너 호텔은 Booking.com과 Paytm(MMT의 경쟁업체)에 더 나은 요금으로 숙소를 제공하는 것으로부터 제한했다. 세 번째로, MMT는 배타적인 계약을 통해 Category A와 Category B city에 위치한 호텔을 체크인하기 전에 각각 72시간 30일 동안 Booking.com과 Paytm(MMT의 경쟁업체)에 부동산을 상장할 수 없도록 제한했다.

104) "Ask CCI: What makes MMT－GO dominant but not OYO?", Linkedin, 2020. 2. 10. https://www.linkedin.com/pulse/ask－cci－what－makes－mmt－go－dominant－oyo－anupam－sanghi?articleId＝6632514959970529280.

(4) 디지털 플랫폼에 대한 논의 정리

최근 세계적으로 디지털 플랫폼에 대한 논의가 활발하다. 지금껏 등장한 적 없는 시장의 형태인데다가 소수의 손에 마켓 파워가 집중될 우려가 있기 때문이다. 그에 따라 최근 인도경쟁위원회(CCI)에서는 최근 거래상 지위 남용에 관한 사건들을 다루었다. 위에서는 해당 사건들 중 3건, 구글의 지위 남용, 왓츠앱의 지위 남용, 그리고 MMT 기업의 시장 남용과 카르텔 사건을 우선 살펴보았다. 해당 내용들을 바탕으로 CCI의 입장을 정리하자면 다음과 같다.

1) 시장 획정의 문제

CCI는 디지털 플랫폼의 관행을 검토했지만, 시장 정의와 특히 온라인 플랫폼 시장에 대한 접근 방식은 계속해서 바뀌고 있다.[105] Flipkart 사례[106]에서 CCI는 Flipkart 사업의 양면성(two sided market)[107]을 고려하여 시장을 '온라인 플랫폼이 제공하는 서비스'로 정의[108]하였다. 그러나 Matrimony.com v Google[109] (Google 검색 사례)에서 구글이 한쪽(검색)이 없으면 존재하지 않는 양면 플랫폼 시장에서 운영됨에도 불구하고, 구글의 검색과 광고 양면 시장 모델은 '온라인 일반 웹 검색 서비스'와 및 '온라인 검색 광고 서비스' 두 관련 시장으로 판단하여 거부되었다.

가장 최근에는 온라인 예산 호텔 집계업체인 Oyo에 대한 지배력 남용 의혹을 제기한 RKG Hospitalities VPtv Ltd v Oravel Stays Pvtv Ltd(Oyo Rooms)에서

---

105) Aditi Gopalakrishnan, Hemangini Dadwal, Krithika Ramesh, Rajshree Sharma, Recent Developments in Big Tech Regulation in India, 15 No. 2 Competition L. Int'l, December. 19, 2019, at p.1.

106) Competition Commission of India, Case No. 20 of 2018.

107) 양면 시장은 양면 네트워크로도 불리며, 두 개의 개별 사용자 집단을 가지고 각 집단에 네트워크 혜택들을 제공하는 중개 경제 플랫폼이다. 주로 두 가지 상이한 유형의 가입 고객들 간의 직접적인 상호 작용을 가능케 함으로써 가치를 창출하는 조직을 다면 플랫폼이라고 한다.

108) "온라인 소매점에서 특정 판매자가 온라인 웹사이트를 통해 제품을 판매하기 위해 자신의 포털을 소유하고 있다. 반면 아마존이나 플립카트 같은 온라인 마켓플레이스 플랫폼에서는 온라인 포털의 소유주가 구매자와 판매자가 거래할 수 있는 플랫폼을 제공한다. 따라서, 판매자는 점점 더 많은 수의 구매자가 온라인 플랫폼을 방문함으로써 네트워크 효과를 가진 온라인 플랫폼에서 판매하는 데 관심이 있을 것이다. 온라인 소매점의 경우 규모의 효율성이 있을 수 있지만 네트워크 효과는 거의 없다."라고 판결문에 이유를 밝히고 있다.

109) Competition Commission of India, Cases Nos. 7 and 30 of 2012, Matrimony.com Limited v. Google, 8 February 2018, available at http://www.cci.gov.in/sites/default/files/07%20%26%20%2030%20of%202012.pdf, paragraph 253.

CCI는 이번에는 온오프라인 회사를 포함한 '예산 호텔 프랜차이즈 서비스' 시장을 '단면 시장'으로 정의했다. 특히, 이러한 각각의 결정은 온라인 플랫폼 시장에서 충분한 간접적 네트워크 효과를 보였지만, Flipkart와 Oyo에서의 CCI의결정은 신흥 국내 성장 기술 회사들과 관련이 있었다고 한다. 이러한 배경을 고려할 때, CCI가 표시되는 네트워크 효과의 범위에 기초하여 단일 상품 시장을 정의할 가능성을 예측하는 것은 어려울 수 있다.[110)]

2) Big Tech의 착취남용 문제

우리나라 공정거래법과 마찬가지로, 법은 '착취남용(exploitative conduct)'과 '배제남용(exclusionary conduct)'을 규정하고 있다. 그러나 CCI는 최근 착취적 행위에 대한 사례를 검토할 때 다른 침해 기준을 적용한 것으로 보인다. 착취남용에 대해서는 행위 그 자체(per se standard)를 보고, 배제남용에 대해서는 그 행위의 부당성이 실제 피해를 입혔는지 효과 분석(effect analysis)이 필요하다.[111)]

구글 검색 사례[112)]에서, CCI는 어느 정도 배제 행위를 구체적으로 식별하는 발견을 언급했음에도 불구하고 CCI는 구글이 오로지 착취 행위를 제공하는 조항에서만 책임을 져야 한다고 결정하였다. 이러한 CCI의 결정은 이용자에 대한 착취남용으로 간주될 수 있는 지배기업의 행위는 반드시 경험적 손해의 증거가 없어도 법에 저촉될 가능성이 있음을 시사하는 것으로 보인다. CCI는 최근 결정에서[113)] 소비자에게 가해진 착취남용과 관련된 사례를 다룰 때, 그러한 행위의 존재만으로도 처벌 가능성이 있음을 명시했다. 이러한 입장이 해당 목차에서 언급된 이유는 구글 사례에서 볼 수 있듯이 앞으로 다양한 비즈니스 모델을 실험하는 디지털 및 플랫폼 시장에 불확실성을 줄 수 있기 때문이다. 예를 들어, 양면 시장에서 공급업체 또는 광고주와 관련한 B2B(기업 대 기업) 측에서의 거래가 B2C(기업 대 소비자) 측에서는 선택권 박탈과 같은 착취남용으로 볼 수 있기 때문이다.

---

110) Aditi Gopalakrishnan, Hemangini Dadwal, Krithika Ramesh, Rajshree Sharma, Recent Developments in Big Tech Regulation in India, Competition L. Int'l, 15, No. 2, December. 19, 2019, at p. 2.

111) 이와 관련하여 앞서 기술한 합리성의 원칙과 당연위법의 원칙에 관한 논의를 참조.

112) 인도경쟁위원회는 내부고발로 구글의 불공정행위에 대하여 조사에 착수하였고, 결과적으로 일응추정법리를 적용하여 막대한 과징금을 부과하였다. 자세한 내용은 앞서 언급된 구글검색사례 참조.

113) *Indian National Shipowners' Association v Oil and Natural Gas Corporation Ltd*, case No 1 of 2018, available at: https://www.cci.gov.in/sites/default/files/01-of-2018.pdf

3) 결 론

디지털 시장은 CCI의 우선순위로 계속 남아 있다. CCI는 이러한 빠른 속도의 디지털 시장에 대한 개입은 시기적절하고 엄격해야 한다고 종종 언급해 왔다. 플랫폼이 일단 일정한 규모에 도달하면, 전환 비용과 현상유지 편중으로 인해 잠재적 경쟁에 극복할 수 없는 장벽을 만들 수 있기 때문이다. CCI는 기존 경쟁 법률에 몇 가지 수정을 하는 것이 적절하다고 보는 반면, 디지털 플랫폼에 대한 행동 강령뿐만 아니라 보완적이고 혁신적인 규제를 도입할 필요성을 인식했다. CCI가 데이터를 중요한 요소로 인식하고 있다는 점을 감안할 때, 규제 강화는 디지털 시장이 진입 장벽을 만들지 않는 동시에 경쟁력을 유지할 수 있도록 방향성을 설정할 것으로 보인다.[114]

4. 간이심사제도(Green Channel)

인도경쟁법은 제5조에서 규정하는 기업 합병에 대하여 경쟁위원회에 보고하고, 허가를 받도록 규율하고 있다.[115] 이러한 보고 의무는 특정 경우[116]를 제외한 모든 합병에 적용되며, 강제성을 지닌다. 합병의 당사자들은 위원회의 허가가 있기 전까지는 합병을 완료할 수 없다.[117] 거래를 보고받은 경쟁위원회는 평일 기준 30일 이내에 해당 합병이 반경쟁적 효과를 지니는지에 대한 심사를 하고 일응 추정 견해(prima facie opinion)를 제시해야 한다. 그러나 이 기한에 위원회의 정보 요구에 당사자가 대응하는 시간은 포함되지 않으므로 심사 기간은 30일을 초과할 가능성이 높다. 또한, 경쟁위원회는 사무총장에 의한 조사를 요구할 수도 있다.[118] 이러한 허가 절차는 인도 내 기업 합병에 오랜 시간과 노력이 필요하게 만들었다.

---

114) E-Commerce Competition Enforcement Guide – Third Edition India, global competition review, Nisha Kaur Uberoi, Akshay Nanda and Tanveer Verma Trilegal, 03 December 2020 https://globalcompetitionreview.com/guide/e-commerce-competition-enforcement-guide/third-edition/article/india

115) 인도경쟁법 §6(2).

116) 인도경쟁법 §54. 특정 경우에는 보고가 면제된다. 가장 대표적인 경우는 거래의 규모가 기준 이하인 경우이다 (합병 대상의 인도 내 자산이 35억 인도루피를 넘지 못하거나, 인도 내 수익이 100억 인도루피를 넘지 못하는 경우가 해당한다).

117) 인도경쟁법 §6(2A).

118) 인도경쟁법 §29(1A).

이에 경쟁법 심의위원회(CLRC)는 보고서에서 뚜렷한 반경쟁적 효과를 가지지 않는 특정 합병들에 대한 자동 허가제도(automatic system of approval)인 그린 채널(Green Channel)의 도입을 제안하였다. 경쟁위원회는 이 제안을 받아들여 2019년 8월 13일 경쟁위원회 규칙(합병과 관련된 사업상의 거래에 관한 절차)[119]의 개정을 통해 5A 조항을 신설하였다.[120] 이 조항에 따라 특정 종류의 합병은 형식에 따라 보고하면 허가된 것으로 간주한다. 개정에 따라 추가된 별지 3은 그린 채널을 활용하려는 당사자들은 먼저 가능한 대안적 시장 획정을 고려해야 한다고 규정한다. 별지 3에 규정된, 그린 채널을 활용하기 위한 조건은 다음과 같다.

> 합병의 당사자들, 그들 기업의 그룹, 그리고/혹은 그들이 직·간접적으로 지분을 소유하거나/소유하고 지배하는 주체가
> a. 유사·동일·대체하는(similar or identical or substitutable) 제품 혹은 서비스를 생산하지 않을 것
> b. 생산 과정의 다른 단계 혹은 과정에서의 제품의 생산, 공급, 유통, 저장, 판매, 서비스나 거래, 혹은 서비스의 제공과 관련된 어떠한 활동에도 참여하고 있지 않을 것
> c. 상호 보완적인(complementary) 제품의 생산, 공급, 유통, 저장, 판매, 서비스나 거래, 혹은 서비스의 제공과 관련된 어떠한 활동에도 참여하고 있지 않을 것.[121]

이에 따라, 수직적·수평적 혹은 상호보완적으로 중복(overlap)되는 기업들의 합병은 그린 채널의 대상이 되지 않는다. 합병 규칙은 이러한 중복과 관련하여 합병의 당사자인 기업들뿐만 아니라, 기업의 그룹, 그리고 당사자가 지분을 갖는 기업까지 포함하여 광범위하게 규정한다. 또한, 당사자들은 가능한 모든 시장 획정을 통해 상호보완적 중복을 평가해야 한다. 이처럼 경쟁위원회는 사업 중복의 요건을 엄격하게 규정하여, 그린 채널을 통해 기업활동의 용이함을 확보하면서도 기업들의 남용을 방지하고자 하였다.

그린 채널과 관련된 또 다른 논쟁은 처벌의 가능성이다. 그린 채널을 통한 허가 이후 합병이 사실 별지 3의 기준에서 벗어난다는 것이 밝혀진다면, 허가는 원

119) The Competition Commission of India (Procedure in regard to the transaction of business relating to combinations) Regulations, 2011. (이하 '경쟁위원회 규칙').
120) 경쟁위원회 규칙 개정에 관한 공시, 인도 관보, 2019. 8. 13. http://egazette.nic.in/WriteReadData/2019/210553.pdf
121) 경쟁위원회 규칙 별지 3.

천적 무효(void ab initio)가 되고, 합병은 경쟁법에 따라 규율된다. 이에 합병의 당사자들은 경쟁법이 규율하는 바에 따라 합병에 대한 정보를 제공하지 않았으므로, 경쟁법 제44조에 의해 5백만 인도루피 이상, 천만 인도루피 이하 상당의 과징금을 부과 받을 수 있다. 이 때, 합병이 이미 완결된 상황이라면, 합병의 당사자들은 합병에 관한 정보제공의무의 불이행 시 무거운 처벌을 부과하는 경쟁법 제43A조[122]에 따라 처벌될 수 있다.

사업 중복이라는 개념의 모호성, 엄격한 요건과 처벌의 위험성은 기업들의 그린 채널 활용을 저해할 수 있다는 비판이 제기된다. 그러나 그린 채널 제도가 도입된 지 2년이 채 지나지 않았다는 점을 고려한다면, 이러한 문제들은 경쟁위원회의 가이드라인 제공과 판례의 축적을 통해 해결될 수 있을 것으로 보인다.[123] 그린 채널의 도입 후 1년 동안 경쟁위원회는 14건의 합병을 그린 채널 제도를 통해 처리하였다. 이는 같은 기간 전체 기업 합병의 약 5분의 1에 해당하는 수이다.[124]

5. 지적재산권

2020 인도 경쟁법 개정안에서 주목할 만한 것은 지적재산권 관련 규정의 변화이다. 재적재산권은 지적재산권법(혹은 특허법)과 경쟁법의 공통분모이다. 두 법 모두 궁극적으로는 경쟁의 촉진과 소비자 후생을 목표로 한다. 그러나 지적재산권법은 그 수단으로 특허의 보호를 통한 혁신의 촉진을 택하고, 경쟁법은 반경쟁적 행위의 방지와 처벌을 통한 경쟁 촉진을 택한다는 점에서 차이를 보인다. 특허법은 지적재산에 대한 배타적인 독점적 권리를 특허권자에게 부여하며, 이로 인해 전통적으로 독점을 예방 및 처벌하는 경쟁법과는 양립할 수 없는 상반되는

---

122) 인도경쟁법 §43A. (합병에 관한 정보제공의무의 불이행에 대한 처벌을 부과할 권한)
위원회는 동법 제6조 2항에 따라 위원회에 보고를 하지 않은 사람이나 기업에 대해서 해당 합병의 총 수익과 자산 중 높은 것의 1퍼센트 이하에 해당하는 벌금을 부과할 수 있다.

123) 2020년 발의된 경쟁법 개정안은 그린 채널을 포함한 다른 제도들에 의해 허가된 것으로 추정된 합병에 대하여 합병 완료 후 1년 이내에 조건을 만족시키지 못한다는 것이 밝혀진다면 원천적 무효로 한다는 내용을 포함하고 있다. 이는 즉, 합병이 원천적 무효가 될 수 있는 기한이 1년이라는 뜻이다. 만약 개정안이 통과된다면 그린 채널 허가의 원천적 무효에 따른 처벌의 위험성에 관한 문제는 해결될 것으로 보인다. The Competition (Amendment) Bill, 2020, §7(f)(6). (2020. 2. 12).

124) "1 out of 5 combinations given approval under 'green channel' route: CCI", Business Standard, 2020. 8. 17. https://www.business-standard.com/article/companies/1-out-of-5-combinations-given-approval-under-green-channel-route-cci-120081701599_1.html.

법률로 여겨졌다.[125] 특히 회피가 불가능한 표준필수특허(Standard Essential Patent, SEP)가 문제가 된다. 이에 지적재산권법과 경쟁법 사이의 적절한 균형점이 어디인가가 논쟁이 되어왔다. 인도는 지적재산권과 관련하여 경쟁법을 적극적으로 적용해왔다. 그러나 2020 인도 경쟁법 개정안에서는 지적재산권에 대한 경쟁법의 적용을 배제하는 범위를 확대하여, 지적재산권 보호를 강화하였다.

(1) 인도 경쟁법 개정안 2020

인도 경쟁법 개정안은 경쟁법 제3조 제5항을 삭제하고, 제4A조를 신설하고자 한다. 경쟁법 제3조 제5항은 지적재산권에 대해 반경쟁적 합의(Anti-competitive Agreements)를 금지하는 경쟁법 제3조의 적용을 배제하는 조항이었다. 개정안에서 신설하고자 하는 제4A조는 경쟁법의 적용이 배제되는 범위를 제3조와 제4조로 확장하는 조항이다.

(2) 제4A조의 신설

"4A. 법률 제3조와 제4조는 다음 법률에 의해 권리를 부여받았거나 부여받을 수 있는 자가 이를 보호하기 위해 필요한 정도로 침해를 제지하거나 합리적인 조건을 부과할 권리를 제한할 수 없다:

a) 저작권법, 1957

b) 특허법, 1970

c) 상표와 상품 표기법(the Trade and Merchandise Marks Act), 1958

d) 디자인법, 2000

f) 반도체와 직접회로 배치설계법(the Semi-conductor and Integrated Circuit Layout-Design Act), 2000

g) 다른 지적재산권의 보호와 관련된 기타 현행 법률

(2) 법률 제3조는 재화를 수출하는 자에 대하여 계약이 오직 수출하는 상품의 생산, 제공, 분배 혹은 통제나 서비스의 제공과 관련되었을 경우 그 권리를 제한할 수 없다."[126]

---

125) § 17:2. Antitrust enforcement and intellectual property rights: promoting innovation and competition, 2 Materials on Antitrust Compl § 17:2.

126) The Competition (Amendment) Bill, 2020, (2020. 2. 12).
5. After section 4 of the principal Act, the following section 4A shall be inserted, - -
"4A. Nothing contained in section 3 or section 4 shall restrict the right of any person to

(3) 기존 인도 경쟁위원회의 입장

지적재산권은 혁신에 대한 유인을 제공하기 위해 개발자에게 기술이나 지식에 대한 비영구적인 배타적 권리를 인정한다. 이는 많은 경우 시장지배적 지위의 남용을 금지하는 경쟁법에 위배된다. 특히, 표준필수특허에 대한 지적재산권이 문제가 된다. 표준필수특허란 표준기술[127)][128)]을 구현하는 상품을 생산하거나 서비스를 공급하기 위하여 필수적으로 실시허락을 받아야 하는 특허이다. 표준기술의 특성상 표준기술 없이는 시장에서 경쟁하기가 어렵다. 따라서 표준필수특허는 그 자체로 독점적 지위를 의미하지는 않지만, 높은 확률로 시장지배적 지위로 이어진다.[129)][130)] 이에 대부분의 표준화기구(SSO)는 특허권남용 위험을 방지하기 위해 표준선정 이전에 취소 불가능한 FRAND[131)] 확약을 자발적으로 선언하도록 하며,

---

restrain any infringement of, or to impose reasonable conditions, as may be necessary for protecting any of his rights which have been or may be conferred under:

(a) the Copyright Act, 1957 (14 of 1957);
(b) the Patents Act, 1970 (39 of 1970);
(c) the Trade and Merchandise Marks Act, 1958 (43 of 1958) or the Trade Marks Act, 1999 (47 of 1999);
(d) the Geographical Indications of Goods (Registration and Protection) Act, 1999 (48 of 1999);
(e) the Designs Act, 2000 (16 of 2000);
(f) the Semi-conductor and Integrated Circuits Layout-Design Act, 2000 (37 of 2000);
(g) any other law for the time being in force relating to the protection of other intellectual property rights.

(2) Nothing contained in section 3 shall restrict the right of any person to export goods from India to the extent to which the agreement relates exclusively to the production, supply, distribution or control of goods or provision of services for such export.".

127) 표준기술이란 정부, 표준화기구, 사업자단체, 동종기술보유 기업군 등이 일정한 기술 분야에서 표준으로 선정한 기술이다. 일반적으로 표준화기구(SSO; Standard Setting Organization)는 일정한 기술 분야에서 중복투자를 방지하고 기술개발을 촉진하기 위해 특정 기술을 표준기술로 선정한다. 서울고등법원 2019. 12. 3. 선고 2017누48 판결 p.11.

128) 대표적인 표준기술로는 2G, 3G, 4G, 와이파이 기술 등이 있다.

129) 서울고등법원 2019. 12. 3. 선고 2017누48 판결.

130) 인도 경쟁위원회는 지적재산권으로 인한 시장지배력의 검증에 경쟁법 제19조 제4조의 원칙을 적용하여 시장점유율, 기술적 대체가능성, 협상력, 기업 규모와 경쟁자들의 중요성을 고려한 바 있다. 인도경쟁위원회, Three D Integrated Solutions Ltd. v. Verifone Sales Pvt. Ltd, Case No. 13/2013, at ¶ 7.17 (Oct. 4, 2015).

131) Fair, Reasonable and Non-discriminatory. 표준기술특허는 시장에서 회피불가능한 중요성을 지니므로, 특허권자의 협상력과 남용 가능성은 매우 높아진다. 이에 표준화기구들은 기술을 표준기술로 선정하기 전, 특허권자에게 공평하고, 합리적이며 비차별적인 조건으로 특허에 대한 사용허가를 내 줄 것임을 확약 받는 것이다.

이를 거부할 경우 해당 특허를 표준기술에서 제외한다. 이러한 제도에도 불구하고 표준필수특허 보유 사업자들의 특허권 남용은 끊이지 않는다.[132)]

표준필수특허권의 남용에 대하여 인도 경쟁위원회는 일반적인 경쟁법 위반 사건과 동일하게 인도 내 경쟁에 대한 상당한 부정적 영향(Appreciable Adverse Effect on Competition, AAEC)을 지니는지 여부를 기준으로 판단하였다.[133)] 구체적으로 이와 관련하여 인도 경쟁위원회와 법원은 표준필수특허권자가 차별적이거나 과도한 사용료를 부과하는 행위,[134)] 비밀유지계약(NDA; Non-disclosure Agreement)를 요구하는 행위,[135)] 표준필수특허의 침해에 대한 이행명령을 받으려는 행위,[136)][137)] 지배적 지위나 수직적 제한의 일환에서 라이선스를 내주는 것을

132) 최근 세계적으로 논란이 되었던 기술특허 관련 경쟁법 사건으로는 퀄컴(Qualcomm)의 경쟁법 위반 사례가 있다. FTC v. Qualcomm Inc.,(N,D, Cal 2019); 서울고등법원 2019. 12. 3. 선고 2017누48.

133) Licensing of IP rights and competition law - Summaries of contributions, OECD DAF/COMP/WD, 2019. 7. 23.
https://www.oecd.org/officialdocuments/publicdisplaydocumentpdf/?cote=DAF/COMP/ WD (2019)62&docLanguage=En.

134) The Competition Act, §2(4)(2). *See also* Competition Commission of India, Best IT World (India) Private Ltd. v. Telefonaktiebolaget LM Ericsson, Case No. 04/15, at ¶ 14 (2015. 5. 12.) ("위원회는 비밀유지계약을 맺도록 강요하는 것과 과도하고 불공정한 로열티를 부과하는 것은 일견 경쟁법 제4조를 위반하여 시장지배적 지위남용에 해당한다고 보았다. (The Commission observes that forcing a party to execute NDA and imposing excessive and unfair royalty rates, prima facie, amount to abuse of dominance in violation of section 4 of the Act)").

135) Intex Technologies (India) Limited v. Telefonaktiebolaget LM Ericsson (Publ) Case No. 76 Of 2013 (2014. 1. 16.) ("투명성은 공정함의 징표이다. 당사자에게 비밀유지계약을 강요하는 것과 과도하고 불공정한 로열티를 부과하는 것은 모두 일견 시장지배적 지위의 남용과 4조의 위반행위를 구성한다. (Transparency is hallmark of fairness. Both forcing a party to execute NDA and imposing excessive and unfair royalty rates prima facie was abuse of dominance and violation of section 4 of the Act.)"라고 판시하였다.)

136) Telefonaktiebolaget LM Ericsson v. Competition Commission of India, 2016 SCC OnLine Del 1951 para 199. ("…표준필수특허권자가 특정 상황에서 이행명령을 받으려는 행위는 시장지배적 지위의 남용으로 이어질 가능성이 높다고 판단할 만한 충분한 근거가 있다. 이는 이행 명령을 받는 것은 특정 상황에서 명백하게 피허가자에게 압력을 가하고, 표준필수특허권자와의 협상에서 불리한 지위에 놓이게 할 것이기 때문이다. (there is good ground to hold that seeking injunctive reliefs by an SEP holder in certain circumstances may amount to abuse of its dominant position. The rationale for this is that the risk of suffering injunctions would in certain circumstances, clearly exert undue pressure on an implementer and thus, place him in a disadvantageous bargaining position vis-a-vis an SEP holder.)"라고 판시하였다.)

137) 그러나 경쟁위원회는 FRAND 확약을 맺은 표준필수특허에 대한 잠정명령(interim injunctions)을 인용한 바 있다. Case No W.P.(C) 464/2014 & CM Nos. 911/2014 & 915/2014, Telefonaktiebolaget LM Ericsson v. Competition Comm'n of India at ¶ 199 (Mar. 30, 2016) (High Ct. of Delhi).

거부하는 행위,[138] 반경쟁적 수직적 제한이나 시장지배적 지위의 남용으로서의 끼워팔기(Tying) 행위,[139] 그리고 배타적 그랜트백(Grantback) 행위[140][141] 등에 대해서 반경쟁적이라고 판단한 바 있다. 이처럼 인도 경쟁위원회는 지적재산권의 남용에 대해 경쟁법, 특히 경쟁법 제4조를 적극적으로 적용해 왔다. 그 과정에서 많은 경우 경쟁위원회는 남용 행위에 대해 일응 추정하거나, 당연위법의 원칙을 적용하여 당연위법한 것으로 판단하였다. 특히, 과도한 로얄티 부과, 비밀유지계약 요구 행위나 특허 침해에 대한 이행명령을 받으려는 행위에 대해 경쟁위원회는 일견 시장지배적 지위의 남용을 구성한다고 추정(prima facie abuse of dominance)해 왔다. 경쟁위원회의 이러한 태도는 특허 관련 분쟁이 일어났을 시 특허권자들에게 과도한 책임을 부과하여 특허권자들이 특허 침해에 대한 대응에 소극적이게 되는 결과를 초래하였으며, 피허가자들이 특허를 침해하고도 처벌을 받지 않을 수 있게 만들었다는 비판을 받았다.

(4) 유럽연합, 미국과 한국의 사례

유럽연합의 경우, 지적재산권의 행사는 경쟁법의 적용 대상이 된다. 유럽연합의 경쟁법으로는 유럽연합의 기능에 관한 조약(이하 '유럽연합기능조약') 제101조와 제102조[142], 그리고 합병 규칙(Merger Regulation)이 있다. 지적재산권 행사가 이러한 법률들에 위배될 경우, 효율성 효과 등을 고려하여 반경쟁적 행위인지 여부

138) Competition Commission of India, In re: Shri Shamsher Kataria v. Honda Siel Cars Indian Ltd., Case No. 03/2011at ¶ 20.6.42(iii) (2014. 8. 25.). (경쟁위원회는 자동차 업체들이 독립적인 수리업자들과 정비소들에게 진단장비와 정비 매뉴얼에 대한 사용허가를 내주는 것을 거부하는 것은 경쟁제한적인 "거래 거부행위"라고 보았다. (CCI viewed the car companies' refusal to license their diagnostic tools and repair manuals to independent repairers and workshops as an anti-competitive "refusal to deal" due to anti-competitive foreclosure.))

139) Competition Commission of India, In re: Shri Shamsher Kataria v. Honda Siel Cars Indian Ltd. & Others, Case No. 03/2011, at ¶ 20.6.42 (Aug. 25, 2014). *See also* COMPETITION COMM'N OF INDIA, INTELLECTUAL PROPERTY RIGHTS UNDER THE COMPETITION ACT 6-7 (2002), http://www.competition-commission-india.nic.in/advocacy/Intellectual_property_rights.PDF [https://perma.cc/Q3LQ-V4FR] [hereinafter CCI IP GUIDANCE].

140) 그랜트백(Grantback)은 지적재산권의 피허가자가 이룬 허가받은 기술의 개선(improvements)을 이용할 권리를 허가자에게 보장하는 합의이다. 그랜트백은 기술 발전의 위험과 성과를 분담하여 혁신을 촉진한다는 점에서 경쟁촉진적인 면이 있으며, 특히 배타적이지 않은 경우 그러하다. 그러나 피허가자의 혁신에 대한 의욕을 저해한다는 점에서 반경쟁적이며, 배타적인 경우 특히 더 그러하다. Antitrust Guidelines For the Licensing of Intellectual Property, FTC, 2016 WL 4367330.

141) CCI IP Guidance, supra note 139.

142) Article 101 and 102 of the Treaty on the Functioning of the European Union. 각각 반경쟁적 합의와 가격 담합, 그리고 시장지배적 지위의 남용을 금지한다.

를 판단하게 된다. 유럽연합 경쟁법은 그러나 지적재산권의 중요성과 긍정적인 효과를 인지하고, 경쟁법 적용에 대한 예외를 두고 있다. 이는 일괄적 면제 규칙(Block Exemption Regulations)을 통해 구현된다. 일괄적 면제 규칙은 일정한 행위의 경우 유럽연합기능조약 제101조의 적용을 면제하는 것이다. 지적재산권의 경우 다양한 일괄적 면제 규칙들 중 기술 이전 일괄적 면제 규칙(TTBER; Technology Transfer Block Exemption Regulation)과 가이드라인에 의해 경쟁법의 적용이 면제된다. 그러나 유럽연합 위원회와 법원은 FRAND 확약의 위반이나 이행명령 청구 남용 사건에 대해서 경쟁법을 적용하여 왔으며, 적극적으로 소비자들을 보호하려는 움직임을 보이고 있다.[143)]

미국은 지적재산권법과 경쟁법[144)]을 소비자 후생 증대와 혁신의 촉진이라는 공동의 목표를 지닌 상호보완적인 법률로 본다.[145)] 따라서, 지적재산권은 특허권자를 보호하기 위한 권리로만 여겨지기보다는, 기업들이 위험부담과 장기투자가 요구되는 경쟁에 참여하도록 장려하는 수단으로 여겨진다. 이에 미 법무부는 지적재산권 행사에 대한 법집행에 확실성을 부여하기 위해 1995년 지적재산권의 사용허가에 대한 경쟁법가이드라인에서 경쟁법에 대한 안전지대(Safety Zone)를 시행하였다.[146)] 또한, 미국 법원과 공정거래위원회(FTC)는 지적재산권의 남용 의심 사건과 관련하여서 당연위법으로 보기보다는, 특허권자의 시장지배력을 구체적으로 검증하고 합리성의 원칙에 따라 당해 행위의 경쟁촉진적 측면과 반경쟁적 측면을 비교형량하여 경쟁법 위반에 해당하는지 여부를 판단한다. 구체적으로, 지적재산의 대체가능성 등을 고려하여 특허권자의 시장지배력을 검증한다. 그 후 라이선스의 조건의 예상 효과에 대한 합리성의 원칙에 기반한 분석을 시행하여 행위가 반경쟁적인지 결정한다.

한국에서의 반경쟁적 행위는 독점규제 및 공정거래에 관한 법률(이하 '공정거래

---

143) See. https://www.oecd.org/officialdocuments/publicdisplaydocumentpdf/?cote=DAF/COMP/WD(2019)62&docLanguage=En.

144) 셔먼법(Sherman Act)이 미국에서의 반경쟁적 행위를 규율한다.

145) 전통적인 관점은 지적재산권법과 경쟁법을 상충하는 법률로 보았지만, 최근에는 소비자 후생의 공통 목적을 가지는 상호보완적 법률로 보는 견해가 지배적이다.

146) 경쟁법 안전지대 제도는 지적재산권의 사용허가가 가격 담합이나 사용허가 거절 등의 방법으로 표면적으로 상당한 경쟁제한적 효과를 지니지 않는 한 이에 대한 경쟁법에 근거한 규제를 하지 않도록 한다. US Depart. of Justice and the FTC, 'Antitrust Enforcement and Intellectual Property Rights: Promoting Innovation and Competition', 1995.

법')에 의해 규율된다. 공정거래법 제117조는 무체재산권의 정당한 행사라고 인정되는 행위에 대한 공정거래법의 적용을 배제하고 있다.[147] 이는 무체재산권의 정당하지 않은 행사는 공정거래법에 의해 처벌된다는 것을 의미한다. 또한, 공정거래위원회는 지식재산권의 부당한 행사에 대한 심사지침(공정거래위원회예규 제333호, 이하 '심사지침')을 만들어 지식재산권의 공정거래법 위반 여부 심사에 대한 구체적 지침을 제시하였다. 심사지침에서 제시되는 부당한 지식재산권 행사의 원칙은 해당 행위의 효율성 증대효과와 경쟁제한 효과의 비교형량이다.[148] 경쟁제한 효과가 경쟁제한 효과를 상회하는 경우 부당한 지식재산권 행사로 본다. 또한, 심사지침에서 특별히 규정되지 않은 지식재산권 행사라 하여도 공정거래법의 적용이 배제되는 것은 아니며,[149] 외형상 지식재산권의 정당한 행사로 보이더라도 그 실질이 지식재산 제도의 취지를 벗어나 제도의 본질적 목적에 반하는 경우에는 정당한 지식재산권의 행사로 볼 수 없어 공정거래법의 적용대상이 될 수 있음[150]을 분명히 하고 있다. 심사지침에서는 표준기술특허의 부당한 행사의 예시가 설명되는 등 구체적인 기준이 제시되고 있다.[151]

---

147) 독점규제 및 공정거래에 관한 법률 제59조(무체재산권의 행사행위): 이 법의 규정은 「저작권법」, 「특허법」, 「실용신안법」, 「디자인보호법」 또는 「상표법」에 의한 권리의 정당한 행사라고 인정되는 행위에 대하여는 적용하지 아니한다.

148) 지식재산권의 부당한 행사에 대한 심사지침 제2장 제2조 라. 지식재산권 행사가 경쟁제한 효과와 효율성 증대효과를 동시에 발생시키는 경우에는 양 효과의 비교형량을 통해 법 위반 여부를 심사함을 원칙으로 한다. 해당 행위로 인한 효율성 증대효과가 경쟁제한 효과를 상회하는 경우에는 위법하지 않은 행위로 판단할 수 있다. 이 지침 Ⅲ.에서 '부당하게'라는 표현은 경쟁제한 효과가 효율성 증대효과를 상회하는 것을 의미한다.

149) 위 행정규칙. 제1장 제2조 다. 이 지침에서 특별히 규정되지 않은 지식재산권 행사라 하여 법 제3조의2[시장지배적지위남용 금지], 제7조[기업결합의 제한], 제19조[부당한 공동행위 금지], 제23조[불공정거래행위의 금지], 제26조[사업자단체의 금지행위], 제29조[재판매가격유지행위의 제한] 규정 등의 적용이 배제되는 것은 아니다.

150) 위 행정규칙. 제2장 제2조 가. 법 제59조의 규정에 따른 지식재산권의 정당한 행사라 함은 관련 법률에 따라 허여받은 지식재산권의 배타적 사용권 범위 내에서 행사하는 것을 말하며, 이러한 경우에는 법 제59조의 규정에 따라 이 법의 적용이 배제된다. 그러나 외형상 지식재산권의 정당한 행사로 보이더라도 그 실질이 지식재산 제도의 취지를 벗어나 제도의 본질적 목적에 반하는 경우에는 정당한 지식재산권의 행사로 볼 수 없어 이 법 적용 대상이 될 수 있다.

151) 다른 국가들과 인도의 지적재산권에 대한 경쟁법 적용 현황 비교에 대하여는 다음을 참조. Jorge Padilla, Douglas H. Ginsburg, Koren W. Wong-Ervin, Antitrust Analysis Involving Intellectual Property and Standards: Implications from Economics, 33 Harv. J.L. & Tech. 1 (2019), Appendix A.

(5) 개정안의 효과

기존 인도 경쟁법과 경쟁위원회의 지적재산권에 대한 경쟁법 적용은 지적재산권을 과도하게 제한하고, 피허가자를 과잉보호한다는 비판을 받아왔다. 이번 개정안에 포함된 지적재산권과 관련된 개정 내용은 이러한 비판을 반영하여, 지적재산권에 대한 보호를 확대하기 위한 시도로 보인다. 이러한 개정은 만약 시행된다면 지적재산권에 대하여 경쟁법 제3조의 적용만이 배제되고 제4조는 동일하게 적용되던 불균형과 지적재산권 행사에 대한 경쟁법의 적용 가능성으로 인한 불확실성을 해소시킬 것으로 보인다. 또한, 과도하게 지적재산권의 행사를 제한하던 기존 경쟁위원회의 경쟁법 적용 추세도 변화시킬 것으로 보인다. 지적재산권의 행사에 대한 경쟁법 적용 면제 조항은 앞서 살펴본 국제적 경향과도 일치하는 듯하다.

그러나 개정안의 제4A조는 특허권자들에게 과도한 보호를 제공할 여지도 존재한다. 특허권자들은 제4A조를 자신들의 특허권 남용을 방어하는 수단으로 사용할 수 있다. 또한, 특허권 남용 자체를 정당화하지는 못하더라도, 특허권자들의 제4A조에 근거한 이의제기는 경쟁위원회의 법집행 절차를 지연시킬 것이다. 뿐만 아니라, 개정안은 제4A조의 신설 이외에 지적재산권 행사에 대한 구체적인 심사기준을 포함하지 않고 있다. 이러한 결여는 경쟁위원회의 법집행에 불확실성을 부여할 수 있다. 그러나 이러한 문제들은 추후 경쟁위원회의 가이드라인 제정과 판례의 축적을 통해 해결될 수 있을 것으로 보인다.

Ⅶ. 인도경쟁법 2020 개정안 주요내용[152][153][154]

1. 집행기구(DG와 CCI 등) 구성 관련 개정

(1) DG에 대한 감독

DG가 CCI에 통합되고 DG 사무실의 직원 임명은 CCI에 의해 수행될 것이다.

152) The Competition (Amendment) Bill, 2020.
https://www.taxmanagementindia.com/file_folder/folder_5/Draft_Competition_Amendment_Bill_2020.pdf

153) "Competition (Amendment) Bill, 2020", Reader's blog, Eshvar Girish, 2020, 9. 19.
https://timesofindia.indiatimes.com/readersblog/eshvar/competition-amendment-bill-

현재에는 CCI가 DG의 조치를 감독하고 있지만, 조사 활동에서 자율성이 보장된다. DG가 CCI에 통합되면 DG의 활동을 보다 직접적으로 감독할 수 있게 된다.

(2) CCI 인원 증가

현행 경쟁법에서는 CCI가 위원장 1명과 위원 6명(전체 상임이사)으로 구성되도록 규정하고 있다. 그러나 실제로 정부는 CCI 인원을 4명으로 제한했다. 이에 비추어, 법안은 CCI가 한 명의 의장과 여섯 명의 위원으로 구성되어야 한다고 제안한다.[155] 또한 법안은 의장이 3명의 전일제 회원으로 구성된 위원회를 설치할 것을 제안했다. 이것은 두 개의 패널이 동시에 판단할 수 있게 한다. 일례로 한 패널은 합병과 관련된 문제를, 다른 패널은 지배적인 남용에 관한 문제를 결정할 수 있다.

(3) 이사회 구성

이 법안은 위원회의 위원과 2명의 전직 관료 및 중앙 정부에 의해 임명된 4명의 시간제 위원으로 구성되는 이사회) 구성을 제안했다. 이사회는 CCI의 업무를 관리하고, 경쟁에 관한 규정을 만들고, CCI를 대신하여 계약을 체결하고, 국가 경쟁 정책 수립에 있어 정부를 도울 수 있는 권한을 갖는다.[156]

2020-26233/.

154) "India: Government Introduces Draft Bill To Overhaul Indian Competition Act: Public Comments Invited", Mondaq, Vivek Agarwal, 2020, 2. 24.
https://www.mondaq.com/india/cartels-monopolies/897052/government-introduces-draft-bill-to-overhaul-indian-competition-act-public-comments-invited.

155) The Competition (Amendment) Bill, 2020.
b) for sub-section (1), the following shall be substituted, namely: - - "(1) The Commission shall consist of a Chairperson and six other Whole-time Members to be appointed by the Central Government.".

156) The Competition (Amendment) Bill, 2020.
In section 8 of the principal Act, ··· (c) after sub-section (1), the following sub-section shall be inserted, namely: ··· "(1A) The Commission shall have a Governing Board which shall consist of the following Members:
(a) the Members of the Commission;
(b) Secretary of the Department of Economic Affairs, Ministry of Finance or his nominee, not below the rank of Joint Secretary and the Secretary of the Ministry of Corporate Affairs or his nominee, not below the rank of Joint Secretary, ex -officio;
(c) four other Part-time Members to be appointed by the Central Government."

2. 포괄적 정의의 도입

법안은 특정한 정의의 범위를 넓히려고 노력했다.

(1) 카르텔

카르텔은 상품 가격에 영향을 미치고 시장에서 반경쟁적 관행을 촉진하기 위한 생산자, 제조자 및 판매자 간의 집단적 합의를 의미한다. 그러나 카르텔의 활동을 효과적으로 규제하기 위해 여기에 구매자 집단을 포함하도록 카르텔의 정의를 넓혔다.[157]

(2) 기업의 범위

이 법안은 '기업'의 범위 하에 법적인 형태나 지위에 관계없이 단위, 부문 수준 및 종속기업을 포함할 것을 제안한다. 모든 유형의 기업을 CCI에 포함시켜 규제 메커니즘을 더욱 광범위하게 만들 것이다. [158] 기업은 이제 다른 당사자들과의 경쟁 여부와 관계없이 적극적으로 계약 체결에 참여한다면 수평적 합의의 일부로 추정될 것이다. 이번 개정으로 hub and spoke 카르텔에 불이익을 줄 수

---

157) The Competition (Amendment) Bill, 2020.
2. In section 2 of the Competition Act, 2002 (hereinafter referred to as the principal Act), … (b) for clause (c), the following clause shall be substituted, namely: … "(c) "cartel" includes an association of producers, buyers, sellers, distributors, traders or service providers who, by agreement amongst themselves, limit or control or attempt to limit or control the production, distribution, sale or price of, or, trade in goods or provision of services;".

158) The Competition (Amendment) Bill, 2020.
2. In section 2 of the Competition Act, 2002 (hereinafter referred to as the principal Act), … (d) In clause (h), for the portion beginning with ""enterprise" means a person or a department of the Government" and ending with "energy, currency, defence and space;" the following shall be substituted, namely: … "enterprise" means a person or a department of the Government or other entity regardless of its legal form or status, including units, divisions, subsidiaries, who or which is, or has been, engaged in any economic activity, relating to the production, storage, supply, distribution, acquisition or control of articles or goods, or the provision of services, of any kind, or in investment, or in the business of acquiring, holding, underwriting or dealing with shares, debentures or other securities of any other body corporate, either directly or through one or more of its units or divisions or subsidiaries, but does not include any activity of the Government relatable to the sovereign functions of the Government including all activities carried on by the departments of the Central Government dealing with atomic energy, currency, defence and space;".

있다. 또한 제약 회사들이 화학자들과 약제사들 사이의 합의를 촉진시키기 위해 했던 행동들을 처벌할 수 있게 되었다.

(3) 관련 상품 시장의 정의

이 법안은 '관련 상품 시장'의 정의를 모든 상품 또는 서비스로 확대하여 생산 또는 공급 업체가 상호 교환 또는 대체 가능하다고 간주하는 경우로 구성할 것을 제안한다.[159)]

(4) 기업 간의 계약

이전에는 수직적 계약에만 적용 가능했던 법 제 3조 4항이 이제 모든 수평적 계약에 적용된다. 이는 법 3조 1항의 범위가 수평적, 수직적 두 가지 유형의 계약에만 국한되지 않으며 기업 간의 모든 계약을 포괄한다는 것을 명확히 한다.[160)]

3. 기업결합신고 및 규제 대한 새로운 한계점 설정

CCI와 중앙 정부에 합병 통지에 대한 새로운 문턱을 의무화하도록 허가했다. 공공의 이익으로 인해 통지될 수 있는 새로운 의무는 CCI가 거래 규모나 거래 가치에 기초하여 부문별 한계점을 정할 수 있게 한다. 이는 특정 부문의 거래가 자산 기반의 값(예: 디지털 부문)을 충족하지 못하여 CCI 심사를 벗어날 수 있는 상황을 해결하기 위함이다. 그러나 디지털 부문의 역동적인 특성 때문에, 이 개

---

159) The Competition (Amendment) Bill, 2020.
2. In section 2 of the Competition Act, 2002 (hereinafter referred to as the principal Act), … (k) for clause (t), the following shall be substituted, namely: -"(t). "relevant product market" means a market comprising all those products or services: (i) which are regarded as interchangeable or substitutable by the consumer, 4 characteristics of the products or services, their prices and intended use; or (ii) the production or supply of which are regarded as interchangeable or substitutable by the supplier, by reason of the ease of switching production between such products and services and marketing them in the short term without incurring significant additional costs or risks in response to small and permanent changes in relative prices;".

160) The Competition (Amendment) Bill, 2020.
(b) in sub-section (4), for the words "Any agreement amongst enterprises or persons at different stages", the following shall be substituted, namely: … "Any other agreement amongst enterprises or persons including but not restricted to agreements amongst enterprises or persons at different stages".

정안은 디지털 부문 사업체의 비용을 증가시켜 사업 수행의 용이성에 영향을 미칠 수 있다. 따라서 광범위한 경제적·법적 평가를 마친 후에만 적용할 수 있다.

4. 조합에 대한 효과적인 규제

현재 210일인 법정결합심사기한은 법안에서 예외적으로 서류부도나 당사자의 요청에 의해 30일 연장이 가능한 150일로 변경됐다. 또 모든 1단계 승인 일정을 30일에서 20일로 단축하였다. 또한, 이 법안은 공익적 관점에서 위원회와 협의하여 정부가 조합의 신청에 대한 일정한 기준을 정하도록 하는 법 제5조에 두 가지 조항을 추가했다[161]. 취득, 지배, 합병하는 기업에 대해 규정된 자산은 위원회와 협의하여 중앙정부가 정하는 가치를 초과해서는 안 된다는 점을 명확히 한다. 그리고 기업은 CCI 승인 없이는 주식 매입이나 제안을 할 수 없다. 이 개정안은 정부와 CCI의 조합 관련 주도적인 규제를 보여준다. 기업이 허위 정보를 제공한 경우 CCI가 승인을 거부할 수 있거나 이미 승인이 허가된 경우 에는 승인을 무효로 간주한다는 규정을 추가하였다.

5. 집행력 강화

DG가 형사 제재를 가할 수 있는 권한을 부여했다. 정당한 사유 없이 DG가 요구한 정보를 작성하지 못하거나 DG에 직접 출석하거나 증서에 서명을 거부하는 경우 6개월 이하의 징역 및/또는 INR 1크레르 이하의 벌금에 처할 수 있다.[162] 그러한 제재를 가할 수 있는 이 권한은 광역자치단체장의 관여 없이 이용

161) The Competition (Amendment) Bill, 2020.
(a) after clause (c), the following provisos shall be inserted, namely: … "Provided that the Central Government may in public interest and in consultation with the Commission prescribe any criteria other than those prescribed in clauses (a), (b) and (c), the fulfillment of which shall cause any acquisition of control, shares, voting rights or assets, merger or amalgamation to be deemed to be a combination under this section and a notice for any acquisition of control, shares, voting rights or assets, merger or amalgamation fulfilling such criteria shall be given to the Commission under section 6.

162) The Competition (Amendment) Bill, 2020.
34. (8) If any person fails without reasonable cause or refuses - (a) to produce to the Director General or any person authorised by it in this behalf any book, paper, other document, record or information which it is his duty under sub-section (3) or sub-section (4) to produce; or (b) to appear before the Director General personally when required to do so under sub-section (6) or to answer any question which is put to it by

할 수 있도록 제안되었다.

6. 합의 및 약속 절차 도입

지배력 남용 또는 반경쟁적 비수평적 합의로 조사 중인 당사자들은 이제 CCI와 사건을 해결할 수 있는 선택권을 갖게 될 것이다.163) DG가 CCI에 조사 보고서를 제출한 후, CCI가 최종 주문을 하기 전에 합의 신청이 이루어져야 한다. DG가 조사를 완료하기 전에 당사자들이 신청할 수도 있다.

7. 리니언시(leniency) 관련 개정

리니언시 제도와 관련한 개정 사안이 몇 가지 있다. 우선 선처 신청자는 이제 선처 신청을 철회할 수 있다. 그러나 DG와 CCI는 이미 신청서에 제출된 증거를 사용할 수 있다.164) 또한 CCI는 이미 선처 신청자 신분인이 1차 카르텔 절차에

---

the Director General in pursuance of that sub−section; or (c) to sign the notes of any examination referred to in sub−section (7) he shall be punishable with imprisonment for a term which may extend to six months, or with fine which may extend to one crore rupees, or with both, and also with a further fine which may extend to five lakh rupees for every day after the first during which the failure or refusal continues.

163) The Competition (Amendment) Bill, 2020.
After section 48 of the principal Act, the following section shall be inserted, namely: … "48A. (1) Any person, against whom any inquiry has been initiated under sub−section (1) of section 26 for contravention of sub−section (4) of section 3 or section 4, may submit an application in writing to the Commission, in such form as may be specified by the Commission, proposing for settlement of the proceeding initiated for the alleged contraventions.
After section 48A of the principal Act, as so inserted, the following section shall be inserted, namely: … " 48B. (1) Any person, against whom any inquiry has been initiated under sub−section (1) of section 26 for contravention of sub−section (4) of section 3 or section 4, may submit an application in writing to the Commission, in such form as may be specified by the Commission, offering commitments in respect of the alleged contraventions stated in the Commission's order under sub−section (1) of section 26.

164) The Competition (Amendment) Bill, 2020.
(2) The Commission may allow a producer, seller, distributor, trader, buyer or service provider included in the cartel, to withdraw its application for lesser penalty under this section, in such manner and prior to such time as may be specified:Provided that notwithstanding the withdrawal, the Director General and the Commission shall be entitled to use for the purposes of this Act, any evidence submitted by a producer, seller, distributor, trader, buyer or service provider in its Draft Competition (Amendment) Bill, 2020 12th February 2020 30 application for lesser penalty, save and except its admission.

서 2차 카르텔을 공개하면 기업에 추가 선처를 할 수 있게 된다.[165]

Ⅷ. 결 론

인도는 1969년 MRTPA를 제정하면서, 경제력집중의 문제를 해결하기 위한 많은 노력을 하였다. 구법인 MRTPA는 보다 효율적인 경제의 운용을 위해 2002년 경쟁법으로 대체되었으며, 이 법은 2007년에 개정되어 현재에 이르고 있다. 인도 경쟁법은 실체법적인 측면에서 경쟁제한적 합의의 금지, 시장지배적 지위의 남용 금지, 그리고 반경쟁적인 기업결합의 규제를 주 내용으로 하면서 경제적으로 우위에 있는 기업이 관련시장에서 반경쟁적 방법으로 이익을 얻고 이에 따라 소비자에게 불이익을 주는 것을 금지하는, 즉 경쟁의 과정을 보호하는 데에 목적으로 하고 있다. 이러한 법적 틀은 마련되었으나 실질적인 위원회의 권한이 2009년에 주어지는 등 실제 집행 부분에서 여전히 미약한 부분이 있고, 이외에 당연위법과 합리의 원칙 적용 여부, 리니언시(leniency) 제도 적용 등에 대한 기준과 관련 판례들이 계속해서 나오는 중이라 명확한 기준이 부재한다.

그럼에도 인도는 역사적 배경으로 인해 영국이나 유럽으로부터 크게 영향을 받았다는 점, 경쟁법 제정의 오랜 역사를 가지고 있다는 점, 선진 다국적 기업이 인도시장에서의 활발한 영업활동을 하고 있다는 점, 최근 인도경쟁당국은 그들의 집행력 개선을 위한 법안을 마련하고 있다는 점 등은 인도경쟁법의 수준이 국제수준에 맞추어 유지될 수 있을 것이라는 전망을 가진다.[166] 최근 인도경쟁법이 인도식 시장경제의 특수성을 반영하는 간이심사제도(그린 채널)와 같은 자율적인 프로그램을 도입하기도 하였다.

---

165) The Competition (Amendment) Bill, 2020.
(3) Where during the course of the investigation, a producer, seller, distributor, trader, buyer or service provider who has disclosed a cartel under sub-section (1), makes a full, true and vital disclosure under sub-section (1) with respect to another cartel in which it is alleged to have violated section 3, which enables the Commission to form a prima facie opinion under sub-section (1) of section 26 that there exists another cartel, then the Commission may impose upon such producer, seller, distributor, trader, buyer or service provider a lesser penalty as may be specified in regulations, in respect of the cartel already being investigated, without prejudice to the producer, seller, distributor, trader, buyer or service provider obtaining lesser penalty under sub-section (1) regarding the newly disclosed cartel."

166) 최요섭 · 이황, 앞의 논문, 315면.

2020년 2월에는 그간 있었던 집행력, 기준의 모호함, 법의 허점 등을 보완하기 위한 내용(Public Comments를 수렴 중)등을 담은 인도경쟁법(Competition Act 2002)의 개정안이 나왔다. 인도와의 경제적인 교류와 협력이 증대함에 따라 인도에 진출하는 기업이 증가하고 있는 추세에 비추어 볼 때, 단기적으로는 인도에 진출한 기업들을 지원하고, 장기적으로는 양국간의 교류와 협력을 더욱 증진하고, 나아가 전 아시아차원의 경쟁법 발전에 이바지하기 위해서는 보다 정확하게 인도경쟁법의 기본적인 내용과 함께 개정방안, 인도경쟁위원회의 방향성을 파악할 필요가 있을 것이다.

이와 더불어 전 세계적으로 논의의 대상이 되고 있는 플랫폼 규제뿐만 아니라 특허를 포함한 지적재산권과 관련된 사건에서 경쟁법 적용에 관한 인도경쟁위원회의 결정들도 주목할 필요가 있다.

참고문헌

권오승, 「경제법」, 법문사 2009.
전영균, 「인도 경제 발전 60년」, 2006.
송영철, "인도 외국인직접투자의 구조적 변화와 시사점: M&A를 중심으로", 2017.
심영섭, "중국 반독점법 시행의 의의", 2008.
정 완, "독점규제법상 카르텔규제에 관한 고찰", 2007.
_____, "EU경쟁법의 규제와 대응", EU Brief Vol.2, 2010.
_____, "인도의 경쟁법과 경쟁정책", 한국법정책학회, 2010.
최요섭 · 이황, "인도 경쟁법의 최근 발전에 관한 연구", 한국경쟁법학회, 2011.
홍명수, "인도 경쟁법의 개괄", 2007.

Richard Whish and David Bailey, Competition Law, 9th ed., Oxford University Press, 2018.

T. Ramappa, *Competition Law in India*, 2nd edn, Oxford University Press, New Delhi, 2009.

Aditi Gopalakrishnan, Hemangini Dadwal, Krithika Ramesh, Rajshree Sharma, Recent Developments in Big Tech Regulation in India, 15 No. 2 Competition L. Int'l, December. 19, 2019.

Aditya Bhattacharjea, Oindrila De, "Anti-cartel enforcement in India", 2017.

Antitrust Guidelines For the Licensing of Intellectual Property, FTC, 2016 WL 4367330.

Arjun Nihal Singh, "The Curious Case of Leniency Under The Competition Act, 2002 in India", L&L Partners, 2019. 6. 17, "Ask CCI: What makes MMT-GO dominant but not OYO?", Linkedin, 2020.

"CCI exercises leniency in electric power steering cartel," India business law journal, 2019.

Cyril Shroff, Avaantika Kakkar, Cyril Amarchand Mangaldas, India: Abuse of Dominance, Global Competition Review, The Asia-Pacific Antitrust Review 2019.

D.K. Sikiri, "Competition law enforcement in India: issues and challenges",

Journal of Antitrust Enforcement, 2017, 5, "India: CCI Penalizes Battery Manufacturers' Admitted Cartel – Decides Its Second Leniency Case", Mondaq, Vaish Associates Advocates, 2019, "India: Government Introduces Draft Bill To Overhaul Indian Competition Act: Public Comments Invited", Mondaq, Vivek Agarwal, 2020, 2. 24.

Jorge Padilla, Douglas H. Ginsburg, Koren W. Wong–Ervin, Antitrust Analysis Involving Intellectual Property and Standards: Implications from Economics, 33 Harv. J.L. & Tech. 1 (2019), Appendix A.

Maher M. Dabbah, "International and Comparative Competition Law", Cambridge University Press, New York, 2010.

Michael A. Carrier, "The Four–Step Rule of Reason", Antitrust, American Bar Association, Vol. 33. No. 2, Spring 2019.

OECD, Licensing of IP rights and competition law–Summaries of contributions, OECD DAF/COMP/WD, 2019. 7. 23.

S.V.S. Raghavan, "Report of High Level Committee on Competition Law and Policy", 2000.

UK Essays, "MRTP Act: Rise Fall and Need for Change: Eco Legal Analysis", November 2013.

US Depart. of Justice and the FTC, 'Antitrust Enforcement and Intellectual Property Rights: Promoting Innovation and Competition', 1995.

Yo Sop Choi, 'The Choice of Competition Law and the Development of Enforcement in

Asia: A Road Map Towards Convergence', 2014, 22(1) Asia Pacific Law Review, "1 out of 5 combinations given approval under 'green channel' route: CCI", Business Standard, 2020. 8. 17.

The Competition Act, 2002.

The Competition (Amendment) Bill, 2020.

Regulation No.2 of 2009 dated May 21, 2009.

The Competition Commission of India (Procedure in regard to the transaction of business relating to combinations) Regulations, 2011.

E–Commerce Competition Enforcement Guide – Third Edition India, global competition review, Nisha Kaur Uberoi, Akshay Nanda and Tanveer Verma Trilegal, 03 December 2020.

"Organogram | Competition Commission of India".

"About CCI | Competition Commission of India".

Competition Commission of India, In Re: Surinder Singh Barmi And The Board of Control for Cricket in India, Case No. 61 of 2010.

Competition Commission of India, Suo Motu Case No. 07(01) of 2014 In Re: Cartelisation in the supply of Electric Power Steering Systems(EPS Systems).

Competition Commission of India, In re: Shri Shamsher Kataria v. Honda Siel Cars Indian Ltd., Case No. 03/2011at ¶ 20.6.42(iii) (2014. 8. 25.).

Competition Commission of India, In Re: Anti-competitive conduct in the Dry-Cell Batteries Market in India, Suo Motu Case No. 03 of 2017.

Competition Commission of India, Case Nos. 16-20 & 45 of 2016, 02, 59, 62 & 63 of 2017.

Competition Commission of India, Case No. 20 of 2018.

Competition Commission of India, Cases Nos. 7 and 30 of 2012, Matrimony.com Limited v. Google, 8 February 2018.

Competition Commission of India, Case No. 01 of 2020.

Competition Commission of India, Suo Moto Case No.07 of 2021.

Indian National Shipowners' Association v. Oil and Natural Gas Corporation Ltd, case No 1 of 2018.

Intex Technologies (India) Limited v. Telefonaktiebolaget LM Ericsson (Publ) Case No. 76 Of 2013 (2014. 1. 16.)

Telefonaktiebolaget LM Ericsson v. Competition Commission of India, 2016 SCC OnLine Del 1951.

공정거래위원회, 인도의 경쟁법·제도 및 사건처리절차, 2020.

세계법제정보, "인도 경쟁법", 세계법제정보센터, 2021.

서울고등법원 2019. 12. 3. 선고 2017누48 판결.

저자 약력 (집필순)

- **권오승**
  서울대학교 법학전문대학원 명예교수, 대한민국학술원 회원, 전 공정거래위원장
- **오준형**
  서울대학교 법학연구소 경쟁법센터 선임연구원, 미국변호사
- **최요섭**
  한국외국어대학교 국제지역대학원 부교수, 법학박사
- **박준영**
  서울대학교 법학연구소 경쟁법센터 객원연구원, 법학박사
- **유영국**
  한국공정거래조정원 공정거래연구센터 연구위원, 법학박사
- **이혜승**
  서울대학교 법학연구소 학문후속세대양성센터 연구펠로우
- **김원준**
  김앤장 법률사무소 고문, 경제학 박사
- **이준표**
  서울대학교 아시아연구소 동남아시아센터 객원연구원, 법학박사
- **최인선**
  김앤장 법률사무소 변호사
- **구영한**
  변호사
- **조혜신**
  한동대학교 법학부 부교수, 법학박사
- **정혜련**
  경찰대학 법학과 조교수, 법학박사

아세안 경쟁법

2022년 3월 10일 초판 인쇄
2022년 3월 15일 초판 1쇄 발행

편저자 권오승 · 김원준 · 최요섭
발행인 배 효 선

발행처 도서출판 法 文 社

주 소 10881 경기도 파주시 회동길 37-29
등 록 1957년 12월 12일/제2-76호(윤)
전 화 (031)955-6500~6 FAX (031)955-6525
E-mail (영업) bms@bobmunsa.co.kr
(편집) edit66@bobmunsa.co.kr
홈페이지 http://www.bobmunsa.co.kr
조 판 법 문 사 전 산 실

정가 35,000원 ISBN 978-89-18-91299-8